Die erstinstanzliche Zuständigkeit der Oberlandesgerichte in Staatsschutzstrafsachen

# Frankfurter kriminalwissenschaftliche Studien



Bd./Vol. 76

PETER LANG
Frankfurt am Main · Berlin · Bern · Bruxelles · New York · Oxford · Wien

Iris Kristina Passek

# Die erstinstanzliche Zuständigkeit der Oberlandesgerichte in Staatsschutzstrafsachen

## Historische Entwicklung und aktuelle Probleme

PETER LANG
Europäischer Verlag der Wissenschaften

Die Deutsche Bibliothek - CIP-Einheitsaufnahme

Passek, Iris Kristina:

Die erstinstanzliche Zuständigkeit der Oberlandesgerichte in Staatsschutzstrafsachen : historische Entwicklung und aktuelle Probleme / Iris Kristina Passek. - Frankfurt am Main ; Berlin ; Bern ; Bruxelles ; New York ; Oxford ; Wien : Lang, 2002
(Frankfurter kriminalwissenschaftliche Studien ; Bd. 76)
Zugl.: Frankfurt (Main), Univ., Diss., 2002
ISBN 3-631-39915-4

D 30
ISSN 0170-6918
ISBN 3-631-39915-4



www.peterlang.de

*Meinen Eltern*

## *Vorwort*

Die vorliegende Arbeit wurde am 12. März 2002 von der juristischen Fakultät der Johann Wolfgang Goethe-Universität Frankfurt am Main unter Vorsitz von Herrn Professor Doktor Joachim Rückert als Dissertation angenommen.

Ich möchte die Gelegenheit wahrnehmen, mich an dieser Stelle bei allen zu bedanken, die mich während der Anfertigung dieser Arbeit unterstützt und die nötige Geduld aufgebracht haben.

Mein besonderer Dank gilt meinem Doktorvater, Herrn Professor Doktor Ulfrid Neumann, der die Anregung zu dieser Arbeit gab und durch seine gute Begleitung ihre Vollendung vor allem zeitlich förderte.

Herrn Professor Doktor Klaus Günther danke ich für die zügige Erstellung des Zweitgutachtens.

Die Arbeit wurde durch ein Stipendium nach dem Hessischen Gesetz zur Förderung von Nachwuchswissenschaftlern gefördert.

*Inhaltsverzeichnis*

## *Einleitendes*

Die Arbeit widmet sich dem immer noch brisanten Thema der sogenannten politischen Delikte. Derzeit sind die Oberlandesgerichte erstinstanzlich mit den schwerwiegenden Staatsschutzstrafsachen beschäftigt, für die eine Revisionsmöglichkeit zum Bundesgerichtshof besteht. Damit entscheiden sowohl in der Tatsachen- als auch in der Rechtsmittelinstanz Spruchkörper ohne Laienbeteiligung. Die politischen Delikte bilden folglich eine eigene Gruppe von Straftatbeständen, die zugleich einer besonderen gerichtlichen Zuständigkeit unterfallen. Parallel dazu ergeben sich gravierende Probleme im gerichtsverfassungsrechtlichen, grundgesetzlichen und justizhoheitlichen Bereich, bedingt durch übergreifende Kompetenzzuschreibungen zugunsten der Bundesgerichtsbarkeit, bewegliche Zuständigkeiten und die Wahrung des Prinzips des gesetzlichen Richters, gekoppelt mit entsprechenden Folgeproblemen. Die Vielschichtigkeit des zu bearbeitenden Themas ist vor allem anhand der geschichtlichen Entwicklung erkennbar. Um den Verlauf der Zuständigkeitsänderungen in den letzten Jahrzehnten verstehen zu können, ist deshalb eine historische Rückschau und Analyse erforderlich. Im zweiten Teil der Arbeit erfolgt eine Darstellung der unter historischer Betrachtung bereits partiell angesprochenen Probleme aus heutiger Sicht mit anschließender Diskussion sowie Lösungsvorschlägen.

Die Arbeit wurde im Sommer 2001 fertiggestellt und berücksichtigt daher nur bis Ende August 2001 erschienene Literatur und Auflagen.

# *1. Teil: Geschichtlicher Überblick über die Handhabung der sogenannten „politischen Delikte“*

## 1. Kapitel: Zuständigkeitsänderungen für politische Delikte von der Zeit des Liberalismus bis zum Ende des 19. Jahrhunderts

Die Wurzeln der Aburteilung politischer Delikte reichen sehr weit in die Geschichte zurück. Ein vollständiger historischer Überblick würde die Grenzen der vorliegenden Arbeit bei weitem überschreiten.[1] Es soll daher genügen, den geschichtlichen Verlauf ab dem Zeitpunkt der Einkehr des Liberalismus in den deutschen Kleinstaaten nachzuzeichnen.

### I. Einführung der Schwurgerichte im 19. Jahrhundert

#### 1. Einfluß des Liberalismus

Anfang des 19. Jahrhunderts wurde die liberale Bewegung, von Frankreich über die linksrheinischen Gebiete kommend,[2] in den deutschen Kleinstaaten immer spürbarer. Sie manifestierte sich insbesondere in der Forderung nach einer Einführung von Schwurgerichten nach französischem Vorbild für die Aburteilung politischer Delikte sowie der damit oftmals verbundenen Pressevergehen.[3] Der Grund hierfür lag in dem tiefen Mißtrauen gegenüber den beamteten Richtern, die keineswegs als von der Obrigkeit unabhängig zu bezeichnen waren - zu sehr konnten sie in ihren Urteilen durch Einwirkung auf ihre berufliche Stellung und Laufbahn beeinflußt werden.[4] Politische Prozesse der ersten zwanzig und dreißig Jahre des 19. Jahrhunderts hatten jegliches Vertrauen in die Richterschaft beseitigt.[5] Die Schwurgerichte sollten folglich dazu dienen, die Abkehr vom Inquisitionsprozeß hin zu einem öffentlichen und mündlichen Verfahren zu erreichen,[6] eine Trennung von Justiz und Verwaltung zu ermöglichen[7] sowie die Mitwirkung des Volkes gerade an den Entscheidungen über die schwersten Delikte, wozu auch die politischen Vergehen und Verbrechen gehörten, zu garantieren, um so einer

---

[1] zur Historie vgl. z.B. Schwinge: Der Kampf um die Schwurgerichte..., S. 6-38; Brunner: Die Entstehung der Schwurgerichte; Meyer: Die Entstehung des Geschwornengerichts in: Preußische Jahrbücher, Bd.31, S. 81

[2] Birkmeyer, S.231; Prot.d.Komm.f.d.Reform d. Strafprozesses, Bd.1, S. 389; Buchner in: Der Gerichtssaal, 5. Jg. Bd.1, S. 192 (203)

[3] Klingebiel, S. 33; Kern: Geschichte des Gerichtsverfassungsrechts, S. 70; Schwinge, S. 132; Liekefett, S. 15; Zachariae, S. 283; Casper/Zeisel, S. 22

[4] Liekefett, S.15; Klingebiel, S.33; Casper/Zeisel, S. 85; Schwinge, S. 44; BT-DrS 7/551, S. 54

[5] Stenglein, 22. DJT, S. 108 (112f.); Liepmann in: Mittermaier/Liepmann, Bd.II, S. 153 (177)

[6] Birkmeyer, S. 215; Buchner in: Der Gerichtssaal, 5.Jg. Bd.2, S. 192 (204)

[7] Wachenfeld in: Aschrott, S. 30; Suter, S. 5; Kern: Geschichte des Gerichtsverfassungsrechts, S. 70

Beamtenwillkür entgegenzutreten.[8] Die Laienbeteiligung in Form der Schwurgerichte wurde als einziger Garant für Objektivität und richterliche Unabhängigkeit angesehen.[9] Das Landauer Urteil -ein durch die Jury nach mitreißender Rede erfolgter Freispruch der Angeklagten vom Vorwurf des Hochverrats- offenbarte die Relevanz und den Einfluß einer Jury gerade in politischen Strafverfahren.[10] Das Unbehagen der deutschen Regierungen war angesichts dieser Tendenz allerdings zu spüren gewesen: Bei Einführung der ersten Schwurgerichte mit Zuständigkeit für politische Prozesse versuchten die jeweils führenden Mächte, diesen Bereich entweder zu beschneiden oder vollständig aus der Schwurgerichtskompetenz herauszulösen.[11] Im Volk führte dieses Verhalten jedoch dazu, im Wege der Reaktion nun das Mitwirkungsrecht in Strafverfahren politischer Art unter allen Umständen einzuführen beziehungsweise aufrecht zu erhalten.

## 2. Beweistheorie und Indizienbeweis

Weiterer Grund für die Abkehr vom reinen Juristengericht war die Ablehnung des Indizienbeweises, welcher seit der Abschaffung der Folter zulässig war. Vorher genügten reine Indizien nicht für eine Verurteilung, sondern sie mußten bewiesen oder durch Geständnis bekräftigt werden, was meistens durch Folter geschah. Mit deren Wegfall gestattete man dem Richter, bereits auf der Grundlage von Indizien zu verurteilen, weshalb das Verfahren durch die gesetzliche Beweistheorie geregelt war, um ein ansonsten zu großes richterliches Ermessen zu verhindern.[12] Dennoch bot die Beweistheorie nicht den ursprünglichen erwarteten Schutz vor willkürlichen Urteilen, da sie gesetzlich nur unzulänglich geregelt war und letztendlich alle Beweiswürdigung von der individuellen Einstellung des Richters abhing. Der Grund lag in der vermuteten Gleichartigkeit aller Beweisarten, deren Ergebnis nur in einer Wahrscheinlichkeit bestand und deren Beurteilung schließlich in das Ermessen des Richters gestellt wurde.[13] Insbesondere bei politischen Verfahren trat die Gefahr zutage, daß Entscheidungen wegen oftmals unsicherer Beweislage fast ausschließlich auf Willkür basierten, weshalb im Laufe der Jahre das Vertrauen der Bevölkerung in die Rechtsprechung vollständig verschwand.[14]

---

[8] Petzal, S. 68; Prot.d. Komm.f.d. Reform d. Strafprozesses, Bd. 1, S. 389; Schwinge, S. 45; Böttges, S. 112

[9] Zimmerl, S. 5; Schwinge, S. 48; Prot.d. Komm.f.d. Reform d. Strafprozesses, Bd.1, S. 397; Kern, Konstanzer Juristentag 1947, S. 135 (140)

[10] Angaben bei Schwinge, S. 49

[11] Buchner in: Der Gerichtssaal, 5. Jg. Bd. 2, S. 192 (204); Schwinge, S. 49f.; Zachariae, S. 284ff.

[12] Schwinge, S. 75

[13] Schwinge, S. 77

[14] Liepmann in: Mittermaier/Liepmann Bd.II, S. 153 (177); Schwinge, S. 82f.

Es gab also nur die Möglichkeit, das Juristengericht beizubehalten, und zwar samt der Beweistheorie, um das richterliche Ermessen scheinbar zu kontrollieren, oder stattdessen ein Schwurgericht mit freier Beweiswürdigung korrespondierend zum mündlichen Verfahren einzuführen. Da es aber nicht möglich war, den Indizienbeweis von der gesetzlichen Beweistheorie zu trennen, ohne damit ein grenzenloses Ermessen der Beamtenrichter herbeizuführen, sah man aus diesem Problemkreis des Indizienbeweises und des damit mangelhaften Beweistheorierechts lediglich die flächendeckende Einführung von Laienbeteiligung durch Schwurgerichte als Ausweg, um sich von den Beweistheorien lösen und die Beweise künftig objektiv würdigen zu können.[15] Weil aber die Jury als „Ersatz“ für die Beweistheorie fungieren sollte, entsprach ihre Zuständigkeit eben diesem Prozeßabschnitt und beschränkte sich somit nach verbreiteter Ansicht auf die Beurteilung der „Thatfrage.“[16]

### 3. Einführung von Schwurgerichten in fast allen deutschen Kleinstaaten

Nahezu in allen deutschen Kleinstaaten wurden schließlich Schwurgerichte eingeführt, so daß den Schwurgerichtshöfen beziehungsweise Assisen ausdrücklich die Zuständigkeit zur Aburteilung schwerer Verbrechen und politischer Delikte zugewiesen wurde, da ihre Spruchkörper individuelle und vor allem politische Freiheit garantieren sollten.[17] An dieser Stelle muß allerdings präzisiert werden, welche Delikte unter dem Begriff „politisch“ zusammengefaßt wurden. In den meisten Gesetzen und Verordnungen der deutschen Kleinstaaten war bei der Zuständigkeitszuweisung von politischen Vergehen und Verbrechen auch gleichzeitig näher ausgeführt, welche Tatbestände des Strafgesetzbuches dazugehörten.[18] Aus den Gesetzen einiger Kleinstaaten läßt sich entnehmen, daß unter den politischen *Verbrechen* insbesondere Hoch- und Landesverrat zu verstehen waren.[19]

---

[15] Schwinge, S. 48 und S. 83 mwN; Birkmeyer, S. 217; Prot.d.Komm.f.d.Reform d. Strafprozesses Bd.1, S. 387 und S. 397

[16] Schwarze, S. 92

[17] Buchner in: Der Gerichtssaal, 5.Jg. Bd.2, S.192 (204); Prot.d.Komm.f.d.Reform d. Strafprozesses, Bd. 1, S. 387 und S. 389; Casper/Zeisel, S. 22; Herrmann, S. 35f.

[18] Zachariae, S. 290

[19] Art. 11 des Gesetzes über die Einführung des öffentlichen und mündlichen Strafverfahrens... für das Großherzogthum Hessen (Nassau) v. 28.10.1848, abgedruckt in: Haeberlin, S. 642; §54 des Gesetzes für das Kurfürstentum Kurhessen v. 31.10.1848, betreffend die Einrichtung der Gerichte und der Staatsbehörde bei den Gerichten, ebenda S. 456; § 60 der VO für das Königreich Preussen (Bernburg, Waldeck) v. 3.1.1849, betreffend die Einführung des öffentlichen und mündlichen Verfahrens mit Geschworenen in Untersuchungssachen, ebenda S. 207; §1 des Gesetzes v.14.4.1849 des Großherzogthums Nassau, die Competenz der Gerichte zur Untersuchung und Bestrafung von Verbrechen und Vergehen betreffend, ebenda S. 715; Art. 1 I. des Gesetzes über das Verfahren in Strafsachen für das Königreich Württem-

Schon damals wurde die Forderung nach einer Art Bundesgericht für dererlei Delikte erhoben: In den Verfassungsentwürfen der Paulskirche von 1848 sowie in der Verfassung selbst war ein Reichsgericht geplant, in dessen erstinstanzlichen Zuständigkeitsbereich unter anderem die Aburteilung von Hoch- und Landesverrat fallen sollte; ein solches Reichsgericht wurde aber nie den Entwürfen entsprechend verwirklicht.[20] Auch in der Verfassung des Deutschen Reiches vom 28. März 1849 wurde eine demgemäße Zuständigkeit erwähnt: Das Reichsgericht hatte die Zuständigkeit für die Fälle des Hoch- und Landesverrats inne,[21] die Schwurgerichte diejenige für schwerere Strafsachen und alle politischen Vergehen.[22] Allerdings wurde in den Jahren 1848 und 1849 bei der Wahl der Geschworenen auch deren politische Gesinnung berücksichtigt, indem man sie nur dann auf die Wahlliste setzte, wenn die politische Einstellung mit der Regierungspolitik konform war, wodurch sie nicht unbedingt die Auffassung des Volkes repräsentierten, sondern eher einseitig ausgewählt waren.[23] Ungefähr zur selben Zeit wurden auch zahlreiche Schöffengerichte eingeführt, deren Zuständigkeit sich jedoch hauptsächlich auf Bagatellsachen beschränkte.[24]

Bereits wenige Jahre nach der Einführung der Schwurgerichte wurde einigen von ihnen die Zuständigkeit für politische und Pressedelikte wieder entzogen und Gerichten mit ausschließlich beamteten Richtern zugewiesen.[25] Aus den wahren Gründen dafür wurde kein Hehl gemacht: Der Herzog zu Nassau beispielsweise entzog dem Geschworenengericht konkrete politische Verbrechen, weil sie zu keiner dem Strafgesetz entsprechenden Aburteilung geführt hätten, so daß für diese Delikte künftig die Zuständigkeit des Hofgerichts begründet sei.[26] Das Großherzogtum Hessen, das Königreich Hannover sowie das Königreich Preußen folgten diesem Beispiel.[27] In Preußen übernahm nun das Kammergericht Berlin,

---

berg v. 14.8.1849, ebenda S. 600; §8 des Gesetzes v. 21.8.1849 für das Herzogthum Braunschweig, die Gerichtsverfassung betreffend, ebenda S. 722; § 9 der Strafprozeßordnung für das Königreich Hannover v. 8.11.1850, ebenda S. 283; §41 des Gesetzes v. 5.2.1851 für das Großherzogthum Baden, die Einführung des Strafgesetzbuches, des neuen Strafverfahrens und der Schwurgerichte betreffend, ebenda, S. 422 (427f.)

[20] Kern: Geschichte des Gerichtsverfassungsrechts, S. 70f.

[21] Art.I §126 l abgedruckt in: Franz, S. 140 (157f.)

[22] §46 des Gesetzes v. 28.12.1848, betreffend die Grundrechte des deutschen Volks: „Schwurgerichte sollen jedenfalls in schwereren Strafsachen und bei allen politischen Vergehen urteilen.“, abgedruckt in: RGBl. 1848, S. 49 (57); Art. X § 179 der Verfassung des Deutschen Reiches, abgedruckt in: Franz, S. 140 (165)

[23] Böttges, S. 112f.; Herrmann, S. 24

[24] Kern: Geschichte des Gerichtsverfassungsrechts, S. 75; Rennig, S. 34

[25] Zachariae, S.286ff (insbesondere Anmerkungen); Liekefett, S.107; vgl. auch Herrmann, S.86

[26] Gesetz v. 23.12.1851, abgedruckt in: Sundelin, S. 270

[27] Art. 3 des Gesetzes v. 21.5.1852 für das Königreich Preussen, betreffend die Abänderungen der Art.94 und Art.95 der Verfassungsurkunde v. 31.1.1850, in: Sundelin, S. 104

besetzt mit reinen Beamtenrichtern, die Zuständigkeit aller politisch relevanten Delikte,[28]in Hannover das Oberappellationsgericht.[29] Eine zumindest partielle Erklärung dieser Zuständigkeitseinengung dürfte in der beinahe stillschweigenden Hinzurechnung der Pressevergehen zu den Strafverfahren politischer Natur zu finden sein: Wegen häufiger -manchmal vielleicht auch ungerechtfertigter- Freisprüche durch die Jury vom Vorwurf eines Pressevergehens[30]glaubte man, deren diesbezügliche Kompetenz nicht länger aufrechterhalten zu können. Auch wurde eingewandt, daß immer mehr Pressedelikte ohne politische Grundlage existierten, für welche das Argument, Laien seien in Prozessen politischer Natur als Richter geeigneter als Berufsbeamte, nun nicht mehr zutreffe, so daß hierfür eine Zuständigkeit der Schwurgerichte nicht länger wünschenswert sei.[31] Um sich des unliebsamen Laienmitspracherechts auch für Aufruhr, Majestätsbeleidigung und viele andere Tatbestände entledigen zu können, wurde gleichsam die gesamte Schwurgerichtszuständigkeit in diesem Bereich auf ein Minimum reduziert.[32] Diese Entwicklung spiegelt die Auffassung der während der Reaktionszeit einflußreichsten Positionen wider, nach denen ausgerechnet in politischen Verfahren die Beteiligung von Geschworenen vermieden werden sollte.[33] Dort, wo den Schwurgerichten noch einzelne Strafsachen politischer couleur verblieben, erhielten die Geschworenen lediglich eine untergeordnete Stellung gegenüber den Staatsrichtern. Hielten sie beispielsweise den Angeklagten mit einer Mehrheit von nur 7 zu 5 Stimmen eines Anklagepunktes für schuldig, entschied ein dreiköpfiges Beamtenrichterkolleg nochmals über das Verdikt der Jury, wobei deren Entscheidungen in das Gegenteil verkehrt werden konnten.[34]

Ein solcher Verlauf war bei mehreren europäischen Regierungen spürbar. Sie hatten ebenfalls mit der Beteiligung des liberalen Bürgertums an der sogenannten politischen Rechtsprechung zu kämpfen, denn die Schwurgerichte entschieden keineswegs immer im Sinne der herrschenden Mächte, was in der Folge meistens zur

---

[28] vgl. § 1 des Gesetzes v. 25.4.1853 für das Königreich Preussen, betreffend die Kompetenz des Kammergerichts zur Untersuchung und Entscheidung wegen der Staatsverbrechen... in: Gesetzessammlung f. d. königlichen preussischen Staaten Nr. 14, S. 161 (162); ebenso das Gesetz v. 6.3.1854 für das Königreich Preussen, betreffend die Competenz der Gerichte zur Untersuchung und Entscheidung der politischen und mittels der Presse verübten Verbrechen in: Sundelin, S. 105

[29] VO für das Königreich Hannover v. 22.12.1855, abgedruckt in: Zachariae, S. 290, Anm. 12

[30] Stenglein, 22. DJT, S. 108 (113)

[31] Prot.der Komm.f.d.Reform d. Strafprozesses, Bd.1, S. 441

[32] vgl. oben Anm. 25

[33] Kern: Geschichte des Gerichtsverfassungsrechts, S. 80

[34] Schwarze, S. IX; Herrmann, S. 32f. und S. 41

Auskopplung politischer Delikte aus dem Zuständigkeitsbereich der Geschworenengerichte führte.[35] Einzig in Österreich sah der VIII. Ministerielle Entwurf von 1867 eine Zuständigkeits*erweiterung* der Schwurgerichte insbesondere auf politische und Pressedelikte vor.[36]

## II. Die Schwurgerichte und ihre Zuständigkeitseinengung für politische (Straf-) Verfahren vor und während des Kaiserreiches

In Deutschland begannen sich mit der Entwicklung des Norddeutschen Bundes und des Kaiserreiches auch zugleich die Stimmen zu mehren, welche gegen die Schwurgerichte votierten, insbesondere gegen deren Zuständigkeit für politische und Pressedelikte. Ohne Zweifel trug man Sorge, daß ausgerechnet über die höchsten Rechtsgüter und -interessen des Staates das „gemeine Volk" entscheiden sollte. Der Laie wurde als zu unsensibel für die Belange des Gemeinwesens und des Staates empfunden.[37] Desgleichen wurde bereits zu diesem Zeitpunkt der Grundstein für eine Argumentation gelegt, die sich bis in die Gegenwart halten sollte: Gerade in Strafprozessen politischer Art sei der Laie nicht in der Lage, völlig unabhängig zu urteilen, sondern insbesondere dem Einfluß „von unten", also dem der breiten Masse, ausgesetzt.[38] Vergangen seien die Zeiten, welche eine Kontrolle der politischen Rechtsprechung durch das Volk notwendig gemacht hatten, vorbei die geheimen Gerichtsverfahren, in denen der Richter mit dem Ankläger identisch war, abhängig von der jeweils herrschenden Macht,[39] beseitigt seien die unzureichenden Beweistheorien.[40] Die Gegenauffassung bestand darin, gerade bei Prozessen politischer Art eine Mitwirkung und Kontrolle des Volkes beziehungsweise durch das Volk als unerläßlich anzusehen und die Schwurgerichte samt ihrer Zuständigkeit für diese Delikte in vollem Umfang beibehalten zu wollen.[41] Zwischen diesen beiden Meinungen gab es nur vereinzelt Stimmen, die einen Ausgleich zu schaffen suchten, indem zwar die Nachteile einer Laienbeteiligung bei politischen Prozessen hervorgehoben, aber gleichzeitig Verbesserungsvorschläge angebracht oder objektive Begründungen für Fehlentscheidungen vor-

---

[35] Kirchheimer: Politische Justiz S. 331f.
[36] Dolenc in: Mittermaier/Liepmann, Bd.II, S. 467 (470) und (482)
[37] Schütze, S. 15
[38] Schütze, S. 16; Schubert in: Aschrott, S. 1 (7f.); Prot.d.Komm.f.d.Reform d. Strafprozesses, Bd.1, S. 435; v.Katte in: Mittermaier/Liepmann, Bd.I, S. 621 (626)
[39] Schütze, S. 16; Bolder, S. 67f.
[40] Prot.d.Komm.f.d.Reform d. Strafprozesses Bd.1, S. 397; Binding in: Preußische Jahrbücher, Bd.32, S. 117 (145f.)
[41] Dolenc in: Mittermaier/Liepmann, Bd.II, S. 467 (599); Prot.d.Komm.f.d.Reform d. Strafprozesses, Bd.1, S. 390; RT-Verh., 1.Legislp.1871, I. Session, Bd.3, Nr.69 II (S.182); Alsberg, 35. DJT, Bd.1, S. 440 (451); Petzal, S. 68

getragen wurden. Zu dieser Kategorie zählt auch Schäffer,[42]der bereits 1851 eine Erklärung dafür bot, weshalb es zu so unerwünscht häufigen Freisprüchen gerade bei Pressevergehen kam: Zum einen sah er die Laien als anfälliger für Beeinflussung an -eine Tendenz, die durch Einwirkung von Parteien noch verstärkt wurde.[43] Vor allem Geschworene mit höherer Schichtzugehörigkeit und Bildung hatten die Möglichkeit, ihre noch unentschiedenen Kollegen in ihrem Sinne zu einer Entscheidung hinzulenken.[44] Die weniger Gebildeten versuchte man hingegen teils mit Täuschungen oder sogar Drohungen von der Unschuld des Angeklagten zu überzeugen.[45] Ein Freispruch durch die Geschworenen war insbesondere dann zu erwarten, wenn selbst der Staatsanwalt eine Verurteilung aufgrund der unzureichenden Beweislage für nicht sehr wahrscheinlich hielt. Auch ließ Schäffer die Macht der öffentlichen Meinung nicht unberücksichtigt, die vielfach noch kein Ende der Revolution erklärt und die Geschworenen somit vor die schier unlösbare Aufgabe gestellt habe, zu entscheiden, welche Handlungen in diesen politisch bewegten Zeiten überhaupt von geltenden Strafgesetzen erfaßt seien,[46]wodurch einige Jurymitglieder glaubten, sich einer solch herrschenden Volksmeinung nicht verschließen zu dürfen.[47]Als drittes Argument führte Schäffer die mangelnde Verständlichmachung der Materie gegenüber der Jury an, denn ohne völliges Verstehen der Sachlage ist ein sachgerechtes und angemessenes Urteil nicht möglich.[48]
Um die Vorteile eines Geschworenengerichtes nach Beseitigung der Mängel wieder in den Vordergrund zu stellen, verlangte Schäffer als Voraussetzung zur Ausübung des Geschworenenamtes vor allem Befähigung und Willen zur Verwirklichung des Rechtsgedankens. Nur dann sei der Laie zur nötigen Aufmerksamkeit für den Prozeß und zur Unbefangenheit gegenüber dem Angeklagten in der Lage.[49] Mit einem entsprechenden Gefühl für das Recht ausgestattet, sei der Laie selbständig genug, sich Einflüssen jeglicher Art zu widersetzen. Was die oben angeführten Mängel im Verlaufe des Prozesses betrifft, so stellte Schäffer auch dem Staatsanwalt sowie dem Richter ein Großteil der Verantwortung für einen objektiven Prozeß anheim.[50]
Diesen Ausführungen läßt sich lediglich entgegenhalten, daß eine Prüfung, wer nun tatsächlich von Wille und Fähigkeit, Gerechtigkeit zu verwirklichen, durch-

---

[42] Schäffer in: Der Gerichtssaal 1851, Bd.1; S. 110
[43] Schäffer, a.a.O., S. 111
[44] Schäffer, a.a.O., S. 116
[45] Schäffer, a.a.O., S. 120
[46] Schäffer, a.a.O., S. 114f.
[47] Schäffer, a.a.O., S. 119
[48] Schäffer, a.a.O., S. 117 und S. 119; ebenso Seuffert, S. 47
[49] Schäffer, a.a.O., S. 110
[50] Schäffer, a.a.O., S. 122f.; Seuffert, S. 47

drungen sei, kaum durchführbar gewesen sein dürfte.
Mit Entstehung des Deutschen Kaiserreiches erreichte die Diskussion neue Dimensionen. Vorrangig ging es um das Für und Wider der Schwurgerichte, ihre Ablösung durch Schöffengerichte[51]und nicht zuletzt um die Handhabung der politischen Delikte, welchen in der vorliegenden Arbeit die größte Bedeutung zukommen soll. Es wird darauf verzichtet, die gesamte Argumentation in Hinblick auf die Erhaltung oder Abschaffung der Schwurgerichte wiederzugeben; das würde einerseits den Rahmen der Arbeit überschreiten und andererseits vom Thema wegführen. Eine grobe Skizzierung des Verlaufs ist jedoch für die weitere Entwicklung der Zuständigkeiten in politischen Strafsachen erforderlich.

### 1. Der Vorschlag zur Bildung eines erstinstanzlich zuständigen Reichsgerichtes

Bevor es zur Einrichtung eines deutschen Reichsgerichtes kam, war nach den Verfassungen des Norddeutschen Bundes[52]und später der Reichsverfassung von 1871 gemäß Art. 75 -der Wortlaut war von der Verfassung des Norddeutschen Bundes übernommen- das Lübecker Oberappellationsgericht für die Aburteilung aller Verfahren des Hoch- und Landesverrates gegen den Bund beziehungsweise das Reich zuständig.[53] Bemerkenswert ist hierbei, daß das Gericht eines Stadtstaates dazu auserkoren war, den Schutz von Kaiser und Reich zu wahren. Diese geplante Zuständigkeit wurzelte -wie auch die Beteiligung von Laien an der Strafgerichtsbarkeit- im damals vorherrschenden Liberalismus.[54]
Als es jedoch zu Beginn der siebziger Jahre des 19. Jahrhunderts galt, ein Gerichtsverfassungsgesetz für das kaiserliche Deutschland zu erarbeiten, kam es aufgrund der vorgelegten Entwürfe zu heftigsten Debatten: Nicht nur die geplante Übernahme der Zuständigkeit für alle gegen Kaiser und Reich gerichteten Hochsowie Landesverratssachen durch ein Reichsgericht, sondern auch der am 12. November 1873 beim Bundesrat eingereichte, von Preußen erstellte Erste Entwurf eines Gerichtsverfassungsgesetzes, welcher bei *allen* erstinstanzlich entscheidenden Strafgerichten Schöffen vorsah[55]sowie ein dem Art. 144 Absatz 3 der Frankfurter Grundrechte entsprechender Antrag bei der Reichsjustizkommission, den Schwurgerichten die alleinige Zuständigkeit für ex-officio zu verfolgende politi-

---

[51] anstelle vieler: Mittermaier/Liepmann sowie Aschrott

[52] Art.75 der Verfassung des Norddeutschen Bundes, abgedruckt in: Gesetzessammlung für die königlichen preussischen Staaten, S. 817 (838f.)

[53] Art.75 der Reichsverfassung v. 1871, abgedruckt in Franz, S. 190; Kern: Geschichte des Gerichtsverfassungsrechts, S. 87; Bennecke/Beling, S. 80, Anm. 27

[54] Wagner in: Dreher-FS, S. 625

[55] Rennig, S. 35; Herrmann, S. 89; Kern: Geschichte des Gerichtsverfassungsrechts, S. 88; Klingebiel, S. 58

sche Vergehen zu übertragen,[56] führte zu langjährigen Kontroversen über den Nutzen von Laienrichtern im allgemeinen und von Schwurgerichten im besonderen.

### a. Die geplante Zuständigkeit des Reichsgerichtes für Hoch- und Landesverrat

Es gab zwei Hauptargumente, welche die Übernahme politischer Delikte durch das Reichsgericht untermauern sollten: Zum einen meinte man, bei Angriffen gegen das Reich deren strafrechtliche Handhabung schon allein aufgrund der Interessenlage nicht einem einzelnen Kleinstaat überlassen zu können, sondern reichseigene Organe bilden zu müssen.[57] Zum anderen wurde die Auffassung vertreten, kein besser besetztes, juristisch fundierteres, unabhängigeres und unparteiischeres Gericht als das Reichsgericht gerade für politische Strafverfahren finden zu können.[58]
Beide Argumente bedürfen der genaueren Untersuchung und Diskussion.
Zu unterscheiden ist in dem vorliegenden Zusammenhang jedoch auch noch zwischen der Zuständigkeit für Hoch- sowie Landesverrat gegen Kaiser und Reich einerseits und „sonstigen“ politischen Delikten andererseits. Erst nach und nach wurden beinahe sämtliche Strafverfahren mit politischer Färbung an das Reichsgericht überwiesen.

#### aa. Die Bildung reichseigener Justizorgane zur Aburteilung von Hoch- und Landesverrat gegen Kaiser und Reich

Grundlage für die Errichtung reichseigener Justizorgane zur Aburteilung von Hoch- und Landesverrat bildete die Argumentation, bei Angriffen gegen Kaiser und Reich auch die Jurisdiktion selbst übernehmen zu müssen, ohne an die Gerichte der Einzelstaaten verwiesen zu werden. Die Fälle des jeweiligen Verrats beträfen direkt die Interessen des Reiches und könnten daher nicht der Aburteilung durch ein lediglich kleinstaatliches Gericht überlassen werden, insbesondere keinem Geschworenengericht.[59] Weiterhin bestand nach mancher Ansicht bei Vorliegen mehrerer Verfahren die Gefahr einer ungleichen Rechtsprechung, da von verschiedenen Geschworenengerichten keine einheitliche Beurteilung der Sachlage erwartet wurde.[60]

---

[56] Kern: Geschichte des Gerichtsverfassungsrechts, S. 91
[57] Wagner in: Dreher-FS, S. 625; Prot. der Komm. in: Hahn/Mugdan, Bd.1, Abt.2, S. 966
[58] Wagner in: Dreher-FS, S. 625f.; Schütze, S. 17; Zinn, Prot. der Komm. in: Hahn/Mugdan, Bd.1, Abt.1, S. 836
[59] v. Amsberg, Prot. der Komm., in: Hahn/Mugdan, Bd. 1, Abt. 1, S. 617; ders., Prot. der Komm. in: Hahn/Mugdan, Bd.1, Abt.2, S. 1340
[60] Lasker, Prot. der Komm. in: Hahn/Mugdan, Bd.1, Abt.1, S. 617; Wachenfeld in Aschrott, S. 18 (26)

Bereits zu diesem Zeitpunkt wurde eine ganze Bandbreite von Argumenten gegen die Aufrechterhaltung der Schwurgerichte aufgeboten. Auf die einzelnen Bedenken soll an späterer Stelle genauer eingegangen werden.
Als Grund für die Überweisung der Zuständigkeit an ein Reichsgericht wurde geltend gemacht, daß das Reich als ein aus lauter Einzelstaaten bestehender Bund auch in der Lage sein muß, seine eigene Existenz selbst zu schützen.[61] Diese Schlußfolgerung sollte durch den Wortlaut des Gesetzes -Artikel 75 der Reichsverfassung von 1871- verifiziert werden, da es dort heißt: „Bis zum Erlasse eines Reichsgesetzes bewendet es bei der seitherigen Zuständigkeit der Gerichte in den einzelnen Bundesstaaten und den auf das Verfahren dieser Gerichte sich beziehenden Bestimmungen."[62] Folglich ging man davon aus, daß der damalige Gesetzgeber eine spätere Zuständigkeit von Reichsjustizorganen für Strafverfahren des Hoch- und Landesverrats gegen Kaiser und Reich als notwendig erachtet hatte.[63]

**bb. Das Reichsgericht als juristisch fundiertes und unparteiisches Gericht**

Zudem führte man als Grund für die Bildung eines erstinstanzlich zuständigen Reichsgerichtes selbiges als unparteiischstes Richtergremium ins Felde. Gerade die Untergliederung des Reiches in einzelne Staaten barg danach die Gefahr in sich, in Fällen des zu verhandelnden Verrates ausgerechnet an das Gericht eines Kleinstaates zu gelangen, dessen Regierung bundesfeindliche Tendenzen aufwies, so daß Auswirkungen auf den anschließenden Richterspruch befürchtet wurden.[64] Das oberste Gericht des Reiches war zudem schon mit Revisionsfällen betraut, so daß die juristische Kenntnis vorhanden war und man es als eine natürliche Folge betrachtete, diesem Gerichtshof nun auch die entsprechenden politischen Verfahren auf Tatsachenebene zuzuweisen.[65] Schließlich wurde die Möglichkeit, daß die Richter eines solchen Gremiums vielleicht einmal gegen die Interessen des Reiches entscheiden könnten, negiert.[66]

---

[61] v.Puttkamer, Prot. der Komm. in: Hahn/Mugdan, Bd.1, Abt.1, S. 617

[62] abgedruckt in Franz, S. 190, (wortgleich mit Art.75 der Verfassung des Norddeutschen Bundes)

[63] Prot. der Komm. in: Hahn/Mugdan, Bd.1, Abt.2, S. 1341

[64] v.Puttkamer, Prot. der Komm. in: Hahn/Mugdan, Bd.1, Abt.1, S. 617

[65] Hänel, Prot. der Komm. in: Hahn/Mugdan, Bd.1, Abt.2, S. 1342; v.Amsberg, ebenda, Bd.1, Abt.2, S. 1343

[66] v. Amsberg, Prot. der Komm. in: Hahn/Mugdan, Bd.1, Abt.1, S. 834; Lasker, ebenda, Bd.1, Abt.1, S. 834f.; v. Jagow, ebenda, Bd.1, Abt.1, S. 835; Marquardsen, ebenda, Bd.1, Abt.1, S. 835; v.Katte in: Mittermaier/Liepmann, Bd.I, S. 626

### cc. Kritische Gegenpositionen

Dieser, in der Reichsjustizkommission verbreiteten Auffassung standen teils energische Stimmen gegenüber: Es wurde kein zwingender Grund für die Bildung eines Reichsgerichtes zur Aburteilung der erwähnten Strafverfahren gesehen, zumal die in der Reichsverfassung von 1871 genannte „künftige" Zuständigkeit nach diesen Meinungen keineswegs in einer besonderen Gerichtsbarkeit enden mußte, die sich so fundamental von den bestehenden Landesgerichtsbarkeiten unterschied.[67] Eine Abgrenzung beispielsweise zwischen Hochverrat gegenüber einem einzelnen Staat und einem solchen gegenüber Reich oder Kaiser war schon allein aufgrund der Begehungsweise dieser Deliktsarten kaum möglich. Der erste Fall kam vor die Geschworenen,[68]der letzte vor das Reichsgericht. So war aber auf Dauer keine Rechtseinheit zu erhalten.[69] Kompliziert wurde es vor allem, wenn der Verrat gleichzeitig gegen einen Landesherren *und* gegen den Kaiser gerichtet war -eine Konstellation, die wohl den Normalfall darstellen durfte. Dies sollte nun zu zwei höchst unterschiedlichen Prozessen vor verschiedenen Gerichten wegen *derselben* Tat führen, was nicht hinnehmbar war[70]und eine differenzierte Behandlung derselben Rechtsmaterie zu Recht unerwünscht erscheinen ließ. Zudem wurde damals von einigen die Auffassung vertreten, daß das Wesen des Bundesstaates gerade in der ausschließlichen Geltendmachung seiner Interessen und Existenzberechtigung über die einzelnen Staatsgewalten bestehe, da die Garantien des bestehenden Reiches in den jeweiligen Organen der Einzelstaaten manifestiert sind.[71]

Von diesem Standpunkt aus stellte die geplante Zuständigkeit des Reichsgerichtes eine Art Ausnahmegerichtsbarkeit dar. Auch sollte die spätere Entwicklung zeigen, daß das Reichsgericht keineswegs so unparteiisch und unabhängig von jeglichen Machteinflüssen war, wie es anfangs schien.

### b. Abwägung der jeweiligen Argumente

Es mag nach der Gründung des Deutschen Reiches eine durchaus logische Forderung gewesen sein, eine erstinstanzliche Zuständigkeit des zu diesem Zeitpunkt lediglich mit Revisionsfällen betrauten Reichsgerichtes für diejenigen Angriffe begründen zu wollen, welche sich in hoch- oder landesverräterischer Weise gegen Kaiser und Reich richteten. Allerdings sollte man sich vergegenwärtigen, unter

---

[67] Windthorst, Prot. der Komm. in: Hahn/Mugdan, Bd.1, Abt.2, S. 1341
[68] Bennecke/Beling, S. 80, Anm. 27
[69] Windthorst, Prot. der Komm. in: Hahn/Mugdan, Bd.1, Abt.2, S. 1341
[70] Bebel, Prot. der Komm. in: Hahn/Mugdan, Bd.1, Abt.2, S. 1344f.
[71] Argument angeführt von Hänel, Prot. der Komm. in: Hahn/Mugdan, Bd.1, Abt.2, S. 1343

welchen Umständen es damals zum Zusammenschluß des Deutschen Reiches gekommen war. Die Mitgliedstaaten hatten sich für diesen Zusammenschluß eingesetzt und das Reich samt seiner Verfassung zumindest weitgehend adaptiert, so daß ein Bewußtsein für die politische Bedeutung des neuen Staatenbundes kaum von der Hand zu weisen sein dürfte. Zudem war in §107 Absatz 2 des Gerichtsverfassungsgesetzes (GVG) die Möglichkeit vorgesehen, Revision gegen die Schwurgerichtsentscheidungen einzulegen, so daß eine Überprüfung der durch die Landesschwurgerichte ergangenen Urteile über die gegen Kaiser und Reich gerichteten Angriffe möglich und somit auch eine einheitliche Rechtsprechung gewährleistet gewesen wäre.[72] Dann aber verliert das Argument, die Aburteilung von Hoch- und Landesverrat gegenüber Reich und Kaiser dürfe nicht länger den einzelnen Staaten überlassen bleiben, erheblich an Tragfähigkeit. Weiterhin konnten für die Einführung einer Tatsacheninstanz am Reichsgericht nicht dessen bereits gesammelte Erfahrungen in Revisionsangelegenheiten geltend gemacht werden: Es stellt einen erheblichen Unterschied dar, ob ein Gericht als Rechtsmittel- oder als Tatsacheninstanz tätig wird. Eine längere Mitwirkung in einem Rechtsmittelgremium *kann* dazu führen, das Gespür für die erstinstanzliche Beurteilung eines Sachverhaltes zumindest vorübergehend zu verlieren. Auch dieses Argument konnte und kann also im Endeffekt nicht überzeugen. Im folgenden soll die Auffassung der gegen ein Reichsgericht in politischen Strafverfahren Votierenden, die insbesondere das Fehlen der Geschworenen am Reichsgericht kritisierten, näher dargestellt werden.

## 2. Ein Reichsgericht ohne Geschworene (?)

### a. Gründe für die Bildung eines Reichsschwurgerichtes

Selbst für einen Teil derjenigen, welche die Bildung einer Tatsacheninstanz am Reichsgericht befürworteten, stellte sich der dortige Mangel an Geschworenen als gravierend dar.[73] In der Folge versuchte man, mit dem Vorschlag zur Einrichtung eines Reichsschwurgerichtes die Durchbrechung des Grundsatzes der Laienbeteiligung an der Rechtsprechung zu verhindern und die politischen Verfahren gleich den allgemeinstrafrechtlichen Prozessen zu behandeln.[74]

Demnach sollte das Reichsschwurgericht alle erst- und letztinstanzlich dem Reichsgericht übertragenen Verfahren übernehmen (geplanter §112 ***a*** GVG) und sich aus drei Mitgliedern des Reichsgerichtes sowie zwölf für die Entscheidung der Schuldfrage zuständigen Geschworenen zusammensetzen (§112 ***b***). Letztere

[72] Eberth, Prot. der Komm. in: Hahn/Mugdan, Bd.1, Abt.2, S. 1339

[73] Hänel, Prot. der Komm. in: Hahn/Mugdan, Bd.1, Abt.2, S. 1343

[74] Marquardsen, Prot. der Komm. in: Hahn/Mugdan, Bd.1, Abt.1, S. 617, eher vorsichtig Lasker, ebenda

sollten aus den Mitgliedern des Deutschen Reichstages ausgelost werden (§112 *c*).[75] Somit war zugleich der Einwand entkräftet, den Geschworenen *eines Einzelstaates* nicht die Handhabung der gegen das Reich gerichteten Angriffe überlassen zu können.[76] Insbesondere bei der Beurteilung solcher Delikte wurde die unvoreingenommene Betrachtungsweise der Laien als unverzichtbar hervorgehoben. Die beamteten Richter hingegen sah man niemals als völlig unabhängig von den regierenden Mächten an, vor allem nicht bei der Bewertung von Handlungen und Erlassen der Staatsführung.[77] Auch der Gefahr einer Art Verwissenschaftlichung und mangelnder Kenntnis des Richtertums von der zu behandelnden Materie sollte so vorgebeugt werden. Das Interesse des Volkes an diesen Verfahren wurde ungleich höher bewertet als das der Staatsrichter und somit der Laie als qualifizierter angesehen, da der beamtete Richter mangels Interesse und geringerer politischer Betätigung den Fall nur in unzureichendem Maße beurteilen könne. Gerade im Deutschen Reichstag seien aber diejenigen Männer vertreten, die ein Gespür für die politische Entwicklung ihrer Nation besäßen.[78] Daß sich eine solche Laienbeteiligung tatsächlich verwirklichen lassen könnte, wurde am rechtsvergleichenden Beispiel der Schweiz, welche für die Aburteilung von gegenüber dem Bund begangenen Delikten die Institution eidgenössischer Geschworenen gegründet hatte, sichtbar.[79]

Ferner wurde für die Bildung eines Reichsschwurgerichtes die Objektivität des Reichsgerichtes gegenüber den einzelnen Parteien angeführt, um zu vermeiden, daß künftig die politische Überzeugung der Mitglieder anstelle deren Qualifikation und Wissensstand zum ausschlaggebenden Moment für die Besetzung der Gremien werde.[80]

Die Vorschläge liefen also darauf hinaus, die gemäß §107 GVG dem Reichsgericht überwiesenen Verfahren des Hoch- und Landesverrats gegen Kaiser und Reich indirekt der Zuständigkeit der Schwurgerichte wieder zuzuführen.[81] Mit der Einführung eines §112 ***i*** GVG, demgemäß der Kaiser das Gnadenrecht über die vom Reichsschwurgericht abgeurteilten Verfahren innehaben sollte,[82]versuchte man, einem weiteren Argument der angeblichen Unvereinbarkeit von hochpoliti-

---

[75] Prot. der Komm. in: Hahn/Mugdan, Bd.1, Abt.1, S. 832, Anm. 1

[76] Herz, Prot. der Komm. in: Hahn/Mugdan, Bd.1, Abt.1, S. 833; Prot. der Komm. in: Hahn/ Mugdan, Bd.1, Abt.2, S. 966

[77] Herz, Prot. der Komm. in: Hahn/Mugdan, Bd.1, Abt.1, S. 833

[78] Klotz, Prot. der Komm. in: Hahn/Mugdan, Bd.1, Abt.1, S. 835

[79] Eberth, Prot. der Komm. in: Hahn/Mugdan, Bd.1, Abt.2, S. 1339

[80] Klotz, Prot. der Komm. in: Hahn/Mugdan, Bd.1, Abt.1, S. 835

[81] Prot. der Komm. in: Hahn/Mugdan, Bd.1, Abt.2, S. 966; Klotz, ebenda, Bd.1, Abt.1, S. 833 zu einem entsprechenden Antrag von Eyhardt und Genossen.

[82] Prot. der Komm. in: Hahn/Mugdan, Bd.1, Abt.1, S. 833

schen Verfahren und der diesbezüglichen Teilnahme von Geschworenen entgegenzuwirken: Man hatte gegen die Belassung der Aburteilung der erwähnten politischen Verbrechen bei den Schwurgerichten der jeweiligen Einzelstaaten das Begnadigungsrecht ins Felde geführt. Normalerweise verblieb das Begnadigungsrecht bei demjenigen Landesherrn, dessen Gerichte das Urteil gesprochen hatten. Eine solche Konstellation wurde jedoch als nicht mehr tragbar angesehen, wenn es die Reichssouveränität zu wahren galt.[83] Infolgedessen sollte das Recht zur Begnadigung gleichzeitig mit der Gründung einer erstinstanzlichen Reichsgerichtszuständigkeit in den Fällen des §107 GVG auf den Kaiser übergehen,[84]da sich ansonsten der Gedanke eines Reichsgerichtes nicht verwirklichen lasse.[85] Die neu zu gründende Kompetenz für Hoch- und Landesverrat führte nach dieser Argumentation zwingend zur Errichtung einer reichseigenen Begnadigungsinstanz: Waren folglich die Interessen des Reiches betroffen und eine Aburteilung durch ein Gericht desselben erfolgt, so stand ihm -und damit dem Kaiser- auch das Recht der Begnadigung zu.[86] Eine Abstimmung über diesen Komplex erfolgte hingegen nicht, da eine Diskussion und Entscheidung ohne Eingehen auf Materien des Reichsstaatsrechts nicht möglich und zudem weder Teil des Gerichtsverfassungsgesetzes noch der Strafprozeßordnung sei, da letztere das Begnadigungsrecht nicht ordne, sondern voraussetze.[87] Damit war eine weitere Stütze in der Argumentation um die Bildung eines Reichsschwurgerichts weggebrochen.

### b. Ablehnung des Reichsschwurgerichtes

Trotz der angeführten Gründe über die Notwendigkeit von Laienbeteiligung am Reichsgericht sprach man sich überwiegend dagegen aus. Vor allem das Problem einer dadurch erfolgenden Politisierung der Justiz wurde in den Vordergrund gestellt, da man durch die Auslosung und Zusammenstellung der Geschworenen aus Mitgliedern des Deutschen Reichstages eine bisher vermiedene und unerwünschte Vermischung von Rechtsprechung und Politik befürchtete.[88] Zudem wurde die Durchführung eines solchen Vorschlags als unmöglich angesehen. Wieder fand die Meinung Gehör, daß durch das Losverfahren Reichstagsmitglieder als Geschworene entscheiden könnten, deren Herkunftsstaat vielleicht Tendenzen zur

---

[83] Lasker, Prot. der Komm. in: Hahn/Mugdan, Bd.1, Abt.1, S. 836
[84] Prot. der Komm. in: Hahn/Mugdan, Bd.1, Abt.2, S. 967
[85] Eyholdt, Prot. der Komm. in: Hahn/Mugdan, Bd.1, Abt.1, S. 836
[86] Bähr, Prot. der Komm. in: Hahn/Mugdan, Bd.1, Abt.1, S. 837
[87] v. Amsberg und andere, Prot. der Komm. in: Hahn/Mugdan, Bd.1, Abt.1, S. 836f. und Bd.1, Abt.2, S. 967
[88] v. Amsberg und Lasker, Prot. der Komm. in: Hahn/Mugdan, Bd.1, Abt.1, S. 834; v. Gneist ebenda, Bd.1, Abt.1, S. 835f; ebenda, Bd.1, Abt.1, S. 966

Loslösung vom Reich aufwiesen, weshalb eine solidarische Einstellung gegenüber dem Verräter zu befürchten sei.[89] Genausowenig traf der Vergleich mit der Schweiz auf Akzeptanz, da bezweifelt wurde, daß das Institut der eidgenössischen Geschworenen zu einem späteren Zeitpunkt nochmals eingeführt worden wäre.[90] Insbesondere wendete man sich also gegen die Beteiligung von Laien an Prozessen politischer Natur, bei welchen es nach Angaben eines Abgeordneten der Reichsjustizkommission in anderen Ländern bereits zu negativen Erfahrungen gekommen sei.[91]

Der Vorschlag zur Einführung eines Reichsschwurgerichtes wurde im Endeffekt von der Reichsjustizkommission gegen eine Minderheit von lediglich sechs Stimmen abgelehnt.[92] Damit war die Beteiligung von Nichtjuristen am Reichsgericht erst einmal erfolgreich verhindert worden, und die jeweiligen Gesetze, vor allem das hier maßgebende Gerichtsverfassungsgesetz, traten in Kraft.

Trotzdem blieb diese neue Zuständigkeit nicht unangegriffen. Im Laufe der folgenden Jahre wurden wiederholt Änderungsvorschläge gemacht, welche nicht selten auch eine Zuziehung von Laien am Reichsgericht beinhalteten.

---

[89] v. Amsberg, Prot. der Komm. in: Hahn/Mugdan, Bd.1, Abt.1, S. 834; Marquardsen, ebenda, Bd.1, Abt.1, S. 835

[90] Zinn, Prot. der Komm. in: Hahn/Mugdan, Bd.1, Abt.1, S. 836; ebenda, Bd.1, Abt.2, S. 967

[91] v.Jagow, Prot. der Komm. in: Hahn/Mugdan, Bd.1, Abt.1, S. 835

[92] Prot. der Komm. in: Hahn/Mugdan, Bd.1, Abt.1, S. 836

## 2. Kapitel: Änderungsvorschläge nach Einführung des Gerichtsverfassungsgesetzes - die Kontroverse um Laienbeteiligung an der Strafrechtspflege, insbesondere bei politischen Verfahren

### I. Allgemeine Kritik an der Zuständigkeitsregelung des GVG

Das am 1.Oktober 1879 [93]nach heftigen Debatten schließlich in Kraft getretene Gerichtsverfassungsgesetz sah keineswegs in allen Tatsacheninstanzen -von der Berufungsinstanz ganz zu schweigen- eine Laienbeteiligung vor. Hoch- und Landesverrat wurde, soweit sich die Taten gegen Kaiser und Reich richteten, gemäß §136 Ziffer 1 GVG, welcher den geltenden Art.75 RV beseitigte, von zwei Vereinigten Strafsenaten des Reichsgerichtes, nämlich dem II. und III. Senat mit insgesamt 14 beamteten Richtern abgeurteilt, während der I. Strafsenat die Geschäfte der Voruntersuchung gemäß §138 Absatz 1 GVG leitete.[94] Über schwere Verbrechen des allgemeinen Strafrechts saßen die Geschworenen zu Gericht, für die mittleren Strafsachen hatte die Strafkammer mit ausschließlich berufsrichterlicher Besetzung die Zuständigkeit inne, und über die Vergehen unterster Ordnung urteilten die Schöffengerichte.[95] An der geltenden Gesetzeslage wurden jedoch vor allem in den letzten zwanzig Jahren des 19. Jahrhunderts immer wieder Änderungen vorgeschlagen.

### 1. Reformvorschläge im ausgehenden 19. Jahrhundert

Als einer der hervorstechendsten Änderungsvorschläge aus dieser Zeit ist ein Gesetzesentwurf von 1884 zu bezeichnen, eingebracht von den Abgeordneten Phillips und Lenzmann.[96] Dieser Antrag beinhaltete eine Erweiterung der schwurgerichtlichen Zuständigkeit auf sämtliche politischen Vergehen *und Verbrechen*. Bemerkenswert ist, daß sich unter den dazugehörigen Paragraphen des Strafgesetzbuches auch diejenigen befanden, die einen Verrat gegenüber Kaiser und Reich pönalisierten. Eine Annahme des Reformvorschlages hätte die Tatsacheninstanz des Reichsgerichtes folglich wieder beseitigt und die Kompetenzen zugunsten der Schwurgerichte verschoben; der Antrag blieb jedoch unerledigt, so daß Geschworene oder Laien auch weiterhin überhaupt keine relevanten politischen Delikte aburteilen konnten: Entweder war von vornherein das Reichsgericht zu-

---

[93] RGBl. 1877, S. 77 (§1 des EG GVG v. 27. Januar 1877); Seydel: Comm. zur Verfassungs-Urkunde, Komm. zu Art.75 RV; Birkmeyer, S. 180

[94] §138 Absatz 2 GVG von 1877; Bennecke/Beling, S. 79f.; Klingebiel, S. 36; Schöllkopf, S. 70; Kern: Geschichte des Gerichtsverfassungsrechts, S. 108 und S. 114

[95] Roxin: Strafverfahrensrecht, §71 Rn.1; Bolder, S. 62; Übersicht bei Klingebiel, S. 110, dort dargestellt als Instanzenzug nach der ursprünglichen Strafgerichtsverfassung von 1879 sowie bei Vormbaum, S. 98 und S. 168

[96] RT-Verh., 5. Legislp. 1884, IV. Session, Nr. 78 (S. 734)

ständig oder -für die etwas weniger bedeutsamen politischen Straftaten- die Strafkammern. Im Endeffekt wurde die Strafpolitik der Regierung hauptsächlich durch beamtete Richter durchgeführt.[97] Darum gab es später noch einen konkreten Vorschlag, dem Schwurgericht wieder mehr Kompetenzen zuzuweisen: Der Antrag Munckel aus dem Jahr 1887[98]beinhaltete die Überweisung einiger politischer und Pressedelikte in den Zuständigkeitsbereich der Jury, um so eine Aburteilung dieser Verfahren durch ein ausschließlich mit Beamtenrichtern besetztes Gericht zu verhindern. Er enthielt jedoch die Zuordnung der Straftaten mit politischem Charakter betreffend keine „klare Linie", da er die Kompetenzzuweisung nur lückenhaft vornahm, und wurde schließlich zurückgezogen.[99] Auch ein Antrag aus dem Jahr 1905, den Schwurgerichten die politischen Vergehen und Verbrechen, insbesondere die Straftatbestände des Hoch- und Landesverrats gegen Kaiser und Reich zuzuweisen, wurde wieder verworfen.[100] Allerdings kam es vielen Strafrechtlern in Wissenschaft und Praxis darauf an, eine Strafgerichtsorganisation aufzubauen, die auch das Vertrauen des Volkes besaß, weshalb eine Reform des Strafverfahrensrechts vorgeschlagen wurde, durch welche den juristisch erfahrenen Berufsrichtern in *allen* Strafverfahren Laienrichter entweder in Form von Geschworenen oder Schöffen zur Seite gestellt werden sollten, um die Urteile gemeinsam zu fällen.[101]

Ferner fand sich der Vorschlag, gemischte Kollegien einzuführen, bestehend aus Berufsrichtern und Schöffen: Ein kleines Kollegium sollte für den überwiegenden Teil der Vergehen zuständig sein, ein großes für relevante Vergehen sowie für die Verbrechen.[102] Ungeklärt bleibt an dieser Stelle allerdings, ob unter der letztgenannten Deliktsgruppe auch die politischen Verbrechen, namentlich Hoch- und Landesverrat jedwelcher Art, zu verstehen sein sollten. Ein etwa deckungsgleicher Vorschlag bezog hingegen die in den Zuständigkeitsbereich des Reichsgerichtes fallenden Delikte[103]und damit die Entziehung dessen erstinstanzlicher Kompetenz ausdrücklich mit ein.

Der Reformvorschlag von 1894 beanstandete unter anderem die Aussparung von Laien auf der Ebene mittlerer Strafsachen gemäß §74, §75 GVG,[104]wonach nur die leichten Vergehen von Schöffengerichten, die schweren Vergehen und leich-

---

[97] Herrmann, S. 101; Kern: Geschichte des Gerichtsverfassungsrechts, S. 114

[98] Sten.Ber.d.RT-Verh., 7. Legislp. 1887/88, II. Session, Bd.3, Anlagebd.1, Nr. 16 (S. 140)

[99] Bolder, S. 41

[100] Prot.d.Komm.f.d.Reform d. Strafprozesses, Bd.2, S. 28

[101] Bolder, S. 3f.; so auch Träger, Sten.Ber.d.RT-Verh., 7. Legislp. 1887/88, II. Session, Bd.1, S. 362

[102] Schütze, S. 34

[103] Wachenfeld in: Aschrott, S. 18 (59)

[104] Bolder, S. 68; Kern: Geschichte des Gerichtsverfassungsrechts, S. 126

ten Verbrechen jedoch von Strafkammern abgeurteilt wurden. Daß hier die Berufsrichter alleine die ihnen per Gesetz zugewiesenen Verfahren aburteilten, wurde teilweise als eine der Willkür entsprungene Anomalie innerhalb der Strafgerichtsordnung empfunden, die schnellstens beseitigt werden müsse.[105] So sollte die Strafkammer in ein Schöffengericht, besetzt mit 3 Laien und 2 beamteten Richtern, umgewandelt werden.[106] Diesem Vorschlag wurde jedoch der Schwierigkeitsgrad der von der Strafkammer zu entscheidenden Fälle entgegengehalten, der ein reines Juristengericht erfordere.[107] Zudem glaubte man, bei einem Schöffengericht ungefähr die doppelte Zeit in eine Verhandlung investieren zu müssen, um zum selben Resultat zu gelangen, da diese Zeit benötigt zu werden schien, um den Schöffen den jeweiligen Fall formell korrekt auseinanderzusetzen.[108] Als weiteres Gegenargument wurde die mangelnde Anzahl an geeigneten laienrichterlichen Personen vorgebracht, um auch die Strafkammern lückenlos durch Schöffengerichte zu ersetzen.[109]
An dieser Stelle zeigt sich damit bereits eine der größten Kontroversen innerhalb der Diskussion um die Laienbeteiligung: die Entscheidung zwischen Schwur- und Schöffengericht.

## 2. Kontroversen um Schwur- und Schöffengerichtsbarkeit im allgemeinen

Daß sich beide Formen der Laiengerichtsbarkeit nicht allzu lange würden parallel halten können, war einleuchtend, denn dafür waren sie hinsichtlich ihrer jeweiligen Besetzung und Kompetenz zu unterschiedlich ausgestaltet:
Das **Schwurgericht** erhielt seine spezifische Prägung durch die Unterteilung in zwei verschiedene Richtergremien, unter denen die Funktionen innerhalb des Prozesses aufgeteilt waren.[110] Die Geschworenen, welche zumeist Laien waren und nur sporadisch zum Geschworenendienst herangezogen wurden, urteilten in ihrem Verdikt nicht über die Tat des Angeklagten im Gesamten, sondern über seine

---

[105] Birkmeyer, S. 228; Entwurf einer StPO - Bericht der 7. Komm., Teil 1, S. 33

[106] v.Hippel in: Mittermaier/Liepmann, Bd.II, S. 1 (17); Kern: Geschichte des Gerichtsverfassungsrechts, S. 128f.; so auch §77 des späteren Entwurfs eines Gesetzes betreffend die Änderungen des Gerichtsverfassungsgesetzes, veröffentlicht am 1.9.1908 in: Entwurf einer StPO und Novelle zum GVG nebst Begründung, Berlin 1908

[107] Delbrück in: Mittermaier/Liepmann, Bd.I, S.29 (33); v.Bar in: ZStW 26 (1906), S. 219 (227)

[108] Delbrück in: Mittermaier/Liepmann, Bd.I, S. 29f.

[109] v.Bar in: ZStW 26 (1906), S. 219 (222f.); Prot.d.Komm.f.d.Reform d. Strafprozesses, Bd.1, S. 383; Entwurf einer StPO - Bericht der 7. Komm., Teil 1, S. 16f.; Träger, Sten.Ber.d.RT-Verh., 7. Legislp.1887/88, II. Session, Bd.1, S. 363; Rennig, S. 40

[110] Oetker, S. 655 und S. 657

Schuld, allerdings ohne ihre Entscheidung zu begründen.[111] Den sogenannten ständigen Richtern, gemeint sind die Berufsrichter, oblag es anschließend, unter Zugrundelegung des Verdikts der Geschworenen die entsprechende Strafe für den gesetzlichen Deliktstatbestand festzusetzen und zu verkünden.[112] Dabei sollte die Fragestellung durch den Berufsrichter die Geschworenen bei ihrer Rechtsfindung unterstützen, da ihnen hierdurch eine umfassende Verständlichmachung der Tatumstände und -bestände gewährleistet zu sein schien.[113] Von den prozessualen Problemen und Fragestellungen sowie der Verhandlungsleitung waren die Geschworenen jedoch ausgeschlossen. Zur Vermeidung einer Einflußnahme auf den Urteilsspruch erfolgten sowohl Beratung als auch Abstimmung über den Schuldspruch zumeist unter Abwesenheit der beamteten Richter, weshalb das Verdikt als unvoreingenommene Meinung des Volkes galt.[114]
Das **Schöffengericht** hingegen bildete ein einheitliches Kollegium, bestehend aus Laienrichtern -den Schöffen- und Berufsrichtern, welches gemeinsam sowohl über die Schuld- als auch die Straffrage entschied und anschließend sein Urteil begründete.[115] Die Schöffen waren §30 GVG entsprechend vollberechtigte Richter und damit gleichermaßen an der Verhandlungsleitung sowie an sämtlichen prozessualen Fragestellungen beteiligt, selbst an solchen Entscheidungen, die in keinerlei Zusammenhang mit der Urteilsfällung standen. Dieses System sollte eine einfachere Verhandlungsführung und Urteilsfindung gewährleisten.[116]

### a. Vor- und Nachteile von Geschworenen

Als Vorteil des Geschworenengerichtes wurde hauptsächlich die selbständige, von Beweisregeln unabhängige Rechtsfindung der Geschworenen geltend gemacht[117]-einer jener Gründe, weshalb man die Schwurgerichte Anfang des 19. Jahrhunderts zur Beseitigung der gefürchteten Beamtenwillkür überhaupt eingeführt hatte. Man hatte die Laien durch den Verhandlungsablauf in der Lage gesehen, sich einen eigenen Eindruck zu verschaffen, um so zu einem möglichst objektiven Urteil zu gelangen.[118] Ein weiterer Vorzug wurde in der gründlicheren,

---

[111] Oetker, S. 6 und S. 22
[112] Suter, S. 11; Oetker, S. 6
[113] Oetker, S. 40f.
[114] Suter, S. 11f.
[115] Oetker, S. 655f.; Suter, S. 12f.
[116] Suter, S. 13
[117] Argument eines Kommissionsmitgliedes, angeführt bei Wachenfeld in: Aschrott, S. 18 (29); v.Bar in: ZStW 26 (1906), S. 219 (221f. und S. 228) mwN; Birkmeyer, S. 217; Prot. d. Komm. f.d.Reform d. Strafprozesses, Bd.1, S. 390; Ullmann, 35. DJT, Bd.2, S. 634 (636)
[118] Birkmeyer, S. 223; Alsberg, 35. DJT, Bd.1, S. 440 (448); Petzal, S. 67

etwas langsameren und daher verständlicheren Prozeßabwicklung erblickt,[119] wobei zu beachten ist, daß ein solches Verständnis immer unabdingbare Voraussetzung einer Akzeptanz des (Straf-)Rechts durch die Bevölkerung sein sollte, um einem erneuten Mißtrauen gegenüber der Judikatur auch künftig vorbeugen zu können.[120] Desweiteren hoffte man, im Wege der Verständlichmachung der Materie gegenüber der Jury zu einer notwendigen Selbstkontrolle des Berufsrichters zu gelangen,[121] sowie der Gefahr einer durch langjährige Tätigkeit sich einschleichenden „Abstumpfung" des beamteten Richters in bezug auf den jeweiligen Straffall vorzubeugen, da Laien nur auf Logik und Erfahrung angewiesen seien, welche auf einer erheblich intensiveren Kenntnis von Gewohnheiten sowie der örtlichen und sozialen Verhältnisse basierten.[122] Eine damit im wesentlichen übereinstimmende Argumentation wurde im Anschluß auch bei der Befürwortung von Schöffengerichten sowie generell für die Beibehaltung einer Laienbeteiligung geltend gemacht.[123]

Diesen durchaus positiven Aspekten standen hingegen mehrere Kritikpunkte an der schwurgerichtlichen Verfahrenspraxis hinsichtlich der allgemeinen Frage einer Mitwirkung von Laien bei Strafverfahren gegenüber: Bemängelt wurde vor allem die unnatürliche Trennung zwischen Schuld- und Straffrage. Man hielt es zu Recht für nicht möglich, beide Komplexe getrennt voneinander zu entscheiden, noch dazu von völlig unterschiedlichen Richtergremien.[124]

Der zweite Kritikpunkt bezog sich auf das Fragerecht des Vorsitzenden Richters gegenüber den Geschworenen. Die Fragestellungen waren so zugeschnitten, daß die Jurymitglieder nur noch mit „Ja" oder „Nein" zu antworten hatten. Eine Beeinflussung bezüglich des späteren Urteilsspruches war damit beinahe vorpro-

---

[119] Glaser bei Schwarze, S. 95; Liepmann in: Mittermaier/Liepmann, Bd.II, S. 153 (179); Höpler, 35. DJT, Bd.2, S. 591 (593)

[120] Liepmann in: Mittermaier/Liepmann, Bd.II, S. 153 (178f.); Weidlich in: Mittermaier/Liepmann, Bd.II, S. 290 (441); schon früher: Seuffert, S. 71

[121] Weidlich in: Mittermaier/Liepmann, Bd. II, S. 290 (441); v. Hippel in: Mittermaier/Liepmann, Bd.II, S. 1 (21); Prot.d. Komm.f.d.Reform d. Strafprozesses, Bd.1, S. 386

[122] Schwarze, S. 116 und S. 118; Delbrück in: Mittermaier/Liepmann, Bd.I, S. 29 (34); Birkmeyer, S. 217; Prot.d.Komm. f.d.Reform d. Strafprozesses, Bd.1, S. 386; Weidlich in: Mittermaier/Liepmann, Bd.II, S. 290 (441)

[123] Prot.d.Komm.f.d.Reform d. Strafprozesses, Bd.1, S. 386f.; v.Bar in: ZStW 26 (1906), S. 219f.; Weidlich in: Mittermaier/Liepmann, Bd.II, S. 290 (442); Schlimm, 33. DJT S. 153 (155); Höpler, 35. DJT, Bd.2, S. 591 (593)

[124] Schwarze, S. IV und S. 91; Motive zum Entwurf einer Deutschen StPO, S.10; Bolder, S.65 mwN; Petzal, S. 66; Hoegel in: Mittermaier/Liepmann, Bd.I, S.49 (51); Oetker, S. 25; Warmuth, RT-Verh., I.WP 1920, Sten.Ber. S.11190; verschiedene Autoren in Aschrott, passim.

grammiert, denn je nach Art der Frage war die Antwort bereits intendiert.[125] Als einer der letzten, hier aber nicht weiter relevanten Einwände gegen das Schwurgericht sei noch das peremptorische Ablehnungsrecht genannt, welches ebenfalls auf erheblichen Widerstand stieß. Danach war den Parteien ursprünglich die Möglichkeit gegeben, einzelne Geschworene abzulehnen, um nur diejenigen Laien urteilen zu lassen, von denen ein gerechtes Urteil zu erwarten war. Tatsächlich aber wurden auf diese Weise seitens des Beschuldigten Geschworene berufen, die eine für ihn vorteilhafte Entscheidung treffen sollten, so daß nicht mehr die Gerechtigkeit, sondern viel eher das jeweilige Parteiinteresse für die Besetzung der Geschworenenbank ausschlaggebend war.[126]
Aufgrund der genannten Mängel des Schwurgerichtsverfahrens wurde von den Befürwortern der Laienbeteiligung eine Einschränkung der Zuständigkeit der Jury zugunsten einer Erweiterung der Schöffengerichtsbarkeit erwogen, obwohl auch hierüber die Meinungen geteilt waren.

### b. Vor- und Nachteile einer Schöffengerichtsbarkeit

Das Für und Wider einer erweiterten Kompetenz und Beteiligung der Schöffen war unter anderem Thema der Verhandlungen des 18. Deutschen Juristentages, welcher 1886 in Berlin stattfand. So schilderte beispielsweise Staatsanwalt Elben den Versuch, nach dem Vorbild einiger deutscher Staaten Schöffengerichte einzuführen und durch eine vollständige Umgestaltung des Gerichtswesens, die zudem eine Beseitigung des Schwurgerichts umfassen sollte, in sämtlichen Instanzen Schöffen an der Urteilsfindung teilhaben zu lassen,[127]da sie einerseits geeignet seien, die schwurgerichtlichen Mängel auszugleichen und andererseits die Vorteile einer Laienbeteiligung an der Strafrechtspflege bewahrten.[128] An anderer Stelle wurde deutlich gemacht, daß die Schwurgerichte aufgrund ihres aufwendig gestalteten Verfahrens für die Aburteilung mittlerer Delikte und der Bagatellkriminalität gänzlich ungeeignet seien, das Schöffengericht hingegen auch zur Erledigung schwerer Strafsachen herangezogen werden könne.[129] Als weitere wichtige Vorzüge der Schöffengerichtsbarkeit wurde insbesondere der Wegfall der Tren-

---

[125] Schwarze, S. V und S. XI; Binding in: Preußische Jahrbücher, Bd.32, 1873, S. 117 (163ff.); Seuffert, S. 56f.; Elben, 18. DJT, S. 137 (145); Petzal, S. 66; Birkmeyer, S. 221; Oetker, S. 40f; Herrmann, S. 32

[126] stellvertretend für alle: Wachenfeld in: Aschrott, S. 18 (27)

[127] Elben, 18. DJT, S. 137 (138); in diesem Sinne bereits 1873: vgl. Motive zum Entwurf einer Deutschen StPO, S. 10f; Schlimm, 33. DJT, S. 153 (154)

[128] Elben, 18. DJT, S. 137 (144f.); Hoegel in: Mittermaier/Liepmann, Bd.I, S. 49 (73); in diesem Sinne auch bei Birkmeyer angeführt, S. 222

[129] zitiert bei v. Hippel in: Mittermaier/Liepmann, Bd.II, S. 1 (19f.); Kern: Geschichte des Gerichtsverfassungsrechts, S. 77

nung zwischen Schuld- und Straffrage, ferner die Beteiligung an der Strafzumessung sowie die Begründung der Urteile genannt, da die Verdikte der Geschworenen mangels Begründung nicht anfechtbar waren, dies bei Entscheidungen unter Schöffenmitwirkung nun aber möglich sein würde.[130]
Es wurden allerdings ebenfalls einige Bedenken gegen eine Ausweitung der Laiengerichtsbarkeit in Form von Schöffen geltend gemacht: Befürchtet wurde vor allem eine Beeinflussung der Schöffen durch die Berufsrichter innerhalb der gemeinsamen Beratung, was zwar den beamteten Richtern sehr angenehm schien, da die Beisitzer auf diese Art relativ „unschädlich" waren, deren eigentliche Stellung jedoch zur Farce werden ließ.[131] Ferner befand man die Prozeßleitung von zu großer juristischer Komplexität, als daß der Laie die jeweiligen Auswirkungen einzelner Anträge und Vorschriften erkennen sowie richtig einschätzen könne, weswegen man eine stärkere Häufung von Anfechtungen der Urteile unter Schöffenmitwirkung prognostizierte.[132] Sogar an der zwangsweisen Urteilsbegründung wurden Zweifel angebracht, indem man die Unzulänglichkeit von Begründungen mancher nur mit Berufsrichtern besetzten Senate anführte, an denen sichtbar werde, wie mangelhaft dann erst diejenigen der Schöffengerichte ausfallen dürften.[133] Auch wurden die Schöffen aufgrund ihrer lediglich sporadischen Teilnahme an der Strafrechtspflege als nicht in der Lage gesehen, sich an der Strafzumessung in der erforderlichen gerechten Art und Weise zu beteiligen.[134] Die positive Bilanz einer solchen Gerichtsbarkeit in Bagatellstrafsachen wollten einige zudem nicht unbedingt auf deren Geeignetheit für schwerere Delikte übertragen,[135]zumal die Schöffen oftmals nur als stumme Beisitzer empfunden würden.[136]
Diese, sich auf die allgemeine Laienbeteiligung am Strafprozeß beziehende Pro- und Contra-Argumentation, verschärfte sich mit Blick auf die Teilnahme von Laien an politischen Prozessen.

---

[130] Motive zum Entwurf einer Deutschen StPO, S. 10; v.Bar in: ZStW 26 (1906), S. 219 (224); Hoegel in: Mittermaier/Liepmann, Bd.I, S. 49 (68)
[131] Birkmeyer, S. 223; v.Bar in: ZStW 26 (1906), S. 219 (222); Alsberg, 35. DJT, Bd.1, S. 440 (449) und (452)
[132] v.Bar in: ZStW 26 (1906), S. 219 (224)
[133] v.Bar in: ZStW 26 (1906), S. 219 (225)
[134] Delbrück in: Mittermaier/Liepmann, Bd. I, S. 29 (32); v.Bar in: ZStW 26 (1906), S. 219 (225f.)
[135] Hoegel in: Mittermaier/Liepmann, Bd.I, S. 49 (69); v.Bar in: ZStW 26 (1906), S. 219 (227)
[136] Delbrück in: Mittermaier/Liepmann, Bd.I, S. 29 (33); Elben, 18. DJT, S. 145; so später auch Alsberg, 35. DJT, Bd.1, S. 440 (453) sowie Mamroth, 35. DJT, Bd.2, S. 681

## II. Der Meinungsstreit über die Beteiligung von Laien an politischen Strafverfahren

Waren die Auffassungen über das „Ob“ und „Wie“ einer Hinzuziehung von Laien zur Strafrechtspflege überhaupt schon sehr geteilt, verstärkte sich dieser Antagonismus im Verlauf der Diskussion um die politischen Strafverfahren in den folgenden Jahren weiter.

### 1. Einwände gegen eine Laienbeteiligung

Im Laufe der letzten Jahre des ausklingenden 19. und zu Beginn des 20. Jahrhunderts manifestierten sich bestimmte Einwände gegen eine Beteiligung von Laien an der Aburteilung politischer Delikte: So hob man beispielsweise als eines der Hauptargumente die Beeinflußbarkeit des Durchschnittsbürgers hervor, die es ihm weitgehend unmöglich mache, sein Urteil objektiv und unabhängig von der herrschenden politischen Auffassung zu fällen.[137] Gerade das Verdikt der Geschworenen wurde als ein Beispiel für machtabhängige Rechtsprechung bezeichnet, welche angeblich keineswegs die Volkstümlichkeit besaß, zu deren Zweck die Schwurgerichte damals eingeführt worden waren. Stattdessen sah man in den Urteilssprüchen die Auffassung zum Tragen gekommen, die im jeweiligen Umfeld der Jury verbreitet schien.[138] Zudem wurde der Fall befürchtet, daß sämtliche Mitglieder der Geschworenenbank aufgrund einer Teilnehmerschaft an der politischen Gegenpartei von Beginn an eine vorgefaßte Meinung gegen den Angeklagten haben könnten,[139]wobei das peremptorische Ablehnungsrecht eine weitere Möglichkeit der Parteinahme bot. Allerdings konnte dieser Einwand *nicht* in entsprechend abgewandelter Weise für das Schöffengericht erhoben werden,[140]da dessen Prozeßverlauf zusätzlich nach gänzlich anderem Muster ausgestaltet war. Weiter wurde vorgebracht, daß man die Jury nicht allein deshalb für politische Strafverfahren aufrechterhalten kann, weil ihre Einführung einst aufgrund der Beamtenwillkür notwendig gewesen war. Mit der Beseitigung einer solchen Abhängigkeit der Berufsrichter vom Staat sollte gleichzeitig die Erforderlichkeit von Schwurgerichten mit Kompetenz zur Aburteilung politischer Vergehen und Ver-

---

[137] Traeger in: Das Recht 1910, Spalte 57 (58); v.Katte in: Mittermaier/Liepmann, Bd.I, S. 621 (627); Honemann in: Aschrott, S. 84 (112); Hoegel in: Mittermaier/Liepmann, Bd.I, S. 49 (51); Schubert in: Aschrott, S. 1 (7f); Grimm, S. 55 mit einem Beispiel aus den zwanziger Jahren.

[138] Hoegel in: Mittermaier/Liepmann, Bd.I, S. 49 (51); Prot.d.Komm.f.d.Reform d.Strafprozesses, Bd. 1, S. 435; so auch schon früher Buchner in: Der Gerichtssaal, 5. Jg., Bd. 2, S. 192 (206); Schütze, S. 16; sämtliche Einwände gegen eine Laienbeteiligung zusammengefaßt und mit weiteren Nachweisen versehen bei Rennig, S. 51.

[139] Wachenfeld in: Aschrott, S. 18 (27f.)

[140] Wachenfeld in: Aschrott, S. 18 (28)

brechen weggefallen sein.[141] Dem Berufsrichter hingegen wurde aufgrund seiner teils jahrelangen Tätigkeit und bereits wegen der Art des gewählten Berufes unterstellt, sich zur „Selbstzucht" erzogen zu haben und daher frei von jeglichen äußeren -auch politischen- Einflüssen und ohne Rücksichtnahme auf seine innere Einstellung ein objektives Urteil fällen zu können, weshalb Delikte mit politischem Charakter bei ihm besser aufgehoben sein sollten.[142] Angeführt wurde in diesem Zusammenhang der Hochverratsprozeß gegen Bebel und Liebknecht, welche 1872 von einem Schwurgericht für schuldig befunden worden waren. Um der Wiederholung eines solchen Debakels zu entgehen, wurde eine Teilnahme von Laien an politischen Prozessen abgelehnt.[143] Allerdings blieb insgesamt das Problem unerörtert, ob die Abhängigkeit von „oben" oder von „unten" als gefährlicher einzuschätzen ist und von welcher „Richterart" ein *gerechteres* Urteil erwartet werden konnte,[144]wobei ebenfalls unberücksichtigt blieb, daß mit dem Gerichtsverfassungsgesetz zwar die Trennung der Gewalten eingeführt worden war, dies aber keineswegs die vollständige Verhinderung der Einflußnahme der Regierung auf die Rechtspflege bedeuten sollte, sie somit weiterhin bei der Ausbildung, Anstellung und Beförderung der Berufsrichter mitwirkte.[145]
Zuletzt wurde noch ein durch das schöffenrichterliche System ausgelöstes Vermischen der Meinung des Volkes mit der des Richters befürchtet.[146]
Diese Einwände bedürfen jedoch einer kritischen Betrachtung.

## 2. Kritische Betrachtung der dargelegten Einwände

Ein sehr bedenkliches Argument gegen die Laienbeteiligung, welches unbedingt einer Stellungnahme bedarf, ist vor allem das zuletzt erwähnte befürchtete Vermischen der Meinungen von Volk und Richter. Genau genommen bedeutet diese Äußerung nämlich, daß es zwei verschiedene, miteinander nur schwerlich in Einklang zu bringende Auffassungen von „Recht" beziehungsweise „Gerechtigkeit" gegeben haben muß. Waren diese Auffassungen aber tatsächlich so antagonistisch, dann verdienten die rein mit rechtsgelehrten Richtern besetzten Strafkammern das ihnen entgegengebrachte Mißtrauen, da ihre Urteile nicht auf das Verständnis der Bevölkerung hoffen konnten und so jeglicher „Volkstümlichkeit" entbehrten. Dies bedeutet keineswegs, daß in politischen Prozessen lediglich die Meinung des Laien hätte maßgebend sein sollen - dann hätte es keiner rechtsge-

---

[141] Honemann in: Aschrott, S. 84 (112); Wachenfeld in: Aschrott, S. 18 (30)
[142] v.Katte in: Mittermaier/Liepmann, Bd.I, S. 621 (627); Prot.d.Komm.f.d.Reform d.Strafprozesses, Bd.1, S. 385; Ullmann, 35. DJT, Bd.2, S. 634 (637)
[143] RT-Verh., 7. Legislp.1887/88, II. Session, Bd.1, S. 367
[144] Elben, 18. DJT, S. 137 (142)
[145] Kern: Geschichte des Gerichtsverfassungsrechts, S. 100
[146] Ullmann, 35. DJT, Bd.2, S. 634 (637)

lehrten Justiz mehr bedurft. Aber wie konnte eine sich vom Verständnis der Bevölkerung distanzierende Rechtsprechung auf Akzeptanz stoßen ? Wenn der Inhalt eines Straftatbestandes einem einzelnen Laien schon kaum verständlich zu machen ist, kann man von der breiten Masse nicht verlangen, daß sie ihr Verhalten danach ausrichtet. Dementsprechend ist auch die Äußerung eines Kommissionsmitgliedes bei der Beratung über den Entwurf einer Strafprozeßordnung samt Gerichtsverfassungsgesetz zu verstehen, wonach die Schöffen im Ostteil des Kaiserlichen Deutschlands bei der Einschätzung von Fällen mit politischem Charakter nicht so unbefangen gewesen seien, wie es von ihnen erwartet worden war.[147] Für diese Äußerung gibt es zwei Erklärungen: Entweder waren die Schöffen allesamt politisch voreingenommen und daher nicht in der Lage, ein relativ objektives Urteil zu fällen -in diesem Fall wären die Bedenken gegen die Ausweitung einer Laiengerichtsbarkeit noch nachvollziehbar. Oder aber die Schöffen urteilten nur nicht „wunschgemäß,“ das heißt sie leisteten dem Antrag der Staatsanwaltschaft nicht blind Folge. Dieser Gedankengang erscheint gar nicht so fernliegend, wenn man bedenkt, daß einige Jahrzehnte zuvor schon einmal die nicht „angepaßte“ Rechtsprechung der Geschworenen für die Regenten einiger deutscher Kleinstaaten der Grund gewesen war, politische Delikte wieder einem reinen Juristengericht zuzuweisen.[148]

Ebenso kann das Argument der Beeinflußbarkeit eines Nichtjuristen in dieser allgemeinen Form keinen Bestand haben. Sicherlich wird die Öffentliche Meinung bewußt oder unbewußt Einfluß auf den Laien ausüben, welcher sich zudem aufgrund seiner nur zeitweiligen Tätigkeit eventuell nicht so schnell seiner Emotionalität entziehen kann. Fraglich erscheint nur, ob dies ein alleiniges Schicksal des Laienrichters ist, da sich der Jurist ebenfalls dem Druck verschiedener Meinungen ausgesetzt sieht. Wer eine politisch vollständig gegensätzliche Auffassung besitzt, dürfte auch als Berufsrichter vielleicht geneigt sein, bezüglich des Angeklagten eher den Be- als den Entlastungspunkten Glauben zu schenken. Dies soll keineswegs eine generelle Unterstellung sein, doch darf man deshalb nicht im Umkehrschluß zu der Meinung gelangen, daß automatisch alle Laien der umfassenden Beeinflußbarkeit unterliegen, ebensowenig wie alle Berufsjuristen gänzlich objektiv und unbeeinflußbar sind. Allein aus der Tatsache, daß sich Laien politisch interessieren (*nicht* politisch *stark engagieren*, denn dies ließe eher den Verdacht von Voreingenommenheit aufkommen), kann daher nicht auf ihre Parteilichkeit geschlossen werden.[149] Erfahrungen von Berufsjuristen mit Laien bei politischen Prozessen wiesen auf eine große Objektivität der Beisitzer hin, so daß

---

[147] Entwurf einer StPO - Bericht der 7. Komm., Teil 1, S. 12

[148] vgl. oben, Anm. 26 ff.

[149] in diesem Sinne auch Höpler, 35. DJT, Bd.2, S. 591 (594)

der Eindruck politischer Parteinahme gar nicht erst entstehen konnte.[150] Allerdings muß dazu ein Einfluß der Parteien auf die Auswahl der Schöffen weitestgehend ausgeschlossen werden, da ansonsten Bedenken aufkommen könnten, nicht das Volk, sondern die Parteien trügen Sorge dafür, wer als Nichtjurist zu Gericht sitzen solle.[151]

Desweiteren kann der Schöffe nicht ausnahmslos zum „stummen Beisitzer“ degradiert werden. So gab es damals sehr positive Erfahrungen von Richtern, wenngleich in Österreich, nach welchen die Schöffen durchaus lebhaft an der anschließenden Urteilsberatung teilgenommen hatten und auch ihre Auffassung zu vertreten und verteidigen wußten, selbst wenn sie in der Minderheit geblieben waren.[152]

### 3. Argumente für eine Laienbeteiligung an politischen Strafverfahren

Einen der Hauptgründe für die Beteiligung von Laien an Strafverfahren mit politischem Charakter stellt die Berechtigung des Volkes dar, an einer Rechtsmaterie zu partizipieren, die in besonders hohem Maße die Gefahr in sich birgt, zur Ausschaltung „unliebsamer Gegner“ mißbraucht zu werden. Vor allem in politisch unsicheren, teils instabilen Zeiten war es seitens der Regierung denkbar, Einfluß -wenn auch in gemäßigter Form- gegenüber den Berufsrichtern geltend zu machen, um auf diesem Weg Entscheidungen in Einklang mit den politischen Zielen der Regierung zu bringen.[153] Die politischen Strafverfahren waren es schließlich auch gewesen, welche damals den Anstoß zur Einrichtung von Schwurgerichten gegeben hatten. Zahlreiche Reformrechtler hatten dies erkannt und forderten daher die von vielen als sehr vorteilhaft angesehene Mitwirkung von Laien auf dem genannten Gebiet.[154] Aufgrund ihres Wesens als eine politische Einrichtung sollte deshalb nach Meinung einiger Innovatoren den Schwurgerichten wenigstens die Kompetenz für politische Verbrechen und Pressedelikte erhalten bleiben.[155] Zwar wurde im Verlauf der Diskussion eingeräumt, daß es sich nicht rechtfertigen lasse, Laien nur aufgrund politischen Kalküls an der Aburteilung von politischen und Pressevergehen teilhaben zu lassen; sie dürften aber im Umkehrschluß ebensowenig aus politischer Berechnung von der Teilnahme daran ausgeschlossen werden, um ein regierungsgetreues Urteil zu garantieren. Dennoch wurde die Partizipation

---

[150] Ebermayer in: DJZ 1928, Spalte 33 (37)

[151] ebenso Höpler, 35. DJT, Bd.2, S. 591 (599); für den Ausschluß politischer Agitatoren vom Laienrichteramt: Riß in: DRiZ 1910, Spalte 7 (10)

[152] vgl. Höpler, 35. DJT, Bd.2, S. 591 (597)

[153] RT-Verh., 7.Legislp.1887/88, II.Session, Bd.1, S. 366

[154] RT-Verh., 7.Legislp.1887/88, II Session, Bd.1, S. 365; Entwurf einer StPO - Bericht der 7. Komm., Teil 1, S. 15

[155] Prot.d.Komm.f.d.Reform d. Strafprozesses, Bd.1, S. 390; Vormbaum, S. 87

von Laien an dieser Materie überwiegend mit der Begründung abgelehnt, sie nicht über die Maßen beanspruchen zu wollen.[156] Ein Rechtsvergleich mit Vorschlägen einer Gerichtsorganisation in Österreich zeigte sodann, daß die dortigen Schwurgerichte ebenfalls für politische Strafverfahren zuständig sein sollten, und zwar insbesondere für solche Delikte, deren Aburteilung in Deutschland zur ausschließlichen Zuständigkeit des Reichsgerichtes gehörte.[157] Insofern war die Laienbeteiligung an politischen Prozessen höchster Relevanz zu diesem Zeitpunkt durchaus eine realistische und realisierbare Forderung.

Gleichzeitig war der Streit um die Einführung von Laien (zumeist in Form von Schöffen gefordert) in der Berufungsinstanz sowie um die Erweiterung jenes Rechtsmittels Impulsgeber innerhalb der Diskussion um politische Strafverfahren. So wurde beispielsweise vorgeschlagen, anstelle der Substitution von reinen Juristengerichten -gerade der Strafkammern- durch Schöffengerichte sowie einer Ausdehnung der Berufungsmöglichkeit bei sämtlichen Strafverfahren lieber die Zuständigkeit der Schöffengerichte auszudehnen, und zwar vor allem auf die Prozesse politischer couleur,[158]was zur künftigen Berufungsfähigkeit solcher Verfahren geführt hätte. Die Urteilssprüche der Geschworenen waren bis zu diesem Zeitpunkt keiner Berufung, sondern lediglich der Revision beim Reichsgericht gemäß §135 GVG[159]zugänglich, und das Reichsgericht urteilte ebenfalls in erster und zugleich letzter Instanz über Hoch- und Landesverrat, so daß es keinerlei Möglichkeit gab, diese Urteile samt des Verfahrens noch einmal überprüfen zu lassen. Mit einer Zuständigkeitserweiterung der Schöffengerichte wäre dies jedoch möglich geworden.

Aufgrund der vielen dargelegten positiven Argumente wird die einstige Forderung nach einer Beteiligung von Laien an *allen* Tatsacheninstanzen, also *einschließlich* der erstinstanzlichen Zuständigkeit des Reichsgerichtes,[160]durchaus verständlich. Zu ihrer Realisierung wäre allerdings die Einführung von Schöffen am Reichsgericht notwendig geworden, da die Bildung eines Reichsschwurgerichts als Alternative dazu bereits bei Errichtung der reichsgerichtlichen Tatsacheninstanz endgültig abgelehnt worden war.[161]

---

[156] RT-Verh., 7. Legislp.1887/88, II. Session, Bd.1, S. 362; Birkmeyer, S. 227

[157] Dolenc in: Mittermaier/Liepmann, Bd.II, S. 467

[158] Hoegel in: Mittermaier/Liepmann, Bd.I, S. 49 (73)

[159] Beling, S. 67f.

[160] Höpler, 35. DJT, Bd.2, S. 591 (592) und (601); bei v.Pfister in: Mittermaier/Liepmann, Bd. I, S. 655 (665)

[161] vgl. oben, 1.Kap. II.2.b.

**4. Die Forderung nach Schöffen am Reichsgericht**

An der Spitze der Reformüberlegungen standen demnach hauptsächlich zwei Fragen: Zum einen, ob es sich überhaupt noch mit dem Zeitgeist vereinbaren ließ, Hoch- und Landesverrat gegen Kaiser und Reich weiterhin der erstinstanzlichen Zuständigkeit des Reichsgerichts zu überlassen und zum anderen, ob -falls eine solche Notwendigkeit tatsächlich noch bestehen sollte- dann nicht zumindest Laien zu dieser Rechtsprechung hinzugezogen werden müßten.
Gemäß Art.75 der Reichsverfassung beziehungsweise des späteren §136 Ziffer 1 GVG besaßen die Einzelstaaten des Kaiserlichen Deutschlands keinerlei Befugnis, Angriffe, die sich gegen das Reich oder den Kaiser richteten, selbst abzuurteilen. Dieser Zustand wurde spätestens ab dem Ende des 19. Jahrhunderts von einigen Reformern als regelrechter Anachronismus empfunden. Immerhin bestand das Deutsche Kaiserreich zu diesem Zeitpunkt schon über zwanzig Jahre, so daß man von einer entsprechend starken Adaption der Reichsinteressen und des Einheitsgedankens durch die einzelnen Mitgliedstaaten ausgehen durfte. Bei tatsächlichem Vorhandensein eines einigermaßen ausgeprägten Bewußtseins für die politische Bedeutung des Staatenbundes war es aber nicht einsichtig, weshalb die Gerichte der jeweiligen Einzelstaaten künftig nicht auch die dem Reichsgericht zugewiesenen Strafverfahren aburteilen sollten, zumal sie auch für sonstige, sich gegen Reich und Kaiser richtende Straftatbestände die Kompetenz innehatten.[162] Eine Änderung der damaligen Zuständigkeitsbestimmung hätte nicht nur eine Entlastung des Reichsgerichtes sowie die Rückführung zu seiner eigentlichen Aufgabe als Revisionsinstanz bedeutet, sondern man hätte die schon einmal erwähnte Möglichkeit der Überprüfbarkeit der in solchen Verratsprozessen gefällten Entscheidungen durch eine Rechtsmittelinstanz erhalten.[163] Darauf zielte auch ein entsprechender Vorschlag von Lobe[164]ab, welcher bei einer Neuordnung der Gerichtsorganisation das Reichsgericht nur noch als Revisionsinstanz fungieren lassen und die Kompetenz für Hoch- und Landesverratsverfahren dem Kammergericht, besetzt mit 5 Berufsrichtern der Länder, zuweisen wollte.
Da jedoch die Zuständigkeit des Reichsgerichts als Tatsacheninstanz nicht aufgegeben wurde, suchte man nach neuen Lösungen. Eine solche wurde in der Einführung von Laien am obersten Gericht gesehen, allerdings nur für die Fälle erster Instanz, nicht in Revisionsverfahren.[165] Diese Forderung wurde über das Argu-

---

[162] Wachenfeld in: Aschrott, S. 18 (43)

[163] Wachenfeld in: Aschrott, S. 18 (43); Entwurf einer StPO - Bericht der 7. Komm., Teil 1, S. 67; Ebermayer in: DJZ 1928, Spalte 33 (38); Lobe, 35. DJT, Bd.2, S. 567 (590)

[164] 35. DJT, Bd.2, S. 562 (565)

[165] Weidlich in: Mittermaier/Liepmann, Bd.II, S. 290 (442)

ment der einheitlichen Beteiligung von Laien an *allen* Tatsacheninstanzen[166] hinaus auch durch die Feststellung untermauert, daß ein Gericht, welches hauptsächlich als Rechtsmittelinstanz zu fungieren habe, Unterstützung in der Beurteilung des Sachverhaltes benötige.[167] Man befürchtete folglich mit Blick auf die Vergangenheit zu Recht eine qualitativ nicht ebenso hochwertige reichsgerichtliche Rechtsprechung erster Instanz wie sie sonst in Revisionsfällen existierte. Schon früher hatte Unzufriedenheit mit der erstinstanzlichen Judikatur des Reichsgerichtes bestanden, sowohl seitens der Rechtswissenschaft als auch der Bevölkerung.[168] Ein rechtsvergleichender Blick auf Erfahrungen in Österreich trug zur Unterstützung der getroffenen Feststellung bei. Dort wurde ebenfalls der Eindruck von Ungeeignetheit des ansonsten ausschließlich als Rechtsmittelinstanz fungierenden Obersten Gerichtshofes zur Aburteilung erstinstanzlicher Strafverfahren gewonnen. Sich darauf stützend, schlug man für Deutschland mithin vor, sämtliche, in die erstinstanzlichen Zuständigkeitsbereiche von Reichs- beziehungsweise Oberlandesgericht fallenden Strafverfahren künftig den Landgerichten zuzuweisen, und zwar besetzt als große Schöffengerichte mit drei Richtern und zwei Schöffen.[169] Eine Beeinträchtigung relevanter Landes- oder gar Reichsinteressen wurde dabei aufgrund der langjährigen Existenz des Kaiserreiches nicht befürchtet.[170]

Die Schöffen bei den reichsgerichtlichen Strafsenaten sollten zudem dazu dienen, das Vertrauen des Volkes in seine Strafrechtspflege durch alle Instanzen hindurch wiederzugewinnen.[171]

Dem Einwand, daß Laien jedoch überhaupt nicht in der Lage seien, den komplizierten Verratsprozessen in erforderlicher Weise zu folgen, wurde zuvorgekommen, indem man noch einmal die frühere Argumentation hinsichtlich der Einführung eines Reichsschwurgerichtes aufgriff und den Widerspruch offenlegte, wonach man zwar Laien zu landesspezifischen Verratsprozessen hinzuzog, ihnen aber jegliche Qualifikation in bezug auf die am Reichsgericht anhängigen Verfahren absprach.[172]

Trotz dieser argumentativ aufgezeigten dringenden Notwendigkeit einer Laienbeteiligung am Reichsgericht blieb es zunächst bei der althergebrachten alleinigen

---

[166] Höpler, 35. DJT, Bd.2, S. 591 (592) und (601); bei v.Pfister in: Mittermaier/Liepmann, Bd. I, S. 655 (665)

[167] Wachenfeld in: Aschrott, S. 18 (44)

[168] RT-Verh., 7. Legislp. 1887/88, II. Session, Bd.1, S. 363; Liepmann in: Mittermaier/Liepmann, Bd.I, S. 35 (41)

[169] Lobe, 35. DJT, Bd.2, S. 562 (565); Höpler, 35. DJT, Bd.2, S. 591 (603)

[170] Höpler, 35. DJT, Bd.2, S. 591 (603)

[171] Bolder, S. 103

[172] v.Bar in: ZStW 26 (1906), S. 219 (227); ebenso schon früher Birkmeyer, S. 227

Zuständigkeit der Berufsrichter für politische Delikte. Einzig die Anzahl der Senatsmitglieder sollte verringert werden, indem man die am Reichsgericht anhängigen erstinstanzlichen Prozesse im Hauptverfahren nun nicht mehr vor den Vereinigten zweiten und dritten Strafsenaten mit vierzehn Berufsrichtern stattfinden lassen, sondern diese Aufgabe allein dem zweiten Strafsenat übertragen wollte, um den Prozeßablauf etwas flüssiger und kostengünstiger gestalten zu können;[173] aber auch dieser Vorschlag wurde vorläufig nicht umgesetzt.
Die folgenden Jahre brachten auf dem Gebiet des Staatsschutzes weitreichende Änderungen mit sich, in deren Verlauf die Handhabung der politischen Delikte sowie die damit zwangsläufig verbundene Zuständigkeit des aburteilenden Spruchkörpers von der bis dahin geltenden Regelung abwich.

---

[173] Prot.d.Komm.f.d.Reform d. Strafprozesses, Bd.2, S. 20

## 3. Kapitel: Die Errichtung politischer Sondergerichte, Zuständigkeitsverschiebungen und die Folgen der Emminger-Verordnung vom 4. Januar 1924

### I. Politische Sondergerichte in der Weimarer Republik

#### 1. Möglichkeiten zur Bildung außerordentlicher Gerichte politischer Art

Zwei Geschehnisse führten in den politisch unruhigen Nachkriegsjahren zu gewichtigen Zuständigkeitsveränderungen: Als erstes führte der im März 1920 niedergeschlagene Kapp-Putsch zu einem Gesetz,[174] nach welchem die an verräterischen Unternehmen beteiligten Personen selbst dann der bürgerlichen Gerichtsbarkeit unterstanden, wenn sie eigentlich nach den Grundsätzen der Militärgerichtsbarkeit hätten abgeurteilt werden müssen, so daß im wesentlichen der Zuständigkeitsbereich des Reichsgerichts um diesen Personenkreis erweitert wurde.[175]

Zugleich wurde durch den Reichspräsidenten am 29. März 1921 auf der Grundlage des Art.48 der Weimarer Reichsverfassung eine Verordnung erlassen, welche die Bildung außerordentlicher Gerichte vorsah, um auf diesem Weg die öffentliche Sicherheit und Ordnung wiederherzustellen. Das neue Gericht, dessen Zuständigkeit sich unter anderem auf die Aburteilung von Hoch- und Landesverrat erstreckte,[176] war mit einem beamteten Richter als Vorsitzendem sowie zwei Beisitzern besetzt, die aber die Fähigkeit zum Richteramt besitzen mußten. Bereits zwei Wochen zuvor war der II. Strafsenat von Verfahren wegen des Verrats militärischer Geheimnisse entlastet worden.[177]

Damit waren die Laien wieder einmal von der Teilnahme an den relevantesten politischen Strafverfahren ausgeschlossen.

#### 2. Gründung des Staatsgerichtshofes zum Schutze der Republik

Das andere Ereignis, welches zu einem neuen politischen Gericht führte, war die Ermordung des Reichsaußenministers Walter Rathenau am 24. Juni 1922. Bereits zwei Tage später erließ der Reichspräsident eine Verordnung zum Schutze der Republik,[178]ebenfalls gestützt auf Art.48 WRV, aufgrund welcher gemäß §6 und §7 eigens ein Staatsgerichtshof zum Schutze der Republik errichtet werden sollte. Das am 21. Juli 1922 ergangene Republikschutzgesetz[179]bestimmte dann auch in seinem §12, wenngleich mit leichten Modifikationen -beispielsweise erfolgte die

---

[174] RGBl. 1920, Teil I, S. 431
[175] Wagner in: Dreher-FS, S. 625 (628) und (639)
[176] RGBl. 1921, Teil I, S. 371f.
[177] RGBl. 1921, Teil I, S. 229 (232)
[178] RGBl. 1922, Teil I, S. 521ff.
[179] RGBl. 1922, Teil I, S. 585ff.

Besetzung mit 9 statt wie ursprünglich vorgesehen mit 7 Mitgliedern-, die Einrichtung eben dieses Staatsgerichtshofes beim Reichsgericht. Er war mit dem dortigen erstinstanzlichen IV. Strafsenat verbunden, indem sowohl der Präsident als auch die weiteren Mitglieder beiden Gerichtshöfen zugleich angehörten.[180] Obwohl der Staatsgerichtshof zum Schutze der Republik als eigenständige Behörde angesehen wurde,[181]beeinträchtigte seine Zuständigkeit, welche auch rückwirkend politische Delikte wie Hochverrat gegen Reich oder Land umfaßte[182]und somit die Zuständigkeit des obersten Gerichtshofes für solche Strafverfahren weitgehend ablöste, den Ruf der Unparteilichkeit des Reichsgerichtes.[183] Der Grund dafür lag hauptsächlich in der Vermischung von Exekutive und Judikative: Das Gericht wurde im Verhältnis von 3 Berufsrichtern zu 6 Beisitzern besetzt, wobei sämtliche Mitglieder durch den Reichspräsidenten ernannt wurden.[184] Diese Bestimmung, durch welche die Exekutive Einfluß auf die Judikative zu nehmen suchte (es ist nicht schwer vorstellbar, daß nur solche Personen zu Richtern ernannt wurden, die eine der regierungspolitischen Linie entsprechende Einstellung besaßen), korrespondierte mit der rückwirkenden Zuständigkeit dieses Gerichts. Die bis dato noch nicht abgeschlossenen politischen Prozesse -insbesondere die Aburteilung der am Kapp-Putsch beteiligten Personen sowie der Prozeß wegen der Ermordung Rathenaus- sollten nicht durch die eigentlich dafür zuständige ordentliche Gerichtsbarkeit, sondern durch besonders ausgewählte Richter erledigt werden, von denen man ein Urteil und Strafmaß im Sinne der Regierung erwartete.[185]

Der Staatsgerichtshof zum Schutze der Republik wurde per Gesetz zur Änderung des Republikschutzgesetzes vom 31. März 1926 mit Wirkung zum 1. April 1926 bereits wieder abgeschafft.[186]

---

[180] Stier-Somlo/Elster, Bd.5, S. 7; Lobe in: Fünfzig Jahre Reichsgericht, S. 23

[181] Schwesinger, S. 40f.; Uneinigkeit besteht lediglich darüber, ob dieses Gericht tatsächlich als Sonder- oder als Ausnahmegericht einzustufen ist. Zu diesem Meinungsstreit vgl. beispielsweise Schwesinger, S. 4, im Gegensatz zu Kern: Geschichte des Gerichtsverfassungsrechts, S. 179

[182] § 13 Republikschutzgesetz; Herrmann, S. 117; Kern: Geschichte des Gerichtsverfassungsrechts, S. 178f.

[183] Stier-Somlo/Elster, Bd.5, S. 7; Lobe in: Fünfzig Jahre Reichsgericht, S.23; Wagner in: Dreher-FS, S. 625 (628); Jasper, S. 101

[184] Schwesinger, S. 41; Herrmann, S. 118; Klingebiel, S. 44; Kern: Geschichte des Gerichtsverfassungsrechts, S. 178; Jasper, S. 101f; Wagner in: Dreher-FS, S. 625 (629)

[185] Kern: Geschichte des Gerichtsverfassungsrechts, S. 179; sehr kritisch und warnend gegenüber dieser Entwicklung war Düringer in: DJZ 1922, Spalte 521ff.

[186] RGBl. 1926, Teil I, S. 190

## II. Zuständigkeitsänderungen für politische Strafverfahren an den obersten Gerichten

### 1. Kompetenzverschiebungen innerhalb des Reichsgerichts

Parallel zu der Bildung neuer Gerichte für politische Delikte begannen sich auch innerhalb des Reichsgerichtes die Zuständigkeiten zu verschieben. Anstelle der Vereinigten II. und III. Strafsenate entschieden aufgrund des Gesetzes vom 8. Juli 1922[187] nunmehr alle Senate in erster Instanz über Fälle des Hoch- beziehungsweise Landesverrats. Allerdings häuften sich diese Prozesse innerhalb kürzester Zeit so stark, daß die Senate eine solch große Menge erstinstanzlicher Verfahren neben ihrer Revisionszuständigkeit nicht mehr bearbeiten konnten. Daraufhin bekam ein am 15. April 1923 eigens gebildeter erstinstanzlicher Besonderer Senat die vorher dem Tätigkeitsbereich der Vereinigten Zweiten und Dritten Senate angehörenden Hoch- und Landesverratsverfahren zugewiesen.[188] Damit setzte sich der bereits knapp zwanzig Jahre alte Vorschlag der Kommission für die Reform des Strafprozesses durch,[189] der 1920 von Goldschmidt/Schiffer mit ihrem Entwurf eines Gesetzes zur Änderung des Gerichtsverfassungsgesetzes[190] in ähnlicher Form wiederholt worden war; jedoch war eine Zuständigkeitsauskopplung hinsichtlich §86 und §106 StGB vorgesehen. Für diese Verbrechen (sogenannte weitere hochverräterische Vorbereitungshandlungen sowie Hinderung von Parlamentsmitgliedern) sollte die Kompetenz des Schwurgerichts gegeben sein.[191] Der Wegfall der Vereinigten Strafsenate hätte danach bereits drei Jahre früher der Überlastung des Reichsgerichts mit den seit den Kriegsjahren, besonders ab 1915, sprunghaft angestiegenen Verratsprozessen[192] abhelfen sollen.

### 2. Abgabemöglichkeit bestimmter Verfahren und deren Konzentration bei den Oberlandesgerichten

Auch eine Flexibilität innerhalb der Zuständigkeiten war schon früher vorgeschlagen worden, und zwar ebenfalls im vorstehend erwähnten Entwurf von Goldschmidt/Schiffer aus dem Jahre 1920. Darin war die Möglichkeit für den Oberreichsanwalt enthalten, zum Zwecke einer Reduzierung der erstinstanzlichen Tä-

---

[187] RGBl. 1922, Teil I, S. 569 (570)

[188] RGBl. 1923, Teil I, S. 217 (218); Lobe in: Fünfzig Jahre Reichsgericht, S. 29f.

[189] Prot.d.Komm.f.d.Reform d. Strafprozesses, Bd.2, S. 20

[190] Schöllkopf, S. 31; Vormbaum, S. 89f.

[191] Schöllkopf, S. 28; zur Zuständigkeitsverteilung nach dem Entwurf eines Gesetzes zur Änderung des GVG: bei Schöllkopf, S. 71

[192] Übersicht über die erstinstanzlichen Hauptverfahren am Reichsgericht ab 1879, zusammengestellt von Partzsch in: DJZ 1929, Spalte 1311 (1312).

tigkeit des Reichsgerichts dort vorgesehene Hauptverfahren hochpolitischer Art zum Eröffnungszeitpunkt an das Oberlandesgericht zu verweisen, da eine Einrichtung zusätzlicher Senate am Reichsgericht zu dessen Entlastung nicht finanzierbar gewesen wäre. Damals wurde jedoch gegen diese Regelung eingewandt, daß durch eine solche Zuständigkeitsabgabe die Gerichtsbarkeit vom Reich auf das Land übergehe und diesem dann zugleich -da zwangsläufig miteinander verbunden- das Gnadenrecht sowie die Strafvollstreckung für diese Fälle obliege. Schließlich wurde noch eine uneinheitliche Behandlung der Materie und mangelnde Rücksichtnahme auf die in solchen Fällen existenten Geheimhaltungsinteressen des Reiches befürchtet. [193]

Die Bedenken waren jedoch anscheinend nicht durchgreifend genug, denn am 12. Dezember 1923 erging eine Verordnung,[194] die eine Aburteilung von Landesverrats- und Spionagefällen durch die Oberlandesgerichte ermöglichen sollte. Danach war es dem Oberreichsanwalt gestattet, Strafverfahren der bezeichneten Art in den Zuständigkeitsbereich eines Oberlandesgerichts zu überweisen. Die Verfahrensvorschriften waren bezüglich dieser Fälle für beide Gerichte identisch. Zum gleichen Zeitpunkt trat außerdem die Möglichkeit einer Konzentration der Oberlandesgerichte bei politischen Strafverfahren erstmalig in Erscheinung: Gemäß §3 der genannten Verordnung konnten bei Vorhandensein mehrerer Oberlandesgerichte innerhalb eines Landes die entsprechenden Prozesse ausschließlich einem Oberlandesgericht oder dem Obersten Landesgericht übertragen werden. Die Entscheidung hierüber oblag der jeweiligen Landesjustizverwaltung,[195] wodurch der Exekutive weiteres Ermessen bei der Handhabung politischer Delikte eingeräumt wurde.

Eine solche Bestimmung barg natürlich die Gefahr in sich, daß nur diejenigen Gerichte mit Verratsprozessen und ähnlichen Verfahren betraut wurden, von denen man sich regierungspolitisch zufriedenstellende Urteile erwartete.

Gerichtskonzentrationen der genannten Art fanden beispielsweise in Preußen statt: Dort wurden fünf Oberlandesgerichte mit politischen, vom Reichsgericht abgegebenen Verfahren betraut; in Bayern war das Oberste Landesgericht ausschließlich zuständig.[196]

### 3. Aburteilung von Jugendlichen

Die sachliche Zuständigkeit des Reichsgerichtes änderte sich auch in Hinblick auf die Aburteilung jugendlicher Straftäter: Das Jugendgerichtsgesetz vom 16. Febru-

---

[193] Bedenken des Reichsinnenministeriums in: Vormbaum, S. 93

[194] RGBl. 1923, Teil I, S. 1197

[195] RGBl. 1923, Teil I, S. 1197 (1198)

[196] Schäfer in: JW 1933, S. 937 (938); Wagner in: Dreher-FS, S. 625 (632)

ar 1923[197] sah ausschließlich Schöffengerichte -besetzt mit einem Berufsrichter und zwei Laien in Schöffengerichts- oder Strafkammersachen, mit zwei Berufsrichtern und drei Laien als sogenanntes großes Schöffengericht in ansonsten dem Schwurgericht oder Reichsgericht zugehörigen Strafsachen-[198] als Jugendgerichte vor, so daß Jugendliche zwischen 14 und 18 Jahren aus der Zuständigkeit des Reichsgerichts herausfielen und lediglich den neugeschaffenen Jugendgerichten überantwortet waren.

## III. Abschaffung der Schwurgerichte durch die Emminger-Verordnung samt ihren Folgen

### 1. Überblick über die wichtigsten Änderungen

Als eine der einschneidendsten Reformen während der Weimarer Republik ist die Verordnung über Gerichtsverfassung und Strafrechtspflege des damaligen Justizministers Emminger vom 4. Januar 1924 zu bezeichnen, nach diesem auch „Emminger-Verordnung" genannt,[199] deren hervorstechendste Änderung in der faktischen Abschaffung der Schwurgerichte bestand. Fortan entschieden drei Berufsrichter und sechs als Geschworene betitelte Laien unter der Bezeichnung „Schwurgericht" gemeinsam sowohl über die Schuld- als auch die Straffrage (§12 der Verordnung).

Weitere Modifikationen waren hinsichtlich des Staatsschutzes vorgenommen worden.

Zwar war die Zuständigkeit des Reichsgerichts in erster Instanz für Hoch- und Landesverrat sowie eine Reihe weiterer politischer Delikte unangetastet geblieben (die fehlende Erwähnung in der Verordnung zeigt, daß hier keinerlei tiefgreifende Umgestaltungen vorgenommen worden waren), jedoch oblag jetzt gemäß §2 nur noch einem mit 5 beziehungsweise außerhalb der Hauptverhandlung mit 3 Berufsrichtern besetzten Strafsenat dieser Tätigkeitsbereich. Grund hierfür dürfte die leicht rückläufig gewordene Anzahl erstinstanzlicher Hauptverfahren gewesen sein.[200]

In §15 [201] findet sich die per Verordnung vom 12. Dezember 1923[202] eingeführte Möglichkeit wieder, Strafsachen minderer Bedeutung, beispielsweise in Fällen des Landesverrats, nach Maßgabe des Oberreichsanwaltes aus dem Zuständig-

---

[197] RGBl. 1923, Teil I, S. 135

[198] §17 JGG; Rennig, S. 55 Anm. 216; Klingebiel, S. 47; Übersicht bei Petzal, S. 74f.

[199] RGBl. 1924, Teil I, S. 15ff

[200] vgl. die Übersicht, zusammengestellt von Partzsch in: DJZ 1929, Spalte 1311 (1312); Lobe in: Fünfzig Jahre Reichsgericht, S. 30.

[201] RGBl. 1924, Teil I, S. 15 (17)

[202] RGBl. 1923, Teil I, S. 1197

keitsbereich des Reichsgerichts an die Landesstaatsanwaltschaft abzugeben und dadurch die alleinige Zuständigkeit des Oberlandesgerichts in der Besetzung von ebenfalls 5 Berufsrichtern zu begründen. Auf diesem Weg sollte eine Entlastung des Reichsgerichts, das künftig nur noch einen einzigen erstinstanzlich tätigen Strafsenat besitzen sollte, herbeigeführt und eine möglichst zügige Aburteilung dieser Delikte zum Zwecke der Erhaltung der Reichssicherheit garantiert werden.[203]

Auch die Möglichkeit der Gerichtskonzentration wurde mit § 15 Absatz 4 der Verordnung beibehalten. Der weite Ermessensspielraum der Exekutive in Form der Landesjustizverwaltung blieb somit bestehen.

Ab April 1924 wurde als Folge der sogenannten „Lex Emminger" das Gerichtsverfassungsgesetz geändert, welches nun die Zuständigkeit der neuen Schwurgerichte für Hoch- und Landesverratsdelikte, soweit sie sich gegen ein Land richteten, manifestierte.[204] In sämtlichen anderen Verratsfällen sowie bei Verrat militärischer Geheimnisse schrieb §134[205]dem Reichsgericht die Kompetenz zu; hier bestand mit Ausnahme hochverräterischer Angriffe die Möglichkeit einer Verfahrensabgabe an ein Oberlandesgericht (§134 Absatz 2 und 3). Gegen die erstinstanzlichen Entscheidungen des Reichsgerichts und der Oberlandesgerichte war kein Rechtsmittel vorgesehen.[206]

## 2. Kritische Betrachtung der Reform

Obwohl die Emminger-Verordnung den Gedanken des Laienrichtertums beibehielt und mit §11 sogar die ehemals nur aus Berufsrichtern bestehenden Strafkammern mit Schöffen besetzte, kann diese Maßnahme doch nicht darüber hinwegtäuschen, daß die Aburteilung des größten und relevantesten Teils der politischen Delikte weiterhin den Gerichten mit ausschließlich berufsrichterlicher Besetzung oblag. Zudem wurde der Tätigkeitsbereich des Einzelrichters zulasten der Schwur- und vor allem der Schöffengerichte erheblich erweitert, so daß künftig auch wieder eine hohe Anzahl politischer Vergehen von einem einzigen Berufsrichter abgeurteilt wurde, solange die zu erwartende Strafe unter einem Jahr Ge-

---

[203] Gumbel in: Die Justiz, Bd.2, S. 75 (76f.); Vormbaum, S. 40; zustimmend ebenfalls Klingebiel, S. 77

[204] RGBl. 1924, Teil I, S. 299 (309): Die einzelne Zuständigkeit ergibt sich als Umkehrschluß aus derjenigen des Reichsgerichtes.

[205] RGBl. 1924, Teil I, S. 299 (315)

[206] Übersichten über die sachliche Zuständigkeit der Strafgerichte nach der Reform Emmingers 1924 bei: Vormbaum, S. 98 (dort der Reichsjustizgesetzgebung von 1877 gegenübergestellt); bei Herrmann nach S. 146; bei Klingebiel, S. 111.

fängnis blieb.[207] Zwar sollte die Beteiligung von Laien bei den Strafkammern das bestehende Mißtrauen des Volkes gegenüber der rechtsprechenden Gewalt beseitigen,[208]doch wurde durch die stückweise Beschneidung der Kompetenz mit Laien besetzter Gerichte eben jener Mangel an Vertrauen in die Justiz wieder gefördert.[209]

Sicherlich wurden bei der Verordnung vom 4.1.1924 unter anderem finanzielle Aspekte berücksichtigt; sie werden in den Notmaßnahmen des V. Abschnitts durch die vollständige Suspension der Laien für den Zeitraum des 15. Januar bis 31. März 1924 deutlich,[210]durch welche die den Schöffen und Geschworenen zustehenden Tagegelder eingespart werden sollten.[211] Es dürften jedoch auch gewichtige politische Überlegungen ausschlaggebend für die aufrecht erhaltene Aussparung von Laien an den obersten Gerichten gewesen sein: Jede Hinzuziehung von Rechtsunkundigen zur Dritten Gewalt kann gerade in politischen Prozessen zu einer Veränderung der Auffassung des urteilenden Gerichts führen, was einerseits die latente Gefahr unterschiedlicher Rechtsprechung in sich tragen *kann*, andererseits hingegen auch die Chance vermittelt, einer eventuell festgefahrenen Meinung neue Gesichtspunkte zu eröffnen.

Die „Lex Emminger" beließ nun einzig die eindeutig gegen ein Land gerichteten hoch- und landesverräterischen Unternehmen in der Zuständigkeit des Schwurgerichts. Das lediglich in Form der Revision zugelassene Rechtsmittel führte -je nach Art der verletzten Rechtsnorm- entweder zum Oberlandes- oder zum Reichsgericht. Da die von den Revisionsgerichten *erstinstanzlich* abgeurteilten Verfahren hingegen keinerlei Rechtsmitteln zugänglich waren, bestand der Tenor also, wie schon bei Errichtung des Staatsgerichtshofes zum Schutze der Republik 1922, darin, die hochpolitischen Delikte möglichst schnell und auf einer Ebene mit der regierungspolitischen Linie abzuurteilen.

Diese Grundtendenz der „Lex Emminger" wurde jedoch von der Ermessensweite der Staatsanwaltschaft durchbrochen. Politisch kontroverse Auffassungen seitens der Anklagebehörde konnten nun dazu führen, daß bestimmte Fälle gezielt vor dem Oberlandesgericht eröffnet wurden, um das Verfahren vollständig in Landesrecht überzuführen[212]beziehungsweise den Instanzenzug zu beeinflussen.[213] Eben

---

[207] stellvertretend für alle Kritiker: Herzfeld, RT-Verh., I.WP 1920/23, Sten.Ber., S. 11197

[208] Vormbaum, S. 52f.; Übersicht der Zuständigkeit des Schöffengerichts für politische Delikte bei Petzal, S. 50

[209] Rennig, S. 61

[210] RGBl. 1924, Teil I, S. 15 (21)

[211] Warmuth, RT-Verh., I.WP 1920/23, Sten.Ber., S. 11189; sehr kritisch zu dieser Methode: Drucker in: JW 1924, S. 241 (242); so auch Hartung in: Das Recht 1924, Spalte 128 (129)

[212] Diese Befürchtung wurde besonders von Drucker in: JW 1924, S. 241 (244) geäußert.

[213] Petzal, S. 29; a.A. Hartung in: Das Recht 1924, Spalte 128 (136)

jener übergroße Einfluß der Exekutive gegenüber der Justiz war es auch, der von politischer Seite angegriffen wurde.[214]
Stark kritisiert wurde auch, daß die Abgabemöglichkeit gemäß §15 Absatz 1 und Absatz 3 überhaupt an die Oberlandesgerichte und nicht an ein landgerichtliches Erstgericht erfolgt war. Zwar hatte die Eingrenzung der reichsgerichtlichen Tätigkeit in erster Instanz an sich überwiegend positive Resonanz erhalten, die Überweisung der hochpolitischen Delikte an ein ebenfalls hauptsächlich als Revisionsinstanz fungierendes Gericht war hingegen abgelehnt worden, denn damit entschieden wieder erprobte *Revisions*richter als *Tat*richter. Zudem wurde erneut ein Argument angeführt, das bereits bei Erlaß der Verordnung vom 12. Dezember 1923 geltend gemacht worden war, nämlich die Gefahr einer durch die Abgabe herbeigeführten Rechtsunsicherheit sowie einer qualitativen Beeinträchtigung und Uneinheitlichkeit der Rechtsprechung.[215] Deshalb hatte beispielsweise Bumke 1920 noch ein Recht des Oberreichsanwaltes befürwortet, bestimmte Verfahren aus der Länderebene vor das Reichsgericht bringen zu können.[216]
Die weiterhin fehlende Rechtsmittelinstanz erhöhte die Befürchtung, daß die lange Jahre nicht ausgeübte *tat*richterliche Tätigkeit zu in der Sache unhaltbaren Urteilen führen könnte, welche dann keiner Überprüfung mehr zugänglich wären.[217]
Als Grund dafür, politische Delikte nicht allesamt der erstinstanzlichen Zuständigkeit eines Schöffen- oder Schwurgerichts zu überantworten, vermutete man wohl zu Recht den Unwillen, solche Strafsachen von einem Gericht mit Laienbeteiligung aburteilen zu lassen,[218] nachdem den früheren Schwurgerichten dieser Bereich schon viele Jahre zuvor entzogen worden war.
Die vielen positiven, für eine Partizipation von Laien an solchen Strafverfahren sprechenden Argumente[219] hatten also auch zum Zeitpunkt der Emminger-Verordnung kein umfassendes Gehör gefunden.

## IV. Die Zeit bis zum Beginn des Nationalsozialismus

Aufgrund der Anfang des Jahres 1924 ergangenen „Lex Emminger" nahm die sozialdemokratische Partei 1925 in ihr Heidelberger Programm ausdrücklich das Verlangen nach „Wiederherstellung der Schwurgerichte und Ausdehnung ihrer

---

[214] Radbruch, RT-Verh., I.WP 1920/23, Sten.Ber., S. 11186; Petzal, S. 29 mwN und S. 94; Vormbaum, S. 59
[215] Vormbaum, S. 105
[216] Bumke in: JW 1920, S. 227 (230)
[217] Drucker in: JW 1924, S. 241 (244)
[218] Drucker in: JW 1924, S.241 (244); Herzfeld, RT-Verh., I.WP 1920/23, Sten.Ber., S.11196; Radbruch, ebenda, S. 11187
[219] vgl. 2.Kap. II.3

Zuständigkeit insbesondere auf politische und Pressevergehen“[220]auf. Dieses Begehren fiel jedoch genausowenig auf fruchtbaren Boden wie ein Antrag der KPD,[221]nach welchem die Schwurgerichte in ihrer vor der Emminger-Verordnung existierenden Form wiederhergestellt werden sollten, allerdings mit der Modifikation, sowohl über die Schuld- als auch über die Straffrage selbständig zu entscheiden. Ferner war geplant, die Zuständigkeit des Reichsgerichts in erster Instanz entfallen und stattdessen auf die Schwurgerichte übergehen zu lassen. Gleichzeitig sollte eine Laienbeteiligung auf allen Ebenen inklusive der Rechtsmittelinstanz gewährleistet sein.

Schon ein vor Erlaß der „Lex Emminger“ gestellter Antrag der KPD hatte dieses Anliegen zum Tenor gehabt: Laien sollten jeweils im Verhältnis von 5 Geschworenen zu einem Berufsrichter, der keinerlei Stimmrecht besitzen sollte, in den Senaten von Reichsgericht und Oberlandesgericht vertreten sein.[222]

Tatsächlich aber hatte das Reichsgericht nach dem Wegfall des Staatsgerichtshofes zum Schutze der Republik ab 1. April 1926 dessen Kompetenzbereich wieder übernommen und für den Zeitraum von zweieinhalb Jahren einen weiteren, und zwar erneut den V., Strafsenat errichtet.[223]

Gegen Ende der zwanziger Jahre verdeutlichten sich die Folgen der Emminger-Verordnung, indem immer stärker Kritik an der Behandlung, überwiegend von Landesverrat, durch die obersten Gerichte geübt wurde. Der aufkeimende Nationalismus vertrug sich nur schwer mit einer unpolitischen Justiz, so daß mehr oder weniger schleichend eine Politisierung der Rechtspflege erfolgte. Vor allem die Zuweisungsmöglichkeit von Landesverratsprozessen an Oberlandesgerichte hatte teils höchst brisante Konsequenzen zur Folge, weswegen hauptsächlich das Bayerische Oberste Landesgericht aufgrund seiner ergangenen Urteile und seiner persönlichen Beziehungen zur nationalsozialistischen Richtung[224]zum Mittelpunkt von Kritik und Mißtrauen wurde. Insgesamt wurde eine permanent forcierende einseitige Tendenz der Rechtsprechung bemerkbar, die sich in erster Linie in der scharfen Aburteilung kommunistischer, Propagandazwecken dienender Literatur

---

[220] zitiert bei: Vormbaum, S. 145

[221] RT-DrS. Nr. 3886, III.WP 1924, Bd.421; Rennig, S. 59

[222] RT-DrS. Nr. 6531, I. WP 1920/23; vgl. auch die Ausführungen von Herzfeld vom 6.6.1923 in: RT-Verh., I.WP 1920/23, Sten.Ber., S. 11196ff.

[223] RGBl. 1926, Teil I, S. 190; Lobe in: Fünfzig Jahre Reichsgericht, S. 23; vgl. Übersicht bei Partzsch in: DJZ 1929, Spalte 1311 (1312)

[224] Eines der Mitglieder (Otto v. d. Pforten) war als Teilnehmer des Hitlerputsches vom 9.11. 1923 erschossen, ein weiteres Mitglied (Ernst Poehner) am 1.4.1924 im Hitlerprozeß zu 5 Jahren Festungshaft auf Bewährung verurteilt worden; der II. Strafsenat hatte am 30.10. 1923 das Fechenbach - Urteil als rechtmäßig erachtet [vgl. die Angaben bei Kantorowicz in: Die Justiz, Bd.2, S. 92 (101)]

verdeutlichte, ohne jedoch in gleicher Weise gegenteilige Propaganda- und Umsturzbestrebungen abzuurteilen.[225]
Daraufhin erhoben sich erneut die nie ganz verstummten Forderungen nach einer Aufhebung der Emminger-Verordnung und Neuorganisation der (Straf-)Gerichtsverfassung. An der Spitze der Vorschläge stand die Zuweisung der Zuständigkeit für Hoch- und Landesverrat sowie für Spionage an die Schwurgerichte der früheren Art.[226] Auch der Modus der Laienrichterwahl sollte sich ändern und die Geschworenen *allen* Volksschichten entnommen werden, um einen Querschnitt durch das „allgemeine Volksempfinden" zu gewährleisten.[227] Dieses Argument knüpft an eine von Herzberg bereits in der Sitzung des Reichstags vom 6.6. 1923[228]geäußerte Forderung nach einer Verhältniswahl der Laienrichter durch das Volk an. Radbruch[229]sprach sich innerhalb dieser Sitzung für eine gleichmäßige Beachtung aller Parteien in Hinblick auf die Laienrichterwahl aus, um eine unilaterale Politisierung der Justiz zu vermeiden.
Das Rechtsgefühl des Berufsrichters wurde entgegen den Befürwortern der Emminger-Verordnung als nicht mehr in Einklang mit der Auffassung der breiten Volksmasse empfunden, vornehmlich deswegen, weil die Juristen fast ausschließlich den oberen Bevölkerungsschichten entstammten, was sich vor allen Dingen auf den Ausgang politischer Prozesse auszuwirken schien.[230]
Die Forderung nach einer Beteiligung von Laien an der Aburteilung (hoch-)politischer Delikte wurde also weiterhin erhoben. Tatsächlich aber wurde von regierungspolitischer Seite aus diesem Verlangen entgegengearbeitet.

---

[225] vgl. Heine in: Die Justiz, Bd.2, S. 350 (362ff.); Grimm, S. 59 und S. 130f.; Wassermann: Ist Bonn doch Weimar ?, S. 10f.
[226] Oborniker in: Die Justiz, Bd. 2, S. 406 (408) und (412)
[227] Oborniker in: Die Justiz, Bd.2, S. 406 (408f. )
[228] RT-Verh., I.WP 1920/23, Sten.Ber., S. 11198
[229] RT-Verh., I.WP 1920/23, Sten.Ber., S. 11187; Gustav-Radbruch-Gesamtausgabe (GRBA), Bd.19, S. 132 ff.
[230] Oborniker in: Die Justiz, Bd.2, S. 406 (409f.)

# 4. Kapitel: Politische Prozesse während des Dritten Reiches und die Bildung des Volksgerichtshofes

## I. Aufgespaltene Zuständigkeit für politische Strafsachen zu Beginn des 3. Reiches

### 1. Bildung weiterer politischer Sondergerichte und Ausdehnung des §134 GVG

Zu Beginn der dreißiger Jahre ging es politisch immer unruhiger zu. Deshalb führte die Regierung Papen weitere politische Sondergerichte ein, die dazu dienen sollten, durch eine strenge und zügige Rechtsprechung mittels starken Drucks wenigstens den politischen Frieden zwischen den einzelnen Parteien wiederherzustellen.[231]

Mit dem permanent stärker werdenden Nationalsozialismus zeigte sich auch die veränderte Haltung der Regierung gegenüber der Justiz. Nach der Machtübernahme Hitlers am 30. Januar 1933 wurde die neue Auffassung von Recht durch eine unnachgiebige Sondergerichtsbarkeit für politische Strafsachen zum Ausdruck gebracht. Die nationalsozialistische Regierung brauchte eine schnelle und schlagkräftige[232] Justiz, die sich in der Lage sah, jegliche „Gegner" des neuen Staates „vollständig auszurotten."[233] Zudem war man der Meinung, die Richter der ordentlichen Strafgerichtsbarkeit besäßen noch nicht genügend Sachkenntnis hinsichtlich der nationalsozialistischen Ideologie.[234]

Bereits am 28. Februar 1933[235]sowie am 18. März 1933[236]ergingen zwei Verordnungen, die vor allem prozessuale Neuerungen mit sich brachten: einerseits die Möglichkeit, für Hochverratssachen mit minderer Bedeutung die Zuständigkeit der Oberlandesgerichte zu begründen, und andererseits die Voraussetzung für eine Konzentration der oberlandesgerichtlichen Kompetenz auf einige wenige Standorte.[237] Nach dem bisherigen Stand konnten die mittlerweile teils neugefaßten und insofern verschärften, erweiterten Tatbestände des Hoch- und Landesverrats[238]gemäß §134 Absatz 2 und Absatz 3 GVG nur in Landesverratssachen so-

---

[231] Idel, S. 39

[232] Schwesinger, S. 64f.

[233] Idel, S. 39

[234] Schwesinger, S. 64

[235] RGBl. 1933, Teil 1, S. 85

[236] RGBl. 1933, Teil 1, S. 131

[237] §7 Absatz 1 der VO v. 28.2.1933 bestimmte die Anwendbarkeit des §134 GVG und eröffnete damit die Möglichkeit der Abgabe an die Oberlandesgerichte sowie einer dementsprechenden Konzentration, RGBl. 1933, Teil I, S. 85 (86).

[238] Wagner in: Dreher-FS, S. 625 (634)

wie bei bestimmten Spionageverbrechen dem Oberlandesgericht überantwortet werden, indem die Landesstaatsanwaltschaft die Strafverfolgung übernahm.
Durch Artikel 1 der Verordnung vom 18. März 1933 existierte diese Abgabemöglichkeit nun auch für Hochverratsdelikte.[239] Der Grund lag in dem enormen Zuwachs an Hochverratsstrafsachen beim Reichsgericht,[240]der einer gewünschten schnellen Aburteilung entgegenwirkte. Da sich die seit 1924 bestehende Abgabemöglichkeit für Landesverratssachen bewährt hatte, dehnte man sie und damit den §134 GVG um der Sicherheit des Reiches willen jetzt auch auf Hochverratssachen minderer Bedeutung aus.[241] Maßgebende Funktion kam in diesem Zusammenhang dem Oberreichsanwalt zu, in dessen pflichtgemäßem Ermessen die Abgabe lag.[242] Die Konzentration auf einige ausgewählte Oberlandesgerichte, speziell in Preußen und Bayern, galt nun gleichermaßen für diese Deliktsgruppen, ebenfalls begründet mit der erstrebten Sicherheit und dem Erhalt des äußeren Reichsbestandes, welche eine Konzentration sowie übereinstimmende Behandlung von Strafverfolgung und Aburteilung erforderten.[243]
Die nächste relevante Verordnung erging nur drei Tage später, am 21. März 1933.[244] Sie beinhaltete die Konstituierung von neuen Sondergerichten, die anfangs der Länderhoheit überantwortet waren. Nach Begründung der Reichshoheit in der Justiz wurden sie jedoch dem Reich unterstellt und waren rein mit Berufsrichtern besetzt.[245] Erwartet wurde von ihnen das Sammeln von Erfahrungen durch Rechtsprechung im abzuurteilenden Bereich politischer Straftaten sowie eine ausgeprägte Regierungstreue.[246]
Es kristallisierte sich schnell heraus, daß die beschlossenen Sondergerichte bei den erstinstanzlichen Strafsenaten der Oberlandesgerichte, und zwar eines für jeden Gerichtsbezirk, angesiedelt werden sollten, da sie am geeignetsten erschienen, sowohl Schwere und Relevanz der abzuurteilenden Delikte gebührend Rechnung zu tragen als auch die erforderliche Anzahl im Sinne der Regierung fähiger Staatsanwälte und Richter aufzubringen. Zusätzlich gaben die Parallelen rechtlicher und tatsächlicher Natur zwischen den Strafverfahren der Sondergerichte und den Hochverratsprozessen der Strafsenate an den Oberlandesgerichten den Aus-

---

[239] Art.1 der VO verdeutlichte die für hochverräterische Umtriebe bestehende Abgabemöglichkeit nun noch einmal explizit für Hochverratssachen, RGBl. 1933, Teil I, S. 131.
[240] Übersicht bei Bumke in: JW 1932, S. 1185 (1186)
[241] Schäfer in: JW 1933, S. 937 (938)
[242] Art.1 der VO vom 18.3.1933, RGBl. 1933, Teil I, S. 131; kritisch zum Einfluß der Exekutive: Klingebiel, S. 78
[243] Schäfer in: JW 1933, S. 937 (938)
[244] RGBl. 1933, Teil I, S. 136
[245] §1 und §4 der VO vom 21.3.1933, RGBl. 1933, Teil I, S. 136
[246] Schwesinger, S. 65; Neugebauer in: DRiZ 1930, S. 281 (282)

schlag für die Angliederung.[247] Die Anklagebehörden hierfür bestanden aus Personen, welche die Befähigung zum Richteramt haben mußten und von der Landesjustizverwaltung ausgesucht wurden.[248]
Die Sondergerichte, von denen gemäß §1 Absatz 1 der Verordnung vom 21.3. 1933 tatsächlich in jedem Oberlandesgerichtsbezirk eines errichtet wurde, waren hauptsächlich für politische Straftaten mittelschweren Charakters zuständig;[249] diese Kompetenz war zuerst aus §2 der Verordnung vom 28. Februar 1933 abgeleitet worden. Aufgrund des Artikels 1 der Verordnung der Reichsregierung vom 6. Mai 1933[250]konnte bei minderer Bedeutung der Sache oder bei Jugendlichkeit des Täters die Untersuchung in ein ordentliches Verfahren umgeleitet werden. Später wurde die sachliche Zuständigkeit durch mehrere Verordnungen ausgedehnt und war lediglich zur Kompetenz des Reichsgerichts subsidiär.[251]

## 2. Zurückdrängung der Laien

Um eine schnelle, schlagkräftige Justiz zu erlangen, wurde bereits vor der Machtübernahme Hitlers der „Unsicherheitsfaktor" Schöffe immer mehr umgangen, indem beispielsweise der preußische Justizminister zum 1. Juli 1932 verfügte, insbesondere bei Delikten politischer couleur der Strafkammer erster Instanz die Zuständigkeit zu übertragen.[252] Dies korrespondierte mit einer Verordnung des Reichspräsidenten vom 14. Juni 1932,[253]nach welcher gegen die erstinstanzlich von der Strafkammer abgeurteilten Strafsachen keine Berufung mehr möglich war.
Eine solche Vorgehensweise entsprach der in Italien vorherrschenden Ablehnung gegenüber Laien. Dort wurden die Schwurgerichte abgeschafft, um durch sie gegen den Willen der Regierungsmacht ergehende Entscheidungen zu verhindern.[254]
Da die politischen Sondergerichte durchweg mit Berufsrichtern besetzt waren, wurde die „Durchschnittsbevölkerung" aus diesem Bereich immer weiter verdrängt, zumal als ebenfalls zuständiges Gericht bis 1934 das gleichermaßen aus rein beamteten Richtern bestehende Reichsgericht in Frage kam.

---

[247] Fürst, S. 70f.; Wagner in: Weinkauff, S. 245
[248] Idel, S. 98f.
[249] §§1-3 der VO vom 21.3.33, RGBl. 1933, Teil I, S. 136; Klingebiel, S. 82
[250] RGBl. 1933, Teil I, S. 259
[251] Schwesinger, S. 65; Wagner in: Weinkauff, S. 244f.; Idel, S. 41f.
[252] Preußisches Justiz-Ministerial-Blatt 1932, S. 135 (136); Herrmann, S. 164 Anm. 100; für eine Übertragung *aller* politischen Prozesse auf die Strafkammern: Grimm, S. 86
[253] RGBl. 1932, Teil I, S. 285
[254] Hachenburg/Bing in: DJZ 1932, Spalte 274 (278)

Diese Tendenz stieß auf partiellen Rückhalt innerhalb der nationalsozialistischen Literatur. So äußerten sich einzelne Stimmen positiv hinsichtlich der Überwindung der Schwurgerichte. Sämtliche ursprünglich erwogenen Vorzüge des Laienrichtertums wurden nun als Angriffsmittel gegenüber dem Dritten Reich interpretiert. Vor allen Dingen störte man sich am Liberalismus als Ursprung dieser Einrichtung, denn liberalistische Tendenzen konnten mit der neuen Ideologie nur schwer vereinbart werden. Man sprach sich dagegen aus, das Rechtsgefühl des einzelnen zum Maßstab der Rechtsprechung zu erheben, weil angeblich zu befürchten stand, daß kaum jemand außer Hitler in der Lage sei, die Bedeutung der Notwendigkeit einer Volksgesamtheit in vollem Umfang zu erfassen und sie in entsprechendes Recht umzusetzen.[255] Die Laienrichter standen also nach dieser Auffassung einer schnellen, zuverlässigen und effektiven Strafrechtspflege entgegen.[256]

Es existierten jedoch auch maßgebende andere Sichtweisen. So war Freisler der Ansicht, daß das Laienrichtertum auf die Zeit *vor* dem Liberalismus zurückzuführen und das Volk unbedingt an der Rechtspflege zu beteiligen sei. Allerdings nahm er von den liberalistischen Vorgaben Abstand und verneinte das weitere Bestehen eines Kontrollbedürfnisses der Allgemeinheit gegenüber der Judikative.[257]

Im Laufe der nächsten Jahre sollten sich beide dargestellten Auffassungen teilweise verwirklicht sehen.

## II. Die Relevanz des Rechtsmittelsystems

Die Wirkungen der Rechtsmittel waren schon seit längerem für die Zwecke der Politik in Betracht gezogen und vereinzelt nutzbar gemacht worden. So vertrat Mannheim 1925 die Meinung, mit dem Institut der Rechtsmittel nicht nur juristische, sondern auch politische Zwecke zu verfolgen, wobei auch Einflußnahmen in umgekehrter Richtung gegeben seien, indem beispielsweise die Politik über die Laienrechtsprechung auf die Rechtspflege einwirken könne[258]und auf diesem Gebiet maßgebend geworden sei. Besonders stark sah Mannheim diese Tendenz bei den Rechtsmitteln des Strafprozesses verzeichnet.[259] Er demonstriert in seinem Beitrag den Weg, auf welchem sich eine Regierung oder eine Partei am besten Rückhalt innerhalb der Judikative verschaffen kann: Sie besetzt die Richterstellen mit von ihr ausgesuchten oder wohlgesonnenen Personen. Um eine vollständige

---

[255] Paul Müller, S. 26f.
[256] Paul Müller, S. 37
[257] Freisler in: Deutsches Strafrecht 1936, S. 305 (312f.)
[258] Mannheim, S. 13
[259] Mannheim, S. 15

Kontrolle zu erhalten, wendet man sich lediglich den Instanzenspitzen zu, was gleichzeitig mehrere Vorteile zur Folge hat: Wenige Personen sind wesentlich einfacher zu beeinflussen als viele. Zudem sind die höchsten Gerichte selbst für die Veröffentlichung der relevantesten, von ihnen gefällten Entscheidungen verantwortlich.[260] Und schließlich ist es möglich, unliebsame Entscheidungen der Untergerichte im Wege der Rechtsmitteleinlegung zu kassieren, um zu dem gewünschten Ergebnis zu gelangen. Der Aufbau des Rechtsmittelsystems dient nach Auffassung Mannheims folglich dazu, die Staatsgewalt und deren Einfluß auf die Rechtspflege zu stärken.

Diese, im Ursprung gegen die Einführung der Berufung durch die Sozialdemokraten gerichtete Meinung lag in ihrem Wesen der bald nationalsozialistisch durchsetzten Rechtspflege zugrunde: Politische Verfahren wurden grundsätzlich eininstanzlich behandelt und während der Dauer des Dritten Reiches vollständig kontrolliert,[261]um eine zentrale Bekämpfung der gegen den neuen Staat gerichteten Angriffe zu erreichen. Da es sich angeblich fast ausschließlich um Sachverhalts- und weniger um schwierige Rechtsfragen handelte, wurde auch keinerlei Bedürfnis für die Einführung einer Revisionsinstanz gesehen.[262] Man wollte den Regimegegnern jede Möglichkeit verwehren, mehrere Instanzen in Anspruch zu nehmen, um die „Schlagkraft" der neuorganisierten Strafrechtspflege abzumildern.[263] Damit dieses Ziel vollständig durchgesetzt werden konnte, kam es 1934 zur Errichtung eines zusätzlichen speziellen Gerichtes - dem Volksgerichtshof.

## III. Gründung des Volksgerichtshofes

Mit dem Gesetz zur Änderung von Vorschriften des Strafrechts und des Strafverfahrens vom 24. April 1934[264]und der darin enthaltenen Gründung des Volksgerichtshofes schuf sich Hitler eine weitere wirksame Waffe zur Bekämpfung seiner Gegner.

Den Hintergrund der Errichtung bildete das Urteil eines reichsgerichtlichen Strafsenates im sogenannten Reichstagsbrandstifterprozeß: Der Holländer Marinus van der Lubbe war nach monatelanger Dauer der Hauptverhandlung verurteilt, vier mitangeklagte Kommunisten (Torgler, Dimitroff, Popoff und Taneff) mangels Nachweis einer Beteiligung freigesprochen worden.[265] Urteile dieser Art wurden von Hitler nicht akzeptiert. Um eine Wiederholung zu vermeiden, entzog der

---

[260] Mannheim, S. 16

[261] vgl. Freisler in: Deutsches Strafrecht 1936, S. 305 (324); Wagner in: Weinkauff, S. 250

[262] so Freisler in: Deutsches Strafrecht 1936, S. 305 (324)

[263] Freisler in: Deutsches Strafrecht 1936, S. 305 (325); v.Gleispach in: Beiträge zur Rechtserneuerung, Heft 3, S. 38 (49)

[264] RGBl. 1934, Teil I, S. 341

[265] Kern: Der Strafschutz des Staates..., S. 47; Buchheit, S. 28

Reichskanzler seinem obersten Gericht die erstinstanzliche Kompetenz für politische Verfahren und beschloß stattdessen die Bildung eines besonderen Gerichtshofes,[266] dessen Zuständigkeitsbereich anfangs die Aburteilung von Hoch- und Landesverrat umfaßte,[267] ohne Unterschied, ob sich der Verrat gegen das Reich oder ein Land richtete.

Zuvor war noch erwogen worden, anstelle eines neuen Sondergerichts das künftige Reichsmilitärgericht zur ersten und letzten Instanz für alle Hoch- und Landesverratssachen zu erweitern. Diese Überlegung wurde zwar wieder verworfen, erweckte aber anfänglich in Kreisen ehemaliger Militärrichter den Eindruck, daß der Volksgerichtshof nicht von Dauer sein werde - ein Vorbehalt, der durch den Stand als Sondergericht noch verstärkt wurde.[268]

### 1. Beginn und Zuständigkeit als Sondergericht

Der Volksgerichtshof besaß zum Gründungszeitpunkt ebenso wie alle anderen für politische Delikte zuständigen Gerichte den Charakter eines Sondergerichtes für Strafsachen.[269] Die Reichsführung war aufgrund des aus nationalsozialistischer Sicht „mißglückten“ Reichstagsbrandprozesses zu der Auffassung gelangt, daß infolge der erhöhten Gefahr für die Reichssicherheit eine vollständige Konzentration der gesamten politischen Delikte bei einer besonderen Gerichtsorganisation zur radikalen Bekämpfung der Verursacher erfolgen mußte, da die ordentliche Gerichtsbarkeit aufgrund ihrer mannigfaltigen Aufgaben zu langsam arbeitete, um die Abwehrmaßnahmen schlagkräftig genug ausfallen zu lassen.[270]

Als weiteres Argument für die Bildung dieses Sondergerichts wurde die Unvereinbarkeit der originären Aufgaben des Reichsgerichts, nämlich die Funktion als höchstes Revisionsgericht, mit der Ausübung erstinstanzlicher Tätigkeit angeführt. Durch Errichtung des Volksgerichtshofes war das Reichsgericht nun von seiner Arbeit als Tatsacheninstanz entbunden, welche vollständig auf ersteren überging.[271] Damit war er für politische Verbrechen im Rahmen der folgenden Paragraphen des damaligen Strafgesetzbuches zuständig: §§80-84 (Hochverrat), §§89-92 (Landesverrat), §94 Absatz 1 (Angriff gegen den Reichspräsidenten) sowie §5 Absatz 2 Ziffer 1 der Verordnung des Reichspräsidenten zum Schutz von Volk und Staat vom 28.2.1933. Ferner urteilte der Volksgerichtshof, wenn eine in seiner Zuständigkeit liegende Tat gleichzeitig den Tatbestand einer anderen straf-

---

[266] Kern: Der Strafschutz des Staates..., S. 47; Grimm, S. 95; Buchheit, S.29; Wagner in:Weinkauff, S. 249f.

[267] Wagner in: Dreher-FS, S. 625 (636)

[268] Buchheit, S. 30

[269] Schwesinger, S. 66

[270] Idel, S. 157; Grimm, S. 131

[271] Schwesinger, S. 66; Richter in: DJ 1934, S. 604 (606)

baren Handlung erfüllte.[272] Später kam noch der schwere Fall der Beschädigung von Wehrmitteln hinzu.[273]

### a. Beschränkung der Abgabe- und Überweisungsmöglichkeit

Parallel zu diesem Zuständigkeitskatalog wurde die Abgabemöglichkeit an die Staatsanwaltschaft beim Oberlandesgericht sowie die Überweisung an die dortigen Senate stark begrenzt. Hochverratstaten und Landesverratsverbrechen gehörten nun zur ausschließlichen Zuständigkeit des Volksgerichtshofes.[274] Lediglich Vorbereitungshandlungen zum Hochverrat und landesverräterische Vergehen fielen jetzt noch in den Bereich der Oberlandesgerichte.[275] Damit wurde die Verordnung des Reichspräsidenten zur Beschleunigung des Verfahrens in Hoch- und Landesverratssachen vom 18.3.1933, welche ebenso wie die im Februar 1933 erfolgte Ergänzung des §134 Absatz 2 GVG die Position der Landesstaatsanwaltschaften gestärkt hatte, um das Reichsgericht von einer Vielzahl Strafsachen minderer Bedeutung zu entlasten, mit der Errichtung des Volksgerichtshofes wieder aufgehoben.[276]

Insgesamt besaß der Volksgerichtshof sogar eine erweiterte Zuständigkeit gegenüber dem Tätigkeitsbereich des Reichsgerichtes, bedingt unter anderem durch die Neufassung der Strafvorschriften über Hoch- und Landesverrat, welche den Anfang des Gesetzes vom 24.4.1934 bildeten, in das nun auch insbesondere das Spionagegesetz und die Verordnung vom 28.2.1933 eingearbeitet waren. Durch die endgültige Zurückdrängung des Reichsgerichts in seine ursprüngliche Rolle als Revisionsinstanz war die Regelung des §134 GVG nun beinahe gegenstandslos geworden.[277]

### b. Besetzung des Volksgerichtshofes und die Distanz zum Reichsgericht

Der Volksgerichtshof sollte eindeutig die Tendenz einer in der Umgestaltung begriffenen Strafgerichtsorganisation veranschaulichen, deren erste Vorboten die zahlreichen Sondergerichte gewesen waren. Um dem Gedanken vorzubeugen, daß es sich bei dem neuen politischen Sondergericht lediglich um eine weitere Abteilung des Reichsgerichts handeln könnte, wurde sowohl eine organisatorische als auch räumliche Trennung von diesem vorgenommen und die Reichs-

---

[272] Art.III §3 Absatz 1 und 2 des Gesetzes vom 24.4.1934, RGBl. 1934, Teil I, S. 341 (345)
[273] Art.I §5 Nr.4 des Gesetzes vom 21.2.1940, RGBl. 1940, Teil I, S. 405
[274] Klingebiel, S. 103; Lämmle in: DR 1936, S. 448 (449)
[275] Klingebiel, S. 88
[276] Art.VIII Nr.3, RGBl. 1934, Teil I, S. 341 (348)
[277] vgl. Klingebiel, S. 91 Anm. 3

hauptstadt Berlin als Sitz bestimmt.[278]
In der Besetzung unterschied sich der Volksgerichtshof ebenfalls deutlich vom Reichsgericht: Während dort ausschließlich Berufsrichter urteilten, bestand in den Senaten des neuen Gerichts zwar zahlenmäßige Identität mit denen des Reichsgerichts, jedoch mußten nur der Vorsitzende sowie ein Beisitzer die Befähigung zum Richteramt haben,[279]deren Amtsdauer zunächst 5 Jahre betrug.[280] Dadurch waren erstmals Senate mit zahlenmäßiger Überlegenheit der Laienrichter geschaffen worden.[281] Weil die Entscheidungen innerhalb der Hauptverhandlung in der Besetzung von fünf und außerhalb von drei Mitgliedern ergingen, war so auch die Teilnahme von Laien an sämtlichen außerhalb der Hauptverhandlung zu fassenden Beschlüssen, wie beispielsweise Entscheidungen in Haftsachen, gesetzlich vorgeschrieben.[282]

## 2. Besonderheiten des „Volksrichters"

### a. Auswahl und Funktion

Die Nichtjuristen am Volksgerichtshof wurden offiziell nicht Laien-, sondern „Volksrichter" genannt, um die Verbundenheit der Rechtsprechung mit der im Volk vorherrschenden und zu intensivierenden Ideologie zu verdeutlichen.[283] Ihre Hinzuziehung diente dem alleinigen Zweck, die Urteilsfähigkeit der Berufsrichter des noch jungen Staates, die politisch, aber vor allem militärisch hinsichtlich der gewandelten Ideologie noch nicht hinlänglich ausgebildet erschienen, um die entsprechenden Gesetzesbegriffe mit der erforderlichen Präzision zu beherrschen,[284] durch solche Personen zu ergänzen, die mit den politisch aufbauenden Kräften vertrauensmäßig verbunden und damit entweder berufene Träger der nationalsozialistischen Idee des deutschen Staates oder zumindest Angehörige militärischer Berufe waren[285] und die „gesunde" Rechtsauffassung des Volkes zur Geltung brachten.[286] Die herangezogenen und auf dem Gebiet der Abwehr staatsfeindlicher Angriffe über besondere Sachkunde und Erfahrung verfügenden[287]Laien, de-

---

[278] RGBl. 1934, Teil I, S. 492
[279] Art.III §1 Absatz 2 Satz 2 des Gesetzes vom 24.4.1934, RGBl. 1934, Teil I, S. 341 (345)
[280] Art.III §2 des Gesetzes von 24.4.1934
[281] Wagner in: Weinkauff, S. 244
[282] Art.III §1 Absatz 2 Satz 1 des Gesetzes vom 24.4.1934; vgl. auch Creifelds in: Beiträge zur Rechtserneuerung, Heft 3, S. 182 (187)
[283] so Thierack in: ZAkDR 1936, S. 347 (348)
[284] so beispielsweise Zimmerl, S. 41; Döhring, S. 49
[285] Zimmerl, S. 42
[286] Buchheit, S. 29; Freisler in: Deutsches Strafrecht 1936, S. 305 (320)
[287] Schwesinger, S. 67; Siegert in: ZStW 54 (1934), S. 14 (19); v. Gleispach in: Beiträge zur Rechtserneuerung, Heft 3, S. 38 (47)

ren Linientreue für das erwartete Urteil der Spruchkörper bürgte, waren überwiegend hohe Offiziere, SA- und SS-Führer im Generalsrang,[288]Funktionäre, Beamte und andere. Insbesondere von den Offizieren versprach man sich die notwendige Sachkenntnis für Hoch- und Landesverratsprozesse.[289] Begründet wurde diese Vorgehensweise mit den im Gesetz enthaltenen politischen Begriffen, die ohne politische Werturteile angeblich nicht zu interpretieren waren.[290] Eine derartige Einstellung verdeutlichte zugleich den Grundgedanken von der Einheit der Staatsgewalt, nach welchem die drei Gewalten nicht mehr nebeneinander, sondern miteinander bestehen sollten, und zwar dem staatlichen Führungswillen untergeordnet.[291] Der Grundsatz der richterlichen Unabhängigkeit wurde aufgegeben und dafür politisches Gebot mit Rechtsgebot gleichgesetzt.[292] Der nationalsozialistische Staat bediente sich also des Rechts, um die eigene Macht zu festigen und zu sichern, so daß eine völlige Abkehr vom liberalistischen Prinzip stattfand.[293] Die Zahl der ehrenamtlichen Richter wuchs bis 1944 von 19 auf 173 an.[294]
Um den Einklang von Rechtsprechung und Staatsführung zu gewährleisten, wurde das Auswahlverfahren rein von der Exekutive durchgeführt und überwacht.[295] Die ehrenamtlichen Richter des Volksgerichtshofes wurden entsprechend §2 des Gesetzes vom 24.4.1934 von Hitler als Reichskanzler auf Vorschlag des Reichsministers der Justiz ernannt.[296] Damit war der staatsleitende Einfluß auf die politische Justiz gesichert. Von der Auslese der werdenden Juristen durch spezielle Referendarausbildungen über die Ernennung und Beförderung von Justizbeamten und Richtern bis hin zur Zulassung von Rechtsanwälten[297]beeinflußte und lenkte die Exekutive nun auch vollständig die Zusammensetzung der einzelnen Spruchkörper.[298] Aus einer ursprünglich formal unabhängigen Institution der Gesellschaft wurden so „Exekutivorgane der Gemeinschaft"[299]gemacht. Folglich war der nationalsozialistische Richter in erster Linie an die Ideologie und erst in zwei-

---

[288] Wagner in: Weinkauff, S. 230; Kern: Geschichte des Gerichtsverfassungsrechts, S. 205; Koch, S. 90
[289] Koch, S. 494
[290] Zimmerl, S. 40
[291] Huber in: DJZ 1934, Spalte 950 (955); Koch, S. 77; Scheuner in: RVBl. 57 (1936), S. 437 (438)
[292] Huber in: DJZ 1934, Spalte 950 (959)
[293] so auch Idel, S. 50
[294] Wagner: Der Volksgerichtshof, S. 25
[295] so schon Dahringer, S. 117; Koch, S. 107
[296] vgl. Art.III §2 des Gesetzes vom 24.4.1934
[297] Döhring, S. 64; Kern: Geschichte des Gerichtsverfassungsrechts, S. 205
[298] Wagner in: Weinkauff, S. 243; Idel, S. 152; Creifelds in: Beiträge zur Rechtserneuerung, Heft 3, S. 182 (187)
[299] Ingo Müller, S. 75

ter Linie an das Gesetz gebunden.[300] Insbesondere Freisler machte dies deutlich. In einem Aufsatz über „Dringende Fragen der deutschen Strafgerichtsorganisation und des deutschen Strafverfahrens“[301]betonte er ausdrücklich, daß es sich bei den Aufgaben des Volksrichters weniger um den Einsatz besonderer rechtlicher Kenntnisse als vielmehr um solche bestimmter Lebensvorgänge handelte.[302] Seiner Ansicht nach besaß das deutsche Volk ein Gespür für die Bedeutung des Verrats und empfand damit auch ein erhöhtes Sühnebedürfnis für diese Straftaten, welches ein besonderes Strafverfahren mit korrespondierendem Auswahlsystem rechtfertigte,[303]so daß sich das Volk selbst als Träger der Rechtspflege ansehen konnte.[304] Thierack, der Präsident des Volksgerichtshofes, schloß sich dieser Meinung an: Ein Richter konnte angeblich nur dann über seine „Volksgenossen“ richten, wenn er das entsprechende Gedankengut besaß und die nationalsozialistische Idee verinnerlicht hatte. Um zu wissen, was beispielsweise unter Hochverrat zu verstehen war, mußte man Aufgaben und Ziele des neuen Staates klar vor Augen haben.[305] Dies machte folglich die spezielle Auswahl des Volksrichters erforderlich und erhob den Volksgerichtshof zum „Gerichtshof des Volkes.“[306] Die außergewöhnliche Stellung der Volksrichter gipfelte in dem ihnen zugestandenen Recht auf Einsichtnahme in die Anklageschrift. Man löste sich offen von der bezüglich Schöffen und Geschworenen ergangenen Rechtsprechung des Reichsgerichtes und hielt aufgrund der besonderen Funktion der Laien am Volksgerichtshof die Einsichtnahme nicht nur für zulässig, sondern für unbedingt erforderlich.[307]

In der Literatur schloß sich eine starke Mehrheit der Einführung des Volksrichters am Volksgerichtshof an und befürwortete die Auswahlmethode, da man sich nur auf die genannte Art gerüstet genug fühlte, um die Regimegegner im wahrsten Sinne des Wortes unschädlich machen zu können.

### b. Volksrichter an allen (politischen) Gerichten ?

Nachdem die Einführung der Volksrichter auf positive Resonanz gestoßen war, bemängelte man vor allem das Fehlen von Laien an den Oberlandesgerichten. Zwar wurden hier aufgrund der Zuständigkeitseinengung nur noch Fälle von min-

---

[300] Koch, S. 207
[301] in: Deutsches Strafrecht 1936, S. 305ff.
[302] Freisler, a.a.O., S. 320; zustimmend Idel, S. 59
[303] Freisler, a.a.O., S. 324
[304] Freisler, a.a.O., S. 316; ders. in: DJ 1936, S. 656
[305] Thierack in: ZAkDR 1936, S. 855
[306] Thierack in: ZAkDR 1936, S. 855 (856)
[307] Urt. des VGH v. 13.8.36 in: ZAkDR 1937, S. 504; zustimmend Sack in der an dieses Urteil anschließenden Anmerkung; Wagner: Der Volksgerichtshof, S. 25

derer Bedeutung abgeurteilt, aber der Kern der Problematik, nämlich die Bewertung und Definition politischer und militärischer Begriffe, war identisch.[308] Die Ungleichbehandlung aufgrund der Rechtsprechung von Senaten mit und ohne Laienbeisitzer war mehr als offensichtlich. Insbesondere das Argument der Beteiligung der Allgemeinheit an den sie besonders interessierenden und relevanten Strafsachen sollte eine Erweiterung des Volksrichtertums zumindest auf die Oberlandesgerichte bei Aburteilung in erster und letzter Instanz herbeiführen,[309]da der Volksgerichtshof seine Effizienz bereits in den Anfängen unter Beweis gestellt hatte.[310] Der Grundsatz, geeignete Persönlichkeiten aus Partei, Wehrmacht und Polizei zu entnehmen, sollte dann ebenfalls wieder für die Laiengewinnung berücksichtigt werden.[311] Freisler hob hervor, daß die nationalsozialistische Führung sich eindeutig dafür entschieden habe, das Volk zum unmittelbaren Mitträger der neuen Rechtsprechung werden zu lassen, weshalb der Grundsatz der Laienbeteiligung innerhalb der Strafgerichtsorganisation vollständig durchgeführt werden müsse.[312] Weiteres Motiv war für Freisler die Möglichkeit einer besseren Indoktrination, indem er das Fernhalten der Laien von der Rechtsentwicklung sowie der Sicherung der Rechtseinheit insbesondere bei politischer Strafrechtsmaterie auf Dauer als nicht tragbar bezeichnete.[313] Es lag auf der Hand, daß sich die neue Ideologie besser verbreiten ließ, wenn jedermann die Beteiligung des „Volkes" an der Rechtsprechung und die scheinbare Verkörperung des Willens aller sehen konnte.

Jenes alte Ressentiment, aufgrund der Mitwirkung von Laien die Verhandlungsdauer wesentlich zu verlängern, wurde mit dem Hinweis ausgeräumt, die längere Dauer der Hauptverhandlung sei ohne Einfluß auf die Länge des Zeitraumes zwischen Anzeige und Urteil, so daß die Effizienz nicht beeinträchtigt werde.[314] Neben den allgemeinen Vorteilen von Laien, die bereits früher diskutiert wurden[315]und deshalb nicht nochmals dargestellt werden, gab es auch Argumente, die gegen eine Ausdehnung des Volksrichtertums sprachen. Ihre Grundlage bildete die Furcht vor nicht linientreuen Urteilen. Um die Zuverlässigkeit der (politi-

---

[308] Thierack in: ZAkDR 1936, S. 347; v. Gleispach in: Beiträge zur Rechtserneuerung, Heft 3, S. 38 (46); Freisler in: Deutsches Strafrecht 1936, S. 305 (316)

[309] Lautz in: Beiträge zur Rechtserneuerung, Heft 3, S.52 (54); Kern: Geschichte des Gerichtsrichtsverfassungsrechts, S. 263

[310] v.Gleispach in: Beiträge zur Rechtserneuerung, Heft 3, S. 38 (46); Lämmle in: DR 1936, S. 448 (451); Freisler in: Beiträge zur Rechtserneuerung, Heft 3, S. 34 (35)

[311] Schafheutle in: Beiträge zur Rechtserneuerung, Heft 3, S. 115 (117) und (129)

[312] in: Deutsches Strafrecht 1936, S. 305 (316); ebenso v.Gleispach in: Beiträge zur Rechtserneuerung, Heft 3, S. 38 (45)

[313] in: Deutsches Strafrecht 1936, S. 305 (317)

[314] v.Gleispach in: Beiträge zur Rechtserneuerung, Heft 3, S. 38 (46f.)

[315] vgl. oben 2.Kap. ab I.2.

schen) Strafrechtspflege nicht zu gefährden und keinen Hang zur Milde aufkommen zu lassen oder gar „falsche“ politische Gesichtspunkte der angeblichen Gerechtigkeit voranzusetzen, wurde dringend geraten, von einer Erweiterung des Laienrichtertums abzusehen.[316] Zudem wurden zu hohe Kosten infolge verlorener Arbeitszeit sowie das Unvermögen der Laien, einem längeren Prozeß die nötige Aufmerksamkeit und Konzentration zu widmen, befürchtet.[317] Eine Existenzberechtigung wurde allenfalls *sachkundigen* Laien dort zugebilligt, wo der Berufsrichter nicht schon selbst über die erforderlichen Kenntnisse verfügte, zum Beispiel bei medizinischen, politischen und militärischen Fragen.[318] Ferner wurde bezweifelt, daß nach Einführung von Volksrichtern an den Oberlandesgerichten diese noch in der Lage sein könnten, ihre Aufgaben in angemessener Zeit zu erledigen, da die dortigen Hoch- und Landesverratssenate als so überlastet angesehen wurden, daß eine Bewältigung der vielen Verfahren nur durch Verteilung auf fünf Berufsrichter pro Senat möglich erschien. Eine Durchsetzung der Spruchkörper mit Laien hätte nach dieser Auffassung eine Verminderung der Leistungsfähigkeit zur Folge gehabt, welcher nur mit einer wesentlichen Erhöhung der Senatsanzahl zu begegnen gewesen wäre, wodurch gleichzeitig mehr Sitzungstage beansprucht worden wären und die Justiz erheblich an Effizienz verloren hätte.[319] Parallel dazu sah man das Problem der nötigen Quantität geeigneter Nichtjuristen auftreten,[320]auch wenn einzelne Stimmen dies als lösbar betrachteten, weil eine ausreichende Anzahl in Polizei und der Bewegung selbst vorhanden seien.[321]
So positiv demnach der Laie am Volksgerichtshof auch begrüßt wurde, seine flächendeckende oder zumindest stark erweiterte Einführung unterblieb.

### c. „Sonstige“ Laienrichter

Ein Grund für das Unterbleiben der Erweiterung dürfte die Befürchtung gewesen sein, die am Volksgerichtshof vorherrschende Art der Laienrichter und deren Auswahl nicht für alle Instanzen gewährleisten zu können, insbesondere für das „sonstige,“ also unpolitische Strafrecht,[322]obwohl die Nationalsozialisten das bis

[316] Paul Müller, S.37; Idel, S.153; Lautz in: Beiträge zur Rechtserneuerung, Heft 3, S.52 (52f.)
[317] Paul Müller, S. 37; Rambke in: Beiträge zur Rechtserneuerung, Heft 3, S. 25 (27); so auch Zimmerl, S. 22f.
[318] Zimmerl, S. 42f.; allgemeiner gehalten auch Siegert in: ZStW 54 (1934), S. 14 (18)
[319] Lautz in: Beiträge zur Rechtserneuerung, Heft 3, S. 52 (57)
[320] Lautz in: Beiträge zur Rechtserneuerung, Heft 3, S. 52 (57); Lämmle in: DR 1936, S. 448 (451); Rennig, S. 64
[321] so beispielsweise Freisler in: Deutsches Strafrecht 1936, S. 305 (314)
[322] Zur Differenzierung und Definition der in diesem Kontext verwendeten Begriffe „politische“ und „unpolitische“ Strafrechtspflege wird auf die Ausführungen von Freisler in: Deutsches Strafrecht 1936, S. 305 (323) verwiesen.

dato geltende Wahlverfahren von Geschworenen und Schöffen, welche vor allem bei einigen neugeschaffenen Sondergerichten[323]hinzugezogen wurden, abgeschafft und ein neues Auswahlsystem eingeführt hatten, nach dem die Laienrichter der Strafkammern, Schwur- und Schöffengerichte in einem strengstens kontrollierten Verfahren gewählt wurden.[324] Damit war der Einfluß der Exekutive auf die Justiz bereits kurze Zeit nach der Machtübernahme Hitlers sehr umfassend geworden. Die Partei bestimmte die Ernennung von Schöffen und Geschworenen, indem der Amtsrichter den Kreisleiter als politischen Entscheidungsträger des Bezirks sowie die in der Partei führende Persönlichkeiten darstellenden Vorsteher der Gemeinden für den Wahlausschuß zu ernennen hatte,[325]wodurch dessen Vertrauenspersonen vornehmlich Gesinnungsgenossen waren. Auf diesem Weg wurden die Laienrichter ausschließlich nach nationalsozialistisch ausgerichteten Gesichtspunkten ins Amt berufen,[326]um den Unsicherheitsfaktor zu vermeiden, daß es -wie vor 1933 möglich und teilweise sogar erwünscht- zu unterschiedlichen Meinungen zwischen Laien- und Berufsrichtern kommen könnte, falls jemand der „falschen" Partei zugehörte oder mit ihr sympathisierte.[327] Dererlei Meinungsverschiedenheiten galten als Nachteil der liberalistischen Zeit und waren daher mißliebig.[328]

Insgesamt entwickelte sich die Tendenz der Laienbeteiligung mit Ausnahme des Volksgerichtshofes rückläufig. Der weitere Verlauf insbesondere innerhalb der politischen Strafverfahren wird später noch aufzuzeigen sein.

### d. Kritische Betrachtung der Beweggründe für die Einführung des Volksrichters

So sehr in den Jahrzehnten vor der Machtübernahme Hitlers auch die flächendeckende Beteiligung von Laien an der Rechtsprechung und insbesondere an politischen Prozessen relevanter Natur gefordert worden war - sie wurde durch die Einführung des Volksrichters am Volksgerichtshof keinesfalls in dem ursprünglich beabsichtigten Sinn geschaffen. In langen Jahren angedacht und diskutiert worden war der Laie, welcher durch seine mangelnde juristische Kenntnis und seine Unabhängigkeit vom Staat eine allzugroße Einflußnahme der Regierung

---

[323] detaillierte Aufzählung bei Wagner in: Weinkauff, S. 227

[324] Buchheit, S. 29

[325] §40 Absatz 4 in der Fassung des Gesetzes vom 13.12.34, RGBl. 1934, Teil I, S. 1233

[326] Kern: Geschichte des Gerichtsverfassungsrechts, S. 205; Creifelds in: Beiträge zur Rechtserneuerung, Heft 3, S. 182 (186); Leimer in: Beiträge zur Rechtserneuerung, Heft 3, S. 20 (22); Wagner in: Weinkauff, S. 228

[327] Leimer in: Beiträge zur Rechtserneuerung, Heft 3, S. 20 (21)

[328] Rennig, S. 64; in diesem Sinne auch Siegert in: ZStW 54 (1934), S. 14 (1

*verhindern* sollte. Der Volksrichter der Nationalsozialisten aber führte bewußt zum genauen Gegenteil. Weil nur diejenigen berufen wurden, die eine sichere Gewähr für staats- und regierungsgetreue Urteile boten, war trotz allem die Mehrheit der Bevölkerung von diesem Amt ausgeschlossen; zu groß war die Angst der neuen Machthaber vor Meinungsverschiedenheiten innerhalb der Senate oder sogar der Möglichkeit, die sorgsam ausgewählten Berufsrichter könnten von den Laien aufgrund deren zahlenmäßiger Überlegenheit überstimmt werden. Mit der rein durch die Exekutive kontrollierten Laienrichterauswahl, die sich zudem auf Schöffen *und* Geschworene bezog, wurde der Grundgedanke der Laienbeteiligung vollkommen pervertiert. Die Volksrichter dienten dazu, die *Übereinstimmung der Justiz mit der Regierungslinie* zu garantieren. Der breiten Masse versuchte man jedoch zu erklären, daß die ehrenamtlichen Richter die wichtige Aufgabe übernommen hätten, die *Einheit zwischen Volksauffassung und Rechtsprechung* zu verkörpern. In Wirklichkeit bestand die einzige Volksverbundenheit darin, die Bevölkerung durch das Instrument des Laienrichters innerhalb der höchsten politischen Rechtsprechung von der vollständigen Verbreitung und Akzeptanz der nationalsozialistischen Ideologie glauben zu machen.
Die Einführung des Volksrichters darf somit keinesfalls als Vorreiter einer im ursprünglichen Sinne beabsichtigten Laienbeteiligung an (hoch)politischen Prozessen, sondern nur als Maßnahme der Machterhaltung und Indoktrination angesehen werden.

## 3. Verfahrensbesonderheiten und die Aburteilung Jugendlicher

### a. Wegfall von Verfahrensprinzipien

Innerhalb des Verfahrens vor dem Volksgerichtshof wurden prozessuale Reformen eingeführt, die anschließend für die gesamte Strafjustiz übernommen wurden: So erfolgte beispielsweise die Beschränkung der Voruntersuchung sowie die Beseitigung des Eröffnungsbeschlusses, um den Einfluß der Staatsanwaltschaft zu stärken[329]und eine schnelle Aburteilung zu gewährleisten.[330] Weiterhin war nun die Verteidigerwahl bei Hoch- und Landesverratsdelikten von der Genehmigung des Vorsitzenden abhängig.[331] Der Vorschlag, die Hauptverhandlung teilweise in Abwesenheit des Angeklagten durchzuführen,[332]wurde jedoch nicht verwirklicht.

---

329 Ingo Müller, S. 86

330 vgl. Amtliche Begründung zu Art.IV §§4 und 5 des Gesetzes v. 24.4.34 in: DJ 1934, S. 595 (598)

331 Art. IV §3 des Gesetzes v. 24.4.34; Richter in: DJ 1934, S. 604 (606); Wagner in: Dreher-FS, S. 625 (637)

332 Lämmle in: DR 1936, S. 448 (452)

**b. Jugendliche vor dem Volksgerichtshof**

Jugendliche Straftäter waren von den einschneidensten Veränderungen betroffen: Die Exemption der Jugendsachen von der Gerichtsbarkeit der Oberlandesgerichte sowie des Reichsgerichts, aufgrund derer diese Gerichte nur als Revisionsinstanz für Jugendstrafverfahren zuständig sein konnten, wurde aufgehoben[333] und eine Übernahme dieses ehemaligen Prinzips für die Verfahren vor dem Volksgerichtshof strikt abgelehnt. Die amtliche Begründung stellt klar, daß von dem Grundsatz, Angriffe gegen den Bestand des Reiches nur von einzelnen oberen Gerichten aburteilen zu lassen, nicht ohne zwingende Veranlassung abgewichen werden durfte. Vor allem wurde befürchtet, daß Jugendliche infolge ihrer bisherigen Privilegierung bei Umsturzversuchen vorgeschickt würden. Entsprechend der Zweckmäßigkeit sollten daher in allen Fällen diejenigen Gerichte urteilen, welche den Überblick über die politischen Straftaten in deren Gesamtheit hatten. Besondere (Verfahrens-) Vorschriften bei der Verhandlung gegen Jugendliche hielt man wegen der Ranghöhe des Volksgerichtshofes für nicht erforderlich.[334]

Diese Neuregelung stieß allgemein auf positive Resonanz. Es wurde aufgrund der Relevanz schwerer politischer Verbrechen für angemessen angesehen, das Verfahren vor dem Volksgerichtshof durchzuführen.[335]

Allerdings hatte die Zuständigkeitsänderung auch sehr bald Auswirkungen auf die Beurteilung des formellen und sachlichen Rechts. Hielt man aufgrund des Ranges des Volksgerichtshofes anfangs eine Behandlung innerhalb der Hauptverhandlung, die dem jeweiligen Charakter und Reifegrad des Jugendlichen entsprechen sollte, für gewährleistet,[336] zeigte die Realität, daß Jugendliche durch den Wegfall der Anwendbarkeit des Jugendgerichtsgesetzes zumeist ohne Prüfung ihres Reifegrades wie Erwachsene behandelt und abgeurteilt wurden.[337]

Lediglich die im Jugendstrafrecht vorgegebenen Rechtsfolgen mußten vom Volksgerichtshof für Jugendliche und Halbwüchsige (die heutigen Heranwachsenden) beachtet werden, weswegen weder eine Verurteilung zu Zuchthaus noch zum Tode verhängt werden konnte. Mit Kriegsausbruch entfiel allerdings auch diese letzte Privilegierung: Die Verordnung zum Schutz gegen jugendliche Schwerverbrecher gestattete die Verhängung von Erwachsenenstrafen -Zuchthaus und Todesstrafe inbegriffen- unter bestimmten Voraussetzungen, wenn die jugendlichen Täter über 16 Jahre alt waren.[338]

---

[333] Art.IV §6 des Gesetzes v. 24.4.34; ebenso ausgeführt in: DJ 1934, S. 630

[334] vgl. Amtliche Begründung zu Art.IV §6 in: DJ 1934, S. 595 (598); zustimmend Idel, S. 66

[335] Klingebiel, S. 86; Idel, S. 66; Richter in: DJ 1934, S. 604 (606)

[336] Idel, S. 66

[337] Wagner: Der Volksgerichtshof, S. 32

[338] §1 Absatz 2 der VO vom 4.10.39, RGBl. 1939, Teil I, S. 2000

Die Zuständigkeit des großen Jugendgerichts am Amtsgericht, bestehend aus zwei Jugendrichtern und drei Jugendschöffen war damit auf die bei Erwachsenen vor das Schwurgericht gehörenden Strafsachen beschränkt.[339]

### c. Eininstanzlichkeit der Verfahren

Entsprechend den anderen politischen Sondergerichten wurde die Zuständigkeit des Reichsgerichts auf den Volksgerichtshof als erste und zugleich letzte Instanz übertragen. Eine Berufung war ebenso wie eine Revisionsmöglichkeit nicht vorgesehen,[340]um die Effizienz der Aburteilung nicht zu gefährden.[341] Gleichzeitig verstand man das verkürzte und beschleunigte Verfahren als Anpassung an den Charakter der besonderen Delikte.[342] Das Verfahrensmerkmal der Eininstanzlichkeit kennzeichnete -wie in diesem Kapitel bereits erwähnt- alle politischen Prozesse und wurde als Wert und Stärke der politischen Strafjustiz herausgestellt.[343] Der Unterschied zu anderen politischen Sondergerichten lag lediglich in der Möglichkeit, bei diesen unter erleichterten Umständen eine Wiederaufnahme des Verfahrens erreichen zu können.[344]

## 4. Entwicklung des Volksgerichtshofes vom Sondergericht zum ordentlichen Gericht

### a. Abgrenzung zu anderen Sondergerichten und Zugehörigkeit zur Reichsgerichtsbarkeit

Obwohl viele Grundmerkmale in Aufbau und Verfahren denen anderer (politischer) Sondergerichte ähnelten, war der Volksgerichtshof dennoch kein gewöhnliches Sondergericht. Er gehörte zur Zuständigkeit des Reiches und zählte schon allein aufgrund seiner Einmaligkeit und seiner Funktion als „Erbe" des Reichsgerichts zu den Gerichten des Reiches.[345] Ein weiterer Unterschied ergab sich aus dem Aufgabenbereich. Waren 1933 Sondergerichte ursprünglich eingeführt worden, um die Regelung der Verordnungen des Ausnahmezustandes zu übernehmen, hatte der Volksgerichtshof den für den relevantesten befundenen Teil der

---

[339] Petzal, S. 76 mit Übersicht der erstinstanzlichen Zuständigkeit der Jugendgerichte auf S. 74; Klingebiel, S. 47 und S. 112

[340] Art.III §5 Absatz 2 des Gesetzes v. 24.4.34

[341] Lautz in: Beiträge zur Rechtserneuerung, Heft 3, S. 52 (56)

[342] Schwesinger, S. 67

[343] Lautz in: Beiträge zur Rechtserneuerung, Heft 3, S. 52 (56); Freisler in: Deutsches Strafrecht 1936, S. 305 (324)

[344] Lämmle in: DR 1936, S. 448 (449)

[345] vgl. Art.III §1 Absatz 3, §5 Absatz 1, Art.IX, Art.X und Art.XII des Gesetzes vom 24.4. 34; Idel, S. 57

Rechtsprechung in Strafsachen übertragen bekommen.[346] Dadurch zeichnete sich nach geringer Zeit der Eindruck ab, daß es sich nicht nur um eine kurzzeitige Einrichtung handeln würde, was durch die Hinzuziehung der selektierten Volksrichter noch weiter bestätigt wurde,[347]da die sonstigen Sondergerichte nicht auf Dauer bestehen sollten und deshalb eine Laienbeteiligung unterblieb.

**b. Erster Zusammentritt und Integration in die ordentliche Gerichtsbarkeit**

Ursprünglich sollte der erste Zusammentritt des Volksgerichtshofes laut Verordnung vom 12. Juni 1934,[348]die auf der Grundlage der Artikel X und XII des Gesetzes vom 24.4.1934 erging, bereits am 2. Juli erfolgen. Siebzehn Tage später erging jedoch eine zweite Verordnung, nach welcher der Zusammentritt auf den 14. Juli 1934 verlegt wurde.[349]

Das Dasein des Volksgerichtshofes als Sondergericht stieß auf einige Kritik. Auch wenn die Abgrenzung zu anderen Sondergerichten immer wieder betont wurde, brachte dieser Status trotz allem Nachteile mit sich. So besaß der Volksgerichtshof anfangs hauptsächlich abgeordnete Kräfte[350]und Provisorien,[351]was insbesondere an der fehlenden eigenen Anklagebehörde lag. Bis zum Wirksamwerden des Gesetzes vom 18. April 1936, durch das der Volksgerichtshof etatisiert und durch dessen §7 die Ausübung des Amtes der Staatsanwaltschaft durch einen oder mehrere Reichs- oder Staatsanwälte festgelegt und damit eine eigene Reichsanwaltschaft gegründet wurde,[352]war der Volksgerichtshof vom Oberreichsanwalt in Leipzig abhängig.[353]

Mit der Integration in die ordentliche Gerichtsbarkeit wurden die Grundgedanken, welche zur Errichtung dieses Gerichtshofes geführt hatten, zum Fundament der neuen deutschen Strafrechtspflege erhoben.[354] Nach der Beseitigung sämtlicher Provisorien stand der Volksgerichtshof mithin als ordentliches Strafgericht neben dem Reichsgericht.[355] Die ehrenamtlichen Richter wurden nun ebenso wie die Berufsrichter für eine Amtszeit von fünf Jahren ernannt,[356]Präsident, Senatspräsidenten und Räte sogar auf Lebenszeit.[357]

---

[346] Idel, S. 45

[347] Creifelds in: Beiträge zur Rechtserneuerung, Heft 3, S. 182 (187)

[348] RGBl. 1934, Teil I, S. 492

[349] §1 der VO vom 29.6.34, RGBl. 1934, Teil I, S. 617

[350] vgl. Art.IV §1 des Gesetzes v. 24.4.34

[351] Thierack in: ZAkDR 1936, S. 855 (857); Wagner in: Dreher-FS, S. 625 (637)

[352] RGBl. 1936, Teil I, S. 369

[353] Wagner in: Dreher-FS, S. 625 (636f.)

[354] Freisler in: DJ 1936, S. 656

[355] Thierack in: ZAkDR 1936, S. 855 (857)

[356] §4 des Gesetzes v. 18.4.36, RGBl. 1936, Teil I, S. 369

[357] §3 des Gesetzes v. 18.4.36, RGBl. 1936, Teil I, S. 369

## 5. Gedanken einer „zentralen Bekämpfungsintention“

Der Gedanke von Rechtseinheit[358]und Einheitlichkeit der Rechtsentwicklung griff nach der Etatisierung des Volksgerichtshofes immer mehr um sich und führte schließlich zu dem Wunsch, alle politischen Delikte durch ein einziges Gericht aburteilen zu lassen. Diese Zentralstelle sollte sich dann in der Lage sehen, alle staatsfeindlichen Bestrebungen und Zusammenhänge zu überblicken.[359]
Bislang gab es einen Dreifach-Aufbau der politischen Strafgerichte, nämlich die Sondergerichte, die Oberlandesgerichte (auch wenn beide bezüglich der politischen Strafsachen nur noch marginale Kompetenzen besaßen) und den Volksgerichtshof.[360]
Da es von Beginn an unmöglich erschien, die gesamte politische Strafrechtspflege auf den Volksgerichtshof zu übertragen, sollte zumindest die Kompetenz der Sondergerichte in diesem Bereich vollständig entfallen und auf die Oberlandesgerichte übergehen.[361] Hierdurch wäre zugleich der mögliche und lange Verweisungsweg bezüglich der Zuständigkeit von einem Sondergericht über den Volksgerichtshof an das Oberlandesgericht entfallen.[362]
Die bislang mit dieser Materie befaßten Strafsenate der Oberlandesgerichte Berlin, Breslau, Hamm, Kassel, Königsberg, Hamburg, Braunschweig, Darmstadt, Dresden, Jena, Karlsruhe, München sowie Stuttgart, deren ebenfalls erst- und letztinstanzliche Zuständigkeit mittlerweile direkt vom Volksgerichtshof abgeleitet wurde[363]und welche durch ihre begrenzte Anzahl bereits eine Zentralisierungstendenz beinhalteten, sollten weiter verringert werden, um insbesondere die Hochverratsprozesse noch intensiver zu komprimieren, wie dies schon für landesverräterische Verbrechen durch die diesbezügliche alleinige Kompetenz des Volksgerichtshofes geschehen war.[364] Problematisch erschien in diesem Zusammenhang allenfalls, wie weit der Begriff der politischen Delikte auszudehnen und der zentralisierten Zuständigkeit zuzuordnen war, um eine Überlastung mit politisch motivierten Bagatelldelikten zu vermeiden. Ferner wurde angedacht, die abgegebenen hoch- und landesverräterischen Vergehen einem zentralen politischen

[358] vgl. zu diesem Thema Huber in: DJZ 1934, Spalte 950ff.

[359] Lautz in: Beiträge zur Rechtserneuerung, Heft 3, S. 52 (56); Freisler in: Deutsches Strafrecht 1936, S. 305 (315); ders. in: DJ 1936, S. 656

[360] vgl. Aufbau und Rechtsmittelweg der Strafgerichtsbarkeit 1936 bei Hentschel in: Beiträge zur Rechtserneuerung, Heft 3, S. 201 (202)

[361] Lautz in: Beiträge zur Rechtserneuerung, Heft 3, S. 52 (56); Lämmle in: DR 1936, S. 448 (450); Freisler in: Deutsches Strafrecht 1936, S. 305 (314)

[362] Lämmle in: DR 1936, S. 448 (451)

[363] Lämmle in: DR 1936, S. 448 (449)

[364] Lautz in: Beiträge zur Rechtserneuerung, Heft 3, S. 52 (56); Lämmle in: DR 1936, S. 448 (450)

Strafgericht des Oberlandesgerichts zuzuweisen, in dessen Bezirk der Tatort fiel, weil man den erforderlichen Überblick hinsichtlich der staatsfeindlichen Bestrebungen aufgrund ihrer örtlichen Kenntnis den dort ansässigen Richtern zutraute,[365] zumal ohnehin schon eine enge Zusammenarbeit mit der Gestapo stattfand.[366]

Diese Überlegungen zur Komprimierung hätten sich zugleich auf die Möglichkeit der Übernahme des Aufbaus des Volksgerichtshofes für die restliche politische Gerichtsbarkeit ausgewirkt: Hatte man gegen eine Erweiterung des Volksrichterprinzips unter anderem noch den Mangel an geeigneten Laien angeführt, wäre dieses Problem beispielsweise durch eine Verringerung der zuständigen Oberlandesgerichtssenate gelöst worden.[367]

Dennoch wurden die Zentralisierungstendenzen nur bezüglich der sukzessiven Erweiterung der Kompetenzen des Volksgerichtshofes fortgesetzt.

## 6. Das Begnadigungsrecht

Vor der Machtübernahme Hitlers war das jeweilige Begnadigungsrecht mit Ausnahme der reichseigenen Gerichte[368] den Landesregierungen vorbehalten, von wo es ab 1933 zumeist an den entsprechenden Ministerpräsidenten delegiert wurde. Auf die Darstellung der zwischen April 1933 bis Januar 1934 permanent wechselnden Übertragungen des Begnadigungsrechtes zwischen dem Reichskanzler und einigen Ministern der Länder und des Reiches[369] soll hier verzichtet werden, um die Überschaubarkeit zu gewährleisten.

Am 30. Januar 1934 gingen aufgrund des Zweiten Artikels des Gesetzes über den Neuaufbau des Reiches[370] die Hoheitsrechte der Länder inklusive des Rechts zur Begnadigung auf das Reich über, wobei der Reichspräsident dieses Recht gemäß seines Erlasses vom 3. Februar 1934 auf den Reichskanzler rückübertrug.[371] Per Gesetz vom 1. August 1934 wurden die Ämter von Reichspräsident und Reichskanzler vereinigt,[372] so daß Hitler als Reichskanzler von diesem Zeitpunkt ab das Begnadigungsrecht auch originär innehatte, unabhängig davon, ob es sich um Urteile eines Gerichts des Reiches oder eines Landes handelte. Damit verkörperte

---

[365] Lämmle in: DR 1936, S. 448 (451)
[366] Grimm, S. 131; Koch, S. 108
[367] so auch Lämmle in: DR 1936, S. 448 (451)
[368] Beling, S. 523f. zu §452 StPO; v.Preuschen, S. 24
[369] vgl. dazu die Auflistung bei Idel, S. 147
[370] RGBl. 1934, Teil I, S. 20
[371] RGBl. 1934, Teil I, S. 82
[372] §1 des Gesetzes vom 1.8.34, RGBl. 1934, Teil I, S. 747

das Recht zur Begnadigung den spezifischen Ausdruck einer unteilbaren Staatsgewalt.[373]
Nachdem die Justizverwaltung vereinheitlicht und infolge der Reichshoheit der Justiz in toto zu Gerichten des Reiches geworden war, wurde das Begnadigungsrecht durch §8 des Reichsstatthaltergesetzes vom 30.1.1935[374] nochmals ausdrücklich für *alle Urteile sämtlicher Gerichte* dem Reichskanzler zugewiesen. Lediglich für Urteile des Volksgerichtshofes bestand eine Sonderregelung. Da es schon zu Anfang ein Gericht des Reiches gewesen war, stand für dessen Urteile das Begnadigungsrecht von der Gründung an dem Reichspräsidenten zu. Gemäß I, 1b des Erlasses vom 1. Februar 1935[375] war allerdings bei Strafen wegen Hoch- und Landesverrat, die durch den Volksgerichtshof oder nach Abgabe beziehungsweise Überweisung durch die Oberlandesgerichte ausgesprochen wurden, ausschließlich der Reichskanzler für die Begnadigung zuständig.

## 7. Gravierende Änderungen ab Kriegsausbruch bis zum Untergang des Dritten Reiches

### a. Abschaffung von Schöffen und Geschworenen

Hatte die große Strafprozeßkommission Ende 1938 in ihrem Entwurf noch eine Laienbeteiligung nach dem Vorbild der Volksrichter an jedem Gericht -bis auf die Revisionsgerichte- vorgeschlagen,[376] wurde bereits zu Beginn des Zweiten Weltkrieges am 1.9.1939 die Beteiligung von Schöffen und Geschworenen an der Strafrechtspflege gestrichen;[377] ausgenommen waren lediglich die ehrenamtlichen Richter am Volksgerichtshof. Grund für die Abschaffung der Laien war die kriegsbedingte Einsparung von Arbeitskräften und die Vermeidung von höheren Kosten durch Arbeitsausfall infolge der Sitzungsteilnahme.[378] Damit lag die Strafgerichtsbarkeit fast vollständig in den Händen berufsbeamteter Richter,[379] wodurch die Abhängigkeit der Justiz vom Staat durch den Einfluß der Exekutive auf die Auswahl der Richter um ein Vielfaches verstärkt wurde.[380]

---

[373] Mickisch, S. 28; König S. 55; v.Preuschen, S. 26
[374] RGBl. 1935, Teil I, S. 65
[375] RGBl. 1935, Teil I, S. 74
[376] Kern: Geschichte des Gerichtsverfassungsrechts, S. 251
[377] §13 und §14 der VO vom 1.9.39, RGBl. 1939, Teil I, S. 1658 (1659)
[378] Wagner in: Weinkauff, S. 228; Casper/Zeisel, S. 27; Rüping in: JR 1976, S. 269 (270)
[379] Wagner in: Weinkauff, S. 228
[380] Koch, S. 109

**b. Die Möglichkeit des außerordentlichen Einspruchs gegen rechtskräftige Urteile**

Durch Artikel II des Gesetzes vom 16.9.1939[381]wurde das vormals zum Schutz des Beschuldigten eingeführte Prinzip „ne bis in idem" (der Strafklageverbrauch) abgeschafft, so daß es der Staatsanwaltschaft ermöglicht wurde, innerhalb eines Jahres nach Rechtskrafteintritt eine neue Entscheidung herbeizuführen. Bei allgemeinen Strafsachen entschied hierüber der eigens dafür eingerichtete Besondere Senat des Reichsgerichtes,[382]bei Urteilen des Volksgerichtshofes dessen ebenfalls ausschließlich für solche Einspruchsverfahren gebildeter Besonderer Senat.[383] Dieser war auch zuständig bei Einspruch gegen rechtskräftige Urteile der Oberlandesgerichte, wenn die Strafsache ursprünglich vom Volksgerichtshof abgegeben oder überwiesen worden war.[384]
Gemäß §6 des vorstehenden Gesetzes sollten zwar die Vorschriften über das Hauptverfahren des ersten Rechtszuges auch für die Verfahren vor den Besonderen Senaten gelten, doch konnten die Senate nach ihrem Ermessen davon abweichen. Das gleiche galt §7 zufolge ebenso für außerordentliche Einsprüche gegen rechtskräftige Gerichtsbeschlüsse.

**c. Weitere Ausdehnung der Zuständigkeit des Volksgerichtshofes und Einführung seiner verminderten Besetzung**

§5 der Verordnung vom 21.2.1940[385]erweiterte nochmals die Kompetenz des Volksgerichtshofes, wodurch die erstinstanzliche Tätigkeit der Oberlandesgerichte endgültig auf marginale überwiesene und abgegebene politische Strafsachen beschränkt wurde.[386]
Die Auswirkungen des Krieges blieben schließlich selbst für den Volksgerichtshof nicht ohne Folgen: Aufgrund der Vierten Verordnung zur Vereinfachung der Strafrechtspflege vom 13. Dezember 1944 konnten sowohl Entscheidungen der Senate als auch des Besonderen Senats während der Hauptverhandlung in der Besetzung von zwei hauptamtlichen sowie ein oder zwei ehrenamtlichen Richtern ergehen. Über die Besetzung entschieden der Senatsvorsitzende und der Oberreichsanwalt beim Volksgerichtshof gemeinsam. Außerhalb der Hauptverhandlung ergehende Beschlüsse wurden nur noch in der Besetzung von zwei haupt-

---

[381] RGBl. 1939, Teil I, S. 1841 (1842)
[382] Art.II §3 Absatz 2 des Gesetzes v. 16.9.39, RGBl. 1939, Teil I, S. 1841 (1842)
[383] Art.II §3 Absatz 3 des Gesetzes v. 16.9.39, RGBl. 1939, Teil I, S. 1841 (1842)
[384] Art.II §3 Absatz 3 Satz 2 des Gesetzes v. 16.9.39, RGBl. 1939, Teil I, S. 1841 (1842)
[385] RGBl. 1940, Teil I, S. 405f.
[386] §6 der VO v. 21.2.40, RGBl. 1940, Teil I, S. 405 (406)

amtlichen Richtern erlassen.[387] Damit war das einstige Privileg der Volksrichter, auch an Beschlüssen außerhalb der Hauptverhandlung beteiligt zu sein, wieder erloschen.

### d. Die Zeit bis zum Zusammenbruch des Deutschen Reiches

Je länger der Volksgerichtshof bestand, desto mehr löste er sich von jeglichen gesetzlichen Bindungen und wurde von der Regierung zur Unterdrückung und Liquidierung der innerpolitischen Opposition sowie der Regimegegner instrumentalisiert. Der ursprünglich mit der Aburteilung politischer Straftaten bezweckte Staatsschutz in seiner klassischen Bedeutung hatte sich aufgelöst [388] und war Scheinverfahren unter Wegfall jeglicher Prozeßrechtsgarantien, dafür aber mit bereits vorher feststehendem Ergebnis[389] gewichen. Erst der Zusammenbruch des Deutschen Reiches brachte auch dessen entartetes Staatsschutzrecht zum Erliegen.

[387] vgl. Art.1 §1 der Verordnung v. 13.12.44, RGBl. 1944-45, Teil I, S. 339
[388] Wagner in: Dreher-FS, S. 625 (638f.)
[389] Roxin: Strafverfahrensrecht, §71 Rn.10

## 5. Kapitel: Übergangszeit von den Besatzungszonen über die Gründung der Bundesrepublik bis zum Strafrechtsänderungsgesetz 1951

### I. „Entpolitisierung" der Rechtspflege

#### 1. Wiederherstellung des Rechtszustandes vor 1933

Als erstes wurden durch das Kontrollratsgesetz Nr.1 diejenigen politischen und Ausnahmeregelungen samt ihren zusätzlichen Gesetzen, Durchführungsbestimmungen, Verordnungen und Erlassen aufgehoben, auf denen die Nationalsozialisten ihr Regime aufgebaut hatten.[390] Somit war die gesamte Gesetzesnovelle von 1934 zur Neuregelung von Hoch- und Landesverrat endgültig beseitigt.[391]
Jeweils zonenbegrenzt und inhaltlich zwar ähnlich, in Details aber dennoch verschieden, wurde anschließend in den westlichen Besatzungszonen die Beteiligung von Laien an Prozessen der Strafgerichtsbarkeit wieder eingeführt.[392] Die Varianten reichten von Schöffengerichten über das Schwurgericht nach Vorbild der Emminger-Reform[393]bis zum in Bayern eingeführten originären Schwurgericht mit zusätzlichem Entscheidungsrecht in der Straffrage.[394] Damit waren die Elemente des Gerichtsverfassungsgesetzes in der Fassung von 1877 mit denen aus dem Jahre 1924 vermischt worden. Bereits 1947 äußerten sich einzelne Fachleute auf dem Konstanzer Juristentag in Reminiszenz an das 19. Jahrhundert erwartungsvoll zur Übertragung von Kompetenzen für politische Verfahren auf die Schwurgerichte.[395]
In der sowjetischen Besatzungszone wurden die Berufsrichter in großen Teilen durch Laienrichter ersetzt.[396]

#### 2. Probleme des politischen Richters

Gleichzeitig mit dem Aufbau des neuen Staates wurde die Diskussion um Vor- und Nachteile einer Laienbeteiligung sowie des politischen Richters neu entfacht. War man sich seitens der Literatur grundsätzlich über die Hinzuziehung von

---

390 Art.I Nr.1 des Gesetzes Nr.1 in: Amtsblatt des Kontrollrats in Deutschland, S. 6
391 Schroeder: Der Schutz von Staat und Verfassung, S. 175
392 Rennig, S. 66; Schmidt: Lehrkomm. Teil I, Nr. 569; Jescheck in: Lebendiges Strafrecht, S. 229 (236)
393 Rennig, S. 66
394 Schmidt: Lehrkomm. Teil I, Nr. 569; positiv dazu: Grzimek, Konstanzer Juristentag 1947, S. 179f.
395 Zinn, Konstanzer Juristentag 1947, S. 129 (133)
396 Rumpf, S. 25f.

Nichtjuristen zur strafrechtlichen Justiz einig,[397]wobei für politische Prozesse sogar eine zahlenmäßige Überlegenheit der Laien vorgeschlagen wurde, um zu vermeiden, daß ein Berufsrichter bei gleicher Anzahl von Juristen und ehrenamtlichen Richtern lediglich einen einzigen Laien zur Herbeiführung eines Schuldspruchs zu überreden brauchte,[398]wurde um eine eventuell erforderliche generelle Entpolitisierung der (Straf-)Justiz hart gestritten. Insbesondere die hier extra herausgegriffenen gegensätzlichen Meinungen von Rotberg[399]und Oppler[400]verdeutlichen das Spannungsfeld.

Rotberg vertrat die Auffassung von der Notwendigkeit einer vollständig entpolitisierten Rechtspflege.

Zur Überwindung der während des Nazi-Regimes durch die Exekutive kontrollierten und rein von politischen Gesichtspunkten getragenen Personal- und Justizpolitik sah er allein in einem deutlichen Abstandnehmen von solchen Beeinflussungen eine Chance. Vor allem in einer Demokratie sollte der größte Wert auf eine überparteiliche Rechtspflege gelegt werden, damit Umsturzbewegungen und Rückkehrtendenzen zu einem totalitären Staat nicht auf fruchtbaren Boden fallen. Als weiteren Grund für die Entpolitisierung führte Rotberg die massive Anzahl politischer Prozesse an, welche nur mit außerordentlicher Objektivität und vor allem Vertrauen in die Unparteilichkeit der neuen Justiz entschieden werden könnten.[401] Er befürchtete den Verlust dieses Vertrauens, falls eine mangelnde Objektivität des Richters infolge seiner Teilnahme an Veranstaltungen und Wahlen oder durch persönlichen Einsatz in beziehungsweise für Parteien durch Voreingenommenheit und Parteiergreifung sichtbar werde.[402] Dasselbe Argument griffen auch andere Autoren auf und vertraten die Meinung, daß in spezifisch politischen Verfahren ein Richter allein aufgrund seiner Zugehörigkeit zur gleichen oder gegnerischen Partei kaum noch als unbefangen gelten könne.[403] In solchen Fällen wurde die Justiz nicht länger als diejenige Instanz angesehen, welche die Bürger vor staatlicher Willkür und Veräußerung menschlicher Grundrechte schützen sollte

---

[397] Jescheck in: Lebendiges Strafrecht, S. 229 (237); Rennig, S. 70f.; sämtliche Vorteile aufzählend: Graßberger in: Rittler-FS, S. 49 (50ff.); vor allem Kern, Konstanzer Juristentag 1947, S. 135; Zinn, Konstanzer Juristentag 1947, S. 129; Dahringer, S. 154 und S. 158; vgl auch bei Baur in: Kern-FS, S. 49

[398] Zinn, Konstanzer Juristentag 1947, S. 129 (132); Graßberger in: Rittler-FS, S. 49 (61)

[399] DRZ 1947, S. 107ff.; zustimmend Schmidt in: Justiz und Verfassung, S. 55 (92f.)

[400] DRZ 1947, S. 323ff.

[401] Rotberg in: DRZ 1947, S. 107 (108); zustimmend Rumpf, S. 25

[402] Rotberg in: DRZ 1947, S. 107; zustimmend Hanack in: Festgabe für Herrfahrdt, S. 127 (133ff.)

[403] Hanack in: Festgabe für Herrfahrdt, S. 127 (138); Sträter, Konstanzer Juristentag 1947, S. 180; Ehlers in: Dombois, S. 26 mit dem Beispiel parteipolitischer Voreingenommenheit der Richter im „Hedler-Prozeß;“ Marcic, S. 265; Niethammer-Vonberg, S. 85

und konnte. Um die von Rotberg avisierte Entpolitisierung der Rechtspflege zu erreichen, wurde daher nicht nur die Teilnahme an politischen Versammlungen oder die Innehabung eines parteipolitischen Amtes, sondern auch der Ausschluß des Richters vom aktiven und passiven Wahlrecht gefordert.[404]
Wesentlich moderater, aber keineswegs weniger enthusiastisch waren die Anforderungen Opplers an die Richter der neuen Ära: Er setzte das Bekenntnis der Juristen zur Demokratie zwecks deren Wahrung voraus. Die Verinnerlichung der demokratischen Grundgedanken sollte demnach zur Loslösung vom nationalsozialistischen System und dessen Strukturen ausreichen. Gerade das aber war seiner Meinung entsprechend bereits Politik[405]und auch nötig, um Fehler aus der Vergangenheit künftig zu vermeiden, da die Erkennung und Verhinderung von Umsturzbestrebungen nur demjenigen Richter gelingen kann, der sich in das Gedankengut des Volkes hineinversetzt und das Wachstum der Demokratie miterlebt.[406]
Selbst eine parteipolitische Bindung war hiernach unschädlich, solange der Richter sich innerlich in der Ausübung seines Amtes nicht daran festhalten ließ. Im Gegenzug sollte es ihm dafür möglich sein, Verständnis für politische Leidenschaften und Sachkunde über eventuelle „Auswüchse“ zu erwerben. Ein entpolitisierter Richter dagegen sei keineswegs objektiv, sondern infolge seiner Unkenntnis von politischen Vorgängen eher geneigt, politische Handlungen jedweder Art zu verurteilen. Schon aufgrund der existenten Ermessensspielräume des Richters war vollkommene Objektivität nach Ansicht Opplers ausgeschlossen.[407] Er sprach sich ferner für die Wiedereinführung der Schöffen- und Schwurgerichte aus; allerdings sollte die Laienrichterauswahl verstärkt durch die Bevölkerung erfolgen.[408]
Die von Oppler repräsentierte Auffassung war schon zur Weimarer Zeit vertreten worden.[409] Die Grundgedanken dürfen jedoch nicht einfach gleichgesetzt werden, da sie jeweils anderen politischen Strömungen entsprungen waren und somit unterschiedliche Intentionen verfolgten. Die von Oppler forcierte Stellung des „politischen“ Richters sollte nämlich nicht der Machterhaltung, sondern einer Stärkung der im Aufbau und Wachstum begriffenen Demokratie dienen. Oppler selbst hielt den Vergleich mit der Weimarer Republik als mahnende Warnung für verfehlt, weil die damaligen Richter in hauptsächlich monarchisch geprägten Strukturen aufgewachsen waren und folglich noch keine innere Verbindung zum demokrati-

---

404 Rotberg in: DRZ 1947, S. 107 (108)
405 Oppler in: DRZ 1947, S. 323 (325)
406 Oppler in: DRZ 1947, S. 323 (326)
407 Oppler in: DRZ 1947, S. 323 (325); zustimmend Melsheimer, Konstanzer Juristentag 1947, S. 173
408 Oppler in: DRZ 1947, S. 323 (326); auch Kern, Konstanzer Juristentag 1947, S. 135 (153)
409 vgl. Müller in: DJZ 1919, Spalte 857 (863ff.); Die Weimarer Zeit als warnendes Beispiel sahen auch Posser: Politische Strafjustiz, S. 40, und Wassermann: Der politische Richter, S. 59.

schen Grundaufbau hatten.[410] In den Anfangsjahren der Bundesrepublik versuchte man oft das Desaster der jüngsten Vergangenheit mit Nichtakzeptanz von Werten und Prinzipien der Weimarer Republik vor allem durch die Juristen zu erklären,[411] und verwies deshalb insbesondere für Prozesse politischer Natur auf die Notwendigkeit eines Bekenntnisses zur Demokratie.[412] Der Versuch einer Definition des politischen Prozesses verstand hierunter den Auftrag, auf die Verteilung der politischen Kräfte einzuwirken und so zu einem unmittelbaren Faktor „im Kampf um politische Macht"[413]zu werden. Legt man diese Definition zugrunde, ergeben sich für ein *partei*politisches Engagement ganz andere Perspektiven. Unberücksichtigt bleiben soll in dieser Arbeit dabei, ob auch allgemeinstrafrechtliche Verfahren politische Auswirkungen haben können.

### a. Notwendige Unterscheidung zwischen politischem Richter und Parteipolitik

Relevant ist in diesem Zusammenhang die Trennung zwischen den Begriffen der „politischen" und der *„partei*politischen" Justiz, um die einzelnen Argumentationen im jeweiligen Kontext nicht zu mißdeuten. Daß Justiz *an sich* politisch ist und eine vollständig entpolitisierte Rechtspflege daher gar nicht existent sein kann, war schon damals eine relativ weitverbreitete Auffassung.[414] Es gab folglich zwischen den beiden dargestellten Extrempositionen noch vermittelnde Auffassungen, die den diffizilen Spagat zwischen politischem Richtertum und parteipolitischer Unabhängigkeit versuchten. Ule beispielsweise griff die konträren Meinungen auf und wies zutreffend auf die Gefährdung der inneren Unabhängigkeit und Unparteilichkeit eines Richters bei gleichzeitiger parteipolitischer Betätigung hin.[415] Dennoch vertrat er keineswegs die Ansicht umfassender parteipolitischer Enthaltsamkeit, sondern hielt eine Offenheit gegenüber dem politischen Leben für erforderlich, um selbst Erfahrungen und Kenntnisse zu sammeln.[416] Nach Ansicht der Befürworter dieser Linie gehörte ein solcher Überblick zu den Anforderungen an den Horizont des Richters, um Methoden, Ziele und Mittel der agie-

---

[410] in: Justiz und Verfassung, S. 29 (49)

[411] Wassermann: Der politische Richter, S. 59 und S. 106; Posser: Politische Strafjustiz, S. 40; Melsheimer, Konstanzer Juristentag 1947, S. 173

[412] Wassermann: Der politische Richter, S. 59 und S. 107; Güde: Probleme des politischen Strafrechts, S. 12

[413] Kirchheimer: Politische Justiz, S. 85

[414] so beispielsweise Wassermann: Der politische Richter, passim; Arndt: Das Bild des Richters, insbesondere S. 8ff.; Zinn, Konstanzer Juristentag 1947, S. 129 (131); Rumpf, S. 20f.; siehe auch die Definition dieses Begriffs von Rumpf, S. 29ff.

[415] in: Justiz und Verfassung, S. 29 (45f.)

[416] in: Justiz und Verfassung, S. 29 (47)

renden Gruppen beurteilen und werten[417] sowie eine rein von Emotionen dominierte Entscheidung vermeiden zu können.[418] Dies funktionierte nur unter der Prämisse, daß der Richter von der Einflußnahme innerstaatlicher politischer Strömungen geschützt blieb,[419] da man ansonsten Gefahr lief, keinen juristischen, sondern einen rein politisch motivierten Prozeß zu führen, der die Wahrheitsfindung in den Hintergrund gedrängt hätte.[420] Ule befand aufgrunddessen nur eine solche Begrenzung parteipolitischer Tätigkeit der Richter für notwendig, ohne die deren innere Unabhängigkeit und Unparteilichkeit nicht mehr gewährleistet wäre. Eine Versagung des aktiven Wahlrechts wurde als entbehrlich eingestuft[421] und die Funktion der Parteien in einer Demokratie hervorgehoben, weswegen es einem Richter nicht verwehrt sein dürfe, ebenfalls auf die Angelegenheiten des öffentlichen Lebens aktiv Einfluß zu nehmen.[422] Nur vereinzelt erhoben sich Stimmen, die explizit eine politische Schulung der Nichtjuristen sowie eine politische Erziehung der Berufsrichter forderten.[423]

### b. Beginnende Ämterpatronage unter Einfluß der Exekutive

Die Kritik richtete sich allerdings in zunehmendem Maße gegen den starken Einfluß der Exekutive. Wie schon in den Jahrzehnten zuvor, wurde der sogenannten zweiten Gewalt im Staat weiterhin die Besetzung der Stellen sowie die Beförderung der Richter überlassen. In der Konsequenz hatten die politischen Parteien ein erhebliches Mitspracherecht.[424] Befürchtet wurde nun, daß ein parteipolitisch aktiver Richter bereits an der Entstehung neuen Rechts in gewünschter Weise mitwirken, später darüber urteilen und somit die Willensbildung des Volkes von Beginn an kontrollieren und in gewisse Bahnen lenken könnte.[425]
Diese Besorgnis dürfte freilich etwas zu hoch angesetzt worden sein, da erstens keineswegs alle in politischen Prozessen urteilenden Richter auch parteipolitisch aktiv waren, zweitens kaum jemand in der Lage gewesen sein dürfte, neu zu fas-

---

[417] Kirchheimer: Politische Justiz, S. 210; in diesem Sinne auch Wassermann: Der politische Richter, S. 91
[418] Litten, S. 74
[419] Hanack in: Festgabe für Herrfahrdt, S. 127 (132); Sträter, Konstanzer Juristentag 1947, S. 181
[420] Posser: Politische Strafjustiz, S. 41f.; Güde: Probleme des politischen Strafrechts, S. 11f.
[421] in: Justiz und Verfassung, S. 29 (48); vorsichtig zustimmend Marcic, S. 265
[422] Wassermann: Der politische Richter, S. 107f.; ders.: Richterliche Gewalt, S. 88
[423] Melsheimer, Konstanzer Juristentag 1947, S. 173 (174)
[424] Niethammer-Vonberg, S. 85; Marcic, S. 266; Wassermann: Der politische Richter, S. 96; Hanack in: Festgabe für Herrfahrdt, S. 127 (132)
[425] Niethammer-Vonberg, S. 85

sendes Recht hinsichtlich aller in Betracht kommenden Verfahren im Voraus zu „berechnen“ und drittens erst mehrere Stufen durchlaufen werden mußten, bis ein Gesetz -zum Teil mit erheblichen Änderungen- tatsächlich angenommen wurde. Etwaige Auswirkungen für die Realität waren diesbezüglich also gering einzustufen.

Das eigentliche Problem lag viel eher darin, wer durch wen zu den höheren Richterstellen berufen wurde und welche Rolle dabei der sogenannten Ämterpatronage zukam. Diese liegt vor, wenn nichtzuständige Personen, Verbände und Parteien (starken) Einfluß auf die Personalpolitik besitzen. Entgegen fachlicher Qualifikationsmerkmale sind dann partikulare, amtsfremde Interessen ausschlaggebend.[426] Falls die Richter also entsprechend ihrer parteipolitischen Grundhaltung ausgewählt werden sollten, war das jeweilige Engagement der Hinweis.[427] Ganz konkret wird diese Argumentation durch Hanack, der Fälle aufführt, in denen nach 1945 weniger begabte Juristen ihre beruflichen Chancen durch einen Eintritt in eine Partei verbessern wollten, ohne Rücksicht darauf, ob sie nun innerlich mit deren Zielen verbunden waren oder nicht.[428] Dieses Beispiel verdeutlicht zwar, welchen Einfluß die Exekutive bereits in den ersten Jahren der Bundesrepublik auf die Richterschaft haben konnte, zeigt aber zugleich, daß von Parteizugehörigkeit nicht unbedingt auf innere Übereinstimmung mit deren Zielen geschlossen werden konnte, denn wer lediglich in eine Partei eintrat, um besser Karriere machen zu können, urteilte später im Prozeß aller Voraussicht nach weiterhin entsprechend seiner ursprünglichen inneren Einstellung. Selbst diejenigen Kritiker, welche ein zu großes Eingreifen in die Unabhängigkeit der Justiz argwöhnten, stuften die reelle Möglichkeit einer regelrechten „Weisung“ in politischen Verfahren als eher marginal und wenig durchführbar ein.[429] Insbesondere bei Prozessen mit Bezug zu der Partei, welcher der Richter angehört, wurde auf die Ablehnung wegen Befangenheit zwecks Wahrung der Unparteilichkeit der Justiz hingewiesen. Damit hoffte man, jegliche Abhängigkeit eliminieren zu können. Zudem herrschte die Auffassung vor, daß die Entscheidungsträger bezüglich der Stellenbesetzung nicht unbedingt Parteifreunde bevorzugen würden. Zwar wurde Ämterpatronage keineswegs gutgeheißen, doch glaubte man allein schon durch die Öffentlichkeit genügend Kontrolle zu haben, indem sich die jeweilige Partei sofort rechtfertigen müsse, falls sie eine nicht über die nötige Qualifikation verfügende Person ins Amt berufe.[430] Der berechtigten Kritik, daß qualifizierte Juristen teil-

---

[426] Eschenburg, S. 10; v.Arnim: Staatslehre, P IV 1.

[427] Hanack in: Festgabe für Herrfahrdt, S. 127 (133); Schmidt in: Justiz und Verfassung, S. 55 (96); Nowakowski, S. 29

[428] in: Festgabe für Herrfahrdt, S. 127 (135 Anm. 42)

[429] Niethammer-Vonberg, S. 91; Baur in: Kern-FS, S. 49 (54); Nowakowski, S. 29

[430] Wassermann: Der politische Richter, S. 111ff.

weise hinter denen zurückblieben, die das „richtige“ Parteibuch besaßen,[431] sollte durch eine Änderung des Modus der Richterberufung und -beförderung Rechnung getragen werden.[432] Ein entsprechender Versuch findet sich in den -leider nicht verwirklichten- Leitsätzen zum Richteramtsrecht. Danach sollten die Richter jeglicher Instanz durch einen Richterwahlausschuß, bestehend aus Vertretern aller drei Gewalten, ins Amt berufen werden,[433] um die an rein sachlichen Gesichtspunkten orientierte Auswahl zu gewährleisten. Weiterhin wurde die Ausschreibung jeder offenen Stelle gefordert, wobei alle diesbezüglichen Bewerbungen an den zuständigen Richterwahlausschuß gerichtet sein mußten. Bewerbungen für die höheren Instanzen sollten nur von Kandidaten mit mehrjähriger Erfahrung in unterinstanzlicher Tätigkeit Berücksichtigung finden. Schließlich wurde vorgeschlagen, für alle Richter ein einheitliches Grundgehalt mit altersbedingten Steigerungen vorzusehen.[434]

## II. Das Gnadenrecht im neuen Bonner Grundgesetz

Die Gründung der Bundesrepublik hatte auch eine Neuregelung des Gnadenrechts, das seit Kriegsende den einzelnen Besatzungsmächten zugestanden hatte,[435] erforderlich gemacht. Gemäß Art.60 des Bonner Grundgesetzes vom 23. Mai 1949 übte von nun an der Bundespräsident für den Bund einzelfallbezogen das Recht auf Begnadigung aus.

Diese Fassung gab bereits zu Anfang Anlaß zu teils umfassenden und unter Heranziehung der Geschichte geführten Diskussionen. Es galt, den Wortlaut entsprechend der früheren Formulierung des Gnadenrechts innerhalb der Weimarer Verfassung auszulegen, woraus sich die Bedeutung ergab, daß der Bundespräsident als ein Organ des Bundes nur für die bundeseigene Justizhoheit das Recht zur Begnadigung innehaben konnte.[436] Zum Zeitpunkt der Einführung dieses Artikels besaß der neue Demokratiestaat indessen noch keine eigene erstinstanzliche Gerichtsbarkeit. Da das Begnadigungsrecht nur von dem Gericht des ersten Rechtszuges ausgeübt werden konnte, hätte Art.60 GG nach der zu diesem Zeitpunkt gültigen Kompetenzverteilung lediglich theoretische Relevanz besessen. Es wur-

---

[431] Hanack in: Festgabe für Herrfahrdt, S. 127 (132 Anm. 41)

[432] Wassermann: Der politische Richter, S. 96; ablehnend: Nowakowski, S. 29f.

[433] Begründung der Richteramtsrechtskommission des Deutschen Richterbundes in: DRiZ 1968, S. 221; Auszug aus dem Reformprogramm des Gesamtvorstandes des Deutschen Richterbundes in: ZRP 1968, S. 29 (30)

[434] Auszug aus dem Reformprogramm des Gesamtvorstandes des Deutschen Richterbundes in: ZRP 1968, S. 29

[435] Förster in: JR 1950, S. 609 (610); Wahl, S. 253ff.; König S. 56

[436] vgl. Löwe-Rosenberg-*Schäfer*, 21. Aufl., Anm. V1b vor §12; König, S. 57; Blaser, S. 47

de jedoch schon die Übertragung der ehemaligen Zuständigkeit erster Instanz des Reichsgerichts auf das oberste Bundesgericht erwartet.[437] Bis dahin sollten die vorerst für Taten des gegen Bund und Länder gerichteten Hochverrates zuständigen Obersten Landesgerichte, wobei Bayern als erstes und einziges Land sein Oberstes Landesgericht wiedererrichtete,[438]beziehungsweise dasjenige Oberlandesgericht, in dessen Bezirk der Sitz der ersten Bundesregierung lag, ihre Kompetenzen als Bundesaufgabe wahrnehmen, wodurch dem Bund dann doch das Begnadigungsrecht zugestanden werden konnte.[439]

## III. Das Vereinheitlichungsgesetz von 1950

### 1. Wiedereinführung der Laienmitwirkung

Mit dem Vereinheitlichungsgesetz vom 12. September 1950[440]wurde die Gerichtsverfassung in ihrer vor dem 30. Januar 1933 existierenden Form wiedereingeführt.[441] Dadurch unterfiel die Laienmitwirkung nun einer bundeseinheitlichen Regelung, und zwar im Stil des 1924 reformierten Systems. Der einzige Unterschied bestand darin, daß ab jetzt *alle* Entscheidungen von dem Kollegialgericht gemeinsam zu treffen waren.[442] Das Rekurrieren auf die unter der Bezeichnung „Schwurgericht" fungierenden Schöffengerichte belebte die gerade erst wieder aufgekeimte Diskussion um das Ob und Wie einer Laienbeteiligung, zumal in §44 des Deutschen Richtergesetzes nun auch ehrenamtliche Richter offiziell bezeichnet waren.

Zu den althergebrachten Diskussionspunkten[443]kamen einige neue Argumentationen hinzu: So schloß Jescheck von der Existenz des Grundgesetzes und der öffentlichen Meinung auf die Unabhängigkeit der Justiz von der politischen Gewalt und hielt das Laienrichtertum aufgrund dessen dadurch entfallener Grundelemente -Mißtrauen gegenüber dem Berufsbeamtentum sowie ein Kontrollbedürfnis des Volkes- für überflüssig,[444]räumte aber zugleich ein, daß die Exekutive weiterhin einen viel zu großen Einfluß durch Personalauswahl, Beförderung und Gehälter auf die Berufsrichter ausüben konnte. Hinzu kam für ihn der Einfluß der Massenmedien, den er als die relevanteste Gefahr für die Unparteilichkeit einstufte und

---

[437] Kern in: JR 1949, S. 367 (368)
[438] Bayerisches Gesetz- und Verordnungsblatt 1950, S. 215 (Gesetz vom 11.10.1950)
[439] Kern in: JR 1949, S. 367 (368); Schätzler, S. 22
[440] BGBl. 1950, Teil I, S. 455ff.
[441] Jescheck in: Lebendiges Strafrecht, S. 229 (236); Rennig, S. 73
[442] Schmidt: Lehrkomm. Teil I, Nr. 570; Jescheck in: Lebendiges Strafrecht, S. 229 (236)
[443] vgl. hierzu positiv: Schmidt: Lehrkomm. Teil I, Nr. 571ff.; ablehnend: Baur in: Kern-FS, S. 49 (62f.)
[444] in: Lebendiges Strafrecht, S. 229 (237f.); zustimmend Baur in: Kern-FS, S. 49 (54)

dafür den Laien empfänglicher befand als den Berufsrichter.[445] Außerdem wurden seiner Ansicht nach die Strafgerichte entsprechend der sachlichen Qualität der Richter besetzt, so daß die Notwendigkeit einer Stärkung von Rechtsbewußtsein und Vertrauen der Bevölkerung in die Strafrechtspflege nicht länger gegeben war.[446] Nach Ablehnung weiterer allgemeiner Gründe für eine Beibehaltung des Laienrichtertums[447]hielt Jescheck höchstens die Hinzuziehung von Nichtjuristen mit Spezialkenntnissen für möglich, beschränkte dies aber zugleich auf Gerichte mit fachlich oder persönlich begrenzter Kompetenz, nämlich auf die Strafkammern für Wirtschaftssachen sowie die Jugendgerichtsbarkeit.[448]

Die einzige Gefahr des Laienrichtertums für die Unabhängigkeit der Rechtspflege, welche teilweise auch von grundsätzlichen Befürwortern der Wiedereinführung gesehen wurde, war eine potentielle Parteipolitisierung infolge einer am eigentlichen Sinn vorbeigehenden Laienrichterauswahl, denn sofern die Mitwirkung des Nichtjuristen als parteipolitischer Auftrag oder Verdienst verstanden wurde, befürchtete man zu Recht den Einfluß justizfremder Zwecke.[449] Zwar manifestierten einige den Wert des Laien an seiner Auswahl, doch sollte eine Parteipolitisierung unbedingt vermieden werden.[450] Dem versuchte auch das Vereinheitlichungsgesetz vorzubeugen, indem es sich von dem nationalsozialistischen und durch die Exekutive vollständig kontrollierten Auswahlsystem trennte. Gemäß §36 des Gerichtsverfassungsgesetzes in der Fassung vom 12.9.1950 stellte die Gemeindevertretung eine Vorschlagsliste auf, wodurch die zur Mitwirkung in der Justiz als geeignet erachteten Schöffen und Geschworenen schon „vorsortiert" waren. Um jedoch eine nach rein parteipolitischen Gesichtspunkten ausgerichtete Auswahl der Personen zu verhindern, war laut §36 Absatz 1 Satz 2 GVG für die Aufnahme in die Vorschlagsliste eine Zweidrittelmehrheit der gesetzlichen Mitgliederzahl der Gemeindevertretung erforderlich. Das gleiche Erfordernis sah das Gesetz in §40 Absatz 3 für die Wahl der Vertrauenspersonen des Ausschusses ebenso wie in §42 Absatz 1 für die Wahl der jeweiligen Laien vor.

---

[445] Jescheck in: Lebendiges Strafrecht, S. 229 (238); ebenso später Nowakowski, S. 31f.; Baur in: Kern-FS, S. 49 (53); a.A. Schmidt in: Justiz und Verfassung, S. 55 (97), der den Berufsrichter für ebenso anfällig hält.

[446] Jescheck in: Lebendiges Strafrecht, S. 229 (241)

[447] Jescheck in: Lebendiges Strafrecht, S. 229 (242f.)

[448] in: Lebendiges Strafrecht, S. 229 (241)

[449] so schon Kern, Konstanzer Juristentag 1947, S. 135 (151); Schmidt: Lehrkomm. Teil I, Nr. 575, Niese in: JuV 1950, S. 73 (74); Potrykus in: DRiZ 1952, S. 202; Dehler: Denkschrift, S. 5

[450] Kern, Konstanzer Juristentag 1947, S. 135 (153); Potrykus in: DRiZ 1952, S. 202

In den unter sowjetischer Besatzung stehenden Ländern waren bei der Heranziehung und Auswahl von Laienrichtern ebenfalls die politischen Parteien maßgeblich beteiligt.[451]
Da auf diesem Weg nicht jeglicher Einfluß der Exekutive ausgeschlossen werden konnte, kamen einige Stimmen in der Literatur zu dem Schluß, den Parteien gerade eine Einwirkung auf die Laienrichterwahl zubilligen zu wollen, weil sie als Repräsentanten des Volkes auch dessen Vertreter innerhalb der Gerichtsbarkeit „aussuchen" dürften. Weiter wurde hervorgehoben, daß insbesondere parteipolitisches Engagement als Zeichen für Interesse an öffentlichen Angelegenheiten stehe und folglich damit verbundene eventuelle Nachteile zugunsten einer Laiengerichtsbarkeit hingenommen werden müßten.[452] Außerdem erhoffte man sich, auf diesem Weg systematisch Nichtjuristen gewinnen zu können, die ihrer Aufgabe gerecht wurden und zugleich deren Relevanz für die Demokratie erkannten.[453]

## 2. Neuerungen der Zuständigkeiten für politische Straftaten

### a. Errichtung und Zuständigkeitsbereich des Bundesgerichtshofes

Durch das Vereinheitlichungsgesetz ergaben sich ferner einige Neuerungen innerhalb der Gerichtshierarchie: Als oberstes Straf- und Zivilgericht[454]der Bundesrepublik wurde der Bundesgerichtshof als Nachfolger des Reichsgerichts gegründet und zu dessen Sitz Karlsruhe bestimmt.[455] Dessen Senate entschieden ausschließlich in rein berufsrichterlicher Besetzung.[456] Die Nachfolge des Reichsgerichts ergab sich aus der Übertragung der erstinstanzlichen Zuständigkeit in der Form vor 1933[457]durch den Regierungsentwurf des §134 GVG. Gemäß Absatz 1 dieser Vorschrift besaß der Bundesgerichtshof damit die Kompetenz zur erst- und gleichzeitig letztinstanzlichen Entscheidung in Fällen des Hochverrats und der Parlamentssprengung.[458] Hierdurch wurde Art.143 des Grundgesetzes, der neue Straftatbestände für Hochverrat und dessen Vorstufen eingeführt und die Aburteilung demjenigen Oberlandesgericht übertragen hatte, welches für den Sitz der Bundesregierung zuständig war, obsolet.[459]

---

451 Dahringer, S. 133; Rumpf, S. 26
452 Niethammer-Vonberg, S. 112
453 Zinn, Konstanzer Juristentag 1947, S. 129 (131); a.A. mit Nachdruck Niese in: JuV 1950, S. 73 (74) sowie Potrykus in: DRiZ 1952, S. 202
454 §130 GVG, BGBl. 1950, Teil I, S. 455 (465)
455 §123 GVG, BGBl. 1950, Teil I, S. 455 (464)
456 vgl. §§124, 125 GVG, BGBl. 1950, Teil I, S. 455 (464)
457 Niese in: JuV 1950, S. 73 (74); Kern: Der Strafschutz des Staates, S. 47
458 BGBl. 1950, Teil I, S. 455 (465)
459 Wagner in: Dreher-FS, S. 625 (639); Löwe-Rosenberg-*Schäfer*, 21. Aufl., §134 zur Entstehungsgeschichte und späteren Änderungen; Träger/Mayer/Krauth in: 25 Jahre BGH, S. 227

### b. Abgabe- und Überweisungsmöglichkeit an die Oberlandesgerichte

Weiterhin löste §134 Absatz 2 GVG in der Fassung vom 12.9.1950, wonach bei Hochverratsdelikten, die sich ausschließlich gegen die verfassungsmäßige Ordnung eines Landes richteten, der Oberbundesanwalt das Verfahren grundsätzlich an die betreffende Landesstaatsanwaltschaft abgeben sollte, nun auch die letzte Regelung des Art.143 GG ab. Desgleichen wurde die früher schon einmal existente Überweisungsmöglichkeit[460] für jene in §134 Absatz 2 GVG bezeichneten Fälle in dessen Absatz 3 erneut festgeschrieben. Fortan besaßen die Länder aufgrund des Absatzes 4 dieser Vorschrift die Option, sich bei einem gegen ihre jeweilige verfassungsmäßige Ordnung gerichteten Hochverrat an den Oberbundesanwalt zu wenden und Anklageerhebung vor dem Bundesgerichtshof zu verlangen.

Die Oberlandesgerichte waren entsprechend §120 Absatz 1 GVG in den ihnen vom Bundesgerichtshof übertragenen Verfahren ebenfalls erst- und letztinstanzlich zuständig und entschieden gemäß §122 GVG innerhalb der Strafsenate in der Besetzung von 5 Berufsrichtern unter Einschluß des Vorsitzenden.[461]

## 3. Diskussionen bis zur Einführung des 1. Strafrechtsänderungsgesetzes

### a. Beginnende Problematisierung der „flexiblen" Zuständigkeit des Oberbundesanwaltes

Parallel zur Vereinheitlichungsnovelle erhob sich die Diskussion über diese neue, in Teilen als „beweglich" bezeichnete Zuständigkeit, deren Ausdehnung der Regierungsentwurf zum Strafrechtsänderungsgesetz vom 4. Juli 1951[462] durch die Einführung des §74a GVG vorsah: Diese Vorschrift räumte in Absatz 2 dem Oberbundesanwalt die Möglichkeit ein, eigentlich in die Zuständigkeit eines Landgerichts fallende Sachen wegen besonderer Bedeutung vor Eröffnung des Hauptverfahrens zu übernehmen.[463]

§74a fand sein Pendant in §134 Absatz 2 GVG, wonach der Oberbundesanwalt gewisse Verfahren wegen ihrer besonderen Bedeutung von der landes- in die bundesgerichtliche Ebene heben konnte. Den Grund hierfür erblickte man in der Notwendigkeit der Wahrung von Bundesinteressen bei sich gegen den Bund richtenden politischen Straftaten, zumal hauptsächlich mit gravierenden Untergrabungen des bundesrepublikanischen Gesamtinteresses gerechnet wurde und daher der Oberbundesanwalt die Rolle des strafrechtlichen Hüters der gesamten Republik

---

[460] oben, 3.Kap., II.2. und III.1.
[461] BGBl. 1950, Teil I, S. 455 (464)
[462] BT-DrS Nr. 2414, I.WP 1949
[463] BT-DrS Nr. 2414, I.WP 1949, S. 10

erhalten[464] und sich notfalls gegen anderslautende örtliche Belange durchsetzen können sollte.[465] Ebenfalls wurde die seit dem Vereinheitlichungsgesetz bestehende Möglichkeit der Abgabe an die Landesstaatsanwaltschaft, *sofern nicht besondere Umstände entgegenstehen,* in einem neu eingefügten §134a GVG beibehalten.[466] Die geänderte Zuständigkeitsregelung wurde unter anderem mit der Argumentation gestützt, eine umfassende und sachkundige Aufklärung überregionaler Zusammenhänge sei nur gewährleistet, wenn der Oberbundesanwalt im Interesse der Bundesrepublik in den landesgerichtlichen Kompetenzbereich eingreifen könne.[467] Seitens der Befürworter stellte diese Regelung lediglich eine Erweiterung bereits geltenden Rechts dar, um den Bundesgerichtshof auf absehbare Zeit zu entlasten.[468] Die nun aktuell gewordene Problematik erfuhr allerdings innerhalb der Literatur teilweise heftigste Kritik.[469]

### b. Forderung einer 2. Instanz und die jeweiligen Vorschläge

Ein anderer Punkt des Regierungsentwurfes stieß hingegen auf offenen Widerstand: die Beibehaltung der Eininstanzlichkeit. Es war vorgesehen, den Bundesgerichtshof zugleich erst- und letztinstanzlich bei Hochverrats-, Verfassungsverrats-, Landesverrats- und Parlamentsnötigungsstraftaten sowie bei Nichterfüllung der Pflichten gemäß §139 StGB urteilen zu lassen[470] und die übrigen politischen Delikte dem Kompetenzbereich der landgerichtlichen Strafkammern zuzuordnen.[471] Der Rechtsausschuß des Bundestages forderte nun auch für die durch den Bundesgerichtshof abgeurteilten politischen Verbrechen die Einrichtung eines Instanzenzuges, da insbesondere aufgrund der jüngsten Vergangenheit *jedem* Angeklagten die Chance der Rechtsmitteleinlegung gewährt werden und *jedes* erstinstanzliche Urteil der Möglichkeit einer Korrektur unterliegen sollte,[472] weshalb die geltende Sonderregelung für einen demokratischen Rechtsstaat als nicht hinnehmbar angesehen wurde.[473] Diskutiert worden war hierbei sowohl die Möglichkeit der Berufung als auch der Revision. Die Einführung einer zweiten Tatsacheninstanz wurde überwiegend mit der Begründung abgelehnt, daß die schon zu Zeiten

---

[464] Rotberg, Prot. der 119. Sitzung des BT-Rechtsausschusses v. 29.6.51, S. 2
[465] Rotberg, Prot. der 119. Sitzung des BT-Rechtsausschusses v. 29.6.51, S. 3
[466] Sten.Ber. der 158. BT-Sitzung, I.WP 1949, S. 6330; kritisch dazu Niese in: JuV 1950, S. 73 (75)
[467] Rotberg, Prot. der 119. Sitzung des BT-Rechtsausschusses v. 29.6.51, S. 5
[468] Dallinger, Prot. der 120. Sitzung des BT-Rechtsausschusses v. 3.7.51, S. 14
[469] unten, IV.1.
[470] §134 des Regierungsentwurfs, BT-DrS Nr. 2414, I.WP 1949, S. 11
[471] vgl. §74a des Regierungsentwurfs, BT-DrS Nr. 2414, I.WP 1949, S. 10
[472] Sten.Ber. der 158. BT-Sitzung, I.WP 1949, S. 6329f.
[473] so auch später die Befürworter eines Instanzenzuges, in Dehler: Denkschrift, S. 5

des Reichsgerichts existenten Mängel der Eininstanzlichkeit ausschließlich durch die Option einer Revision zu beheben seien, um die Einhaltung der Prozeßordnung zu garantieren.[474] Zudem befürchtete man, die Arbeitslast nur durch Bildung weiterer Senate am Bundesgerichtshof bewältigen zu können. Um seiner originären Grundkonzeption gerecht zu bleiben, sollte das höchste deutsche Gericht allenfalls als Revisionsinstanz dienen,[475] wobei sogar erwogen wurde, einen weiteren Instanzenzug innerhalb des Bundesgerichtshofes selbst einzurichten, da dies früher schon einmal in Betracht gezogen worden war.[476] Weiterhin wurde vorgeschlagen, *alle* politischen Straftaten dem Zuständigkeitsbereich der oberlandesgerichtlichen Strafsenate am Sitz der jeweiligen Landesregierung zu überantworten, und zwar einem Strafsenat in erster und dem Großen Senat in zweiter Instanz, weil man vermutete, daß eine größere Anzahl von Oberlandesgerichten nicht so leicht dem Willen der Regierung unterworfen werden könne wie ein einzelnes Gericht.[477] Parallel dazu wurde angedacht, die Strafverfolgung bei der Bundesstaatsanwaltschaft, welche zusätzlich ein Weisungsrecht gegenüber den Länderstaatsanwaltschaften erhalten sollte, zu zentralisieren, um eine erfolgreiche Abwehr demokratiefeindlicher Angriffe garantieren zu können.[478]

Die Bundesregierung wies allerdings auf die Unvereinbarkeit des vom Rechtsausschuß geforderten Weisungsrechts mit den grundgesetzlichen Bestimmungen hin.[479] Gemäß Art.74 Absatz 1 GG handelt es sich unter anderem bei den Gebieten des Strafrechts, der Gerichtsverfassung und des gerichtlichen Verfahrens um konkurrierende Gesetzgebung; demnach liegt die Justizhoheit entweder bei dem Bund oder den Ländern. Bei Überantwortung der politischen Strafverfahren in den oberlandesgerichtlichen Zuständigkeitsbereich wird die Justizhoheit des entsprechenden Landes begründet, die sich gleichermaßen auf die Anklagebehörde erstreckt.[480] Eine zentralisierte Strafverfolgung auf Bundesebene inklusive Weisungsrecht hätte folglich einen unzulässigen Eingriff in Landeskompetenzen bedeutet. Dieses Ergebnis läßt sich mit einem argumentum e contrario aus dem Bereich der grundgesetzlichen Auftragsverwaltung stützen: Gemäß Art.85 Absatz 3

---

[474] Arndt, Prot. der 119. Sitzung des BT-Rechtsausschusses v. 29.6.51, S. 4

[475] Rotberg, Prot. der 119. Sitzung des BT-Rechtsausschusses v. 29.6.51, S. 5; a.A. Greve: ebenda

[476] Prot. der 120. Sitzung des BT-Rechtsausschusses v. 3.7.51, S. 9; in: Dehler: Denkschrift, S. 6f.

[477] in: Dehler: Denkschrift, S. 7

[478] Sten.Ber. der 158. BT-Sitzung, I.WP 1949, S. 6330

[479] Sten.Ber. der 158. BT-Sitzung, I.WP 1949, S. 6330

[480] Zum damaligen Zeitpunkt bestand für den Bereich des Staatsschutzstrafrechtes noch nicht das Institut der Organleihe gemäß Art. 96 Absatz 5 GG, so daß eine Übertragung der Zuständigkeit auf die Oberlandesgerichte zwingend zu einer Verschiebung der Justizhoheit geführt hätte.

Satz 1 GG unterstehen die Landesbehörden den Weisungen der zuständigen obersten Bundesbehörden. Nach dem in der Denkschrift unterbreiteten Vorschlag hätte die Kompetenz ausschließlich bei den Ländern gelegen, so daß mangels Zuständigkeit auch kein Weisungsrecht gegenüber den Landesstaatsanwaltschaften begründet werden konnte.

Ferner lehnte die Bundesregierung die Schaffung einer Rechtsmittelinstanz auch bei hochpolitischen Delikten mit dem Argument ab, daß ein solches Projekt ohne gewissenhafte Prüfung und Bearbeitung nicht durchzuführen sei.[481]

Die Gesamtproblematik wurde jedoch in Ermangelung anhängiger erstinstanzlicher Prozesse beim Bundesgerichtshof, welche erst infolge der mit dem bevorstehenden Strafrechtsänderungsgesetz geschaffenen neuen Tatbestände erwartet wurden, auf einen späteren Zeitpunkt verschoben; die Frage einer zweiten Instanz blieb vorerst offen.[482]

Die generelle Hinzuziehung von Nichtjuristen war ebenfalls abgelehnt worden, um eine starke Politisierung der Staatsschutzverfahren zu vermeiden;[483]insbesondere Bayern vertrat die Auffassung von der Undurchführbarkeit einer Laienbeteiligung bereits an Landesverratsprozessen.[484]

Aufgrund dieser Ergebnisse wurde am 11. Juli 1951 seitens des Bundestages eine Entschließung gefaßt und mehrheitlich angenommen, in der das Erfordernis einer Rechtsmittelinstanz infolge geltender rechtsstaatlicher Grundsätze festgehalten war, gekoppelt mit einem Ersuchen an die Bundesregierung, bis spätestens zum 30. September 1951 ein Abänderungsgesetz einzubringen, damit künftig bei erstinstanzlichen Entscheidungen grundsätzlich Schöffen oder Geschworene mitwirken konnten und für den ersten Rechtszug das Rechtsmittel der Revision gegeben war.[485] Unklar war lediglich, ob die Schöffen beziehungsweise Geschworenen für politische Prozesse gleichermaßen aus den Vorschlagslisten der Gemeinden zu entnehmen waren oder ob die Laien eine gewisse spezifische Qualifikation besitzen und daher von den Landtagen oder einer sonstigen höheren Ebene vorgeschlagen werden sollten.[486] Der Bundesrat machte sich am 27. Juli 1951 diese Entschließung zu eigen und beschloß zugleich eine Ergänzung, welche die nochmalige Überprüfung und eventuelle Abänderung des im Rahmen des §74a GVG durch den Oberbundesanwalt ausgeübten Evokationsrechts forderte.[487] Die Entschließungserweiterung beruhte auf dem Regierungsentwurf der Fassung des

---

[481] Sten.Ber. der 158. BT-Sitzung, I.WP 1949, S. 6330

[482] Prot. der 120. Sitzung des BT-Rechtsausschusses v. 3.7.51, S. 10

[483] Merkatz, Prot. der 119. Sitzung des BT-Rechtsausschusses v. 29.6.51, S. 8

[484] Dallinger, Prot. der 119. Sitzung des BT-Rechtsausschusses v. 29.6.51, S. 6

[485] Sten.Ber. der 160. BT-Sitzung, I.WP 1949, S. 6485f.

[486] Prot. der 120. Sitzung des BT-Rechtsausschusses v. 3.7.51, S. 10

[487] BR-DrS Nr. 577/51, S. 1f.

§74a GVG, nach welchem die Zuständigkeit einer Landgerichtsstrafkammer im Bezirk des oberlandesgerichtlichen Sitzes als erkennendes Gericht erster Instanz für bestimmte Straftaten generell festgelegt sein sollte.[488]

## IV. Das 1. Strafrechtsänderungsgesetz und seine Auswirkungen

### 1. Die bewegliche Zuständigkeit des Oberbundesanwaltes und ihre Vereinbarkeit mit dem Prinzip des gesetzlichen Richters

So, wie der Regierungsentwurf die übergreifenden Zuständigkeiten vorgesehen hatte, wurden sie am 30. August 1951[489]Gesetz.[490] Weggefallen war lediglich die Möglichkeit, daß auf Verlangen der Landesregierung bei einem nur gegen das Land gerichteten Hochverrat der Oberbundesanwalt Anklage beim Bundesgerichtshof erheben mußte, da dies einen föderalistischen Eingriff in Bundeskompetenzen bedeutet hätte.[491]

Das in dem neugefaßten §134 Absatz 2 GVG[492]verankerte Evokationsrecht des Oberbundesanwaltes, dessen Bezeichnung später in Anlehnung an die Generalstaatsanwälte bei den Oberlandesgerichten in Generalbundesanwalt geändert wurde,[493]löste eine Debatte über dessen Vereinbarkeit mit dem Prinzip des gesetzlichen Richters aus. Entsprechend der vorstehenden gerichtsverfassungsgesetzlichen Regelung konnte der Oberbundesanwalt bei gemäß §74a GVG in die Zuständigkeit der landgerichtlichen Staatsschutzkammern fallenden Straftaten die Strafverfolgung übernehmen und damit die erst- und zugleich letztinstanzliche Entscheidung des Bundesgerichtshofes herbeiführen, wenn eine besondere Bedeutung des Falles vorlag. Auch wenn -wie bereits erwähnt- in den Beratungen zu diesem Gesetz der Gedanke einer wirksamen Bekämpfung demokratiefeindlicher Bestrebungen im Vordergrund stand, die nur erreichbar schien, wenn den Organen des Bundes die Einflußnahme auf die Strafverfolgung gewährt wurde,[494]blieb

[488] Sten.Ber. der 158. BT-Sitzung, I.WP 1949, S. 6330

[489] BGBl. 1951, Teil I, S. 739 (745ff.)

[490] Zur nochmaligen Erläuterung der Vorschriften wird verwiesen auf Dallinger in: JZ 1951, S. 620ff. sowie auf die kritische Erläuterung bei Copic, S. 127ff.

[491] Dallinger in: JZ 1951, S. 620 (621 Anm. 6)

[492] BGBl. 1951, Teil I, S. 739 (746)

[493] vgl. § 36 Absatz 1 Ziffer 5 des Bundesbeamtengesetzes, geändert durch § 62 des Bundesbesoldungsgesetzes vom 27.7.57. Um Mißverständnissen vorzubeugen, soll bis zum Ende dieses Kapitels der Begriff des „Oberbundesanwaltes“ gebraucht werden.

[494] stellvertretend für alle: Rotberg, Prot. der 119. Sitzung des BT-Rechtsausschusses v. 29.6. 51, S. 3

diese Eingriffsmöglichkeit nicht ohne Folgen, vor allem weil sie eine Kompetenzverschiebung zwischen Bundes- und Landesjustiz[495]implizierte.

### a. Das Prinzip des gesetzlichen Richters

Der in Art.101 Absatz 1 Satz 2 GG niedergelegte Grundsatz besagt nach seinem Wortlaut lediglich, daß niemand seinem gesetzlichen Richter entzogen werden darf, nicht aber, ob der jeweils für zuständig befundene Richter auch zugleich in allen Fällen über die gesamte Verfahrensdauer der gesetzliche ist. Schon damals herrschte Einigkeit darüber, daß unter dem gesetzlichen Richter derjenige zur Entscheidung berufene Spruchkörper zu verstehen war, welcher seine Zuständigkeit aus *generellen* Normen ableitete, die zur Zeit der Tat galten. Gemeint war gleichzeitig ein Willkürverbot sowie die Vermeidung gegen diesen Grundsatz verstoßender Anordnungen der Exekutive.[496] Die Verletzung des grundgesetzlichen Prinzips durch das ius evocandi sah man in den sogenannten Ermessensvorschriften, bei denen sich die Wahlbefugnis des Oberbundesanwaltes an *spezifischen* Merkmalen des *einzelnen* Falles orientierte. Als Auslegungshilfe des zentralen Begriffes der „besonderen Bedeutung“ dienten die Richtlinien für das Strafverfahren.[497] Danach sollte unter dieser Bezeichnung beispielsweise das Interesse der Öffentlichkeit am Einzelfall[498]zu verstehen sein. Außerordentlicher Kritik war Nr.203 der Richtlinien ausgesetzt, welche in Absatz 2 die besondere Bedeutung einer politischen Tat unter anderem aus der Persönlichkeit und Stellung des Beschuldigten herleitete. Gerade diese Stelle wurde als Einfalltor für den Verstoß gegen den Grundsatz des gesetzlichen Richters betrachtet, da die Ungleichbehandlung aus der Berücksichtigung von Merkmalen folge, die beide nichts mit der Schwere der Tat oder der Schuld gemein haben.[499] Selbst die Vertreter der Auffassung, daß „Bedeutung“ unter Umständen mit „Schwere“ gleichgesetzt werden könnte, hielten den Begriff trotz einer solchen Auslegungsmöglichkeit für zu unspezifiziert.[500] Daran änderte sich dieser Meinung entsprechend auch durch die letztlich beim Gericht verbleibende Entscheidung über die Ermes-

---

[495] Grünwald in: JuS 1968, S. 452 (458)

[496] vgl. Schmidt: Lehrkomm. Teil III, Erl. 2 zu §16 GVG; Jakfeld, S. 79; Dallinger in: MDR 1957, S. 113; allgemein: Bockelmann in: GA 1957, S. 357ff.; Ingo Müller, S. 127; Achenbach in: Wassermann-FS, S. 849

[497] RiStV vom 1. August 1953

[498] Nr. 92 RiStV vom 1. August 1953

[499] Bockelmann in: NJW 1958, S. 889 (890); ders. in: GA 1957, S. 357 (362); Woesner in: NJW 1961, S. 533 (534); Schmidt: Lehrkomm. Teil III, Erl.27 zu §74a GVG

[500] Grünwald in: JuS 1968, S. 452 (459)

sensausübung des Staatsanwaltes[501] nichts, denn erstens konnte nur dasjenige Gericht über den Eröffnungsbeschluß entscheiden, an welches sich die oberste Anklagebehörde gewandt hatte,[502] und zweitens lag der Überprüfung durch das Gericht gleichfalls die auf individuelle Merkmale abstellende Richtlinie zugrunde,[503] so daß bei korrekter Anwendung der Norm beide Organe zu dem selben Zuständigkeitsergebnis kommen mußten.

Vorgeschlagen wurde deshalb die Schaffung spezifizierter Regelungen und Normen, die dem Erfordernis abstrakter und genereller Merkmale zur Ausübung des Evokationsrechtes gerecht werden sollten,[504] um eine Verletzung des Gleichheitssatzes sowie den Einfluß sachfremder Erwägungen oder dessen Anschein bereits in den Anfängen zu vermeiden.[505] Ebenso konnten sich einige anstelle des staatsanwaltlichen Ermessens eine feste gesetzliche Regelung vorstellen.[506]

Die Rechtsprechung hielt jedoch an der Vereinbarkeit von flexibler Zuständigkeit mit der grundgesetzlichen Regelung fest. Laut einem Urteil des Bundesgerichtshofes bestimmte sich das Prinzip des gesetzlichen Richters nach dem Gerichtsverfassungsgesetz und der Strafprozeßordnung, nicht aber nach der Verfassung selbst. Diese beiden Gesetze waren im Rahmen der gesamten Rechtsordnung zu würdigen, weswegen die den in Betracht kommenden politischen Delikten zugeordneten Strafrahmen in ihrer Weite den veränderbaren Lebensverhältnissen angepaßt wurden, was wiederum zum Wegfall der früheren „starren" Zuständigkeitsordnung führte. Nach Ansicht des urteilenden Senats war den verfassungsrechtlichen Vorgaben durch die Einschränkung des Wahlrechts unter dem Gesichtspunkt der jeweiligen Bedeutung des Falles in erforderlicher Weise entsprochen worden.[507] Abschließend wies der Bundesgerichtshof darauf hin, daß die bewegliche Zuständigkeit in Umrissen schon bei der Emminger-Reform bestanden und der Bonner Gesetzgeber lediglich die fast wortgleiche Vorschrift des Art.105 der Weimarer Reichsverfassung bekräftigt und verfeinert hat.[508]

Das Bundesverfassungsgericht bestätigte zweieinhalb Jahre später diese Argumentation. Eine flexible Zuständigkeitsregelung mußte lediglich generalisiert und

---

[501] positiv dazu: Wagner in: GA 1957, S. 161 (167f.)

[502] Bockelmann in: GA 1957, S. 357 (363)

[503] Bockelmann in: NJW 1958, S. 889 (890f.); ders. in: GA 1957, S. 357 (362); Grünwald in: JuS 1968, S. 452 (458); Herzog in: StV 1993, S. 609 (612)

[504] Bockelmann in: NJW 1958, S. 889 (891); diese Forderung ausdehnend auf alle Ermessensvorschriften: Grimm, S. 154

[505] Woesner in: NJW 1961, S. 533 (534); Schmidt: Lehrkomm. Teil III, Erl. 3 zu §16 GVG; Jakfeld, S. 85

[506] Grünwald in: JuS 1968, S. 452 (459)

[507] Urteil des BGH v. 4.10.1956 , abgedruckt in: MDR 1957, S. 112 (113) = BGH St 9, S. 367 (369)

[508] BGH in: MDR 1957, S. 112 (113) = BGH St 9, S. 367 (369)

sachfremden Einflüssen entzogen sein. Die Erfüllung dieser beiden Voraussetzungen genügte bereits, da der gesetzliche Richter durch den Gesetzgeber nicht endgültig festgelegt zu sein brauchte. Ferner trat das Bundesverfassungsgericht der Auffassung von der Notwendigkeit erweiterter Strafrahmen bei, die ihrerseits eine Flexibilität in der Spruchkörperzuweisung erforderten, um dem Gerechtigkeitsempfinden entsprechend bedeutende politische Straftaten einem höheren Gericht in erster Instanz zuzuweisen.[509] Auch gegen den Begriff der besonderen Bedeutung erhob es keine Bedenken. Das sogenannte Wahlrecht der Staatsanwaltschaft wurde nicht als Ermessensentscheidung, sondern lediglich als Auslegung eines unbestimmten Rechtsbegriffes eingestuft, wobei das Bundesverfassungsgericht die Bindung der Behörde an Recht und Gesetz gemäß Art.20 Absatz 3 GG hervorhob. Auf die Pflicht des Gerichts zur rechtlichen und tatsächlichen Überprüfung der Entscheidung der Anklagebehörde anhand der Begründung der „besonderen Bedeutung," die nicht unbestimmter als andere Rechtsbegriffe sein sollte, wurde hingewiesen, ebenso auf die Möglichkeit, etwaigem Mißbrauch infolge unsachgemäßer Erwägungen im Einzelfall durch Rechtsmittel oder Verfassungsbeschwerde zu begegnen.[510] Schließlich machte das Bundesverfassungsgericht in dem Urteil nochmals auf die lange Tradition der Eininstanzlichkeit dieser Verfahren sowie auf das fehlende Gebot der Mehrstufigkeit im Grundgesetz und die Einhaltung des Gleichheitssatzes trotz eventuellen Wegfalls einer Tatsacheninstanz aufmerksam, da die Anklage vor einem höheren Gericht keinen Nachteil bedeute.[511] Ein Verstoß gegen Art.101 Absatz 1 Satz 2 GG lag nach dieser Ansicht nur bei willkürlicher Handhabung der Zuständigkeitsnormen vor.[512] Die Auslegung des Prinzips des gesetzlichen Richters wurde somit der Interpretation des Art.3 GG weitgehend gleichgesetzt und, wenn auch mit leicht strengeren Maßstäben, im wesentlichen auf das Willkürverbot reduziert.[513]

In der Literatur stießen diese beiden Urteile teilweise auf großes Unverständnis, unter anderem deshalb, weil das Bundesverfassungsgericht mit seiner Billigung des unbestimmten Rechtsbegriffes nicht verdeutlicht hatte, ob dieser Terminus selbst mit Art.101 Absatz 1 Satz 2 GG in Einklang stand.[514] Auch der Hinweis auf die bloße Übernahme früheren Rechts der Weimarer Zeit vermochte nicht zu überzeugen, solange nicht dargelegt war, ob eventuell die damalige Vorschrift be-

[509] in: JZ 1959, S. 533 (534) = BverfGE 9, S. 223ff.; a.A. entschieden Herzog in: StV 1993, S. 609 (611)

[510] BVerfG in: JZ 1959, S. 533 (534f.) = BVerfGE 9, S. 223ff.

[511] BVerfG in: JZ 1959, S. 533 (535) = BVerfGE 9, S. 223ff.; zustimmend v. Weber in: MDR 1951, S. 641 (645f.)

[512] BVerfG in: JZ 1959, S. 533 (535) = BVerfGE 9, S. 223ff.

[513] Ingo Müller, S. 129f.; a.A. entschieden Achenbach in: Wassermann-FS, S. 849 (855)

[514] so Schmidt in seiner Anmerkung zum Urteil des BverfG, in: JZ 1959, S. 535; Ingo Müller, S. 132; Woesner in: NJW 1961, S. 533 (534)

reits verfassungswidrig war,[515] nicht zuletzt, da eine solche Regelung nur innerhalb der politischen Justiz existierte.[516] Auffallend war ferner ein scheinbarer Widerspruch zwischen den verwendeten Termini von Bundesgerichtshof und Bundesverfassungsgericht. Achenbach[517] glaubte einige Jahre später sogar einen Bruch innerhalb der jeweiligen Argumentationslinie zu erkennen, da der Bundesgerichtshof weiterhin den Terminus „wählen" verwendete, das Bundesverfassungsgericht jedoch nur die Auffassung von der „Auslegung eines unbestimmten Rechtsbegriffes" vertrat. Der vermeintliche Antagonismus löst sich hingegen bei genauerem Studium des Wortlauts der Entscheidung auf. Das Bundesverfassungsgericht benutzt stellenweise ebenfalls den Terminus des „Wahlrechtes," allerdings -wie hier- in Anführungszeichen. Ebenso wird ausgeführt, daß es sich seitens der Staatsanwaltschaft nicht um ein echtes Wahlrecht handele,[518] wodurch der Begriff zwar grundsätzlich gebilligt wird, nach innen jedoch einer starken Einschränkung bis hin zur reinen Auslegung unterfällt. Demnach begründet die Bestätigung der höchstrichterlichen Rechtsprechung keinen tatsächlichen Widerspruch.

Es gab jedoch auch durchaus zustimmende und unterstützende[519] Auffassungen zur gängigen Rechtsprechung, welche die Argumentationslinie des Bundesgerichtshofes sogar zusätzlich untermauerten, indem sie davon ausgingen, daß die Staatsanwaltschaft sich lediglich an einen von mehreren durch das Gesetz bestimmten, sachlich zuständigen Richtern wenden konnte. Gleichzeitig wurde eine Parallele zur örtlichen Zuständigkeit und den dort beinhalteten „Wahlmöglichkeiten" gezogen.[520]

Die Befürworter der geltenden Gesetzeslage begründeten ihre Meinung ferner mit der Interessenlage des Bundes und der Wahrscheinlichkeit, daß in einem Bundesland beginnende staatsfeindliche Bestrebungen sich auf das Ganze ausdehnen werden und so einen Einfluß der Bundesorgane erforderlich machen. Als Schaltstelle wurde die Weisungsgebundenheit der Landesstaatsanwaltschaften genannt. Dadurch sei es einer gegen den Bund eingestellten Landesregierung möglich, infolge von Weisungen die Strafverfolgung zu lenken und die Demokratie zu gefährden; aus diesem Grund müsse der Bund darauf sowie auf die damit verbunde-

---

515 Bockelmann in: GA 1957, S. 357 (363)

516 Heinemann/Posser in: NJW 1959, S. 121 (126)

517 in: Wassermann-FS, S. 849 (850f.)

518 BVerfG in: JZ 1959, S. 533 (534)

519 Dallinger in: MDR 1957, S. 113f.; Woesner in: NJW 1961, S. 533 (534); KMR-Komm., 4. Aufl., Rn.2.b.cc. zu §74a GVG; Löwe-Rosenberg-*Schäfer,* 21.Aufl., Rn.1 zu §134; Jakfeld, S. 84f.

520 Dallinger in: MDR 1957, S. 113f.

ne Gerichtsbarkeit einwirken können.[521]
Diese Einstellung unterlag dennoch starker Kritik.

### b. Weisungsgebundenheit der Staatsanwaltschaft und ihr Einfluß auf das Rechtsmittel

Zwar hatte das Bundesverfassungsgericht in seinem Urteil zum Grundsatz des gesetzlichen Richters die Gebundenheit der Staatsanwaltschaft an Recht und Gesetz betont, doch oblag es der zentralen Anklagebehörde, mit Hilfe ihres Wahlrechts gegebenenfalls eine bestimmte justizpolitische Linie durchzusetzen.[522] Die in §146 GVG manifestierte Abhängigkeit der Beamten der Staatsanwaltschaft von Weisungen ihrer Vorgesetzten konnte die Tendenz eventuell noch verstärken. Gerade bezüglich der Staatsschutzdelikte erschien infolge des in §147 GVG festgelegten Weisungsrechts des Bundesjustizministers die relevante und einflußreiche Aufgabe der Staatsanwaltschaft, nämlich die Prüfung, ob die Voraussetzungen des §134 Absatz 2 GVG gegeben sind, besonders brisant[523]und mit dem Anschein sachfremder Beeinflussung behaftet;[524]es war durchaus denkbar, daß die Weisungsgebundenheit zu einer bestimmten, vom Bundesjustizminister vorgegebenen Ausübung des Wahlrechts führen könnte, indem die justizpolitischen Interessen die Prüfungsvoraussetzungen des §134 Absatz 2 GVG dominierten. Eine solche Einflußnahme auf politische Prozesse wurde auch für die unteren Instanzen in Abhängigkeit von der Parteikonstellation innerhalb der jeweiligen Landesregierung[525]befürchtet.
Bedenken wurden desgleichen gegenüber dem Einfluß der Entscheidung der Anklagebehörde auf das Rechtsmittel geltend gemacht. Zusammen mit der Wahl des Gerichts -ausgenommen waren nur die gesetzlich fixen Zuständigkeiten der schwersten Verbrechen sowie der augenscheinlichen Bagatelldelikte- legte die Anklagebehörde auch den potentiellen Instanzenzug fest, ausgerichtet an der jeweiligen Eingangsinstanz.[526] So war es möglich, durch Anklage vor der Strafkammer dem Verurteilten die Revision unter gleichzeitigem Wegfall der Berufung zu gewähren. Hob der Oberbundesanwalt die Strafverfolgung von der Landes- in die Bundesebene, war mangels einer zweiten Instanz überhaupt kein Rechtsmittel ge-

---

[521] v. Weber in: MDR 1951, S. 641 (645); so auch schon Rotberg, Prot. der 119. Sitzung des BT-Rechtsausschusses v. 29.6. 51, S. 3ff
[522] Kirchheimer: Politische Justiz, S. 284f. und S. 626f.
[523] Bockelmann in: GA 1957, S. 357 (361); ders. in: NJW 1958, S. 889 (890); Heinemann/Posser in: NJW 1959, S. 121 (126); Kirchheimer: Politische Justiz, S. 285; Grimm, S. 154ff.
[524] Woesner in: NJW 1961, S. 533 (534)
[525] Grimm, S. 156
[526] Bockelmann in: NJW 1958, S. 889

geben. Die Rechtsprechung war in ihren Urteilen auf diesen Gesichtspunkt nicht eingegangen.

### c. Auswirkungen auf die Spruchkörperbesetzung und auf die Aburteilung Jugendlicher

#### aa. Pro und Contra der Nichthinzuziehung von Laien zu den hochpolitischen Prozessen

Folgen hatte die flexible Zuständigkeit auch in bezug auf die Besetzung der jeweiligen Spruchkörper. Der Bundesgerichtshof sowie die Senate der Oberlandesgerichte fällten ihre Urteile in einer Besetzung mit reinen Berufsrichtern; bei den Staatsschutzkammern der Landgerichte wirkten hingegen Laien mit (§76 Absatz 1 GVG).

Das bedeutete zugleich, daß Laienrichter nur an politischen Verfahren minderer Bedeutung beteiligt waren. Die Entschließung von Bundestag und Bundesrat, wonach bis zum 30. September 1951 die Gesetzeslage des ersten Strafrechtsänderungsgesetzes nochmals geprüft und überarbeitet werden sollte, blieb unberücksichtigt. Ausschlaggebend war hierfür unter anderem die Haltung des damaligen Bundesjustizministers Dr. Dehler, der am 30.10.1951 in einer Denkschrift zur Entschließung des Bundestages vom 11. Juli 1951 von ihm in Auftrag gegebene Gutachten und Befragungen in ihren Begründungen und Ergebnissen ausgewertet, abgewogen und sich schließlich gegen die Einführung von Laien jedwelcher Art sowohl beim Bundesgerichtshof als auch bei den Oberlandesgerichten ausgesprochen hatte,[527] obwohl sich die Mehrzahl der Landesjustizverwaltungen ebenso wie die Präsidenten einiger Oberlandesgerichte, vier Generalstaatsanwälte und Teile der Literatur[528] für die Zuziehung von Laien mit der Begründung eingesetzt hatten, daß gerade in politischen Strafverfahren von besonderer Bedeutung die Demokratie zwecks Überwindung der jüngsten Vergangenheit geschützt werden müsse. Man versprach sich auf diesem Weg erhöhte Rechtssicherheit sowie eine im Volk verwurzelte und politisch vernünftige Rechtsprechung. Strafsachen hochpolitischer Art sahen die Befürworter als Angelegenheit aller Bürger, weswegen dieselben mithelfen sollten, die politischen Grundlagen des Staatswesens durch unmittelbare Beteiligung an den Prozessen zu verteidigen. Damit die infolge solcher Verfahren notwendigen Beschränkungen staatsbürgerlicher Freiheiten auch in Einklang mit dem gängigen Rechtsempfinden stehen sollten, sahen sie die politischen Garantien der Laienmitwirkung hier besonders geboten.

---

[527] Dehler: Denkschrift, S. 5

[528] Kirchheimer: Politische Justiz, S. 633; Löwe-Rosenberg-*Schäfer*, 21. Aufl. Rn.1 zu §134; Herrmann, S. 220f.

Schließlich wurde mit der besser verteilten Verantwortung und dem gestärkten Vertrauen innerhalb der Bevölkerung argumentiert, da sich der Laie von der Unparteilichkeit und dem gerechten Urteilsvermögen der Richtergremien überzeugen könne. Vorausgesetzt wurde die Beteiligung von Nichtjuristen mit allgemeiner politischer Erfahrung, um gleichermaßen Wahrheitsfindung wie Erkennung und Würdigung politischer Zusammenhänge zu gewährleisten, vornehmlich in Hinblick auf die ansonsten mit Revisionstätigkeiten betrauten Berufsrichter. Etwaigen Problemen oder Gefahren wollte man durch eine gewissenhafte Auswahl der Laien vorbeugen.[529]

Gerade in diesen Argumenten sahen die Gegner der Laienbeteiligung, darunter vor allem langjährige Praktiker, die Gründe für die Ablehnung der Entschließung. Für den geforderten Einfluß des Volkes wurde der Richterwahlausschuß als ausreichend erachtet, zumal die befragten Gutachter den Laien die für Hoch- und Landesverratsprozesse als nötig befundenen Eigenschaften wie innere Unabhängigkeit, Unbeeinflußbarkeit, absolute Objektivität, unbeugsame Charakterstärke und eine geschärfte Betrachtungsweise, die den Ausschluß parteipolitischer Interessen gewährleisten sollten, nicht zutrauten; die Schwächung des Staatsschutzes wäre nach dieser Ansicht die Folge gewesen.

Eine den diffizilen Sachverhalten entsprechende Auswahl der Laien hätte nach der ablehnenden Auffassung zu einer Verfälschung des Grundprinzips der Mitwirkung des Volkes, wonach *jeder* Bürger zum ehrenamtlichen Richter berufen werden könne, geführt. Derartig „ausgesuchte" Gerichte wären wahrscheinlich schnell in Verbindung mit den politischen Sondergerichten der Vergangenheit gebracht worden, da man annahm, daß sich die vorhandene Tendenz, die Laien nach parteipolitischen Gesichtspunkten auszuwählen, für die obersten Instanzen unter Umständen noch verstärkt hätte.[530]

Auch der Vergleich mit der Geschichte diente als Ablehnungsgrund: Der Staatsgerichtshof zum Schutze der Republik, an dem Laien partizipiert hatten, konnte sich nicht durchsetzen; der Volksgerichtshof stellte ein weiteres abschreckendes Beispiel dar. Erwähnt wurde ferner die kaum zufriedenstellende Judikatur einiger gemischt besetzter Spruchkörper.[531]

Probleme sah man vor allem bei Landesverratsprozessen, wobei ein Argument in diesem Zusammenhang erstmals offen zur Sprache kam: das Geheimhaltungsinteresse. Die Laienbeisitzer wurden als potentielle Einfalltore für Spionage und politische Beeinflussung erachtet, so daß man die Sicherheit der Bundesrepublik gefährdet wähnte.[532]

---

[529] in: Dehler: Denkschrift, S. 3
[530] in: Dehler: Denkschrift, S. 4
[531] vgl. dazu auch Grimm, S. 55
[532] in: Dehler: Denkschrift, S. 4

Die Aussparung der Nichtjuristen von Strafverfahren wegen Landesverrats führte demnach zur gänzlichen Ablehnung der Laienbeteiligung, da sich erstens eine Abgrenzung dieser Verfahren sehr schwierig gestaltet hätte und man zweitens den Laien nicht in einem Teilbereich politischer Delikte für ungeeignet erklären konnte.[533] Gerechtigkeitssinn und Prinzipien der Rechtsstaatlichkeit mußten somit hinter dem höherwertiger estimierten Geheimhaltungsinteresse und den erwarteten Nachteilen zurückstehen, um kein Experiment mit ungesichertem Erfolg in Gang zu setzen und so durch Neuerungen auf dem Gebiet des Staatsschutzes den Gesamtbestand der Bundesrepublik potentiell zu gefährden.[534] Dehler selbst sah schon die Fragestellung nach einer Laienbeteiligung in einer anderen Formulierung, nämlich nicht, ob Laien zu den obersten Instanzen hinzugezogen werden konnten, sondern ob ein solcher Schritt sachlich zwingend geboten war.[535] Diese Frage wurde von ihm aufgrund der dargestellten Gründe eindeutig verneint.

**bb. Kritische Betrachtung der dargelegten Argumente**

Der über Jahrzehnte hinweg immer wieder vorgetragene Wunsch nach einer Beteiligung von Laien an *allen* Instanzen bedarf keiner erneuten kritischen Betrachtung. Die Gegenargumente indessen sollen noch einmal genauer überprüft werden. Daß jeder Berufsrichter die ihm ohne Einschränkung zugeschriebenen Eigenschaften tatsächlich besaß, darf wohl zu Recht bezweifelt werden. Sicherlich führte schon allein das Studium sowie der weitere Ausbildungsweg zu einigen dieser Stärken - aber daß ein Berufsrichter absolut frei von jeglicher parteipolitischer Beeinflussung war, dürfte bereits durch die mannigfaltige Literatur und teils heftige Diskussion über den (partei)politischen Richter widerlegt sein.

Ein anderes Argument gegen die Beteiligung von Nichtjuristen war die Auswahl derselben. Es verstößt zwar nicht unbedingt gegen Grundprinzipien, wenn die ehrenamtlichen Beisitzer entsprechend ihrer Qualifikation ausgewählt werden -schließlich sieht beispielsweise das Jugendgerichtsgesetz in §35 bis heute wenn möglich besonders erfahrene und ausgebildete Jugendschöffen vor- aber Gewicht erhalten die Bedenken im Lichte der Vergangenheit: In der Tat hatte die spezielle Auslese der sogenannten Volksrichter zur gefürchteten Schlagkraft des Volksgerichtshofes geführt. Wenn auch die Vorzeichen in der Bundesrepublik anders standen, lagen diese Ereignisse nicht länger als 6 Jahre zurück. Die erst zwei Jahre junge Demokratie sah sich feindlichen Bestrebungen, insbesondere kommunistischer Art, ausgesetzt und wollte sich durch immer neue Straftatbestände, wie zum Beispiel die Deliktsgruppe der Staatsgefährdung, möglichst umfassend

[533] in: Dehler: Denkschrift, S. 4
[534] in: Dehler: Denkschrift, S. 5
[535] in: Dehler: Denkschrift, S. 5

schützen. Solange man noch keine wirklich gefestigte Demokratie besaß, erschien das Risiko des sehr unsicheren Faktors Laie als zu hoch. Vor diesem Hintergrund stellt die Aussparung der ehrenamtlichen Richter vor allem unter Berücksichtigung der Eininstanzlichkeit jener Verfahren zu diesem Zeitpunkt eine verständliche Reaktion dar.

### cc. Folgen des Evokationsrechtes für Jugendliche

Auswirkungen hatte das Wahlrecht der Staatsanwaltschaft zudem auf die Aburteilung Jugendlicher: Zog der Oberbundesanwalt das Verfahren an sich oder erhob er vor dem Oberlandesgericht Anklage, wurden jugendliche Täter von einem „Erwachsenengericht" abgeurteilt (§103, §112 JGG), da §74a GVG seit dem 1. Oktober 1953 der Zuständigkeit des Jugendgerichtsgesetzes vorging.[536] Bei Prozeßeröffnung vor der Staatsschutzkammer konnten Verfahren von geringer Bedeutung mit staatsanwaltschaftlicher Zustimmung gemäß §102 JGG an das Jugendschöffengericht abgegeben werden. Eine solche Möglichkeit existierte bei Anklage vor einem Gericht höherer Ordnung nicht.[537] Die erforderliche Sachkunde, das Geheimhaltungsinteresse und die Notwendigkeit der Gerichtskonzentration wurden als vordringlich erachtet. Zusätzlich befand man ausschließlich diese Richter in der Lage, zu erkennen, ob ein Jugendlicher von Erwachsenen für politische Zwecke mißbraucht wurde.[538] Trotzdem wurde in der vorrangigen Zuständigkeit der Staatsschutzkammern und parallel dazu auch in jener der Oberlandesgerichte seitens der Literatur sowie der Rechtsprechung kein Verstoß gegen den in Art.3 GG verankerten Gleichheitsgrundsatz gesehen.[539]

In einem unveröffentlichten Urteil bezog der Bundesgerichtshof zu diesem Problemkreis nochmals Stellung. Seiner Ansicht nach basierte der Gleichheitsgrundsatz im Jugendstrafrecht nicht allein auf der speziellen Berücksichtigung des Täteralters. Die Bestimmung des Art.3 GG werde auch dadurch eingehalten, daß sich die Zuständigkeit des Gerichts nach der Art der Gesetzesverletzung richte. Unabhängig davon, ob jemand erwachsen oder jugendlich sei, würden alle Täter vor den Staatsschutzkammern (beziehungsweise Oberlandesgerichten) gleich behandelt.[540]

Diese Argumentation für sich läßt hingegen noch keine Gleichbehandlung erkennen. Zwar ist dem erkennenden Senat des Bundesgerichtshofes darin zu folgen, daß Art.3 GG bei all denjenigen eingehalten wird, die sich vor den Staatsschutz-

---

[536] BGH St 13, S. 378 (382)

[537] Löwe-Rosenberg-*Schäfer*, 21. Aufl., Rn.4 zu §134; ders., Rn.3a zu §74a

[538] Dallinger/Lackner, Rn.4 zu §102 JGG

[539] Löwe-Rosenberg-*Schäfer*, 21. Aufl., Rn.3a zu §74a; Schmidt: Lehrkomm. Teil III, Erl.5 zu §74a

[540] 6 StR 87/55 - Urt. v. 26.10.55, S. 2f.

kammern oder -senaten zu verantworten haben; trotzdem werden die jugendlichen und heranwachsenden Täter, die von einem solchen Gericht verurteilt werden, gegenüber ihren in anderen Deliktsbereichen straffällig gewordenen Altersgenossen benachteiligt. Dieser Einwand wird lediglich durch die weiteren Ausführungen innerhalb der Urteilsbegründung der genannten Entscheidung ein wenig gemildert. Dort sah der Bundesgerichtshof die Gleichbehandlung Jugendlicher auf jeden Fall durch die Vorschrift des §104 JGG gewährleistet, wonach bei Verfahren vor den für allgemeine Strafsachen zuständigen Gerichten die wichtigsten Vorschriften des JGG anzuwenden sind.[541]

Trotzdem genügt selbst diese Norm nicht zur vollständigen Einhaltung des Gleichheitsgrundsatzes. Auch die damalige Version des §104 JGG beinhaltete zum Beispiel nicht die Beachtung der relevanten Vorschriften über die Richter- und Schöffenauswahl - Normen, die ein „jugendgerechtes" Verfahren gewährleisten sollten. Es mag dahingestellt bleiben, ob eine solche relative Ungleichbehandlung dann vor allen für allgemeine Strafsachen zuständigen Gerichten stattfand; zumindest für die Verfahren vor den Staatsschutzkammern (die Oberlandesgerichte urteilen ausschließlich in rein berufsrichterlicher Besetzung) war die Einhaltung des Art.3 GG nicht vollumfänglich garantiert. Daran änderte selbst der Versuch nichts, die Relevanz des Staatsschutzstrafrechtes und die Intentionen des Gesetzgebers immer wieder in den Vordergrund zu stellen, infolge deren den Sonderkammern nach §74a GVG eine umfassende Kompetenz zugedacht war, die sogar jene der ansonsten überdurchschnittlich privilegierten Jugendkammern zu verdrängen vermochte.[542] Auf diesem Weg wurde lediglich Bestehendes bekräftigt und verteidigt, jedoch nicht die Hintergründe kritisch beleuchtet.

Das ius evocandi des Oberbundesanwaltes konnte somit für unter das JGG fallende Angeklagte zu einer Ungleichbehandlung vor Gericht führen und einen potentiellen Verstoß gegen Art.3 GG darstellen.

Im Gegenzug wurde gerade das Jugendstrafrecht dazu benutzt, das Ermessen der zentralen Anklagebehörde argumentativ zu stützen, da bei Jugendlichen vor allem auf die Persönlichkeit des Täters abgestellt wurde und zusätzlich in Jugendschutzsachen gemäß §26 und §74b GVG ein Wahlrecht zwischen dem Erwachsenen- und dem Jugendgericht[543]bestand. Dabei wurde jedoch verkannt, welche Bedeutung dem Jugendstrafrecht genuin innewohnt. Die Berücksichtigung der Täterpersönlichkeit soll dazu dienen, den Täter seiner Einsichts- und Schuldfähigkeit entsprechend aburteilen zu können. Vor allem wird der Tatsache Rechnung getragen, daß in einem gewissen Alter Straftaten als Mutprobe oder Rebellion gegen bestehende Gesellschaftsstrukturen begangen werden. Die besondere „Sachkun-

---

[541] 6 StR 87/55 - Urt. v. 26.10.55, S. 3

[542] so aber Wagner in: GA 1957, S. 161 (166); Dallinger/Lackner, Rn.4ff. zu §102 JGG

[543] Dallinger in: MDR 1957, S. 113; kritisch dazu: Herrmann, S. 195

de“ der Jugendrichter diente und dient nach wie vor dem Zweck, besser mit den Lebensvorstellungen und dem Gesellschaftsbild der Jugendlichen und Heranwachsenden umgehen und die Sachverhalte dementsprechend beurteilen zu können. Ferner ist bei einem solchen Vergleich die begrenzte zeitliche Anwendbarkeit des JGG zu berücksichtigen, da es nur solange gilt, bis der Jugendliche die herangereifte Persönlichkeit eines Erwachsenen besitzt. Die Heranziehung der Besonderheiten des JGG ist somit für einen Vergleich mit der flexiblen Zuständigkeit des Oberbundesanwalts in politischen Prozessen gänzlich ungeeignet.
In diesem Zusammenhang wurde indessen noch ein weiteres Problem debattiert, nämlich die etwaige Konzentration der landgerichtlichen Staatsschutzkammern.

### 2. Möglichkeit der Gerichtskonzentration am Beispiel der Staatsschutzkammern

§116 Absatz 2 GVG sah vor, daß die Zuständigkeit mehrerer Oberlandesgerichte eines Landes vollständig oder partiell bei einem Oberlandesgericht zusammengefaßt werden konnte, falls die Landesjustizverwaltung dies bestimmte.[544] §120 Absatz 1 GVG manifestierte diese Regelung für seitens des Bundesgerichtshofes gemäß §134 Absatz 2 und 3 GVG abgegebene oder überwiesene Verfahren;[545]die Abgabe- und Überweisungsregelung wurde im Rahmen des ersten Strafrechtsänderungsgesetzes in §134a GVG festgeschrieben.[546]
Für die Diskussion über die in den genannten Vorschriften festgelegte Konzentrationsmöglichkeit der Oberlandesgerichte kann nachfolgend auf die jeweiligen Argumentationen zurückgegriffen werden, die im Rahmen des §74a GVG hinsichtlich der Sonderstrafkammern bei den Landgerichten vorgebracht wurden:
Die Rechtsprechung sowie die herrschende Literatur begrüßten eine Konzentration und stellten klar, daß es sich zwar um Sonderstrafkammern handelte, jedoch nicht um Ausnahmegerichte.[547] Die Vorschrift sollte vielmehr dazu dienen, besondere Sachgebiete einer Strafkammer im Oberlandesgerichtsbezirk zuzuweisen und somit im Rahmen der örtlichen auch die funktionelle Zuständigkeit mehrerer großer Strafkammern untereinander zu regeln, ohne daß sich ein Konflikt mit Art.

---

[544] vgl. auch KMR-Komm, 6. Aufl., Rn.3 zu §116; Löwe-Rosenberg-*Schäfer*, 21. Aufl., Rn.6 zu §120
[545] BGBl. 1950, Teil I, S. 455 (464)
[546] BGBl. 1951, Teil I, S. 739 (746)
[547] BGH in: MDR 1954, S. 400; BGH St 13, S. 378 (380); v.Weber in: MDR 1951, S. 641 (645); Schmidt: Lehrkomm. Teil III, Erl.4 zu §74a; Löwe-Rosenberg-*Schäfer*, 21. Aufl., Rn.1 zu §74a; KMR-Komm, 4. Aufl., Rn.2a zu §74a; Ruhrmann in: NJW 1954, S. 1512; a.A.: Herrmann, S. 215

101 Absatz 1 Satz 2 GG ergab.[548] Eine Zentralisierung war für erforderlich gehalten worden, um innerhalb des Sonderbereiches und vor allem im neu geschaffenen Abschnitt der Staatsgefährdung[549] eine „besonders zuverlässige und hochwertige“[550] Rechtsprechung zu erreichen, damit an einer Stelle Erfahrungen gesammelt werden sollten, die dann eine einheitliche Judikatur und bessere Maßstäbe sowie einen leichteren Überblick gewährleisteten, zumal hauptsächlich Delikte mit überörtlichem Charakter erwartet wurden. Schließlich glaubte man sich auf diese Weise in der Lage, besonders qualifizierte Richter für jene diffizilen Verfahren heranzuziehen.[551] Für die Erwerbung der erwünschten Kenntnisse erwiesen sich manche Landgerichtsbezirke hingegen als zu klein,[552] da teilweise noch überhaupt keine politischen Strafverfahren bei ihnen anhängig waren.
Die vorgesehene Konzentrationsmaxime führte allerdings auch zu Nachteilen. Da es sich prinzipiell um große Strafkammern mit besonderem Aufgabenbereich handelte, waren ihnen zusätzlich noch allgemeine Strafsachen zugewiesen.[553] Nach einer Weile kam es zur Überlastung der Sonderstrafkammern. Um die Verteilung der politischen Verfahren an weniger sachkundige Kammern zu vermeiden, votierten einige dafür, die Staatsschutzkammern im Sinne des Zentralisierungsgedankens von den allgemeinen Verfahren freizustellen, damit nicht noch weitere Sonderstrafkammern gebildet werden mußten.[554]
Kritik wurde desgleichen an dem Begriff der besonderen Erfahrung geübt, welche nach einer Zeit die Gefahr in sich berge, Tatbestände unter einen bekannten Handlungsablauf zu subsumieren. Weil die abzuurteilenden Verfahren in ihren tatsächlichen Voraussetzungen oftmals wesensgleich waren, warnte man vor einer regelrechten Routine der Sonderstrafkammern, die zu einer vorschnellen Einordnung in bekannte Abläufe führen könne.[555] Ferner wurde herausgehoben, daß eigentlich nicht das Gericht, sondern die Strafverfolgungsbehörde über herausra-

---

[548] BGH St 13, S.378 (380); KMR-Komm, 4. Aufl., Rn.1a zu §74a; Löwe-Rosenberg-*Schäfer*, 21. Aufl., Rn.1 zu §74a; Ruhrmann in: NJW 1954, S. 1512

[549] zur Kritik an diesen Tatbeständen vgl. die Literaturangaben in der Einführung bei Heinemann/Posser in: NJW 1959, S. 121, Schafheutle in: JZ 1951, S. 609 (611ff.) sowie Mertens in: Marxistische Blätter 1968, Heft 2, S. 65 (66ff.); Wassermann: Ist Bonn doch Weimar ?, S. 27; Copic´, S. 10 Anm. 29 und Grimm, S. 164f.; für eine enge Auslegung solcher Tatbestände: Dombois, S. 10

[550] Prot. der 119. Sitzung des BT-Rechtsausschusses v. 29.6.51, S. 2; Dombois, S. 23

[551] Prot. der 119. Sitzung des BT-Rechtsausschusses v. 29.6.51, S. 2ff.; Schmidt: Lehrkomm. Teil III, Erl.4 zu §74a; Dombois, S. 23; Warda in: DRiZ 1957, S. 35; im Ergebnis auch Schwarz in: NJW 1956, S. 1305 (1306)

[552] BGH St 13, S. 378 (380)

[553] BGH St 13, S. 378 (381)

[554] Warda in: DRiZ 1957, S. 35

[555] Lehmann, S. 213

gende Sachkunde verfügen müsse, da diese darüber zu entscheiden habe, welche Tathandlung als politisches Delikt einzustufen sei. Vor allem mußte der Anschein vermieden werden, die Richter würden ausschließlich nach ihrer politischen Sachkunde und Eignung, nicht aber nach den Grundprinzipien des gesetzlichen Richters ausgesucht.[556]

Dieser Einwand ging jedoch partiell ein wenig an der Sache vorbei. Natürlich entschied in erster Linie die Staatsanwaltschaft darüber, welche Interessen anscheinend betroffen waren. Trotzdem konnte es zur Behandlung des Sachverhaltes nützlich sein, auch seitens des Gerichts einen Überblick über gewisse politische Strömungen zu besitzen, zumal es im Rahmen der Zuständigkeitsprüfung über die Ermessensausübung des Staatsanwaltes zu entscheiden hatte. Das bedeutete hingegen noch nicht die Notwendigkeit -und insoweit ist von Weber hier zuzustimmen- die *Auswahl* der einzelnen Richter unter politischen Gesichtspunkten erfolgen zu lassen.

Der Unterschied dieser Regelung zu ihrem oberlandesgerichtlichen Pendant in §9 EGGVG, §120 GVG bestand bei den Staatsschutzkammern der Landgerichte vor allem in der Hinzuziehung von Laien, auf die nicht verzichtet werden sollte,[557] wodurch eine vollständige Übertragung dieser Deliktsgruppen auf die ausschließlich mit Berufsrichtern besetzten Oberlandesgerichte unterblieb und der Bundesgerichtshof wegen vorhersehbarer Überlastung als einzige Tatsacheninstanz ebenfalls ausschied.[558]

### 3. Gnadenrecht und Kostenlast

Soweit die Oberlandesgerichte im Rahmen des §120 GVG[559] tätig wurden, übten sie Landesrecht aus. Damit stand dem jeweiligen Bundesland, welchem das Oberlandesgericht angehörte, zugleich das Gnadenrecht zu.[560] Problematisch schienen anfangs diejenigen Fälle zu sein, die im Wege des §134a Absatz 3 GVG von der Bundes- in die Landesebene wechselten. Vor 1933 wurde in solchen Konstellationen das Gnadenrecht dem Reich zuerkannt. Da es sich im ersten Rechtszug nach Abgabe und Überweisung eindeutig um Landesrecht handelte und auch die Anordnung des Bundespräsidenten über die Ausübung des Begnadigungsrechtes des

---

[556] v.Weber in: MDR 1951, S. 641 (645)

[557] BGH St 13, S. 378 (380); Wagner in: GA 1957, S. 161 (165); Schwarz in: NJW 1956, S. 1305 (1306)

[558] Schwarz in: NJW 1956, S. 1305 (1306)

[559] Diese Zuständigkeit ist heute in §120 Abs.6 GVG geregelt; dazu unten, 6.Kap.

[560] KMR-Komm., 6. Aufl., Rn.5 zu §120; Schmidt: Lehrkomm. Teil III, Erl.5 zu §120; Löwe-Rosenberg-*Schäfer*, 21. Aufl., Rn.5 zu §120; Blaser, S. 47; Schätzler, S. 14

Bundes[561] die erstinstanzliche Aburteilung durch ein Oberlandesgericht unerwähnt ließ, setzte sich die Auffassung von der Zugehörigkeit des Gnadenrechtes zur Landesgerichtsbarkeit durch.[562]
Eine keineswegs unbeachtliche Rolle spielte in diesem Zusammenhang die Kostenlast. In allen Fällen, in denen Anklage vor dem Oberlandesgericht erhoben wurde oder es gemäß §120 GVG anstelle des Bundesgerichtshofes entschied, hatte das jeweilige Land infolge der Ausübung von Landesrecht zugleich die damit verbundene Kostenlast gemäß §467, §474 StPO zu tragen.[563]

### 4. Das Problem der Doppelzuständigkeit des 3. Senats und daraus resultierende Forderungen

Anfangs waren die politischen Delikte des §134 GVG in erster und letzter Instanz dem 2. Strafsenat des Bundesgerichtshofes zugewiesen, der gleichzeitig noch mit Revisionen gegen Entscheidungen der gemäß §74a gebildeten Sonderstrafkammern befaßt war.[564] Aufgrund der vielen neuen Tatbestände des ersten Strafrechtsänderungsgesetzes trat jedoch bald seine Überlastung ein.[565] Deshalb wurde später dem 3. Senat per Geschäftsverteilung diese Aufgabe übertragen. Er war damit Tatsacheninstanz hinsichtlich aller relevanten Staatsschutzverfahren und zugleich einzige Revisionsinstanz für sämtliche Urteile der Staatsschutzkammern. Eine solche Doppelfunktion war bis dato einmalig. Zwar wurde eingeräumt, daß mit der Übertragung wichtiger Staatsschutzverfahren auf das höchste Gericht eine gerechte Entscheidung gewährleistet werden sollte und daher auch mit rechtsstaatlichem Denken in Einklang stand,[566] doch lag das Problem auf einer anderen Ebene: Es war beinahe unmöglich, die Rechtsprechungslinie dieses Senats zu durchbrechen. Erstens waren die Richter der Sonderstrafkammern in gewissem Sinn an die Rechtsprechung des Bundesgerichtshofes gebunden, da von dessen Musterentscheidungen abweichende Urteile im Wege der Revision kassiert wurden,[567] und zweitens war eine Anrufung des Großen Strafsenats beim Bundesgerichtshof gemäß §136 GVG aufgrund dieser Sonderstellung ausgeschlossen, so

---

[561] vom 10.12.1952, BGBl. 1952, Teil I, S. 790f.
[562] Maurach, §72 I; Schmidt: Lehrkomm. Teil II, Erl. 6 zu §452 StPO; insbesondere Wahl, S. 70 Anm. 3
[563] Löwe-Rosenberg-*Schäfer*, 21. Aufl., Rn.5 zu §120; Schmidt: Lehrkomm. Teil III, Erl.5 zu §120; ders. in: Lehrkomm. Teil II, Erl.2 zu §474 StPO
[564] Beschluß des BGH-Präsidiums v. 29.8.51 bezüglich der Geschäftsverteilung in: Bundesanzeiger v. 15.9.51, S. 5
[565] Wagner/Willms in: 25 Jahre BGH, S. 266f.
[566] so Woesner in: NJW 1961, S. 533 (535)
[567] Posser: Politische Strafjustiz, S. 42; Heinemann/Posser in: NJW 1959, S. 121 (126f.)

daß jegliche Korrekturmöglichkeiten durch andere Senate entfielen.[568] Es existierte zwar noch die Vorschrift des §137 GVG, die es dem 3. Senat ermöglichte, von sich aus den Großen Strafsenat anzurufen,[569]doch war davon bislang noch kein Gebrauch gemacht worden, obwohl sich gerade im Bereich des politischen Strafrechts Fragen von grundsätzlicher, beispielsweise interzonaler Bedeutung ergeben konnten.[570] Trotz dieses offensichtlichen Mankos erschien es vereinzelten Stimmen unbillig, lediglich für die Eventualität einer seltenen Meinungsdifferenz extra einen weiteren Senat mit dieser Spezialmaterie zu betrauen und so das Konzept eines ausnehmend sachkundigen Senats maßgeblich zu beeinträchtigen.[571]
Aufgrund der wachsenden Anzahl von Staatsschutzsachen wurde in der Zeit von Ende 1952 bis Anfang 1953 eine eigene Staatsschutzabteilung mit zwei getrennten Aufgabenbereichen gebildet: Hoch- und Landesverrat unter Einschluß ähnlicher Delikte einerseits und Staatsgefährdungsdelikte andererseits.[572] Güde[573] machte daher den Vorschlag, all diejenigen Verfahren, welche sich kaum von denen der unteren Instanzen unterschieden, eben jenen zuzuweisen, um den normalen Rechtsmittelzug zu gewährleisten und die inappellablen Verfahren auf einige wenige große „Staatsprozesse“ zu reduzieren.
In die gleiche Richtung zielte auch die bereits während der Entstehungsgeschichte des Strafrechtsänderungsgesetzes erhobene[574]Forderung einer zweiten Instanz, unter anderem gestützt auf Kritik an der Rechtsprechung einzelner Strafsenate.[575] Gerade bei politischen Verbrechen wollte man wenigstens durch Einführung einer Revisionsinstanz die Möglichkeit einer Überprüfung gewährleistet wissen, um gleichzeitig eine gewissenhaftere Einhaltung der Verfahrensvorschriften zu erreichen. Neben verstärkter Rechtssicherheit, Zurückdrängung von Mißtrauen und negativen Erfahrungen mit der letzten Vergangenheit wurde die Schwierigkeit solcher Verfahren angeführt, welche ein hohes Spannungsverhältnis zwischen der erforderlichen Strafhöhe und dem relativen Unrechtsgehalt der einzelnen Tat innehatten. Eine Schmälerung des Ansehens des höchsten deutschen Strafgerichts wurde von den Befürwortern einer zweiten Instanz nicht befürchtet, da man im

---

[568] Heinemann/Posser in: NJW 1959, S. 121 (127)
[569] darauf wies vor allem Woesner hin in: NJW 1961, S. 533 (535)
[570] Heinemann/Posser in: NJW 1959, S. 121 (127)
[571] Woesner in: NJW 1961, S. 533 (535); im Ansatz auch Güde: Probleme des politischen Strafrechts, S. 25; positiv Martin in: NJW 1969, S. 713 (714)
[572] Martin in: DRiZ 1975, S. 314 (316)
[573] Probleme des politischen Strafrechts, S. 25f.
[574] vgl. oben unter III.3.b.
[575] dazu die Nachweise bei Wagner/Willms in: 25 Jahre BGH , S. 267f.

Gegenteil zu Zeiten des Reichsgerichts noch bemüht gewesen war, die erstinstanzliche Tätigkeit von dort wieder abzukoppeln.[576]

Für den Fall der Hinzuziehung von Laien zum Bundesgerichtshof wurde die Notwendigkeit einer Überprüfungsinstanz besonders transparent, da einem gemischten Richterkolleg keine letztinstanzliche Entscheidung überlassen werden sollte.[577]

Zusätzlich zum später vom Bundesverfassungsgericht bestätigten Mangel eines Mehrstufigkeitsgebotes im Grundgesetz[578]diente hingegen den Anhängern der geltenden Regelung als Argument für die Beibehaltung der Eininstanzlichkeit der Hinweis auf alle anderen Verfahren, in denen aufgrund einer Anklageerhebung vor den Strafkammern der Landgerichte die Berufung verwehrt war, sowie auf die Historie, nach der für schwere Kriminalität von jeher nur eine Tatsacheninstanz vorgesehen war und die Staatsschutzdelikte somit keine Ausnahme bildeten.[579] Hinsichtlich des Vergleichs mit den landgerichtlichen Staatsschutzkammern wurde jedoch übersehen, daß den Verurteilten zumindest die Revision als Rechtsmittel zur Verfügung stand. Einen weiteren Rechtfertigungsgrund der Aufrechterhaltung der Gesetzlage von 1951 stellte die vorgebliche Qualität der Judikatur dar, gewährleistet durch die unterstellt sorgfältigere Behandlung des Sachverhaltes und den fünfköpfigen Berufsrichtersenat, unabhängig davon, ob dieser als Tatsachen- oder Revisionsinstanz tätig werde. Potentiellen Irrtümern bei der Tatsachenaufklärung sah man durch die beim Bundesgerichtshof gemäß §178 StPO obligatorische Voruntersuchung vorgebeugt.[580] Eine Revisionsinstanz zwecks Sicherung der Rechtseinheit wurde als unnötig verworfen, da die Richter des Bundesgerichtshofes sich wohl kaum über Verfahrensvorschriften hinwegsetzen würden und zudem die Öffentlichkeit wegen des regen Interesses an solch relevanten Staatsschutzverfahren eine wirksame Kontrollfunktion ausübte.[581] Dem schloß sich der Präsident des Bundesgerichtshofes mit dem Hinweis auf eine sicherlich bald gefestigte und durchdachte Rechtsprechung an, die in einer Revision gewiß bestätigt würde, weswegen eine zweite Instanz nur die Überlastung des Bundesgerichtshofes und eine starke zeitliche Verzögerung zur Folge hätte. Die sonstigen Vorteile einer Revision (Wahrung der Rechtseinheit, verstärkter Rechtsschutz, Vertrauen zur Justiz, gerechtere Urteile und eine verbesserte Rechtspfle-

---

[576] in: Dehler: Denkschrift, S. 5

[577] in: Dehler: Denkschrift, S. 5f.

[578] vgl. BVerfG in: JZ 1959, S. 533 (535); so auch schon BVerfGE 4, S. 74 (94f.); in: Dehler: Denkschrift, S. 6

[579] Woesner in: NJW 1961, S. 533 (535); Peters, §74 I

[580] v.Weber in: MDR 1951, S. 641 (646); Schmidt: Lehrkomm. Teil III, Erl.29 zu §74a; Busch in: JZ 1953, S. 151; Peters, §74 I bezüglich der sorgfältigeren Sachverhaltsaufklärung und der erhöhten Richteranzahl; Dehler: Denkschrift, S. 6 und S. 8; Jakfeld, S. 72

[581] v.Weber in: MDR 1951, S. 641 (646)

ge) blieben bei Urteilen des höchsten Gerichtes im ersten Rechtszug als gegenstandslos außer Betracht.[582]
Auch der Gedanke einer möglichst raschen Erledigung solcher Prozesse spielte eine Rolle; in der noch nicht gefestigten Demokratie wurde der Schwebezustand jener Verfahren als ausnehmend belastend empfunden.
Ein Instanzenzug innerhalb desselben Gerichts wurde mit dem Argument der Systemwidrigkeit sowie der praktischen Undurchführbarkeit abgelehnt, da der Sinn eines Rechtsmittels nur durch die Überprüfung der Entscheidung durch einen übergeordneten, unabhängigen Spruchkörper verwirklicht werden kann.[583] Nicht zuletzt wurden verfassungsrechtliche Bedenken, beispielsweise von Baden-Württemberg, geltend gemacht. Eine aufgespaltene Bundesjustiz in zwei Instanzen könne mit Art.95 Absatz 1 GG, der für die ordentliche Gerichtsbarkeit lediglich den Bundesgerichtshof als oberstes Gericht vorsieht, in Konflikt geraten, so daß die Schaffung eines weiteren Bundesgerichts eventuell die Umgehung der Verfassung bedeutet hätte.[584]
Um die Autorität des Bundesgerichtshofes infolge einer Überprüfbarkeit seiner Entscheidungen nicht zu untergraben, wurde erneut auf den Vorschlag einer Übertragung der erstinstanzlichen Tätigkeit auf die Oberlandesgerichte mit anschließender Revision zum Bundesgerichtshof rekurriert und von der Mehrheit unter anderem wegen des fehlenden Weisungsrechts des Oberbundesanwaltes gegenüber den Landesstaatsanwaltschaften als inakzeptabel abgelehnt. Dem Bund könne nicht zugemutet werden, die Angriffe gegen den Gesamtbestand Deutschlands durch die Länder aburteilen zu lassen, womöglich noch in revolutionären Zeiten.[585] Als Paradebeispiel dienten erneut die Vorgänge während der Weimarer Zeit. Der Staatsschutz wurde nur in zentralisiert ausgeübter Form als wirksam eingestuft, um sämtliche Maßnahmen, den jungen Staat wieder zu zersetzen, erkennen und ihnen entgegenarbeiten zu können. Den Oberlandesgerichten wurde dies nicht im erforderlichen Maß zugetraut. Ebenso fürchtete man infolge einer Dezentralisierung die damit einhergehenden differierenden politischen Sichtweisen in Staatsschutzverfahren, so daß als mögliche Konsequenz die Zerstörung der Rechtseinheit vonstatten ginge. Mangelnde Geheimhaltung in Landesverratsprozessen wurde als zusätzlicher Rechtfertigungsgrund der Nichtübertragung angeführt.
Dehler selbst befaßte sich mit den Auswirkungen einer Kompetenzübertragung auf Strafverfolgung und Begnadigungsrecht. Ein Vorbehalt bezüglich dieser beiden Rechtsinstitute für den Bund wäre auf ein Zusammenarbeiten von Bund und

---

[582] in: Dehler: Denkschrift, S. 6f.
[583] in: Dehler: Denkschrift, S. 7
[584] in: Dehler: Denkschrift, S. 7 und S. 9
[585] in: Dehler: Denkschrift, S. 7f.

Ländern hinausgelaufen und wurde von ihm deshalb als verfassungswidrig eingestuft.[586]

Kurz angesprochen worden war auch die potentielle Einführung der Revision gegen erstinstanzliche Urteile der Oberlandesgerichte. Zwar wurde sie überwiegend empfohlen,[587]doch stimmte Dehler in Einklang mit dem Präsidenten des Bundesgerichtshofes dagegen: In hauptsächlich von Landesinteressen dominierten Verfahren sollte ein Bundesgericht diese Fälle nicht letztinstanzlich entscheiden, zumal an den Oberlandesgerichten die Einhaltung sämtlicher rechtsstaatlicher Garantien vorausgesetzt wurde.[588]

Ein rechtsvergleichender Blick zeigte allerdings die in der Bundesrepublik herrschende Ausnahmesituation. Andernorts war eine Sonderbehandlung von Staatsschutzverfahren durch das oberste Strafgericht ohne Rechtsmitteloption weitgehend unbekannt. Entweder waren die für allgemeine Strafsachen üblichen Rechtsmittel gegeben oder die Zuständigkeitskonzentration nur unter Beibehaltung des Instanzenzuges vorgesehen, wie beispielsweise in Portugal, Argentinien und der Südafrikanischen Republik. In Österreich urteilten seit 1950 wieder die Geschworenengerichte sowohl über Staatsschutz- als auch über alle sonstigen politischen Delikte.[589] In der Schweiz waren bei Taten gegen den Bund die Bundesassisen, bestehend aus drei Berufsrichtern und zwölf Geschworenen zuständig.[590] Dort gab es für den Angeklagten zusätzlich die Möglichkeit, auf die Geschworenen zu verzichten.[591] Sondergerichte, die sich ebenfalls aus Berufs- und Laienrichtern zusammensetzten, waren vor allem in vielen ehemals französischen Kolonien für politische Verfahren zuständig.[592]

Im Anschluß an die Denkschrift des damaligen Bundesjustizministers wurde zwar ein vorläufiger Referentenentwurf begründet, insgesamt jedoch von seiner Durchsetzung abgeraten. Stattdessen sollte vielmehr die geltende Rechtslage verbessert werden, etwa infolge der Behandlung des Wiederaufnahmeverfahrens durch einen anderen Senat als den bereits in dem rechtskräftig abgeschlossenen Prozeß tätig gewordenen oder im Wege der getrennten Handhabung von Eröffnungsbeschluß und Hauptverhandlung durch zwei verschiedene Senate.[593]

---

[586] in: Dehler: Denkschrift, S. 8
[587] in: Dehler: Denkschrift, S. 8
[588] in: Dehler: Denkschrift, S. 9
[589] Nowakowski, S. 6 und S. 49
[590] Art.341 und Art.342 des Schweizerischen Strafgesetzbuches, hrsgg. von Germann
[591] zur Rechtsvergleichung ausführlich Sax in: JZ 1964, S. 41ff.
[592] Sax in: JZ 1964, S. 41 (43)
[593] Dehler: Denkschrift, S. 9

### 5. Bildung weiterer (Bundes)Organe

Zusätzlich zum Bedürfnis einer Zuständigkeitskonzentration ergab sich die Notwendigkeit der Errichtung zentraler Ermittlungs- und Vollzugsorgane. 1951 wurde daher per Gesetz das Bundeskriminalamt ins Leben gerufen, dessen Beamte über einen schriftlichen Ermittlungsauftrag zu Hilfsbeamten der obersten Anklagebehörde werden konnten und damit den Weisungen des Oberbundesanwaltes unterlagen. Für eine qualifizierte Verfolgung demokratiefeindlicher Bestrebungen war die reibungslose Zusammenarbeit zwischen Bund und Ländern unumgänglich. Nach einer Vereinbarung des Bundesjustizministers mit den Ländern war es dem Oberbundesanwalt gestattet, bei erstinstanzlicher Strafgerichtsbarkeit des Bundes die Ermittlungen unter Einverständnis der jeweils zuständigen Landesbehörde(n) dem Bundeskriminalamt zu übertragen.[594]
Auf dieser Grundlage arbeitete auch der Verfassungsschutz als Sicherheitsorgan. Die Wahrnehmung seiner politischen Funktion galt über parteipolitische Grenzen hinaus als originär kooperative Aufgabe von Bund und Ländern und implizierte somit die Notwendigkeit föderativ dezentralisierter Organisation.[595]

## V. Die Entwicklung bis zu den Vorbereitungen für die Einführung eines zweiten Rechtszuges in Staatsschutzstrafsachen

In den folgen Jahren ergaben sich im Bereich der politischen Delikte vorerst nur marginale Veränderungen.
Art.3 Nr.3 des dritten Strafrechtsänderungsgesetzes[596]wies dem Bundesgerichtshof die Verfahren von Anschlägen gegen ausländische Staatsmänner gemäß §102 StGB zu. 1954[597]wurde in den Zuständigkeitskatalog des §134 GVG der Völkermord gemäß §220a StGB aufgenommen. Das vierte Strafrechtsänderungsgesetz vom 11. Juni 1957[598]erweiterte schließlich nochmals die dem Bundesgerichtshof zustehende Kompetenz.
Aufgrund neuer Tatbestände innerhalb des Strafgesetzbuches waren nun auch die Staatsschutzkammern nach §74a GVG mit mehr Verfahren betraut.[599]

---

[594] Kern: Der Strafschutz des Staates, S. 49ff.; Löwe-Rosenberg-*Schäfer*, 21. Aufl., Rn. 8b zu §134

[595] Schmidt in: Verfassungsschutz, S. 15 (31); so schon Rotberg, Prot. der 119. Sitzung des BT-Rechtsausschusses v. 29.6.51, S. 4

[596] vom 4.8.53, BGBl. 1953, Teil I, S. 735 (743)

[597] BGBl. 1954, Teil II, S. 729

[598] BGBl. 1957, Teil I, S. 597ff.

[599] vgl. Art.3 Nr.1 und Nr.2 des 4. StRÄndG, BGBl. 1957, Teil I, S. 597 (599f.)

Da die Forderungen nach der Einführung eines Instanzenzuges für *alle* politischen Delikte weiter aufrechterhalten wurden, versuchte man, eine entsprechende Gesetzesänderung noch innerhalb der 5. Legislaturperiode durchzubringen.
Insbesondere die SPD wies auf ihrem rechtspolitischen Kongreß am 26. und 27. März 1965 in Heidelberg unter dem Titelthema „Der Bürger und das Recht“ auf die Reformbedürftigkeit des politischen Strafrechts hin. Dabei ging es vor allem um eine Restriktion der partiell schier ausgeuferten Vorschriften innerhalb des Staatsschutzstrafrechts, um dessen Tatbestände auf das erforderliche Mindestmaß zu reduzieren.[600]

[600] Baumann, Der Bürger und das Recht, S. 243 (245f.); Kramer: ebenda, S. 247 (250)

## 6. Kapitel: Einführung einer zweiten Instanz für Staatsschutzstrafsachen

### I. Vorbereitungen durch den Sonderausschuß für die Strafrechtsreform und das achte Strafrechtsänderungsgesetz

#### 1. Antrag des Sonderausschusses

In einer Sitzung des Bundestages vom 7. Februar 1968 schien die Einführung eines Instanzenzuges noch in weiter Ferne zu liegen und schier undurchführbar zu sein. Zwar herrschte parteiübergreifende Einigkeit darüber, daß bei schwerwiegenden politischen Straftaten unbedingt eine Überprüfung vonnöten war,[601]doch hielt man die damit verbundenen Problematiken für zu kompliziert, um sie noch in der laufenden Legislaturperiode lösen oder gar die Einführung einer durchgängigen zweiten Instanz gemeinsam mit dem 8. Strafrechtsänderungsgesetz auf den Weg bringen zu können, obwohl das Unverständnis der Bundesbürger für den geltenden Rechtsmittelaufbau bekannt war.
Die unerschütterlichen Befürworter der Prozeßrechtsreform wiesen auf die geringe Anzahl von Verfahren hin, die noch in den alleinigen Bereich des Bundesgerichtshofes fielen. Von etwas mehr als sechshundert hochpolitischen Straftaten verblieben in den Jahren 1965 bis 1967 nur insgesamt 30 Verfahren beim obersten Bundesgericht; der Rest wurde vor den Oberlandesgerichten verhandelt. Demzufolge plädierten auch Praktiker für die Übertragung dieser wenigen Prozesse ebenfalls auf die Oberlandesgerichte, bei der es nicht zwingend zu Kompetenzschwierigkeiten kommen müsse.[602] Dem schloß sich Güde[603] mit dem Argument der Systemgerechtigkeit an, um die Nachprüfbarkeit eines jeden Urteils gewährleisten zu können. Zudem befand er die Paralleltätigkeit als Tat- und Revisionsrichter aufgrund der in beiden Bereichen divergierenden Betrachtungsweisen als abschaffungsreife Anomalie. Gestützt wurde diese Argumentation insgesamt von einer in die Diskussion eingebrachten Internationalen Konvention der Vereinten Nationen vom 16. Dezember 1966,[604]wonach die Überprüfbarkeit jeglicher Urteile zu den staatsbürgerlichen Rechten eines Jeden gehöre.[605]
Trotz solcher Gründe für eine weitere Instanz glaubte man an den Kompetenzbereichen von Bundes- und Landesjustizhoheit zu scheitern. Heinemann führte den Vorschlag vom April 1967 an, die Zuständigkeit des Bundesgerichtshofes erster Instanz bei gleichzeitiger Revisionsmöglichkeit vor dem obersten Bundesgericht

---

[601] vgl. die einzelnen Redner der 152. BT-Sitzung, 5.WP 1965-1969, S. 7787ff.
[602] Busse, 152. BT-Sitzung, 5.WP, S. 7799f; zustimmend Müller-Emmert, ebenda, S. 7797f.; eingeschränkt Heinemann, ebenda, S. 7790
[603] 152. BT-Sitzung, 5.WP, S. 7801
[604] Art. 14 Absatz 5 des Gesetzes zu dem Internationalen Pakt vom 19.12.1966 über bürgerliche und politische Rechte, BGBl. 1973, Teil II, S. 1533 (1540f.)
[605] Müller-Emmert, 152. BT-Sitzung, 5.WP, S. 7797

auf etwa fünf zentralisierte Oberlandesgerichte zu übertragen, einschließlich des Rechts des Generalbundesanwaltes, vor diesen bei Verfahren von bundesweitem Interesse aufzutreten. Die Länder hatten den Vorschlag abgelehnt, woraus auf die Undurchführbarkeit einer derartigen Kompetenzverschiebung geschlossen wurde.[606] Dadurch wurde das Problem nicht mehr nur als solches des politischen Strafrechts -wie 1951- begriffen, sondern als verfassungsrechtliches mit grundlegenden Fragen bezüglich der bundesstaatlichen Ordnung.[607] Wieder rekurrierte man auf die in der Denkschrift des Bundesjustizministers von 1951 aufgeführten Argumente und die im Grundgesetz nicht verankerte Zusammenarbeit von Behörden des Bundes und der Länder,[608]wobei der Einwand, daß der Generalbundesanwalt bereits seit dem ersten Strafrechtsänderungsgesetz ein umfassendes, in die Justizhoheiten eingreifendes Evokationsrecht besaß,[609] kein Gehör zu finden schien.

Weil die zentrale Verfolgungsgewalt unbedingt beim Generalbundesanwalt verbleiben sollte, eine vollständige Übertragung der Justizhoheit in diesem Bereich auf die Länder nicht in Betracht kam und der Bund sich nicht durch eine Kompetenzverschiebung seiner parlamentarischen Verantwortung entziehen sollte, griff Heinemann den Vorschlag der sogenannten „kleinen Lösung“ auf, wonach zwar die erstinstanzliche Zuständigkeit für schwere politische Verbrechen beim Bundesgerichtshof verbleiben, im Gegenzug jedoch die Urteile der Oberlandesgerichte nunmehr der Revision zugänglich sein sollten, um so die überwiegende Anzahl der Prozesse appellabel zu machen.[610] Doch selbst dies schien nicht mehr zeitgleich mit dem achten Strafrechtsänderungsgesetz durchführbar zu sein.

Daraufhin brachte der Sonderausschuß für die Strafrechtsreform am 9. Mai 1968 einen Antrag[611]ein, in welchem die Bundesregierung ersucht wurde, noch rechtzeitig zur Verabschiedung in der 5. Wahlperiode einen Gesetzentwurf zur Einführung einer zweiten Instanz für alle Staatsschutzsachen sowie zur Abschaffung der Staatsschutzkammern gemäß §74a GVG vorzulegen.

Die Frage einer eventuellen Beseitigung dieser Sonderstrafkammern wurde nicht tiefer behandelt; sie blieben bestehen.

Schon ein Jahr nach der beinahe im Sande verlaufenen Diskussion des Bundestages schien sich das Blatt hinsichtlich der Einführung eines zweiten Rechtszuges gewendet zu haben.

---

[606] 152. BT-Sitzung, 5.WP, S. 7791; so auch Schlee, ebenda, S. 7805; a.A. Genscher, ebenda, S. 7803

[607] Köppler, 152. BT-Sitzung, 5.WP, S. 7795

[608] Schlee, 152. BT-Sitzung, 5.WP, S. 7805; Heinemann, ebenda, S. 7791

[609] Diemer-Nicolaus, 152. BT-Sitzung, 5.WP, S. 7805

[610] 152. BT-Sitzung, 5.WP, S. 7792; zustimmend Köppler, ebenda, S. 7796

[611] DrS V/2860, S. 36

## 2. Das 8. Strafrechtsänderungsgesetz als Mitauslöser für die Prozeßrechtsreform

Das achte Strafrechtsänderungsgesetz vom 25. Juni 1968[612]regelte den strafrechtlichen Staatsschutz in weiten Teilen neu. Das innerhalb des Deliktsbereiches der Gefährdung des demokratischen Rechtsstaates bereits 1964 eingeführte sogenannte Verbotsprinzip bezüglich Parteien[613]wurde durch das Feststellungsprinzip der §84, §85 StGB ergänzt. Ersteres untersagt die Aufrechterhaltung der Organisationsstrukturen verfassungsfeindlicher Parteien und Vereinigungen; die Bestrafung ist daher von einem verfassungs- beziehungsweise verwaltungsrechtlichen Verbotsakt abhängig. Das Feststellungsprinzip wiederum setzt für eine Bestrafung die unanfechtbare Entscheidung der zuständigen Stelle voraus, daß es sich um die Ersatzorganisation einer bereits verbotenen Vereinigung oder Partei handelt.[614]

Ferner wurde innerhalb des Gerichtsverfassungsrechts die Konzentration der landgerichtlichen Staatsschutzkammern aufrecht erhalten sowie die bereits in der Zeit von 1953 bis 1957[615]erweiterte Zuständigkeit des Bundesgerichtshofes im Rahmen des §134 GVG bestätigt.[616]

Durch diese Neugestaltung des politischen Strafrechts erhielt auch die prozeßrechtliche Reformbestrebung den erforderlichen Antrieb. In einer die Mitteilung des Bundesjustizministers wiedergebenden Presseerklärung vom 5. Februar 1969 wurden die Vorteile einer Überprüfung der politischen Urteile durch ein höheres Gericht aufgezählt,[617]die im wesentlichen von den Befürwortern schon viele Jahre vorher zu Gehör gebracht worden waren. Seitens des Bundesjustizministeriums hielt man das geltende Recht für nicht länger vereinbar mit rechtsstaatlichen Ansprüchen des demokratischen Staates und stimmte für die Errichtung einer Revisionsinstanz.

---

[612] BGBl. 1968, Teil I, S. 741ff.

[613] BGBl. 1964, Teil I, S. 593ff.

[614] Schnarr in: MDR 1988, S. 89 (92 Anm. 53); zum Verbotsprinzip auch Lackner, Niederschriften über die Sitzungen der Großen Strafrechtskommission, 111. Sitzung v. 21.10.58, S. 273

[615] vgl. oben 5.Kap.V.

[616] BGBl. 1968, Teil I, S. 741 (750)

[617] Bulletin des Presse- und Informationsamtes der Bundesregierung 1969, Nr. 15, S. 118

## II. Der Regierungsentwurf und seine weitreichenden Konsequenzen

### 1. Übertragung der Erstinstanzlichkeit auf die Oberlandesgerichte

Die Pressemitteilung bezog sich auf einen Vorlageentwurf der Bundesregierung, der als Drucksache V/4086 in seiner Anlage 1 folgende Änderungen des Gerichtsverfassungsgesetzes vorgesehen hatte: Der frühere §134 ging nun in der umfassenden Zuständigkeit der Oberlandesgerichte gemäß §120 auf, ergänzt um §30c Absatz 2 des Patentgesetzes sowie die entsprechende Vorschrift des Gebrauchsmustergesetzes, um sich den Neuerungen des 8. Strafrechtsänderungsgesetzes anzupassen.

In §120 Absatz 2 GVG erhielten die Oberlandesgerichte bei Übernahme des Verfahrens durch den Generalbundesanwalt die vorrangige Zuständigkeit anstelle der Sonderstrafkammern, so daß ausgewählte Prozesse auch weiterhin aus der landesgerichtlichen Ebene der Staatsschutzkammern herausgehoben werden konnten.

Die Vorschriften der §134, §134a GVG wurden somit inhaltlich weitgehend vollständig übernommen.

Gemäß §135 GVG war der Bundesgerichtshof folglich nur noch als Revisionsinstanz tätig, insbesondere für die oberlandesgerichtlichen Urteile. Mit dieser Regelung sahen viele eine längst überfällige rechtsstaatliche Notwendigkeit erfüllt, nach welcher der politische Straftäter den gleichen Rechtsschutz erhielt wie alle anderen Delinquenten.[618] Die seit 1879 geltende Gesetzeslage war mit dem rechtsstaatlichen System nicht länger vereinbar,[619]zumal die Schwere der hochpolitischen Delikte naturgemäß zu hohen Strafen führte und die Urteile deshalb erst recht einer revisionsrechtlichen Überprüfung zugänglich sein sollten.[620] Das Argument der langen Historie der Eininstanzlichkeit solcher Strafverfahren sowie insbesondere der Beibehaltung der alleinigen Zuständigkeit des Reichsgerichts während der Weimarer Zeit konnte nicht länger verfangen,[621]da dessen Kompetenz im Vergleich zum Bundesgerichtshof erheblich geringer gewesen war. Die Belastung durch die Neuschaffung vieler Tatbestände im politischen Bereich war etwa zehnmal höher als zur Weimarer Zeit,[622]wobei schon damals die Forderung nach einer weiteren Instanz erhoben worden war.

---

[618] Ehmke, 236. BT-Sitzung, 5.WP, S. 13073; Fischer in: NJW 1969, S. 449f

[619] Träger/Mayer/Krauth in: 25 Jahre BGH, S. 227 (233); Kohlhaas in: NJW 1970, S. 20; Basten, S. 61; Rennig, S. 79

[620] Diemer-Nicolaus, 236. BT-Sitzung, 5.WP, S. 13074

[621] so Wuermeling, 236. BT-Sitzung, 5.WP, S. 13076

[622] Güde, 236. BT-Sitzung, 5.WP, S. 13075f.

Auch die Juristen des Bundesgerichtshofes selbst votierten eher für eine Abschaffung ihrer tatrichterlichen Tätigkeit.[623] Der Präsident des Bundesgerichtshofes, Fischer, sprach sich ebenfalls für die Regierungsvorlage aus. Er hielt allein das Vorhandensein einer Revisionsinstanz zur Gewährung sorgfältig aufgearbeiteter Verhandlungen und aufmerksamer Einhaltung sämtlicher Vorschriften innerhalb der Tatsachenebene für ausreichend. Damit der Bundesgerichtshof künftig seine Stellung als Wahrer der Rechtseinheit besser ausfüllen könne, befand Fischer die vollständige Befreiung der Senate von ihrer erstinstanzlichen Tätigkeit für zwingend geboten, vor allem, um die nötige Distanz zu solchen Verfahren ohne Beeinflussung durch eine diffizile Sachaufklärung zu behalten. Ferner sah er es als wünschenswert an, durch die Revisionsmöglichkeit in Staatsschutzverfahren eine einheitliche rechtliche Beurteilung gewährleisten zu können, insbesondere vor dem Hintergrund der relevanten Neuerungen durch das achte Strafrechtsänderungsgesetz.[624]

Es gab allerdings auch Stimmen, die sich gegen die geplante Reform aussprachen. Der damalige Generalbundesanwalt Martin beispielsweise erachtete eine Revisionsmöglichkeit für diese Prozesse als unnötig. Seiner Ansicht nach boten die ansonsten mit Revisionen befaßten Richter des Bundesgerichtshofes auch auf der Tatsachenebene ausreichend Gewähr für die Einhaltung sämtlicher Prozeßvorschriften. Ihre Erfahrungen ließen die Senatsmitglieder zudem mit der erforderlichen inneren Distanz zum jeweiligen Fall urteilen; gerade der Dritte Strafsenat sei sich bei seiner Judikatur der richtungsweisenden Relevanz bewußt gewesen und habe die Aufgabe der Wahrung der Rechtseinheit hervorragend gemeistert.[625]

Dementsprechend wurden seitens einiger Praktiker anderweitige Lösungsvorschläge unterbreitet, um die Übertragung der erstinstanzlichen Zuständigkeit auf die Oberlandesgerichte zu vermeiden. Martin befürwortete eine Rechtsmittelinstanz innerhalb des Bundesgerichtshofes, und zwar durch die Möglichkeit der Anrufung eines anderen Senats oder des Großen Senats.[626] Ferner dachte unter anderem Kohlhaas an die Schaffung eines Bundesgerichtes erster Instanz für Staatsschutzdelikte nach französischem Vorbild mit Revisionsmöglichkeit zum Bundesgerichtshof.[627] Martin hatte diesen Gedanken bereits am Exempel des Bundespatentgerichts konkretisiert. Schließlich machte er auf den Vorschlag aufmerksam, die Hoch- und Landesverratsprozesse in ihrer Gesamtheit auf die land-

---

623 vgl. die Ausführungen von Ehmke, 236. BT-Sitzung, 5.WP, S. 13076

624 Fischer in: NJW 1969, S. 449 (450)

625 Martin in: NJW 1969, S. 713f.

626 in: NJW 1969, S. 713 (714); zustimmend Kohlhaas in: NJW 1970, S. 20 (21)

627 in: NJW 1970, S. 20 (21); Basten, S. 62; vgl. die Begründung zum Regierungsentwurf: DrS V/4086, S. 6; Foth in: DRiZ 1989, S. 458

gerichtlichen Staatsschutzkammern zu übertragen und so den normalen Instanzenzug zu eröffnen.[628] Alle diese Erwägungen waren bereits im Rahmen des ersten Strafrechtsänderungsgesetzes erörtert und aus den in dem dortigen Abschnitt[629]genannten Gründen verworfen worden.

**2. Die vorgesehene Konzentration auf wenige Oberlandesgerichte**

In Absatz 1 des §120 GVG sah der Regierungsentwurf zugleich eine Reduzierung auf die im Bezirk der jeweiligen Landesregierung ansässigen Oberlandesgerichte, also insgesamt 11, vor.
Im Referentenentwurf eines Gesetzes zur Regelung der Zuständigkeit für Verfahren des strafrechtlichen Staatsschutzes (kurz: Zuständigkeitsneuregelungsgesetz) war bereits am 22.3.1967 eine Konzentration auf fünf Oberlandesgerichte vorgeschlagen worden, und zwar reduziert auf das Kammergericht Berlin, das Bayerische Oberste Landesgericht sowie die Oberlandesgerichte Düsseldorf, Frankfurt und Hamburg.[630] Eine solche Maßnahme war für nötig befunden worden, damit eine sachkundige Behandlung der Materie nicht nur im Ermittlungsstadium, sondern auch während der Verhandlung erfolgen konnte. Die Befürchtung, durch eine zu große Verteilung dieser Prozesse den Staatsschutz insgesamt zu schwächen, stand dabei im Vordergrund; sie war schließlich der Anlaß für das jahrzehntelange Unterbleiben einer Rechtsmitteleinführung in hochpolitischen Strafsachen gewesen.
Der Referentenentwurf scheiterte jedoch am Widerstand der Länder, welche sich lediglich mit der in §120 GVG letztlich auch manifestierten Lösung einverstanden erklärt hatten.[631]
Da die Gründe für die Konzentration der Oberlandesgerichte bereits am Beispiel der Sonderstrafkammern gemäß §74a GVG von 1951 dargestellt wurden und sich seither kaum verändert hatten, soll an dieser Stelle nur noch kurz auf die einzelnen Argumente eingegangen werden.
Die Hauptgründe waren -wie auch schon in den Jahrzehnten zuvor- die Gewährleistung einer eminent sachkundigen Judikatur bezüglich der vorwiegend in Spionageverfahren mit diffizilen rechtlichen und tatsächlichen Problemen behafteten

---

[628] in: NJW 1969, S. 713 (714)
[629] oben, 5.Kap., III.3.b., IV.4.
[630] Basten, S. 65 Anm. 108; Martin in: DRiZ 1975, S. 314 (317); ders. in: JZ 1975, S. 312 (315); Träger/Mayer/Krauth in: 25 Jahre BGH, S. 227 (234); Fischer in: NJW 1969, S. 449 (451)
[631] 146. Sitzung des Sonderausschusses für die Strafrechtsreform, 5. WP, S. 3265f.; Träger/Mayer/Krauth in: 25 Jahre BGH, S. 227 (234); Wagner in: Dreher-FS, S. 625 (645)

Materie[632]durch erfahrene Berufsrichter sowie die bessere Einschätzung sich wechselnder Methoden bedienender und hoch- beziehungsweise landesverräterisch oder staatsgefährdend tätiger Gruppen durch die Oberlandesgerichte, verbunden mit dem erforderlichen Überblick über die bundesweite Situation.[633]
Ferner wurde angeführt, daß ohne Konzentration infolge gleichzeitiger Bearbeitung von allgemeinen Revisionen unterer Instanzen einzelne Senate dazu neigen könnten, problematische politische Verfahren vor sich herzuschieben, anstatt sie den Notwendigkeiten entsprechend zügig zu behandeln, zumal die Richter die Bearbeitung solcher Verfahren als nicht gerade erstrebenswert ansähen, so daß eine einheitliche Rechtsprechung bei derartigen Zuständigkeitsverteilungen dann nicht länger gesichert sei.[634] Im Wege der Zuständigkeitsübertragung auf die Länder befürchtete schwere personelle Belastungen mit nachfolgenden Engpässen[635] traten jedoch nicht im vorhergesagten Maße auf, da sich die Anzahl der Verfahren in einem zu bewältigenden Umfang hielt.
Stellung wurde zudem gegen die Art der Konzentration bezogen. Kohlhaas wandte sich entschieden gegen die Regelung, welche die Oberlandesgerichte am Sitz der jeweiligen Landesregierung für zuständig erklärte. Seiner Ansicht nach berücksichtigte diese Lösung nicht die lokalen Gegebenheiten: In der Nähe von Ballungszentren oder militärischen Plätzen befindliche Oberlandesgerichte waren künftig von der Kompetenz ausgeschlossen, die gesetzlich zuständigen hingegen hatten aufgrund der räumlichen Distanz weniger Bezug zum jeweiligen Sachverhalt, zumal einige von ihnen vorher kaum mit diesem Strafrechtsgebiet betraut waren. Die Regelung hätte nach Auffassung von Kohlhaas somit flexibler gehandhabt und den individuellen örtlichen Bedürfnissen angepaßt werden müssen.[636]
Um die Möglichkeit einer weiteren Zentralisierung zu eröffnen, ohne in die Justizhoheit der Länder einzugreifen, sah §120 GVG in Absatz 5 Satz 2 vor, daß die Länder durch Staatsverträge einem bereits zuständigen Oberlandesgericht zusätzlich die diesbezüglichen Kompetenzen eines anderen Bundeslandes übertragen konnten. Die Beurteilungen einer solchen „Fusionsmöglichkeit" gingen weit auseinander: Die einen versprachen sich davon eine tatsächlich eintretende weitere Konzentration, angenähert an den Referentenentwurf von 1967,[637]während die

[632] Martin in: DRiZ 1975, S. 314 (317); Fischer in: NJW 1969, S. 449 (451); Bulletin des Presse- und Informationsamtes der Bundesregierung 1969, Nr. 15; S. 118
[633] Träger/Mayer/Krauth in: 25 Jahre BGH, S. 227 (234f.); Fischer in: NJW 1969, S. 449; Wagner in: Dreher-FS, S. 625 (645); Martin in: NJW 1969, S. 713 (714)
[634] Martin in: NJW 1969, S. 713 (714); Träger/Mayer/Krauth in: 25 Jahre BGH, S. 227 (234)
[635] Kohlhaas in: NJW 1970, S. 20 (21)
[636] in: NJW 1970, S. 20 (21)
[637] Kurfess, 146. Sitzung des Sonderausschusses für die Strafrechtsreform, 5. WP, S. 3266; Martin in: NJW 1969, S. 713 (714)

anderen eine Umsetzung des Konzepts für eher unwahrscheinlich hielten[638] und dabei das dringende öffentliche Interesse an einer fortschreitenden Zentralisierung als zu relevant für unverbindliche Zusagen der Länder empfanden, falls außer dem Einwand, sich infolge des föderalistischen Prinzips gegen eine bundesgesetzliche Regelung bezüglich einer länderübergreifenden gesetzlichen Zuständigkeit zu verwahren, kein Argument für das Betrautsein von nicht weniger als elf Oberlandesgerichten mit dieser Materie vorgebracht werden könne.[639]

Nachdem die Fusionsmöglichkeit Gesetz wurde und bis heute besteht, sollten sich die letztgenannten Meinungen bestätigt sehen. Lediglich Hamburg[640] und Bremen sowie Rheinland-Pfalz[641] und das Saarland, also die kleinsten Bundesländer, schlossen entsprechende Staatsverträge, wonach die Oberlandesgerichte Koblenz und Hamburg die korrespondierende Kompetenz übertragen bekamen.[642] Demnach waren immer noch 9 Oberlandesgerichte mit hochpolitischen Prozessen befaßt.

Es gab hingegen auch vereinzelte Stimmen, die sich gegen eine verstärkte Konzentration aussprachen, da der Bundesgerichtshof in den letzten Jahren nur mit sehr wenigen Prozessen betraut gewesen war und sich der Rest sogar auf neunzehn und nicht auf elf Oberlandesgerichte verteilt hatte. Dementsprechend existierten nur sehr wenige Fälle von solcher Relevanz, die ein Gericht mit besonderer Sachkunde erfordert hätten. Als erheblich wichtiger wurde die Qualifikation der zentralen Strafverfolgungsbehörde auf diesem Gebiet sowie deren Hintergrundwissen eingestuft.[643]

Insgesamt ging die Rechtswissenschaft davon aus, daß bestimmte Senate die jeweiligen Prozesse an sich ziehen würden, infolgedessen schließlich 45 erfahrene und sachkundige Berufsrichter mit der Materie betraut[644] und die personellen Auswirkungen demnach nicht besonders gravierend wären. Mangels weiterer Staatsverträge zwischen den einzelnen Bundesländern blieben das Kammergericht Berlin sowie die Oberlandesgerichte Celle, Düsseldorf, Frankfurt/Main, Hamburg,

---

638 Träger/Mayer/Krauth in: 25 Jahre BGH, S. 227 (234); Kohlhaas in: NJW 1970, S. 20 (21)

639 Fischer in: NJW 1969, S. 449 (452); zustimmend Träger/Mayer/Krauth in: 25 Jahre BGH, S. 227 (235)

640 Staatsvertrag vom 12.10.1970 in: Hamburgisches Gesetz- und Verordnungsblatt 1970, Teil I, S. 271f.; geändert am 13.3.1978 in: Hamburgisches Gesetz- und Verordnungsblatt 1978, Teil I, S. 73f.

641 Staatsvertrag vom 20.12.1971 in: Gesetz- und Verordnungsblatt für das Land Rheinland-Pfalz 1971, S. 304f.

642 Träger/Mayer/Krauth in: 25 Jahre BGH, S. 227 (234); Wagner in: Dreher-FS, S. 625 (645 Anm. 135)

643 Krüger, 146. Sitzung des Sonderausschusses für die Strafrechtsreform, 5.WP, S. 3267

644 Basten, S. 63 und S. 290

Kaiserslautern, Schleswig, Stuttgart und das Bayerische Oberste Landesgericht in München[645]im Rahmen des §120 GVG zuständig.
Die FDP machte den Vorschlag, durch eine Länderneugliederung die Zentralisierung weiter zu forcieren. Angedacht wurde beispielsweise die Zusammenlegung von Hessen, Rheinland-Pfalz und dem Saarland.[646] Da die beiden letztgenannten Bundesländer ihre Kompetenz bereits per Staatsvertrag geregelt hatten, wäre die Zuständigkeit wahrscheinlich auf das Oberlandesgericht Frankfurt reduziert worden. Dieser Vorschlag wurde jedoch nicht ernsthaft weiterverfolgt; es blieb bei der dargelegten Verteilung.

### 3. Beibehaltung zentralisierter Strafverfolgung

Wichtig war vielen in diesem Zusammenhang die zentrale Verfolgungszuständigkeit der Bundesanwaltschaft. Daß die Bundesrepublik ihr strafrechtspolitisches Schicksal den Ländern überließ, wurde als Ausdruck großen Vertrauens in deren Gerichtsbarkeit und die innere Festigkeit der Demokratie gewertet;[647]deshalb sollte der Generalbundesanwalt zumindest die Gelegenheit erhalten, vor den erstinstanzlich zuständigen Oberlandesgerichten die Interessen des Bundes wahrzunehmen.[648] Damit existierten dort rein theoretisch zwei Anklagebehörden. Diese Vernetzung löste sich aber durch umfassende gesetzliche Abgabepflichten seitens des Generalbundesanwaltes an die Staatsanwaltschaften bei den einzelnen Oberlandesgerichten wieder auf[649](§142a GVG).
An dieser Stelle hätte eine weiterreichende Konzentration noch andere erwünschte Auswirkungen gehabt. Da die Ermittlungszuständigkeit in politischen Verfahren im wesentlichen der Bundesanwaltschaft oblag, waren ihre Vertreter aufgrund der regionalen Gegebenheiten gezwungen, zwischen neun Oberlandesgerichten zu pendeln. Zudem glaubte man, im Zuge der terroristischen Prozesse für die Sitzungsvertreter auftretende persönliche Gefährdungen infolge des Hintergrundwissens einiger ausnehmend versierter Richter leichter in den Griff zu bekommen. Da bestimmte Schutzvorrichtungen nur bei wenigen Oberlandesgerichten hätten installiert werden müssen, wurde für die geltende Regelung obendrein das Argu-

---

[645] Basten, S. 63 Anm. 100; Stern, §33 III 3
[646] Diemer-Nicolaus, 146. Sitzung des Sonderausschusses für die Strafrechtsreform, 5. WP, S. 3266
[647] Ehmke, 236. BT-Sitzung, 5.WP, S. 13074; vgl. auch das Bulletin des Presse- und Informationsamtes der Bundesregierung 1969, Nr. 15; S. 118
[648] Begründung des Regierungsentwurfes DrS V/4086, S. 6 (8); zustimmend Träger/Mayer/Krauth in: 25 Jahre BGH, S. 227; Fischer in: NJW 1969, S. 449
[649] vgl. dazu die Ausführungen von Kohlhaas in: NJW 1970, S. 20 (21)

ment der verhinderten Kostenersparnis erhoben.[650]
Neben der besonderen Sachkunde der Anklagebehörde und den Interessen des Bundes sollte die Zentralisierung beim Generalbundesanwalt zugleich die rechtsstaatliche Einhaltung und Anwendung der entsprechenden Vorschriften in höchstem Maße gewährleisten.[651]
Aus der flexiblen Zuständigkeit des Generalbundesanwaltes gegebenenfalls erwachsende Kompetenzstreitigkeiten mit den Länderstaatsanwaltschaften sollten durch die Bundesbehörde entschieden werden.[652]
Eine solche Regelung stieß natürlich bei denjenigen auf Widerstand, welche sich schon früher gerechtfertigterweise gegen einen zu großen Ermessensspielraum der Anklagebehörde ausgesprochen hatten. Wieder wurde das Argument vorgebracht, daß der Generalbundesanwalt in seiner Entscheidung, ob er Bundesinteressen tangiert sehe oder zum Zwecke der Rechtseinheit die Strafverfolgung übernehmen wolle, gänzlich ungebunden sei.[653] Diese Zweifel an der flexiblen Zuständigkeit konnten auch nicht mit dem Hinweis auf Klarstellung der Ermessensvorschrift ausgeräumt werden, wonach nun eine enumerative Auflistung von Voraussetzungen die Pflicht zur Abgabe begründete,[654]denn dieser in §142a Absatz 2 GVG aufgeführte Katalog wurde durch den kritisierten Absatz 3 bereits wieder eingeschränkt: Danach sollte nämlich entsprechend der Vorstellung des Gesetzgebers die höchste Anklagebehörde des Staates mangels Weisungsrechts gegenüber den Landesstaatsanwaltschaften zumindest die Option erhalten, durch die „Auswahl" des Gerichts oder die Einlegung von Rechtsmitteln die Rechtseinheit zu wahren.[655] Der Generalbundesanwalt behielt folglich seinen erheblichen Beurteilungsspielraum trotz eines gesetzlichen Klarstellungsversuches.

### 4. Notwendigkeit einer Änderung des Grundgesetzes

#### a. Ausübung von Bundesrecht durch die Oberlandesgerichte

Ein großes Problem ergab sich indessen aus der geplanten Verzahnung von Bundes- und Landesbehörden: Durch Übertragung der erstinstanzlichen Gerichtsbarkeit auf die Oberlandesgerichte wurden die Verfahren automatisch in Landesrecht umgeleitet, wodurch das Auftreten des Generalbundesanwaltes vor diesen Ge-

---

[650] Martin in: DRiZ 1975, S. 314 (317f.); ders. vorher bereits eindringlich in: DRiZ 1974, S. 274 (278)
[651] Träger/Mayer/Krauth in: 25 Jahre BGH, S. 227 (232); Krauth/Kurfess/Wulf in: JZ 1968, S. 731 (734)
[652] Basten, S. 63
[653] Kohlhaas in: NJW 1970, S. 20 (21)
[654] Begründung des Regierungsentwurfes, DrS V/4086, S. 6 (8)
[655] Begründung des Regierungsentwurfes, DrS V/4086, S. 6 (8); Fischer in: NJW 1969, S. 449 (451)

richten unter Ausschaltung der Landesstrafverfolgungsbehörden einen unzulässigen Eingriff in föderalistische Kompetenzen bedeutet hätte. Das Gerichtsverfassungsgesetz als einfachgesetzliche Regelung war als Ermächtigungsgrundlage unzureichend.[656] Daraufhin versuchte man die verfassungsrechtlichen Bedenken durch eine Änderung des Grundgesetzes und das Konstrukt der sogenannten Organleihe in §120 Absatz 6 GVG zu zerstreuen.[657] Dieser Vorschlag war ursprünglich von Baden-Württemberg eingebracht und von Bremen unterstützt worden, weswegen man seitens der Bundesregierung große Hoffnungen in eine Akzeptanz dieser Regelung setzte.[658]

Angestrebt wurde die Grundgesetzänderung des Art.96 GG, dem ein Absatz fünf mit folgendem Wortlaut angegliedert werden sollte: „Für Strafverfahren auf den Gebieten des Artikels 26 Abs.1 und des Staatsschutzes kann ein Bundesgesetz mit Zustimmung des Bundesrates vorsehen, daß Gerichte der Länder Gerichtsbarkeit des Bundes ausüben."[659] Dadurch sollte der Bundesgesetzgeber vorschreiben können, daß bestimmte Rechtsprechungsakte dem Bund anstelle der Staatsgewalt der Länder zugerechnet werden, ohne gleichzeitig zu dienstrechtlichen, gerichtsorganisatorischen oder personellen Verfügungen zu berechtigen.[660]

Trotzdem lehnte der Bundesrat diesen Entwurf anfangs ab und schlug seinerseits eine Fassung des Art. 96 Absatz 5 GG mit dem Ziel vor, die Einführung des Rechtsinstituts der Organleihe umgehen zu können. Der Bundesrat führte die fehlende Notwendigkeit eines solchen Zusammenwirkens zwischen Bund und Ländern, verbunden mit Auslegungs- und verfassungsrechtlichen Problemen, sowie die Schwierigkeit der Zuordnung von Rechtsprechungsakten durch einfaches Gesetz auf Basis der Verfassungsänderung an, da die Zuordnung gleichzeitig mit weitreichenden Konsequenzen verbunden war. Sollte das einfachrechtliche Gesetz ein Ausführungsgesetz sein, wären Verfahrenskosten und Haftkostenentschädigung den Ländern auferlegt worden, wodurch die Rechtsprechungsakte in ihren rechtlichen Wirkungen faktisch weiter den Ländern zuzurechnen gewesen wären. Weiter wurde eine Ausdehnung der Organleihe auf die bei den Landgerichten ansässigen Staatsanwaltschaften befürchtet, da diese institutionell mit den jeweiligen Gerichten verbunden seien. Deshalb lautete die Fassung des Bundesrates: „Für Strafverfahren auf den Gebieten des Artikels 26 Abs.1 und des Staatsschutzes kann ein Bundesgesetz mit Zustimmung des Bundesrates vorsehen, *daß die*

---

656 vgl. Begründung der BT-DrS V/4086, S. 3

657 Maunz/Dürig/Herzog/Scholz-*Herzog*, Rn.51 zu Art.96

658 Begründung der BT-DrS V/4086, S. 3; Bahlmann, 146. Sitzung des Sonderausschusses für die Strafrechtsreform, 5.WP, S. 3260

659 BT-DrS V/4085

660 Begründung der BT-DrS V/4086, S. 3; Maunz/Dürig/Herzog/Scholz-*Herzog*, Rn.51 zu Art.96

*Staatsanwaltschaft des Bundes das Amt des Staatsanwaltes bei den Gerichten der Länder ausübt. Hat das Gericht eines Landes unter Mitwirkung der Staatsanwaltschaft des Bundes entschieden, so steht das Begnadigungsrecht dem Bund zu.*“[661] Daraufhin befaßte sich sowohl der Sonderausschuß für die Strafrechtsreform in seiner 146. Sitzung als auch der Rechtsausschuß des Bundestages mit beiden Entwürfen. Im Ergebnis war man sich einig: Der Entwurf des Bundesrates wurde einstimmig abgelehnt und die Regierungsvorlage angenommen.[662] Die Begründung wurzelte vor allem in einer potentiellen nachteiligen Auslegung der vorgeschlagenen Fassung des Bundesrates, die den Eindruck zu erwecken geeignet sei, der Bund könne in Staatsschutzverfahren nur in der erwähnten zweistufigen Gerichtsbarkeit entscheiden und so zu dem Trugschluß einer nichtvorhandenen erstinstanzlichen Kompetenz des Bundes samt den damit verbundenen Konsequenzen führen. Es sollte in jedem Fall die Option bestehen bleiben, für einzelne Delikte die erst- und letztinstanzliche Zuständigkeit wieder beim Bundesgerichtshof begründen zu können.[663]
Nachdem vom Sonderausschuß schließlich noch ein Artikel 3 in das Ausführungsgesetz eingefügt worden war, wonach die Verfahrenskosten sowie die Haftkostenentschädigungen in den Fällen des §120 Absatz 6 GVG dem Bund zulasten fielen,[664] stimmte auch der Bundesrat dem Regierungsentwurf zu, der am 26. August 1969 Gesetz wurde.[665] Lediglich Bayern, das auch die Stellungnahme beziehungsweise die Begründung des Bundesrates initiiert hatte, äußerte sich trotz der neuen Kostenregelung weiterhin negativ dazu,[666] beugte sich aber der allgemeinen Auffassung.

### b. Ausübung des Begnadigungsrechts

Ein ebenfalls relevanter Punkt innerhalb der Diskussion um die Zuständigkeitsübertragung war das Recht zur Begnadigung.
Umstritten war anfangs, ob das zu diesem Zeitpunkt dem Bundespräsidenten gemäß Art.60 Absatz 2 GG zustehende Begnadigungsrecht für schwere politische Verfahren bei Übergang der Gerichtsbarkeit dieser folgen würde, wodurch die Ministerpräsidenten der Länder das diesbezügliche Ausübungsrecht besessen hät-

---

661 BR-DrS 61/1/69; Hervorhebungen durch Verf.; vgl. auch Zundel in: ZRP 1969, S. 91
662 117. Sitzung des BT-Rechtsausschusses v. 16.5.69, 5.WP, S. 9
663 Bericht des Abg. Erhard, BT-DrS V/4254; Bahlmann, 146. Sitzung des Sonderausschusses für die Strafrechtsreform, 5.WP, S. 3260; so auch Dreier-*Schulze-Fielitz*, Rn.34 zu Art.96; Maunz/Dürig/Herzog/Scholz-*Herzog*, Rn.49 zu Art.96
664 vgl. BT-DrS V/4254, S. 2
665 BGBl. 1969, Teil I, S. 1357
666 Kießling, 149. Sitzung des Sonderausschusses für die Strafrechtsreform, 5.WP, S. 3381

ten. Man verwies in diesem Zusammenhang auf den früheren und im Bonner Grundgesetz beinahe wortgleich übernommenen[667] Art.49 Absatz 1 der Weimarer Reichsverfassung, für welchen damals die Auffassung der Ausübung des Begnadigungsrechtes durch das Reich vertreten worden war, selbst in Fällen, in denen die Oberlandesgerichte bestimmte Staatsschutzverfahren als „Delegatare des Reichsgerichts" erstinstanzlich abgeurteilt hatten.[668] Diese Meinung hatte bei den Ländern hingegen kein Gehör gefunden; sie hielten die Gnadenzuständigkeit weiterhin für akzessorisch, da sie der Gerichtszuständigkeit folge.[669] Nach jener Auffassung aber hätte Art.60 Absatz 2 GG nur noch marginale Wirkung gehabt. Besonders aus diesem Grund wurde die Ergänzung des Grundgesetzes in Einklang mit der Staatsrechtslehre ausschließlich in der Fassung des Regierungsentwurfes für zwingend erforderlich gehalten, da die Version des Bundesrates zu der Auslegung hätte führen können, daß der Bundespräsident nur in den Entscheidungen durch die zweistufige Gerichtsbarkeit das Recht zur Begnadigung innehabe.[670]
Nach dem Vorschlag der Regierung sollte folglich die materielle Gerichtsbarkeit vollständig beim Bund belassen werden; dies sah man durch das Rechtsinstitut der Organleihe auch gewährleistet.[671] Bislang ging das Gnadenrecht auf die Länder über, sobald der Generalbundesanwalt das Verfahren abgab oder von Beginn an vor dem Oberlandesgericht eröffnete. Nun sollte immer dann, wenn der Generalbundesanwalt vor einem Oberlandesgericht auftrat und das Verfahren an sich zog, das Begnadigungsrecht vom Bundespräsidenten, ansonsten von den Ministerpräsidenten der Länder ausgeübt werden.[672] Entsprechend spiegelte §452 StPO diese Verteilung nochmals als einfachgesetzliche Regelung wider.[673]
Der dargelegte Entschluß wurde allseits befürwortet. Auch wenn vereinzelte Stimmen den Verbleib des Begnadigungsrechts für das Staatsschutzstrafrecht beim Bund als sachlich zwingend bezeichneten, ohne diese Gründe jedoch tatsächlich anzuführen,[674] war jedenfalls die Gefahr eines Mißbrauchs aus landespolitischen Erwägungen heraus gebannt, selbst mit Rücksicht darauf, daß das Begnadigungsrecht in jedem Fall einen dem Grundsatz der Gewaltenteilung völlig

---

[667] BVerfGE 25, S. 352 (358); König, S. 3; Schätzler, S. 18
[668] BR-DrS 61/69, S. 3 mwN; vgl. auch BVerfGE 25, S. 352 (358)
[669] Bahlmann, 146. Sitzung des Sonderausschusses für die Strafrechtsreform, 5. WP, S. 3261; v.Münch/Kunig-*Meyer*, Rn.18 zu Art.96
[670] BT-DrS V/4254; 146. Sitzung des Sonderausschusses für die Strafrechtsreform, 5 .WP, S. 3260f.; Zundel in: ZRP 1969, S. 90
[671] Bahlmann, 146. Sitzung des Sonderausschusses für die Strafrechtsreform, 5.WP, S. 3261
[672] Krüger, 146. Sitzung des Sonderausschusses für die Strafrechtsreform, 5.WP, S. 3261; zustimmend Löwe-Rosenberg-*Schäfer*, 21. Aufl., Rn.V1a vor §12 GVG
[673] BGBl. 1969, Teil I, S. 1582 (1585); vgl. BT-DrS V/4086, S. 11 zu §452 StPO
[674] so Fischer in: NJW 1969, S. 449 und S. 451

fremden Eingriff der Exekutive in die Dritte Gewalt bedeutete und daher nicht den sonstigen Gewaltenverschränkungen unterlag, welche in anderen Fällen einen Eingriff der Exekutive verhinderten.[675] Es hatte sich nämlich als problematisch herausgestellt, daß die „Gnadenmacht“ ansonsten kaum Schranken unterlag und somit auch parteipolitischen Interessen dienen konnte, insbesondere dann, wenn sich die Gnadenträger im Rahmen ihrer zu treffenden Entscheidung einem starken parteipolitischen Druck ausgesetzt sahen[676]oder das Begnadigungsrecht rein als politisches Machtinstrument einsetzten. Als Beispiel hierfür dürfte die in allgemeinen Strafsachen durch die Ministerpräsidenten ausgeübte Begnadigungsbefugnis dienen, welche im Fall von Vera Brühne durch die landespolitischen Interessen Bayerns unter dem damaligen Ministerpräsidenten Strauß dominiert wurde. Nicht geklärt werden konnte, ob auch persönliche Interessen die Entscheidung beeinflußt hatten. Solche Fälle waren es unter anderem, die Theoretiker und Praktiker gemeinsam zu dieser grundgesetzlichen Regelung bewegten.
Zwar gab und gibt es keinen allumfänglichen Schutz vor Mißbrauch in Ermessensfragen, vor allem wenn sie wie Gnadenentscheidungen gerichtlich nicht nachprüfbar sind, doch konnte davon ausgegangen werden, daß Art.3 GG in Kombination mit dem Willkürverbot aus Art.1 Absatz 1 GG etwaige willkürlich getroffene Entscheidungen im Rahmen von Begnadigungsakten zumindest in Grenzen halten würde.[677] Bei einer gerichtlichen Überprüfungsmöglichkeit hätte die Gefahr bestehen können, daß ein Richter sein eigenes (politisches) Ermessen über die Interessen von Bund oder Land stellt und somit zu einer Juridifizierung der Politik beiträgt.[678] Die Vernetzung von Gnade und Politik wurde mithin nicht unterschätzt, zumal außen- oder innenpolitische Interessen einen erheblichen Einfluß auf das Begnadigungsrecht ausüben konnten.[679] In den Anfangsjahren der Bundesrepublik hatte daher diejenige für die Begnadigung der Attentäter, welche 1921 Matthias Erzberger ermordet hatten und 1947 verurteilt worden waren, zuständige Landesregierung zuvor die Meinung der Bundesregierung eingeholt, um negative außenpolitische Wirkungen zu vermeiden.[680]

---

[675] BVerfGE 25, S. 352 (361f.) und (365f.)

[676] Mickisch, S. 133f.; Uppenkamp, S. 130; König, S. 101f.; Hüser, S. 28; für eine unpolitische gerechte Handhabung bereits Cüppers in: NJW 1949, S. 921 (926)

[677] zu diesem Problem vgl. Merten, S. 81ff. passim; Dreier-*Pernice*, Rn.28 zu Art.60; v.Preuschen, S. 60 mwN; weniger optimistisch Mickisch, S. 135

[678] Petersen in: JuS 1974, S. 502 (503)

[679] Mickisch, S. 78 und S. 127 mit Beispielen aus der Zeit des „Kalten Krieges“ auf S.129; vorsichtig und für eine zurückhaltende Anwendung der Begnadigung: Rüping in: Schaffstein-FS, S. 31 (37)

[680] Schätzler, S. 97 und S. 157

Bei einem Verbleib der Begnadigungszuständigkeit bei den Ländern hätte der Bund mithin keine verbindlichen Zusagen machen oder entsprechend den außenpolitischen Gegebenheiten handeln können, sondern wäre auf die Meinung des betreffenden Bundeslandes angewiesen gewesen.[681]
Damit stand fest: Das Grundgesetz verteilte künftig die Kompetenzen einschließlich des Rechts zur Begnadigung klar zwischen Bund und Ländern, und zwar in der durch den Regierungsentwurf vorgelegten Fassung gemäß Art. 60 Absatz 2 GG in Verbindung mit §452 Satz 1 StPO.[682]

### III. Der weiterhin existente Mangel an Laien samt Stellungnahme unter Berücksichtigung österreichischen Rechts

Eine der 1951 von den Kommissionen des Bundestages sowie vom Bundesrat in ihrer Entschließung geforderten Einrichtung war eingeführt worden - die zweite Instanz für Staatsschutzdelikte, so daß jetzt tatsächlich jedes Urteil zumindest der Revision zugänglich war. Die zweite Forderung jedoch, nämlich die Beteiligung von Laien auch in den obersten Instanzen, hatte wiederum nicht genügend Anhänger gefunden, obwohl sich durchaus Stimmen positiv dazu geäußert hatten, beispielsweise auf dem rechtspolitischen Kongreß der SPD im März 1965, bei dem es zwar unter anderem hauptsächlich um das Für und Wider der Schöffen im Allgemeinen ging, sich jedoch eine gewisse Grundkonzeption herausfiltern ließ. Bemängelt wurde insbesondere der Ton gegenüber den Schöffen, der keinesfalls dazu beitrage, den Bürgern das Amt interessant und kollegial zu gestalten,[683]woraus zugleich die Unlust bezüglich der Ausübung dieses Ehrenamtes resultiere.[684] Von Relevanz war außerdem die Hinzuziehung einer möglichst hohen Anzahl von Laien im Laufe der Jahre, um einerseits die Bildung sogenannter „Berufsschöffen,“ die sich immer wieder wählen lassen, zu vermeiden und andererseits eine entsprechende Breitenwirkung innerhalb der Bevölkerung zu erreichen, welche parallel zu einem gestärkten Vertrauen in die Justiz führen sollte.[685]
Die bereits knapp zwanzig Jahre zuvor im Rahmen des ersten Strafrechtsänderungsgesetzes geführte Diskussion um die Hinzuziehung von Nichtjuristen zu sämtlichen politischen Verfahren braucht hier nicht noch einmal wiedergegeben zu werden. Notwendig ist dagegen die Prüfung der Argumente hinsichtlich ihrer Gültigkeit innerhalb einer gefestigten Demokratie sowie ein rechtsvergleichender Blick auf Österreich.

---

[681] Mickisch, S. 130
[682] Dreier-*Schulze-Fielitz*, Rn.34 zu Art.96; Dreier-*Pernice*, Rn.26 zu Art.60
[683] Berlit, Der Bürger und das Recht, S. 71
[684] Kissel, Der Bürger und das Recht, S. 63 (65)
[685] Höffner, Der Bürger und das Recht, S. 73f., Wassermann, ebenda, S. 89 (91)

Einer der schärfsten Gegner der Laienbeteiligung zu dieser Zeit war Baur, der die Erforderlichkeit der Hinzuziehung von ehrenamtlichen Richtern besonders kritisch betrachtete. Er griff die schon viele Jahre zuvor in die Diskussion eingebrachten Argumente auf und schloß sich im wesentlichen der Meinung von Jescheck an, der sich damals gegen eine Beibehaltung der Laienrichter ausgesprochen hatte.[686] Vor allem war die Art der Auswahl für Baur Grund genug für eine Abschaffung, da die Schöffen nur aus parteipolitischen Gründen in ihr Amt gewählt würden, woran auch die vorgeschriebene Zweidrittelmehrheit nichts zu ändern vermöge; von den Parteien bevorzugte Personen würden verstärkt in die Vorschlagslisten aufgenommen, ohne daß sich der einzelne Bürger selbst zur Wahl stellen könne.[687] Ebenso negativ empfand es Baur, daß die Schöffen bis auf wenige Bereiche wie die Jugend-, Handels- und Arbeitsgerichtsbarkeit keinerlei Sachkunde besäßen und auch gar nicht besitzen dürften.[688] Schließlich führte er noch Zweifel hinsichtlich der Einhaltung aller verfassungsrechtlichen Garantien innerhalb eines durch Laienmitwirkung gekennzeichneten Verfahrens an, was insbesondere im politischen Strafrecht zu fatalen Folgen aufgrund mangelnder Rechtskenntnis und deren Anwendung führen könne, selbst wenn der Laie um Einarbeitung in die Materie bemüht sei.[689]

Die von Baur angeführte Argumentation kann jedoch nicht in vollem Umfang Bestand haben. Wenn zumindest Laien mit erhöhter Kenntnis in bestimmten Bereichen gebilligt werden, muß zwangsläufig das Argument der körperlichen Überforderung fallengelassen werden, denn es ist unerheblich, ob ein ehrenamtlicher Richter einen vollständigen Sitzungstag in Jugendsachen oder bei einer normalen Strafkammer absolvieren muß. Weiterhin darf gerade in bezug auf das politische Strafrecht nicht vergessen werden, daß dieser Bereich nicht mehr so jung war wie noch 1951. Die damals geltend gemachten Bedenken hinsichtlich einer Untergrabung der neugegründeten Bundesrepublik speziell durch den Kommunismus, hatten bis 1968 erheblich an Gewicht verloren. Selbst ein Fehlurteil hätte die mittlerweile stark gefestigte Demokratie kaum erschüttern können.

Fraglich erscheint zudem, ob das Argument der geforderten Sachkunde gerade in diesem Bereich Bestand haben kann. Einerseits wird zwar bemängelt, daß der Laie der Materie nur selten gewachsen sei, gleichzeitig aber wird die parteipolitische Gesichtspunkte tangierende Schöffenauswahl kritisiert. Beide Argumentationsstränge schließen sich jedoch gegenseitig aus. Entweder besitzt jemand aus-

---

[686] vgl. oben 5. Kap. III. 1; ebenfalls gegen eine Ausweitung des Laienrichtertums: Peters, Der Bürger und das Recht, S. 55f.

[687] in: Kern-FS, S. 49 (51f.); zustimmend Rickers, Der Bürger und das Recht, S. 69 (70)

[688] in: Kern-FS, S. 49 (55f.)

[689] in: Kern-FS, S. 49 (61) und insbesondere (Anm. 48)

reichend Hintergrundwissen -dann muß allerdings sein beinahe zwangsweise existentes parteipolitisches Engagement stillschweigend in Kauf genommen werden- oder der Schöffe wird anhand rein objektiver Kriterien ausgewählt, gepaart mit der latenten Gefahr, in einigen Details auf die genaue und verständliche Erläuterung der Berufsrichter angewiesen zu sein, wobei letzterer Möglichkeit schon allein aufgrund der historischen Entwicklung während der nationalsozialistischen Zeit der Vorzug zu geben ist. Der Hinweis auf Spezialgerichtsbarkeiten, der auch von anderen getätigt wurde,[690] kann demnach nur zur Untermauerung der Ansicht herangezogen werden, daß Laien entgegen der Meinung Baurs durchaus in der Lage sind, sich in komplexe und komplizierte Materien hineinzuarbeiten.
Die Lininstanzlichkeit einiger Verfahren stellt zu dem Zeitpunkt, als Baur seine Stellungnahme geschrieben hat, noch ein tragfähiges Argument dar, da selbst seitens der Regierung noch kein großer Umbruch des Staatsschutzstrafrechts erwartet wurde, doch dürfte nach Einführung der zweiten Instanz für alle politischen Verfahren und der Übertragung der Erstinstanzlichkeit auf die Oberlandesgerichte die Gefahr gebannt gewesen sein, daß bei Einführung von gemischt besetzten Richterkollegien an den Oberlandesgerichten Laien durch die Unüberprüfbarkeit der Urteile in hochpolitischen Prozessen den Staatsschutz der Bundesrepublik aufgrund von Fehlurteilen schwächen und auf diesem Weg die Demokratie gefährden konnten. Vor allen Dingen war die bereits seit knapp zwanzig Jahren existierende Beteiligung von Laien an den gemäß §74a GVG bestehenden landgerichtlichen Staatsschutzkammern zu berücksichtigen, deren Abschaffung man bislang nicht explizit für erforderlich gehalten hatte. Zwar handelte es sich hierbei um Verfahren von etwas geringerer Bedeutung, doch hätte sich ein Vergleich der Erfahrungswerte sicherlich angeboten. Eine völlig fehlgehende Rechtsprechung hätte zumindest innerhalb des betroffenen Bundeslandes durchaus politischen Schaden anrichten können. Bis dato waren solche Mißstände jedoch nicht aufgetreten, so daß es keinen triftigen Grund gab, in einigen Bereichen Schöffen zu beteiligen, sie aber im Rahmen des relevanteren Staatsschutzstrafrechts völlig unberücksichtigt zu lassen. Das Rekurrieren auf die im Rahmen des ersten Strafrechtsänderungsgesetzes erörterten Argumente läßt somit die Unflexibilität, sich auf die veränderten innerpolitischen Strukturen und Gegebenheiten einzustellen, deutlich hervortreten. Auch der Hinweis auf die von parteipolitischen Gesichtspunkten geprägte Auswahl der Laien kann erst dann Gültigkeit erhalten, wenn gleichzeitig bei den Berufsrichtern jeglicher Einfluß der Exekutive ausgeschaltet wäre, was hingegen keineswegs der Fall war.
Ein rechtsvergleichender Blick nach Österreich vermag diese Grundhaltung ebensowenig zu stützen.

[690] Wassermann, Der Bürger und das Recht, S. 58 (62)

Zwar wurde während des 4. Österreichischen Juristentages 1970 in Wien auch dort konstatiert, daß im Laufe der Jahre der Druck der Obrigkeit dem Druck von „unten," also dem der Massenmedien gewichen war,[691] zumal an fast allen die Öffentlichkeit interessierenden Verfahren Laien mitwirkten,[692] doch wurde beispielsweise das Argument der oftmals fehlenden Sachkunde bei dieser Tagung in erster Linie schon deshalb wieder relativiert, weil ein Wandel der Legitimation von ihrem demokratischen Grundverständnis hin zur reinen Auswahl nach Fachkunde eine Abkehr vom originären Laienrichterprinzip bedeuten würde.[693]
Rein auf die Strafgerichtsbarkeit bezogen wurde betont, daß dieselbe infolge der Beteiligung von Nichtjuristen unter politischen und sozialpsychologischen Aspekten aus dem Staatsgefüge herausgelöst und ihr eine gewisse Selbständigkeit verliehen werde.[694]
Dadurch wird zugleich das Vertrauen in die Judikatur gefördert, welche von der Bevölkerung in der Konsequenz als wesentlich objektiver betrachtet werden kann.
In Österreich gab es allerdings auch Stimmen, die ebenfalls gegen die politische Zugehörigkeit der Laien und den entsprechenden Einfluß auf die Urteile Bedenken erhoben.[695] Stärkeres Gewicht erhielten diese Zweifel mit Blick auf politische Prozesse, bei denen sich Unsicherheiten und falsche subjektive Einschätzungen besonders fatal auswirken könnten;[696] trotzdem bestimmte die österreichische Verfassung weiterhin die Teilnahme von Geschworenen an allen politischen Verbrechen und Vergehen. Auf dem Wiener Juristentag war sogar empfohlen worden, nicht nur alle objektiv politischen Straftaten an das Geschworenengericht zu verweisen, sondern auch diejenigen des „normalen" Strafrechts mit erkennbarer politischer Zielrichtung oder Motivation. Die teilweise mit Geschworenengerichten gemachten negativen Erfahrungen[697] führten nämlich keineswegs zu einer Abschaffung der Laiengerichtsbarkeit in diesem Bereich, sondern lediglich zur Forderung nach einer Umwandlung in große Schöffengerichte. Dabei stand der Gedanke eines verfestigten Laieneinflusses sowie die Auflockerung der berufsrichterlichen staatskonservativen Haltung im Vordergrund. Aufgrund einer beinahe zwangsläufigen Identifikation des Berufsrichters mit den bestehenden Ordnungen des (Sozial)Staates erachtete man den Ausgleich durch unabhängige Nichtjuristen

---

[691] Nowakowski, S. 30f.
[692] Nowakowski, S. 87
[693] Nowakowski, S. 62 und S. 69; dieses Argument war schon 1951 in Deutschland verwendet worden, allerdings um eine Laienbeteiligung zu verhindern, oben, 5.Kap. IV.1.c.aa.
[694] Nowakowski, S. 84
[695] bei Nowakowski, S. 50
[696] bei Nowakowski, S. 33
[697] Nowakowski, S. 88

weiterhin als unbedingt erforderlich.[698] Es wurde lediglich eine demokratische Auswahl der ehrenamtlichen Richter vorausgesetzt, um eine politisch gelenkte Strafjustiz zu vermeiden. Daß dennoch parteipolitische Einflüsse mitbestimmend waren, wurde innerhalb einer sich durch parteipolitische Willensbildung vollziehenden Demokratie als selbstverständlich akzeptiert.[699]
Die Haltung des deutschen Gesetzgebers, der ein solches Bedürfnis anscheinend noch nicht erkannt habe, stieß hingegen auf Unverständnis.[700] In Österreich stufte man im Rahmen des dortigen Juristentages als Ergebnis die Laiengerichtsbarkeit als unentbehrlich ein; die Nichtjuristen sollten in einer Art Balance den Ausgleich zu den Berufsrichtern herstellen, während diese wiederum die leichten Mängel der Laien bereinigen konnten.[701]
Dort waren folglich die Vorteile der ehrenamtlichen Richter gerade in politischen Verfahren erkannt worden, während man in Deutschland für die oberen Instanzen weiterhin die Augen davor verschloß und die Reform des Staatsschutzstrafrechts in diesem Bereich trotz zahlreicher Stimmen, die für eine Hinzuziehung von Laien zu den Staatsschutzsenaten votierten und hervorhoben, daß Nichtjuristen gerade in politischen Verfahren durchaus in der Lage sind, losgelöst von öffentlichem Druck und Pressionen in den eigenen Reihen zu entscheiden,[702]-kritisiert wurde weiterhin lediglich der Auswahlmodus-[703]ungenutzt ließ. Obwohl viele Gründe, die 1951 zu Recht ausschlaggebend für eine Ablehnung der Laienbeteiligung an Hoch- und Landesverratsprozessen gewesen waren, mittlerweile aufgrund der gefestigten Demokratie und langjährigen Erfahrungen mit Schöffen bei den Staatsschutzkammern ihre Bedeutung verloren hatten, blieb es bei der Besetzung von 1969, wonach an den Oberlandesgerichten die Senate weiterhin ausschließlich mit Berufsrichtern[704]gebildet wurden.
Der hierfür einzig neu in Betracht kommende Grund könnte der seit Ende der 60er Jahre aufkeimende linksextreme Terrorismus gewesen sein. Die im Mai 1970 offiziell gegründete Rote Armee Fraktion (RAF), deren Anhänger in allen Bevölkerungsschichten zu finden waren, könnte mit ihren Anschlägen zu der ablehnenden Haltung gegenüber der Heranziehung von Schöffen zu hochpolitischen

---

[698] Nowakowski, S. 121ff.
[699] Nowakowski, S. 26f.
[700] Nowakowski, S. 122 Anm. 104
[701] Nowakowski, S. 92; zustimmend für das deutsche Recht als Richter: Schreiber in: Welzel-FS, S. 941 (951f.)
[702] Knittel, S. 28 und S. 36 Anm. 74
[703] Schreiber in: Welzel-FS, S. 941 (952)
[704] Rennig, S. 79; zur Besetzung an den einzelnen Gerichten vgl. die Darstellung bei Vormbaum, S. 168f. sowie Scheffler, S. 188

Strafverfahren beigetragen haben. Zwar wurde dieses Argument nicht öffentlich vorgebracht, doch sprechen die in den nachfolgenden Jahren durchgeführten Verfahrensrechtsreformen sowie die Einführung auf Terrorismus zugeschnittener Straftatbestände dafür.

## 7. Kapitel: Reformen des Strafverfahrensrechtes und die Erweiterung der Bundeszuständigkeit durch die Terrorismusgesetze der 70er und 80er Jahre

### I. Gesetze zur Änderung des Strafverfahrensrechtes

#### 1. Neuregelung des Schöffenauswahlmodus

Das erste Gesetz zur Reform des Strafverfahrensrechtes vom 9. Dezember 1974[705]brachte einige erhebliche Neuerungen mit sich. So wurden beispielsweise die Vorschriften hinsichtlich Auswahl und Heranziehung von Schöffen geändert. Um eine bessere Verknüpfung von Bevölkerung und Strafrechtspflege erreichen zu können, wurde die bislang geltende Amtsdauer gewählter Laien durch §42 Absatz 1 GVG von zwei auf vier Jahre erhöht und dadurch eine gewisse Kontinuität der Sitzungsteilnahme manifestiert, ohne gleichzeitig den Laien zum „Berufsschöffen" zu erheben. Zu bedenken war nämlich, daß gewählte Hauptschöffen aus entschuldbaren Gründen, wie zum Beispiel Krankheit, nicht in der Lage waren, an Sitzungen teilzunehmen, wodurch sich die Gesamttätigkeit als Schöffe durchaus auf wenige Male reduzieren konnte. Zusätzlich war es nun möglich, nach vierjährigem Schöffendienst der Bevölkerung ein gewisses Bild von dem Ablauf innerhalb der Strafjustiz zu vermitteln und so einen Impuls für die nächste Vorschlagsliste zu geben. Dementsprechend wurde auch die Vorschrift bezüglich der Aufstellung einer Vorschlagsliste der Gemeinden dem neuen Vierjahresrhythmus angepaßt (§36 Absatz 1 GVG).
Bei der Auswahl der Personen selbst bestand laut §36 Absatz 2 GVG von nun an die Pflicht, sämtliche Bevölkerungsgruppen „nach Geschlecht, Alter, Beruf und sozialer Stellung angemessen [zu] berücksichtigen."[706] Das Mindestalter wurde durch §33 GVG auf 25 Jahre gesenkt, dafür aber eine Obergrenze von 70 Jahren eingeführt. Um das Heranwachsen sogenannter Berufsschöffen zu vermeiden, konnte ein Schöffe maximal zwei Amtsperioden lang tätig sein. Danach mußte er für die Dauer von mindestens zwei Amtsperioden aussetzen, um anschließend wiedergewählt werden zu können. Auch die Anzahl der Sitzungstage wurde zwecks Fortsetzung der bereits angesprochenen Kontinuität auf zwölf pro Jahr angesetzt (§45 Absatz 2).
Diese Regelungen garantierten zumindest eine gewisse Fluktuation bei paralleler konstanter Sitzungsteilnahme der Laienbeisitzer und waren durchaus geeignet, die Bevölkerung stärker in die Vorgänge bei der Justiz zu involvieren.

---

[705] BGBl. 1974, Teil I, S. 3393
[706] BGBl. 1974, Teil I, S. 3393 (3405)

## 2. Umwandlung des Schwurgerichtes

Mit der Modifikation des §74 Absatz 1 GVG[707] wurde ein letztes Relikt der Vergangenheit beseitigt. Die Schwurgerichte, welche lediglich noch diese Bezeichnung innegehabt, ansonsten aber als Schöffengerichte fungiert hatten, wurden in der genannten Norm gestrichen. Außerhalb des §74 Absatz 1 GVG blieb zwar teilweise die Bezeichnung Schwurgericht noch erhalten, doch entschieden von nun an Spruchkörper der Landgerichte, besetzt mit drei Berufsrichtern und zwei Schöffen,[708] über die in den Zuständigkeitsbereich der althergebrachten Schwurgerichte gehörenden Strafsachen des §80 StGB.

## 3. Das Änderungsgesetz von 1976

In den siebziger Jahren nahm vor allem die politische Spionagetätigkeit weiter zu,[709] nicht zuletzt aufgrund des Kalten Krieges. Desgleichen häuften sich die terroristischen Anschläge von Linksextremisten. Ausschlaggebend für den anschliessenden Handlungsbedarf aber waren hauptsächlich der Mord an dem Berliner Kammergerichtspräsidenten von Drenkmann, die Entführung des Berliner CDU-Vorsitzenden Lorenz sowie der Anschlag auf die Deutsche Botschaft in Stockholm gewesen.[710]

Eine Änderung des Strafgesetzbuches schien unumgänglich, so daß Paragraph 129a hinsichtlich der Bildung terroristischer Vereinigungen eingefügt wurde.[711]

Gleichzeitig unterfiel damit §120 GVG ebenso wie §142a GVG einer Modifikation. Da die neue Vorschrift im Strafgesetzbuch der erstinstanzlichen Zuständigkeit des Bundes angegliedert werden sollte, wurde den Oberlandesgerichten gemäß §120 Absatz 1 Ziffer 6 GVG die Kompetenz übertragen.

Drohende Zuständigkeitskonflikte, die zum Beispiel aus der mangelnden Einigkeit darüber entstehen konnten, ob ein Verdacht hinsichtlich des §129a StGB gegeben war oder nicht, sollte aus Zweckmäßigkeitsgründen der Generalbundesanwalt lösen. Die neue Regelung, die als Satz 2 an §142a Absatz 1 GVG angefügt wurde, war daher der Entscheidungsbefugnis des Generalbundesanwaltes bei örtlichen Kompetenzabgrenzungsfragen der Länderstaatsanwaltschaften in §143 Absatz 3 GVG nachgebildet.[712]

---

[707] BGBl. 1974, Teil I, S. 3393 (3405)

[708] Rieß in: NJW 1975, S. 81 (91f.)

[709] Wagner in: Dreher-FS, S. 625 (646)

[710] BT-DrS 7/4005, S. 13; v.Winterfeld in: ZRP 1977, S. 265 (266); vgl. auch Binder, passim; Wassermann in: Terrorismus contra Rechtsstaat, S. 125 (136)

[711] Gesetz vom 18.8.1976, BGBl. 1976, Teil I, S. 2181

[712] BGBl. 1976, Teil I, S.2181 (2183); vgl. auch die Begründung des Regierungsentwurfs, BT-DrS 7/4005, S. 8 und S. 13f.

**a. Zielsetzung der erweiterten Bundeszuständigkeit**

Es wurde die Ansicht vertreten, daß bei Anschlägen terroristischer Art zwecks Beseitigung der freiheitlich-demokratischen Grundordnung die intensive Kriminalitätsbekämpfung nur durch eine zentrale Ermittlungstätigkeit erreicht werden kann. Insbesondere bei auf mehrere Länder oder das gesamte Bundesgebiet verteilten Aktionen würde der Weg von den Anklagebehörden der Länder nach Prüfung des Vorliegens einer besonderen Bedeutung hin zum Generalbundesanwalt zu schwerwiegenden Verzögerungen führen, weshalb §129a StGB nicht der für §129 bereits geltenden Kompetenzregelung unterfallen sollte. Stattdessen wurde der Ausbau des Bundeskriminalamtes zu einer regelrechten Zentrale befürwortet, um von dort aus die vollständige polizeiliche Ermittlungsarbeit steuern zu können.[713]
Ingesamt entsprach der extensive Zentralisierungsgedanke der gängigen Tendenz, nach welcher auch bei den allgemeinen Strafkammern sowie den Wirtschaftsstrafkammern die Verfahren möglichst bei einem Spruchkörper konzentriert wurden, um -laut Begründung von Regierungsseite- eine einheitliche Beurteilung und verbesserte Bekämpfung punktueller Kriminalität zu gewährleisten.[714]

**b. Diskussion und Kritik**

In seiner 77. Sitzung hatte sich der Sonderausschuß für die Strafrechtsreform mit diesen Änderungen befaßt. Unter anderem wurde eine ausgedehnte Fassung des §129a StGB, beispielsweise unter Einbeziehung des Raubes abgelehnt, da die parallele Zuständigkeit des Generalbundesanwaltes mitbedacht werden mußte. Vielmehr sollte die Kompetenz für diejenigen Vereinigungen zentralisiert werden, deren Straftaten sich gegen den Rechtsstaat selbst und dessen Bestand richteten. Bei zusätzlicher Integration der teils regional begrenzten Bandenkriminalität wurden Kompetenzabgrenzungsschwierigkeiten größeren Umfangs befürchtet, die eine Praktikabilität der Ermittlungstätigkeit verhindern konnten.[715]
Probleme ergaben sich ferner aus der automatischen Erstzuständigkeit des Generalbundesanwaltes im Rahmen des §129a, da unter diese Norm auch Organisationen ohne Staatsschutzbezug fielen, Art.96 Absatz 5 GG die Organleihe und mithin die Bundesgerichtsbarkeit hingegen auf das Staatsschutzstrafrecht beschränkte.[716] In der Konsequenz konnte sich hieraus eine verfassungsrechtlich bedenkli-

---

[713] BT-DrS 7/4005, S. 13; BT-DrS 7/5401, S. 11
[714] BT-DrS 7/551, S. 101; BT-DrS 7/2600, S. 11
[715] Penner, 77. Sitzung des Sonderausschusses für die Strafrechtsreform v. 28.1.76, Sten. Prot. S. 2453f.
[716] Laufhütte, 77. Sitzung des Sonderausschusses für die Strafrechtsreform v. 28.1.76, Sten. Prot. S. 2456

che Überdehnung der Bundeskompetenzen ergeben, welche sich durch das Institut der Organleihe für diese Fälle nicht rechtfertigen ließ.
Entgegen der erheblichen Relevanz dieser Bedenken und dem potentiellen Auftreten von Fällen mit lokaler Bedeutung, die aber mangels gegen die freiheitlich-demokratische Grundordnung gerichteter Ziele nicht unter den Staatsschutz fielen und somit keine den Vorgaben des Grundgesetzes entsprechende Erstzuständigkeit des Generalbundesanwaltes zu begründen vermochten, wurde die neue Vorschrift uneingeschränkt in §120 GVG integriert.
Auch der Rechtsausschuß des Bundestages hatte sich in seiner 98. Sitzung am 19.5.1976 eingehend mit den bevorstehenden Modifikationen beschäftigt. Die vom Sonderausschuß im Januar geäußerten Bedenken waren hier ebenfalls dezidiert vorgebracht worden. Eine allumfassende Primärzuständigkeit des Generalbundesanwaltes im Rahmen des §129a StGB wurde als entbehrlich abgelehnt und zur Begründung die problemlose Kooperation zwischen Bund und Ländern angeführt, wobei insbesondere die dazu positiven Aussagen des Generalbundesanwaltes selbst sowie des Leiters des Bayerischen Landeskriminalamtes hervorgehoben wurden. Man befürchtete im Gegenteil, daß die Relevanz der Tatortnähe bei der Primärkompetenz verkannt, die genaue Kenntnis der örtlichen Behörden übergangen und damit eine sofortige Strafverfolgung verhindert werden könnte, was eventuell ein rückläufiges Interesse der Länderstaatsanwaltschaften zur Folge hätte. Weiter wurde die praktische Abgrenzung zwischen §129 StGB, der unter §74a GVG fiel und §129a StGB, der in §120 GVG eingegliedert werden sollte, als sehr diffizil eingeschätzt und deshalb der Vorschlag angebracht, anstelle der Eingliederung in §120 von dem in § 74a bereits bestehenden Anziehungsrecht des Generalbundesanwaltes künftig auch für §129a StGB Gebrauch zu machen.
Schließlich stuften manche den personellen Aufwand hinsichtlich der Bundesgerichtsbarkeit als zu umfangreich ein.[717] Zwar fielen bereits einige Fälle des §129 StGB in den Bereich des Generalbundesanwaltes, so daß einzelne Stimmen die Zuständigkeitsverschiebung als nicht gravierend ansahen, doch mußte mit deutlich mehr Arbeitsanfall gerechnet werden.[718] Kritik wurde zudem an der automatischen Ermittlungstätigkeit der obersten Anklagebehörde des Staates in Fällen von lediglich mittlerer krimineller Relevanz geübt, da diese zunächst einmal ermitteln müsse, um über eine Abgabe der Strafsache an die Landgerichte zu entscheiden. In diesem Aufbau sah Kunz einen systematischen Bruch.[719] Dieser Bruch liegt erstens in der nacheinander begründeten Zuständigkeit zweier Ermittlungsbehörden unterschiedlicher Hoheitsbereiche und zweitens in der Durchbrechung des Prinzips der besonderen Bedeutung, die für das Tätigwerden des Generalbundesan-

[717] Kunz, 98. Sitzung des BT-RA v. 19.5.76, S. 131f.
[718] Rudolph und Kunz, 98. Sitzung des BT-RA v. 19.5.76, S. 133
[719] in: 98. Sitzung des BT-RA v. 19.5.76, S. 134f.

waltes ausschlaggebend sein soll.
Demgegenüber vertraten die Befürworter der neuen Regelung die Meinung, daß allein der Generalbundesanwalt in der Lage sei, zu entscheiden, welcher Fall abgegeben werden könne, zumal einige Länderstaatsanwaltschaften bislang noch nicht mit allen in §129a StGB aufgeführten Katalogtaten konfrontiert worden seien.[720] Zugleich wurde auf die Stellungnahme des Präsidenten des Bundeskriminalamtes verwiesen, welcher die Kenntnisse der örtlichen Staatsanwaltschaften als unzureichend für die Sicherung kriminaltechnischer Beweise bezeichnet hatte.[721]
Die hauptsächlich von der Opposition vorgetragenen Argumente des regen Informationsaustausches zwischen den Behörden von Bund und Ländern, der Relevanz der Tatortnähe sowie der Abgrenzungsschwierigkeiten zwischen §129 und §129a StGB[722]blieben unberücksichtigt.
Eine erhebliche Rolle für die Übernahme des §129a StGB in Bundeszuständigkeit schien zudem die damit verbundene Ausdehnung von Prestige und Autorität zu spielen: Das Bundeskriminalamt sowie das Amt für Verfassungsschutz wurden erweitert und mit mehr Kompetenzen ausgestattet, und die Verfolgungskompetenz stand dem Bund künftig per Gesetz zu.[723] Die Extension der Zuständigkeit bedingte schließlich auch rechtspolitische Konsequenzen: Aufgrund der vorangegangenen Konzentration waren etwa 45 Berufsrichter mit der Materie befaßt. Die personelle Überschaubarkeit eröffnete die Möglichkeit, im Rahmen neu zu besetzender Stellen entsprechendes Augenmerk auf (partei)politische Qualitäten des Bewerbers zu richten, um so die offizielle Vorgabe der besonderen Erfahrung, Qualifikation und spezifischen Kenntnis solch diffiziler Prozesse einzuhalten.[724] Eine einheitliche Beurteilung der Strafsachen sowie eine klare Linie innerhalb der Auslegung abstrakter Rechtsbegriffe konnte nur dann zustande kommen und zu einer wirklich zentralen Bekämpfung auch des Terrorismus führen, wenn sämtliche damit betrauten Richter in etwa dieselbe Meinung vertraten. Das ließ sich wiederum nur anhand einer spezifizierten Auswahl gewährleisten, wodurch das bereits existente Problem der Ämterpatronage weitere Relevanz erhielt. Diese bildet jedoch noch einen aktuellen Kernbereich und soll daher später genauer untersucht werden.[725]

---

[720] Rudolph, 98. Sitzung des BT-RA v. 19.5.76, S. 135
[721] angeführt von Gnädiger, 98. Sitzung des BT-RA v. 19.5.76, S. 132f.
[722] BT-DrS 7/5401, S. 11f.; zustimmend Mensing in: Terrorismus contra Rechtsstaat, S. 163 (169); vgl. die Ausführungen von Kunz, 98. Sitzung des BT-RA v. 19.5.76, S. 131f.
[723] Basten , S. 291; Binder, S. 74f.; Schoreit, S. 27ff.
[724] Basten, S. 291
[725] unten 2. Teil, 3.Kap.II.

Viele Praktiker und Rechtswissenschaftler äußerten Bedenken bezüglich der Neuregelung: So stieß der angedachte Vorschlag, in Fällen terroristischer Gewaltkriminalität die Primärzuständigkeit des Bundesgerichtshofes zu begründen, gerade mit Blick auf die Rechtsmittelgarantie des bereits erwähnten UNO-Paktes von 1966 auf Ablehnung.[726]
Bei der vollständigen Übernahme des §129a in den Katalog des §120 GVG hatte man gleichfalls nicht auf den ehemaligen Generalbundesanwalt Martin gehört. Dieser hatte bereits 1975 mit Rückschau auf die Baader-Meinhof-Verfahren Bilanz gezogen und festgestellt, daß eine Konzentration aller einschlägigen Verfahren bei der Bundesanwaltschaft -die Sperrwirkung der besonderen Bedeutung unberücksichtigt gelassen- unmöglich zu bewältigen gewesen wäre, da bereits eine Hauptverhandlung mit mehreren Angeklagten dieser Art in stofflicher, zeitlicher und sicherheitstechnischer Hinsicht wahrscheinlich hätte scheitern müssen. Bedacht werden mußte zudem der große Aufwand auf Seiten der Verteidigung. Infolge des §146 StPO führten die gewichtigen Staatsschutzprozesse zu einer Aufsplittung der Verteidiger,[727]so daß bei einer Mehrzahl von Angeklagten der personelle Aufwand insgesamt ebenso wie die Verfahrensdauer erheblich gesteigert wurde. Martin erachtete zur wirksamen Bekämpfung des Terrorismus die Kooperation mit den Landesbehörden für unverzichtbar. Seiner Ansicht nach war die Bundesanwaltschaft nicht in der Lage, sämtliche Problemfelder alleine zu bewältigen. Gleiches galt für das Bundeskriminalamt und dessen Vernetzung mit den Polizeibehörden der Länder, allerdings unter der Voraussetzung einer zentralen Koordinierung inklusive eines Informationsaustausches. Martin wies zugleich auf die originäre Funktion des Bundesgerichtshofes als Revisionsinstanz hin, welche lediglich aufgrund der Reformen innerhalb des Staatsschutzstrafrechtes eine Primärkompetenz beinhalte, weshalb deren weitere Ausdehnung zulasten der Ländergerichte abzulehnen sei.[728]
Es gab hingegen auch Stimmen, die vollständig konträr zu dieser Auffassung waren. Von Winterfeld befürwortete als Rechtsanwalt beispielsweise eine punktuelle Alleinzuständigkeit des Bundesgerichtshofes auf Kosten des Föderalismus. Da bei Errichtung der Revisionsinstanz für Staatsschutzdelikte und dem dazu parallelen Übergang der tatrichterlichen Zuständigkeit auf die Oberlandesgerichte der Terrorismus kurzzeitig noch eine eher marginale Rolle gespielt, sich die Anzahl der Prozesse mittlerweile aber erhöht hatte, sprach sich von Winterfeld für ein eigenständiges Anti-Terrorismusgesetz aus, um das bisherige, in verschiedenen Gesetzen verankerte Regelungssystem von actio (terroristische Gewaltakte) und re-

[726] vehement Vogel in: NJW 1978, S. 1217 (1228)
[727] Basten, S. 292; Rasehorn in: Terrorismus contra Rechtsstaat, S. 245 (255)
[728] Martin in: JZ 1975, S. 312 (314); so im Ergebnis auch Mensing in: Terrorismus contra Rechtsstaat, S. 163 (169f.)

actio (Handeln des Gesetzgebers) durch ein neues Konzept abzulösen.[729] Er kritisierte hierbei besonders die eingeschränkte Zuständigkeit der Bundesbehörden, welche bundeseinheitlicher Verbrechensbekämpfung und länderübergreifenden Sicherungsmaßnahmen entgegenstünde. Die sogenannte Selbstwahrnehmung des Bundeskriminalamtes sollte daher zwecks künftiger Vermeidung landesrechtlicher Unterschiede in extenso erweitert und personell aufgestockt werden. Der damit verbundenen Aushöhlung des föderalistischen Prinzips suchte von Winterfeld durch eine -allerdings nicht näher ausgeführte- Verfassungsänderung zu begegnen. Parallel hierzu sollte auch der Zuständigkeitsbereich des Generalbundesanwaltes erweitert und für alle unter den neuen §129a StGB zu ziehenden Fälle ein besonders beschleunigtes Verfahren ausschließlich vor dem Bundesgerichtshof eingeführt werden.[730]

Für den extensiven Konzentrationsgedanken hatte sich zwar auch die Bundesregierung im September 1977 ausgesprochen, doch sich dabei auf weitere Fusionen zwischen den einzelnen Bundesländern bezogen, um die Anzahl der bis dahin neun zuständigen Oberlandesgerichte noch weiter zu verringern. Begründet lag diese Forderung vorrangig in der Aufsplittung des Beamtenstabs der Bundesanwaltschaft, welcher man auf diesem Weg zu begegnen suchte.[731]

Die zentralisierte Strafverfolgungszuständigkeit des Generalbundesanwaltes führte in der Folge zu einer Überlastung der Behörde mit der Konsequenz längerer Abwesenheit des Behördenstabs aufgrund der Sitzungsteilnahme bei den Oberlandesgerichten.[732] Um die erhöhte Arbeitslast bewältigen zu können, wurde 1978 die ursprüngliche Staatsschutzabteilung in jeweils eine Abteilung gegen die innere Sicherheit (Staatsgefährdung einschließlich Terrorismus) sowie gegen die äußere Sicherheit (Landesverrat) aufgespalten.[733]

Der mit den erstinstanzlichen Verfahren vor den Oberlandesgerichten verbundene Aufwand sowie die vom ehemaligen Generalbundesanwalt Martin vor Augen geführten Konsequenzen führten schließlich dazu, vorerst nur die wirklich relevanten Verfahren in Bundesgerichtsbarkeit umzuleiten.[734]

---

[729] in: ZRP 1977, S. 265 (267)

[730] in: ZRP 1977, S. 265 (267f.)

[731] in: DRiZ 1977, S. 380f.; zustimmend später Vogel in: NJW 1978, S. 1217 (1228); Basten, S. 282

[732] Wagner in: Dreher-FS, S. 625 (646)

[733] Schoreit, S. 21; Basten, S. 291 Anm. 89

[734] vgl. Schoreit, S. 29

### 4. Die Reform des Strafverfahrens von 1979

Am 5. Oktober 1978 wurde ein Strafverfahrensänderungsgesetz beschlossen, welches aber erst ab 1979 seine Wirkung entfaltete.
Gerade für Jugendliche ergaben sich hierdurch Änderungen. §103 Absatz 2 JGG beinhaltete nun eindeutig den Vorrang der Staatsschutzkammer vor dem Jugendgericht. Damit manifestierte sich erneut das vom Bundesgerichtshof 1955 negierte Problem einer Ungleichbehandlung entgegen Art.3 GG.
Ebenfalls reformiert wurde die entsprechende Bezeichnung des Schwurgerichtes innerhalb des Gerichtsverfassungsgesetzes, (für §74 GVG war diese Änderung bereits 1974 eingetreten),[735]so daß die Strafkammern nun fast überall diesen Ausdruck ersetzten,[736]wodurch die letzten Reste der überkommenen Schwurgerichte alter Form beseitigt wurden.[737]

## II. Beginnende Problematik der Tatbestandsauslegung und Zwischenbilanz der Bundeszuständigkeit

Bereits kurz nach der Einführung des §129a StGB ergaben sich erste Schwierigkeiten hinsichtlich seiner Auslegung. Fraglich erschien, ob auch Straftaten ausländischer Terrororganisationen innerhalb der Bundesrepublik von den Oberlandesgerichten abgeurteilt werden sollten, falls in Deutschland keine Teilorganisation existierte. Der 1979 amtierende Generalbundesanwalt Rebmann verneinte dies aus persönlicher Sicht und schlug in der Konsequenz vor, die ihn betreffende Zuständigkeit nicht länger ausschließlich an die Kriterien krimineller beziehungsweise terroristischer Vereinigungen zu knüpfen, um bei neu aufkommenden Strafbedürfnissen entsprechend flexibler handeln zu können.
Hinsichtlich der Regelung der §120 und §142a GVG insgesamt zog Rebmann jedoch eine positive Bilanz mit Ausnahme des von ihm als erheblich eingestuften Aufwandes, zu den im Bundesgebiet verteilten Oberlandesgerichten zu gelangen, weswegen er eine Primärkompetenz des Bundesgerichtshofes zwecks Arbeitserleichterung in Betracht zog, sie aber gleichzeitig mit der Rechtsmittelgarantie des UNO-Paktes von 1966 für unvereinbar hielt. Die Kapazitäten der Oberlandesgerichte seien zudem besser geeignet, den anfallenden Arbeitsaufwand aufzufangen, müßten jedoch hinsichtlich der Terminplanung mehr Flexibilität walten lassen, um eine reibungslose Kooperation zwischen den einzelnen Behörden und deren Vertretern zu garantieren.[738]

---

[735] BGBl. 1974, Teil I, S. 3393 (3405)
[736] vgl. BGBl. 1978, Teil I, S. 1645 (1652)
[737] Rieß in: Schäfer-FS, S. 155 (160f.)
[738] Rebmann in: DRiZ 1979, S. 363 (365)

### III. Das Gesetz zur Bekämpfung des Terrorismus vom 19. Dezember 1986

Mit diesem Gesetz wurde nochmals eine einschneidende Veränderung festgeschrieben. Durch die Modifikation von §129a Absatz 3 StGB und parallel dazu §120 Absatz 2 GVG wurden nun auch die sogenannten „Guerilla diffusa," also Einzeltäter und Kleinstkriminelle, die sich spontan zu Gewaltaktionen zusammenschließen, um sich gleich danach wieder zu trennen, in die Zuständigkeit des Generalbundesanwaltes übernommen, wobei §120 Absatz 2 Ziffer 2 GVG diese umfassende Kompetenz auf die Fälle des §129a Absatz 1 Ziffern 2 und 3 StGB, bei denen „ein Zusammenhang mit der Tätigkeit einer nicht oder nicht nur im Inland bestehenden Vereinigung besteht, deren Zweck oder Tätigkeit die Begehung von Straftaten"[739]der in den genannten Ziffern aufgeführten Art zum Gegenstand hat und die Strafverfolgung wegen der besonderen Bedeutung vom Generalbundesanwalt übernommen wird, reduziert. Auch §120 Absatz 2 Ziffer 3 GVG trug scheinbar zur Einschränkung der Anwendungsfälle bei, indem die Tat nach den Umständen bestimmt und geeignet sein muß, entweder „a) den Bestand oder die äußere oder innere Sicherheit der Bundesrepublik Deutschland zu beeinträchtigen, b) Verfassungsgrundsätze zu beseitigen, außer Geltung zu setzen oder zu untergraben oder c) die Sicherheit der in der Bundesrepublik Deutschland stationierten Truppen des Nordatlantik-Pakts und seiner nichtdeutschen Vertragsstaaten zu beeinträchtigen" und zugleich eine besondere Bedeutung des Falles vorliegt.
Dieser Erweiterung der Bundeszuständigkeit waren unzählige engagiert geführte Debatten und Ausschußsitzungen vorangegangen, in denen das Für und Wider einer solchen Gesetzesänderung diskutiert worden war und auf die an entsprechender Stelle im dogmatischen Teil[740]zurückgegriffen werden wird. Das sogenannte Anti-Terrorgesetz von 1986 war hingegen nicht ohne jeglichen Widerstand durchgesetzt worden. Infolge der Neufassung insbesondere von §120 Absatz 2 GVG ergaben sich neue Problemfelder und Auslegungsschwierigkeiten, welche aufgrund des Fortbestehens des Gesetzeswortlautes bis zum heutigen Tage -mit Ausnahme einer marginalen Änderung im Nachtrag zur deutschen Wiedervereinigung, die für den hier interessierenden Bereich aber ohne jegliche Bedeutung istweiter existent sind. Sie werden daher im Gesamtkontext inklusive der dem Anti-Terrorgesetz vorangegangenen Argumentationen im sich hier anschließenden dogmatisch-systematischen Teil der Arbeit dargestellt und untersucht.

---

[739] BGBl. 1986, Teil I, S. 2566 (2567)
[740] 2.Teil, 1.Kap., II.

# *2. Teil: Heutige Handhabung der Staatsschutzdelikte und die damit verbundenen Probleme*

## 1. Kapitel: Anwendungsbereich der Katalogtaten des §120 GVG und die Relevanz einzelner Ziffern

### I. Katalogtaten des §120 GVG

#### 1. Aufteilung in primäre und sekundäre Zuständigkeit

Der in Absatz 1 und 2 der Vorschrift aufgeführte Straftatenkatalog ist bis zu seiner heutigen Fassung vielfach erweitert worden, vor allem durch das im ersten Teil bereits kurz erwähnte Gesetz zur Bekämpfung des Terrorismus vom 19.12. 1986.[1]

Die Zuständigkeit der erstinstanzlichen Strafsachen ist dabei in eine Primärkompetenz bezüglich des Absatzes 1 und eine Sekundärkompetenz, bezogen auf §120 Absatz 2 GVG, unterteilt.[2] Innerhalb der Primärkompetenz sind die dort anfallenden Verfahren originär den Oberlandesgerichten zugewiesen; die Anklagebehörde wird durch den Generalbundesanwalt repräsentiert. Um Überlastungen zu vermeiden, bestehen im Rahmen des §142a Absatz 2 GVG weitreichende Abgabepflichten, welche sich auf politische Straftaten minderer oder den Wegfall der besonderen Bedeutung beziehen. Potentielle Kompetenzkonflikte werden in diesem Zusammenhang gemäß §142a Absatz 1 Satz 2 GVG vom Generalbundesanwalt entschieden. Die Sekundärkompetenz wird durch Übernahme von originär dem Bereich der landgerichtlichen Staatsschutzkammern gemäß §74a GVG zuzurechnenden Verfahren begründet, falls deren besondere Bedeutung die weitere Strafverfolgung durch die Bundesanwaltschaft erfordert.[3]

#### 2. Einzelne Delikte innerhalb der Primärkompetenz

##### a. Allgemeines

Die vor allem im ersten bis fünften Abschnitt des Besonderen Teils des Strafgesetzbuches als Straftatbestände normierten Handlungen dienen ausschließlich dem Schutz des Staates, woraus sich als dadurch geschützte Rechtsgüter insbesondere der Bestand desselben sowie dessen äußere und innere Sicherheit inklusive der verfassungsmäßigen Ordnung ergeben.[4]

---

[1] BGBl. 1986, Teil I, S. 2566

[2] Schoreit, S. 24 ff. mit Auflistung der jeweils zugehörigen Delikte; Kleinknecht/Meyer-Goßner, Rn.2f. zu §120; Maunz/Dürig/Herzog/Scholz-*Herzog*, Rn.52 zu Art.96

[3] Schoreit, S. 27ff.; Kleinknecht/Meyer-Goßner, Rn.3 zu §120

[4] Schönke/Schröder-*Stree/Sternberg-Lieben*, Rn.1f. vor §§80ff.; LK-*Laufhütte*, Rn.20 vor §80

Die Staatsschutztatbestände sind in zwei Abschnitte untergliedert, nämlich in denjenigen bezüglich Friedensverrat, Hochverrat sowie Gefährdung des demokratischen Rechtsstaates und in den Abschnitt über Landesverrat und Gefährdung der inneren Sicherheit.[5] Diese Unterteilungsart liegt in den jeweiligen Schutzgütern begründet, welche anhand der einzelnen Katalogtaten genannt und zugeordnet werden. Die folgende Auflistung der Straftatbestände und ihrer Schutzgüter muß sich allerdings auf ein Mindestmaß ohne Anspruch auf Vollständigkeit beschränken[6]und dient hauptsächlich dem besseren Verständnis der jeweiligen Zuständigkeitsbereiche.

**b. § 120 Absatz 1 Ziffer 1 GVG: Friedensverrat (§ 80 StGB) / § 120 Absatz 1 Ziffer 2 GVG: Hochverrat (§§ 81-83 StGB)**

Unter Friedensverrat ist die Vorbereitung eines Angriffskrieges unter Beteiligung der Bundesrepublik Deutschland zu verstehen, unabhängig davon, ob jene selbst Angreifer sein oder angegriffen werden soll.[7] Schutzobjekte sind dabei sowohl die Sicherheit der Bundesrepublik Deutschland als auch der Völkerfriede, so daß sich dieser Straftatbestand nach *außen* gegen andere Staaten richtet.[8]
Straftaten des Hochverrates richten sich entweder gegen den Staat als solchen oder gegen die Bundesländer[9]und damit gegen die *innere* Sicherheit Deutschlands.[10] Hochverrat kann jeweils in zwei Varianten begangen werden:
Bei Hochverrat gegenüber dem Bund gemäß §81 StGB kann die verfassungsmässige Ordnung als Angriffsobjekt des sogenannten Verfassungshochverrats dienen.[11] Ziel der Handlung ist die Veränderung der auf diesen Verfassungsgrundsätzen „beruhenden" konkreten Staatsordnung.[12]
Beim Bestandshochverrat avanciert die staatliche Einheit samt des territorialen Bestandes der Bundesrepublik Deutschland zum Schutzobjekt. Das inkriminierte Verhalten besteht in der Bestandsbeeinträchtigung der Bundesrepublik unter Einsatz von Gewalt oder Drohung mit Gewalt.[13]

---

[5] SK-*Rudolphi,* Rn.2 vor §80; Tröndle/Fischer, Rn.1 vor §80

[6] zu den einzelnen Tatbeständen und ihren Problemen (Rechtsgüter, Zuordnung etc.) siehe ausführlich Schroeder: Der Schutz von Staat und Verfassung, S. 324ff.

[7] LK-*Laufhütte,* Rn.3 zu §80; Schönke/Schröder-*Stree/Sternberg-Lieben,* Rn.1 zu §80; Lackner/Kühl, Rn.2 zu §80; Tröndle/Fischer, Rn.2 und Rn.4 zu §80

[8] SK-*Rudolphi,* Rn.1 zu §80; Tröndle/Fischer, Rn.2 vor §80; Schönke/Schröder-*Stree/Sternberg-Lieben,* Rn.2 zu §80; LK-*Laufhütte,* Rn.1 zu §80

[9] Tröndle/Fischer, Rn.2 vor §80

[10] Schönke/Schröder-*Stree/Sternberg-Lieben,* Rn.3 vor §§80ff.

[11] SK-*Rudolphi,* Rn.10f. zu §81; LK-*Laufhütte,* Rn.6 zu §81; Lackner/Kühl, Rn.3 zu §81

[12] Schönke/Schröder-*Stree/Sternberg-Lieben,* Rn.7 zu §81; LK-*Laufhütte,* Rn.9 zu §81

[13] LK-*Laufhütte,*Rn.12 zu §81; Schönke/Schröder-*Stree/Sternberg-Lieben,* Rn.2f. zu §81; SK-*Rudolphi,* Rn.2 zu §81

Hochverrat gegen ein Land gemäß §82 StGB entspricht im wesentlichen den zu §81 ausgeführten Grundsätzen, wobei als Schutzobjekt des Verfassungsverrats die Verfassung des betreffenden Landes im materiellen Sinn zu begreifen ist.[14]
Der Bestandshochverrat ist hingegen auf den sogenannten Gebietshochverrat eingegrenzt,[15] worunter der territoriale Bestand eines zur Bundesrepublik Deutschland gehörenden Landes zu verstehen ist.[16]
In §83 StGB schließlich werden die Vorbereitungen hochverräterischer Unternehmen gegen Bund (Absatz 1) und Länder (Absatz 2) erfaßt, um eine wirksame Bekämpfung dieser Deliktsgruppe zu erreichen.

### c. § 120 Absatz 1 Ziffer 3 GVG: Landesverrat und Gefährdung der äußeren Sicherheit (§§ 94-100a StGB)

#### aa. Landesverrat (§ 94 StGB) / Offenbaren von Staatsgeheimnissen (§ 95 StGB)

Diese Vorschrift betrifft den Landesverrat im engeren Sinne und dient dem Schutz der äußeren Sicherheit der Bundesrepublik Deutschland[17] gegen einen unmittelbaren oder aus verwerflichen Gründen heraus begangenen *Verrat* von Staatsgeheimnissen.[18] Tatobjekte können folglich ausschließlich echte Staatsgeheimnisse sein.[19]
Das *Offenbaren* von Staatsgeheimnissen bildet hingegen einen eigenen Straftatbestand, nämlich §95 StGB, und umfaßt Handlungen, die für sich genommen noch nicht die Voraussetzungen des Landesverrats erfüllen, da sie ein geringeres Maß an Gefährlichkeit und Verwerflichkeit beinhalten.[20] Insbesondere der früher nur unzureichend geregelte publizistische Landesverrat, bei dem der Täter zwar durchaus im Gesamtwohlinteresse der Bundesrepublik Deutschland dem öffentlichen Informationsbedürfnis Rechnung tragen will, gleichwohl aber eine Geheimnisverletzung begeht, ist unter diese Vorschrift zu fassen.[21] Derartige Handlungen waren Mitte des 19. Jahrhunderts als sogenannte „Preßvergehen" geahndet wor-

---

[14] Tröndle/Fischer, Rn.3 zu §82
[15] LK-*Laufhütte,* Rn.2f. zu §82; Lackner/Kühl, Rn.1 zu §82
[16] Schönke/Schröder-*Stree/Sternberg-Lieben*, Rn.2 zu §82; SK-*Rudolphi,* Rn.1 zu §82
[17] SK-*Rudolphi,* Rn.1 zu §94; Tröndle/Fischer, Rn.1 zu §94; Schönke/Schröder-*Stree/Sternberg-Lieben,* Rn.1 vor §§93ff. und Rn.1 zu §94
[18] Lackner/Kühl, Rn.1 zu §94; LK-*Träger,* Rn.1 zu §94
[19] Schönke/Schröder-*Stree/Sternberg-Lieben*, Rn.2 zu §94; SK-*Rudolphi*, Rn.2 zu §94; LK-*Träger*, Rn.1 zu §94
[20] LK-*Träger*, Rn.1 zu §95; Lackner/Kühl, Rn.1 zu §95; SK-*Rudolphi,* Rn.1 zu §95; Tröndle/Fischer, Rn.1 zu §95
[21] Schönke/Schröder-*Stree/Sternberg-Lieben,* Rn.1 zu §95; SK-*Rudolphi,* Rn.2 zu §95; LK-*Träger,* vor Rn.1 zu §95

den und hatten in den zwanziger Jahren des vergangenen Jahrhunderts nochmals heftige Diskussionen ausgelöst.[22]

**bb. Landesverräterische Ausspähung; Auskundschaften von Staatsgeheimnissen (§96 StGB)/ Preisgabe von Staatsgeheimnissen (§97 StGB)**

Als verselbständigte Vorbereitungshandlungen zum Landesverrat sind in §96 StGB die landesverräterische Ausspähung sowie das Auskundschaften von Staatsgeheimnissen normiert.[23]
Die Preisgabe von Staatsgeheimnissen gemäß §97 StGB beinhaltet eine Vorsatz-Fahrlässigkeits-Kombination, bei welcher hinsichtlich der Tathandlung zwar eine Vorsatzform vorliegen muß, die Gefahr eines schweren Nachteils für die äußere Sicherheit der Bundesrepublik aufgrund der Preisgabe jedoch nur fahrlässig verursacht zu werden braucht.[24]

**cc. Verrat illegaler Geheimnisse (§97a StGB) /Verrat in irriger Annahme eines illegalen Geheimnisses (§97b StGB)**

§97a StGB stellt einen Auffangtatbestand hinsichtlich des Verrats illegaler Geheimnisse dar, die zwar infolge ihrer Illegalität nicht denselben Schutz wie ein Staatsgeheimnis beanspruchen und daher nicht unter Landesverrat zu subsumieren sind, bei ihrer Verbreitung aber dennoch nachteilig für die äußere Sicherheit des Staates sein können.[25]
§97b StGB verkörpert eine besondere Irrtumsvorschrift, auf die hier nicht näher eingegangen zu werden braucht.

**dd. Landesverräterische Agententätigkeit (§ 98 StGB) / Geheimdienstliche Agententätigkeit (§99 StGB)**

Durch die in §98 StGB normierte landesverräterische Agententätigkeit wird die Vorfeld-Strafbarkeit in diesem Bereich weiter ausgedehnt. Bei der genannten Vorschrift handelt es sich um einen abstrakten Gefährdungstatbestand, welcher über §96 StGB hinausgehend jedwedes Handeln zwecks Erlangung oder Mitteilung von Staatsgeheimnissen inkriminiert,[26] ohne daß es auf die Notwendigkeit

---

[22] vgl. Gumbel in: Die Justiz Bd.2, S. 75; Heine in: Die Justiz Bd.2, S. 350; Kantorowicz in: Die Justiz Bd.2, S. 92

[23] LK-*Träger,* Rn. 1 zu §96; Tröndle/Fischer, Rn. 1 zu §96; Lackner/Kühl, Rn. 1f. zu §96; Schönke/Schröder-*Stree/Sternberg-Lieben,* Rn.1f. zu §96

[24] SK-*Rudolphi,* Rn.4 zu §97; Tröndle/Fischer, Rn.3 zu §97; LK-*Träger,* Rn.1 zu §97

[25] LK-*Träger,* Rn.1 zu §97a; Schönke/Schröder-*Stree/Sternberg-Lieben,* Rn.1 zu §97a

[26] Schönke/Schröder-*Stree/Sternberg-Lieben,* Rn.1 zu §98; SK-*Rudolphi,* Rn.1 zu §98

des Vorliegens eines Tatplanes ankommt.[27]
§99 StGB bildet als Straftatbestand der geheimdienstlichen Agententätigkeit die zentrale Spionagevorschrift,[28]da sie fast alle geheimdienstlichen Tätigkeiten mit nachrichtendienstlicher Prägung erfaßt. Obwohl diese Norm einen selbständigen Charakter hat, gehört sie trotzdem zur Gruppe der Landesverratsdelikte: Ihr liegt in Übereinstimmung mit diesem Komplex der Gedanke zugrunde, aufgrund der Tätigkeit für fremde Geheimdienste die abstrakte Gefahr des Verrats von Staatsgeheimnissen herbeizuführen. Dies zeigt sich auch an der Überschneidung mit den Strafbarkeitsbereichen der §94, §96 und §98 StGB sowie an der Subsidiarität gegenüber den Landesverratsdelikten.[29]

**ee. Friedensgefährdende Beziehungen ( §100 StGB) / Landesverräterische Fälschung (§100a StGB)**

§100 StGB inkriminiert friedensgefährdende Beziehungen und schützt auf diesem Weg den Bestand der Bundesrepublik Deutschland.[30] Dennoch gehört die eine landesverräterische Konspiration beinhaltende Vorschrift nicht zur Gruppe der Landesverratsdelikte im engeren Sinn.[31] Allerdings kommt diesem Straftatbestand mittlerweile kaum noch praktische Bedeutung zu. Als einzig im Gesetz verbliebener Beziehungstatbestand des gesamten Staatsschutzstrafrechtes[32]stellt diese Norm eher ein Relikt aus der Zeit vor dem achten Strafrechtsänderungsgesetz dar.
Durch §100a StGB, die landesverräterische Fälschung, wird über die äußere Sicherheit des Staates hinaus zugleich die äußere Machtstellung der Bundesrepublik im Gesamten, beispielsweise hinsichtlich ihrer Beziehungen zu anderen Ländern, gegen Handlungen der inkriminierten Art geschützt.[33] Jedoch fällt diese Vorschrift nur noch hinsichtlich der negativen Folgen für die Bundesrepublik in den Bereich des Landesverrats; an sich handelt es sich bei den Tatmodalitäten eher um eine Variante der politischen Verleumdung.[34]
Die Straftaten, welche innerhalb des Patent- und des Gebrauchsmustergesetzes sowie in Verbindung mit diesen beiden Gesetzen normiert sind, können im vorlie-

---

[27] Lackner/Kühl, Rn.1 zu §98; LK-*Träger*, Rn.3 zu §98
[28] Tröndle/Fischer, Rn.1 zu §99; LK-*Träger*, Rn.1 zu §99; SK-*Rudolphi*, Rn.1 zu §99; Lackner/Kühl, Rn.1 zu §99
[29] Schönke/Schröder-*Stree/Sternberg-Lieben*, Rn.1f. zu §99
[30] LK-*Träger*, vor Rn.1 zu §100; Lackner/Kühl, Rn.1 zu §100; SK-*Rudolphi*, Rn.1 zu §100
[31] Schönke/Schröder-*Stree/Sternberg-Lieben*, Rn.1 zu §100
[32] Tröndle/Fischer, Rn.1 zu §100
[33] SK-*Rudolphi*, Rn.1 zu §100a; Lackner/Kühl, Rn. 1 zu §100a; Tröndle/Fischer, Rn.1 zu §100a; LK-*Träger*, Rn.1 zu §100a
[34] Schönke/Schröder-*Stree/Sternberg-Lieben*, Rn.1 zu §100a; LK-*Träger*, Rn.1 zu §100a

genden Zusammenhang ohne nähere Erläuterung bleiben, da sie für diese Arbeit nicht weiter von Bedeutung sind und lediglich eine Anpassung an das 8. Strafrechtsänderungsgesetz darstellen.

### d. §120 Absatz 1 Ziffer 4 GVG: Angriff gegen Organe und Vertreter ausländischer Staaten (§102 StGB) / §120 Absatz 1 Ziffer 5 GVG: Straftaten gegen Verfassungsorgane (§§105, 106 StGB)

Innerhalb dieser Norm soll nicht allein -wie unter anderem in den vorangegangenen Straftatbeständen- die Beziehung zu ausländischen Staaten geschützt, sondern vielmehr der Schutz fremder Staaten sowie deren Organe und Einrichtungen als solche gewährleistet werden.[35] Voraussetzung ist jedoch, daß sich die betreffenden Personen in amtlicher Eigenschaft auf deutschem Boden befinden.[36] Paralleles Schutzgut ist das Interesse Deutschlands an ungestörten Beziehungen, weshalb es sich im Endeffekt zugleich um den Schutz vor internationalen Konflikten handelt.[37]

§105 StGB betrifft die Nötigung bestimmter Verfassungsorgane von Bund und Ländern in deren Gesamtheit und schützt auf diesem Weg die politische Meinungsbildungs- und Meinungsäußerungsfreiheit der jeweiligen Organe inklusive ihrer Ausschüsse.[38]

§106 StGB hingegen bezieht sich auf den Bundespräsidenten sowie auf die Mitglieder der in §105 StGB aufgezählten Verfassungsorgane, welche vor Nötigungshandlungen im Rahmen ihres Aufgabenbereiches bewahrt werden sollen. §106 StGB dient damit der Sicherstellung[39]der Funktionsfähigkeit und -freiheit dieser Personen ebenso wie dem Schutz ihrer verfassungsmäßigen Rechte.[40]

### e. §120 Absatz 1 Ziffer 6 GVG: Zuwiderhandlungen gegen das Vereinigungsverbot des §129a StGB

Diese Vorschrift beinhaltete hinsichtlich der Verfolgungskompetenz des Generalbundesanwaltes anfangs einen rechtlich eher reduzierten Anwendungsbereich, und zwar aufgrund der Ausgrenzung von Taten der sogenannten „Guerilla diffusa,“ worunter autonome und Kleinstgruppen sowie Einzeltäter zu verstehen sind, welche keinerlei (feste) Organisationsstrukturen besitzen und daher eine große

---

[35] Tröndle/Fischer, Rn.1 vor §102; SK-*Rudolphi*, Rn.2 vor §102

[36] Schönke/Schröder-*Eser*, Rn.1 zu §102; SK-*Rudolphi*, Rn.5 zu §102; LK-*Laufhütte*, Rn.3 zu §102, der den Schutz auf den Luftraum ausdehnt.

[37] Schönke/Schröder-*Eser*, Rn.2 vor §§102-104a

[38] Tröndle/Fischer, Rn.1 zu §105; Schönke/Schröder-*Eser*, Rn.1 zu §105

[39] Tröndle/Fischer, Rn.1 zu §106; Lackner/Kühl, Rn.1 zu §106; LK-*Laufhütte*, Rn.1ff. zu §106

[40] SK-*Rudolphi*, Rn.1 zu §106; Schönke/Schröder-*Eser*, Rn.1 zu §106

Flexibilität und Schlagkraft aufweisen. Haben sie sich zwecks Begehung einer terroristischen Aktion zusammengetan, trennen sie sich im Anschluß sofort wieder.[41] Ferner war und ist §129a StGB innerhalb der *Primär*kompetenz nicht auf Mitglieder terroristischer Vereinigungen anwendbar, deren Sitz ausschließlich im Ausland liegt.[42]

Eingeführt wurde §129a innerhalb des Terrorismusgesetzes von 1976[43]infolge des immer stärker auftretenden, überwiegend linksgerichteten Terrorismus Anfang bis Mitte der 70er Jahre[44]und zielte vor allem auf eine intensivere strafrechtliche Verfolgung ausnehmend gefährlicher *terroristischer* Vereinigungen.

Insgesamt bildet die Norm eher einen Fremdkörper im Zuständigkeitsbereich der Oberlandesgerichte. So sind die Absätze 1 und 3 Qualifikationstatbestände mit deutlich erhöhtem Strafrahmen zu dem schon länger existenten §129 StGB (Verfolgung *krimineller* Vereinigungen), welcher allerdings dem Kompetenzbereich der landgerichtlichen Staatsschutzkammern im Rahmen des §74a GVG mit Ausnahme der Fälle von besonderer Bedeutung gemäß §74a Absatz 2, §120 Absatz 2, §142a Absatz 1 GVG angehört. Demnach stellt §129a StGB keine eigenständige Strafvorschrift dar, obwohl beispielsweise der Terminus der Vereinigung nur im Groben demjenigen aus §129 StGB entspricht, ansonsten jedoch einigen Modifikationen unterliegt,[45]welche die Handhabung dieses Paragraphen nicht unbedingt erleichtern. Die Qualifikation gegenüber §129 StGB ergibt sich hinsichtlich des Absatzes 1 vor allem aus der Begehung einer in Absatz 1 Ziffer 1-3 enumerierten Katalogtat als spezieller Zweck beziehungsweise Aufgabenbereich der Vereinigung, wenn auch gegebenenfalls die Begehung eines solchen Deliktes an sich eher von untergeordneter Bedeutung sein und nur der Verwirklichung des gesetzten Zieles diesen soll.[46]

Ferner erhält die in §120 Absatz 1 Ziffer 6 GVG genannte Norm herausragende Relevanz aufgrund ihrer Anknüpfung an weitere materiellrechtliche Strafvorschriften,[47]zum Beispiel an die Nichtanzeige geplanter Straftaten gemäß §138 Absatz 2 StGB, deren Auslegung sich auch heutzutage noch problematisch gestaltet, um eine zu inflationäre Verwendung des Begriffs der terroristischen Vereinigung zu vermeiden. Schon bei Einführung des §129a begegneten einzelne

---

[41] Rebmann in: NStZ 1986, S. 289 (291)

[42] unten, II.2.

[43] BGBl. 1976, Teil I, S. 2181

[44] zu den speziellen Anlässen vgl. 1.Teil, 7.Kap.I.3.

[45] LK-*von Bubnoff*, Rn.6 zu §129a; Tröndle/Fischer, Rn.3 zu §129a

[46] Schönke/Schröder-*Lenckner*, Rn.2 zu §129a; SK-*Rudolphi*, Rn.4 zu §129a; LK-*von Bubnoff* Rn.8 zu §129a; positiv zu diesem Tatbestand: Wassermann in: Terrorismus contra Rechtsstaat, S. 125 (137f.)

[47] Tröndle/Fischer, Rn.2 zu §129a; LK-*von Bubnoff*, Rn.4 zu §129a; Schönke/Schröder-*Lenckner*, Rn.1 zu §129a

dieser Strafvorschrift sowie ihrer Zuordnung zum primären Zuständigkeitsbereich des Generalbundesanwaltes mit Bedenken, bezeichneten sie als „fragwürdiges Organisationsdelikt" und befürworteten ihre Einordnung in die bestehende Kompetenzregelung gemäß §74a GVG samt Anziehungsrecht."[48] Die in der strafrechtlichen Norm enthaltene Brisanz verstärkte sich mit Blick auf die Auslegung der Sekundärzuständigkeit im Rahmen des §120 Absatz 2 Satz 1 Ziffer 2 GVG, welche einen eigenständigen Komplex bildet und daher später noch ausführlich dargestellt und analysiert werden wird.[49]
Ebenso stieß die Kronzeugenregelung, auf die hier gleichfalls nicht näher eingegangen zu werden braucht, in Einzelfällen auf Kritik. Die hauptsächlichen Vergünstigungen sind jedoch bereits mit Wirkung zum 31.12.1999 außer Kraft gesetzt.[50]
§129a StGB zeichnet sich weiterhin durch seine stetige Verschärfung aus - ein Signal des Gesetzgebers, dem Terrorismus vorwiegend durch die Erhöhung der Strafdrohung begegnen zu wollen.

### f. §120 Absatz 1 Ziffer 7 GVG: Nichtanzeige von Straftaten gemäß §138 StGB, wenn die Nichtanzeige eine zur Zuständigkeit der Oberlandesgerichte gehörende Straftat betrifft

Wie in allen anderen Fällen des §138 StGB auch, schützt die Vorschrift parallel zur Funktionstüchtigkeit der staatlichen Rechtspflege als verbrechenverhütendes Organ zugleich die von der geplanten Tat betroffenen Rechtsgüter.[51]
Die in §120 Absatz 1 Ziffer 7 GVG aufgeführte Zuständigkeit dürfte wohl auf die Relevanz der nichtangezeigten Straftat zurückzuführen sein: Wenn die geplante Tat in den Kompetenzbereich der Oberlandesgerichte fällt und damit die Belange des Staatsschutzes tangiert, zielt das Bestreben der Rechtspflege auf die Erlangung möglichst umfassender Kenntnis bezüglich des Umfeldes, und zwar einschließlich der Motivation, eine gegen den Staatsschutz gerichtete Straftat zu dulden. Daher erscheint es durchaus ratsam, die Nichtanzeige gemäß §138 StGB in solchen Fällen vor dem gleichen Gericht zu behandeln, vor welches auch die geplante Tat gehört, um den logisch-zwingend bestehenden Sachzusammenhang zu

---

[48] Mann, 254. BT-Sitzung v. 5.12.86, S. 19798; Kunz, 98. Sitzung des BT-RA v. 19.5.76, S. 131f.

[49] unten, II.

[50] BGBl. 1996, Teil I, S. 58

[51] Schönke/Schröder-*Cramer/Sternberg-Lieben*, Rn.1 zu §138; Tröndle/Fischer, Rn.1 zu §138; Lackner/Kühl, Rn.1 zu §138; a.A. SK-*Rudolphi*, Rn.2 zu §138, der allein die Rechtsgüter geschützt sieht, gegen welche sich die anzeigepflichtigen Straftaten richten; so auch LK-*Hanack*, Rn.2f. zu §138

wahren. Zudem könnte die unterschiedliche Definition des Terminus „Vereinigung“ bei Spruchkörpern verschiedener Instanzen zu differierenden Ergebnissen hinsichtlich geplanter Taten und ihrer Nichtanzeige führen.
Eine direkte Verbindung der Zuständigkeitsbereiche wird über §138 Absatz 2 StGB hergestellt, welcher sich ausschließlich auf die unterlassene Anzeige von Straftaten im Rahmen des §129a StGB bezieht und damit -bei stark vorverlagertem Strafschutz-[52]automatisch die Kompetenz der Oberlandesgerichte eröffnet.

### g. §120 Absatz 1 Ziffer 8 GVG: Völkermord (§220a StGB)

Bei diesem wider die Menschlichkeit gerichteten Verbrechen gehören alle in Absatz 1 der Vorschrift aufgeführten Gruppen, also nationale, rassische, religiöse und ethnische Gruppen, zu den Schutzgütern. Die Tathandlungen sind enumerativ aufgelistet.[53]
Obwohl Straftaten im Rahmen des §220a StGB keinesfalls als politisch angesehen werden,[54]sind sie dennoch in das Staatsschutzstrafrecht integriert worden. Der Grund dürfte in der hohen Verbrechensqualität sowie dem bundeseinheitlichen Schutz sich eventuell in der Minderheit befindender Gruppen zu suchen sein. Da eine erstinstanzliche Zuständigkeit des Bundesgerichtshofes für ein solches Delikt zwar theoretisch möglich, real aber nicht existent ist, unterfällt §220a StGB somit folgerichtig der Aburteilung durch die Oberlandesgerichte.

## 3. Delikte der Sekundärzuständigkeit

Erläutert werden sollen zunächst einmal hauptsächlich die in §120 Absatz 2 Satz 1 Ziffer 1 GVG bezeichneten Straftaten. Die Deliktsgruppen der Ziffern 2 und 3 erhalten aufgrund ihrer Problembehaftung im Anschluß eine eigene Übersicht und Diskussion.
Die Kompetenzverteilung ergibt sich aus §74a Absatz 2 GVG, der gleichzeitig eine Rückausnahme impliziert, nach welcher unter Wegfall der vorher existenten oder fälschlicherweise vermuteten besonderen Bedeutung erneut die landgerichtlichen Staatsschutzkammern für den Prozeß in Ausübung von Landesgerichtsbarkeit zuständig sind. Die gemäß §74a Absatz 1 GVG in Betracht kommenden Strafnormen sind die im folgenden aufgezählten.

---

[52] SK-*Rudolphi*, Rn.25 zu §138; LK-*Hanack*, Rn.50 zu §138
[53] SK-*Rudolphi*, Rn.3 zu §220a; Schönke/Schröder-*Eser*, Rn.3f. zu §220a; Tröndle/Fischer, Rn.2f. zu §220a
[54] Schönke/Schröder-*Eser*, Rn.8 zu §220a

**a. §74a Absatz 1 Ziffer 1 GVG: Friedensverrat gemäß §80a StGB**

Der vorstehende Straftatbestand umfaßt dasselbe Rechtsgut wie §80 StGB. Der Unterschied besteht allerdings in der Tathandlung. Während §80 StGB die *Vorbereitung* eines Angriffskrieges unter Strafe stellt, handelt es sich bei §80a StGB um eine gesteigerte, propagandistische Form des Anreizens[55]und beinhaltet daher im Normalfall eine etwas niedrigere Tatqualität als §80 StGB selbst. Dennoch können sich im Einzelfall Umstände ergeben, die eine Übernahme durch den Generalbundesanwalt notwendig erscheinen lassen.

**b. §74a Absatz 1 Ziffer 2 GVG: Gefährdung des demokratischen Rechtsstaates (§§84-86, 87-90, 90a Absatz 3, 90b StGB)**

Dieser Abschnitt betrifft ebenso wie der Hochverrat die innere Sicherheit des Bundes.[56] Die Gefährdung des demokratischen Rechtsstaates unterscheidet sich aber insofern von den Vorschriften über Hochverrat, als sie -im Gegensatz zum Letztgenannten- nicht auf dessen Angriffsmittel der Gewalt sowie der Drohung mit Gewalt angewiesen ist.[57]

**aa. Fortführung einer für verfassungswidrig erklärten Partei (§84 StGB) / Verstoß gegen ein Vereinigungsverbot (§85 StGB) / Verbreiten von Propagandamitteln verfassungswidriger Organisationen (§86 StGB)**

Tathandlungen im Rahmen des §84 StGB zielen darauf, entgegen der Erklärung der Verfassungswidrigkeit einer Partei eben diese weiter aufrechtzuerhalten und den organisatorischen Zusammenhalt zu bewahren.[58]
Bei einem Verstoß gegen ein Vereinigungsverbot, welches in §85 StGB normiert ist, läßt sich insgesamt die gleiche Struktur wie bei §84 StGB erkennen, allerdings mit Modifikationen hinsichtlich der betroffenen Personengruppen;[59]tangiert sind von dieser Vorschrift diejenigen Vereinigungen, welche entweder gegen die verfassungsmäßige Ordnung oder den Gedanken der Völkerverständigung gerichtet sind.[60]
Die Abschnitte über die Staatsgefährdung waren noch vor der Einführung einer zweiten Instanz in Staatsschutzstrafsachen reformiert worden. Das bereits 1964

---

[55] Lackner/Kühl, Rn.3 zu §80a; Tröndle/Fischer, Rn.2 zu §80a; LK-*Laufhütte,* Rn.3 zu §80a; SK-*Rudolphi,* Rn.2 zu §80a

[56] Schönke/Schröder-*Stree/Sternberg-Lieben,* Rn.3 vor §§80ff.

[57] Schönke/Schröder-*Stree/Sternberg-Lieben,* Rn.1 vor §§84ff.

[58] LK-*Laufhütte,* Rn.2 zu §84; Schönke/Schröder-*Stree/Sternberg-Lieben,* Rn.9 zu §84; SK-*Rudolphi,* Rn.1 zu §84; Tröndle/Fischer, Rn.3 zu §84

[59] Schönke/Schröder-*Stree/Sternberg-Lieben,* Rn.1 zu §85

[60] SK-*Rudolphi,* Rn.5 zu §85; Lackner/Kühl, Rn.1 zu §85; LK-*Laufhütte,* Rn.1 zu §85

eingeführte Verbotsprinzip des §84 StGB wurde durch das für §84 und §85 StGB geltende Feststellungsprinzip ergänzt.[61]
§86 StGB beinhaltet ausschließlich rechtsstaatsgefährdende Propaganda;[62] dieser Schluß ergibt sich bereits aus dem Wortlaut, da gemäß Absatz 2 unter Propagandamitteln diejenigen Schriften zu verstehen sind, welche in ihrem Inhalt gegen die freiheitlich-demokratische Grundordnung oder den Völkerverständigungsgedanken gerichtet sind. Die vorstehende Strafvorschrift stellt ihrem Wesen nach gleichzeitig ein mit Art.5 GG vereinbares Gefährdungsdelikt dar.[63]

### bb. Agententätigkeit zu Sabotagezwecken (§87 StGB)/Verfassungsfeindliche Sabotage (§88 StGB)

§87 StGB erfaßt die Vorbereitungen von Sabotageakten, soweit sie rechtsstaatsgefährdenden Charakter besitzen,[64] wobei die Möglichkeiten der Sabotagehandlungen in Absatz 2 ihre abschließende Aufzählung finden. Inhaltlich geht diese Strafvorschrift aufgrund ihrer Einbeziehung von Vorbereitungen von Vergehen und ansonsten nicht strafbarer Handlungen, wie beispielsweise das Beseitigen oder Verändern von Sachen, sowie von geplanten Verbrechen, die noch nicht dem Konkretisierungserfordernis des §30 StGB entsprechen, weit über diesen hinaus.[65]
Das Verbot der verfassungsfeindlichen Sabotage dient dem Schutz von Bestand, Sicherheit und Verfassungsgrundsätzen der Bundesrepublik.[66] Anders als in §87 StGB wird hier allerdings der erfolgreich durchgeführte Sabotageakt oder zumindest dessen Versuch vorausgesetzt. Dazu genügt bereits das Anstreben der damit verbundenen Staatsgefährdung, so daß §88 StGB ein abstraktes Gefährdungsdelikt umschreibt.[67]

### cc. Verfassungsfeindliche Einwirkung auf Bundeswehr und öffentliche Sicherheitsorgane (§89 StGB)

Als Schutzgüter werden von §89 StGB die bundesrepublikanische Sicherheit und verfassungsmäßige Ordnung erfaßt, welche durch Angriffe auf Bundeswehrange-

---

[61] vgl. 1.Teil, 6.Kap.I.2.
[62] Lackner/Kühl, Rn.1 zu §86; LK-*Laufhütte*, Rn.1 zu §86; SK-*Rudolphi*, Rn.1 zu §86
[63] BGH St 23, S. 64 (70); kritisch zu dieser Vorschrift Wassermann in: Terrorismus contra Rechtsstaat, S. 125 (150)
[64] Tröndle/Fischer, Rn.1 zu §87; SK-*Rudolphi*, Rn.1 zu §87; LK-*Laufhütte*, vor Rn.1 zu §87; Lackner/Kühl, Rn.1 zu §87; Schönke/Schröder-*Stree/Sternberg-Lieben*, Rn.1 zu §87
[65] Tröndle/Fischer, Rn.1 zu §87; SK-*Rudolphi*, Rn.6 zu §87; LK-*Laufhütte*, Rn.1 zu §87
[66] LK-*Laufhütte*, Rn.1 zu §88; Lackner/Kühl, Rn.1 zu §88
[67] Schönke/Schröder-*Stree/Sternberg-Lieben*, Rn.1 zu §88; SK-*Rudolphi*, Rn.1 zu §88

hörige sowie Angehörige eines öffentlichen Sicherheitsorgans mit der Folge ihrer Zersetzung beeinträchtigt beziehungsweise beseitigt werden sollen.[68]
Diese Vorschrift gewann nach 1951 infolge der Neubildung und Vergrößerung von Bundesorganen, wie zum Beispiel des Amtes für Verfassungsschutz, an Bedeutung.

### dd. Verunglimpfung des Bundespräsidenten (§90 StGB)/Verunglimpfung des Staates und seiner Symbole (§90a StGB) / Verfassungsfeindliche Verunglimpfung von Verfassungsorganen (§90b StGB)

Erfaßt wird von §90 StGB der Ehrenschutz des deutschen Staatsoberhauptes; er schützt damit Amt und Person des Bundespräsidenten.[69] Handlungen im Rahmen dieser Norm dürften wohl eher selten die für das Anziehungsrecht des Generalbundesanwaltes erforderliche besondere Bedeutung erlangen.
§90a StGB schützt insgesamt Bund und Länder sowie deren jeweilige Symbole gegen öffentliche Herabsetzung.[70] Teilweise wird die Auffassung vertreten, diese Vorschrift gehe über den Ehrenschutz hinaus und gewährleiste den Schutz des Bestandes von Bundesrepublik, Ländern und verfassungsmäßiger Ordnung.[71] Zur Zuständigkeit der landgerichtlichen Staatsschutzkammern gemäß §74a Absatz 1 Ziffer 2 GVG gehört aber lediglich Absatz 3 der vorstehenden Strafnorm, welcher zugleich die höchste Strafdrohung, nämlich Freiheitsstrafe bis zu fünf Jahren enthält. Voraussetzung für die Erfüllung des Absatzes 3 ist das absichtliche Einsetzen der Tat für Bestrebungen wider den Bestand der Bundesrepublik oder wider Verfassungsgrundsätze durch den Täter, so daß gegenüber §90 Absatz 1 und 2 StGB hierin ein Qualifikationsmerkmal in Form rechtsstaatsgefährdender Bestrebungen enthalten ist.[72]
Durch §90b StGB sind die höchsten Staatsorgane unter Schutz gestellt, also Gesetzgebungsorgane, Regierung, Verfassungsgerichte von Bund und Ländern sowie die Mitglieder dieser Organe in ihrer jeweiligen Funktion. Die der vorstehenden Norm zuzuordnenden Taten gelten als Mittel der Staatszersetzung, weswegen zwar Angriffe auf die staatliche Ordnung unter Strafe gestellt werden, nicht aber der Ehrenschutz der betroffenen Personen auf diesem Weg gewährleistet werden

---

[68] LK-*Laufhütte*, Rn.2 zu §89; SK-*Rudolphi*, Rn.1 zu §89; Schönke/Schröder-*Stree/Sternberg-Lieben*, Rn.1 zu §89

[69] Tröndle/Fischer, Rn.1 zu §90; SK-*Rudolphi*, Rn.1 zu §90; LK-*Laufhütte*, Rn.1 zu §90; Schönke/Schröder-*Stree/Sternberg-Lieben*, Rn.1 zu §90; Lackner/Kühl, Rn.1 zu §90

[70] BVerfGE 47, S. 198 (231)

[71] LK-*Laufhütte*, Rn.1 zu §90a

[72] LK-*Laufhütte*, Rn.25 zu §90a; Schönke/Schröder-*Stree/Sternberg-Lieben*, Rn.20 zu §90a; Tröndle/Fischer, Rn.22 zu §90a

soll.[73] Anders als bei §90a Absatz 3 StGB wirkt das absichtliche Einsetzen für rechtsstaatsgefährdende Bestrebungen nicht straferschwerend, sondern strafbegründend.[74]

### c. §74 a Absatz 1 Ziffer 3 GVG: Gefährdung der Landesverteidigung (§§109d - 109g StGB)

#### aa. Störpropaganda gegen die Bundeswehr (§109d StGB)/Sabotagehandlungen an Verteidigungsmitteln (§109e StGB)

Geschützt werden soll innerhalb des §109d StGB der Verteidigungswille im Rahmen der Landesverteidigung vor geistiger Sabotage in Form von Beeinträchtigungen der Funktionsfähigkeit der Bundeswehr.[75] Allerdings dürfte diese Vorschrift aufgrund ihrer teils unscharfen beziehungsweise schwer faßbaren Voraussetzungen nur geringe praktische Relevanz entfalten.[76]
§109e StGB stellt die Funktionsfähigkeit von Verteidigungsmitteln im weitesten Sinne, also Wehrmittel, Einrichtungen und Anlagen, unter strafrechtlichen Schutz. Voraussetzung ist, daß die Verteidigungsmittel zumindest hauptsächlich zum Zwecke der Verteidigung der Bundesrepublik oder zum Schutz ihrer Zivilbevölkerung existieren.[77] Umstritten ist lediglich, ob §109e StGB aufgrund seiner Zuordnung zu den Vorschriften über Landesverteidigung nur die äußere Sicherheit der Bundesrepublik schützt[78]oder zugleich die innere.[79]

#### bb. Sicherheitsgefährdender Nachrichtendienst (§109f StGB)/Sicherheitsgefährdendes Abbilden (§109g StGB)

Bei §109f StGB handelt es sich um eine Bekämpfung von dem Landesverrat vorgelagerten Aktivitäten und damit um ein abstraktes Gefährdungsdelikt bezüglich des militärischen Nachrichtendienstes, welches Gefahren für die äußere Sicherheit der Bundesrepublik Deutschland abzuwenden sucht.[80] Dennoch verbleibt in diesem Rahmen nur ein geringer Handlungsspielraum, da §109f StGB gegenüber

---

[73] BGH St 8, S. 191 (193)
[74] Lackner/Kühl, Rn.4 zu §90b
[75] SK-*Rudolphi,* Rn.1 zu §109d; Lackner/Kühl, Rn.1 zu §109d; Schönke/Schröder-*Eser*, Rn. 1-3 zu §109d
[76] vgl. dazu Schönke/Schröder-*Eser*, Rn.1-3 zu §109d mwN; LK-*Schroeder*, Rn.1 zu §109d; SK-*Rudolphi*, Rn.2 zu §109d
[77] SK-*Rudolphi,* Rn.2 zu §109e; Schönke/Schröder-*Eser*, Rn.1ff. zu §109e; Lackner/Kühl, Rn. 2f. zu §109e; LK-*Schroeder*, Rn.1 zu §109e
[78] so beispielsweise Schönke/Schröder-*Eser*, Rn.12 zu §109e
[79] so Lackner/Kühl, Rn.6 zu §109e; LK-*Schroeder*, Rn.10 zu §109e
[80] BGH St 23, S. 308 (311)

§§94ff. StGB subsidiär ist,[81] vor allem, wenn die nachrichtendienstliche Tätigkeit gleichzeitig die Voraussetzungen der geheimdienstlichen Tätigkeit im Sinne des §99 StGB erfüllt.[82]

Verboten ist nach §109g StGB jegliche Anfertigung von Abbildungen oder Beschreibungen von Wehrmitteln, militärischen Einrichtungen und Anlagen sowie von militärischen Vorgängen, welche durch ihre Weitergabe die Sicherheit der Bundesrepublik oder die Schlagkraft der Truppe gefährden. Diese Norm ist ebenfalls bereits im Vorfeld des Landesverrats angesiedelt und bezweckt den Schutz der äußeren Sicherheit der Bundesrepublik.[83]

### d. §74a Absatz 1 Ziffer 4 GVG: Zuwiderhandlungen gegen ein Vereinigungsverbot (§129 StGB und §20 Absatz 1 Satz 1 Ziffer 1-4 VereinsG)

#### aa. Bildung krimineller Vereinigungen (§129 StGB)

Schutzgüter des §129 StGB waren anfangs die öffentliche Sicherheit und staatliche Ordnung, und zwar unter dem Gesichtspunkt des öffentlichen Friedens.[84] Im Laufe der Jahre hat sich dabei zunehmend die Auffassung durchgesetzt, daß allein die Existenz krimineller Vereinigungen aufgrund ihres von einer Bande stark differierenden Wesens und ihrer Handlungsform in Strukturen der sogenannten Organisierten Kriminalität das allgemeine Sicherheitsgefühl zu schwächen vermag. Das Gefährdungspotential besteht also bereits zum Gründungszeitpunkt der Vereinigung, weshalb §129 StGB als abstraktes Gefährdungsdelikt den Strafschutz auch infolge der sich entwickelnden Eigendynamik solcher Vereinigungen aufgrund des Wegfalls individueller Hemmungsfaktoren und der Nutzung zweckrationaler Organisationsgefüge in das Vorbereitungsstadium vorverlagert,[85] jedoch nicht dauernd darauf zu beschränken ist, da diese Norm außerdem als Grundtatbestand für §129a StGB dient, welcher als Qualifikation in die Primärkompetenz der Oberlandesgerichte fällt.

Von §129 StGB werden nicht nur politische oder solcher Art motivierte (Untergrund) Organisationen erfaßt, wie es der Entstehungsgeschichte entspricht, sondern gleichermaßen rein kriminelle Vereinigungen, wie zum Beispiel Wirtschafts-

---

[81] SK-*Rudolphi*, Rn.1 zu §109f; Lackner/Kühl, Rn.6 zu §109f; Schönke/Schröder-*Eser*, Rn.12 zu §109f; Tröndle/Fischer, Rn.8 zu §109f

[82] LK-*Schroeder*, Rn.1 zu §109f.; Schönke/Schröder-*Eser*, Rn.1 zu §109f

[83] Schönke/Schröder-*Eser*, Rn.10 zu §109g; Lackner/Kühl, Rn.1 zu §109g; a.A. LK-*Schroeder*, Rn.11 zu §109g, der zugleich die innere Sicherheit gefährdet sieht.

[84] Lüttger in: GA 1960, S. 33 (54); Tröndle/Fischer, Rn.1b zu §129; Schönke/Schröder-*Lenckner*, Rn.1 zu §129; Lackner/ Kühl, Rn.1 zu §129; so auch noch LK-*von Bubnoff*, Rn.1 zu §129

[85] Rudolphi in: Bruns-FS, S. 315 (317); zustimmend Ostendorf in: JZ 1979, S. 252 (253); Schönke/Schröder-*Lenckner*, Rn.1 zu §129

straftäter. Eine solche Tatbestandsauslegung entspricht auch dem Schutzzweck der Norm, da selbst der Wortlaut einer einengenden Auslegung keine Stütze verleiht.[86]

Problematisch und damit Grund für die rechtspolitische Umstrittenheit dieser Vorschrift ist allerdings die Nichtanwendbarkeit von §129 StGB auf ausschließlich im Ausland bestehende Vereinigungen,[87] selbst wenn deren Zweck der Begehung von Straftaten innerhalb Deutschlands dient, ihre Mitglieder überwiegend deutscher Nationalität sind[88] und auf diesem Weg der öffentliche Friede durchaus gefährdet ist. Eine Ausnahme gilt lediglich für das Betäubungsmittelstrafrecht, (§30b BtMG),[89] welches hier aber nicht weiter von Interesse ist.

Die angeführte Problematik ergibt sich nach Auffassung von Rudolphi aus dem eingeengten Verständnis der Zielsetzung von §129 StGB und damit auch §129a StGB, welches zu einer Verhinderung internationaler Terrorismusbekämpfung führt.[90]

#### bb. Zuwiderhandlungen gegen Verbote (§20 Absatz 1 Satz 1 Ziffer 1-4 Vereinsgesetz)

Die in der vorstehenden Norm aufgeführten Vereinigungsverbote betreffen das Unterstützen und Aufrechterhalten bereits verbotener Vereine und Parteien, zum Beispiel als Mitglied, ohne daß jedoch ein Bezug zum Staatsschutzstrafrecht besteht, da dieser Bereich bereits umfassend durch das Strafgesetzbuch (§§84ff.) abgedeckt ist. Deshalb erübrigen sich diesbezüglich jegliche weiteren Ausführungen.

### e. §74a Absatz 1 Ziffer 5 GVG: Verschleppung (§234a StGB)/ §74a Absatz 1 Ziffer 6 GVG: Politische Verdächtigung (§241a StGB)

Der Grund für die Einordnung dieses Straftatbestandes in die Kategorie der sogenannten politischen Delikte liegt in dem innerhalb der Vorschrift selbst aufgezählten Zweck der Verschleppung, nämlich daß die verschleppte Person der Gefahr politischer Verfolgung ausgesetzt wird und dabei gleichzeitig ein Widerspruch zu rechtsstaatlichen Grundsätzen besteht, welcher zu erheblichen Nachteilen für die betroffene Person zu führen geeignet ist. Ansonsten gehört §234a StGB zu den Strafvorschriften über die persönliche Freiheit.

---

[86] Schönke/Schröder-*Lenckner*, Rn.1 zu §129; Lackner/Kühl, Rn.2 zu §129; vgl. dazu auch BGH St 30, S. 328 (329) mwN; LK-*von Bubnoff*, Rn.5 zu §129

[87] dazu explizit unten, II.2.

[88] dazu grundlegend BGH NJW 1966, S. 310 (312)

[89] SK-*Rudolphi*, Rn.13 zu §129; Schönke/Schröder-*Lenckner*, Rn.4a zu §129 mwN

[90] in: Bruns-FS, S. 315 (318f.)

§241a StGB steht inhaltlich mit §234a StGB in Verbindung. Kennzeichnendes Merkmal ist auch hier die Gefahr der politischen Verfolgung sowie der bestehende Widerspruch zu rechtsstaatlichen Grundsätzen, welcher geeignet ist, zu erheblichen Nachteilen für die betroffene Person zu führen. Demnach sind die Schutzgüter von §234a StGB und §241a StGB -Leib, Leben, persönliche Freiheit sowie die Freiheit wirtschaftlicher Betätigung- identisch.[91] Allerdings ist die Tathandlung beider Normen jeweils unterschiedlich, da §241a StGB im Gegensatz zu §234a StGB, welcher Verschleppung bedingt, bereits eine Denunziation im weitesten Sinne genügen läßt.[92]

## II. Problemstellungen innerhalb des §120 Absatz 2 Satz 1 GVG

### 1. Hintergründe der Änderungen

Bereits während der Beratungen über das Gesetz zur Bekämpfung des Terrorismus vom 19.12.1986 gingen die Meinungen hinsichtlich der geplanten Neufassung innerhalb des Gerichtsverfassungsgesetzes weit auseinander. Die Bundestagsdrucksache 10/6286 sah ursprünglich vor, die Zuständigkeiten der heute geltenden Ziffern 2 und 3 des §120 Absatz 2 Satz 1 GVG innerhalb einer einzigen Nummer zu regeln.[93] In der darauffolgenden 101. Sitzung des Rechtsausschusses des Bundestages vom 14.11.1986 wurden die Vor- und Nachteile einer Strafrahmenerhöhung, Katalogausweitung und Kompetenzexpansion des Generalbundesanwaltes diskutiert.

Das Ganze war hauptsächlich auf Initiative des damaligen Generalbundesanwaltes Kurt Rebmann hin geschehen. Schon in der 31. Sitzung des Bundestagsrechtsausschusses, die am 10. März 1982 stattfand, hatte er sich bezüglich der Notwendigkeit einer Änderung des Gerichtsverfassungsgesetzes geäußert und eine Erweiterung des §129a StGB für dringlich erachtet.[94]

Bis dato waren -wie bereits erläutert- terroristische Vereinigungen mit Sitz im Ausland von der Strafverfolgung durch den Bund ausgeschlossen, selbst wenn sie sich aus deutschen Mitgliedern zusammensetzten. Gegen Ende der siebziger Jahre begannen sich die Organisationsstrukturen terroristischer Gruppen allerdings zu modifizieren. Rebmann sah in der Konsequenz eine immer stärker dezentralisierte Strafverfolgung relevanter, politisch motivierter Straftaten. Eine an die im Laufe der Jahre veränderte Gewaltkriminalität angepaßte, bundesweit zentrale Strafverfolgungszuständigkeit für diese Delikte hielt er vor allem in den Fällen

---

[91] SK-*Horn*, Rn.2 zu §241a; Schönke/Schröder-*Eser*, Rn.1 zu §241a; Lackner/Kühl, Rn.1 zu §241a

[92] Schönke/Schröder-*Eser*, Rn.1 zu §241a; SK-*Horn*, Rn.3 zu §241a

[93] BT-DrS 10/6286, S. 3ff.

[94] Sten.Prot. der 31. Sitzung des BT-RA v. 10.3.1982, S. 30f.

des besonders starken Betroffenseins der inneren oder äußeren Sicherheit der Bundesrepublik aufgrund erheblicher terroristischer Straftaten für zwingend erforderlich, um durch gebündelte Ermittlungen, reichhaltige Erfahrungen der Staatsanwaltschaft und den Einsatz der dem Bundeskriminalamt in sachlicher, technischer und persönlicher Hinsicht zur Verfügung stehenden Mittel eine gegenüber den Ländern effektivere Strafverfolgung gewährleisten zu können,[95] zumal die Länderstaatsanwaltschaften bereits häufig darum bemüht seien, terroristische Gewalttaten, welche gleichzeitig organisationsbedingte Handlungen im Sinne von §129, §129a StGB darstellten, in Bundesgerichtsbarkeit überzuführen. Damit die relevanten Staatsschutzdelikte zentral verfolgt werden konnten, sollte nach dieser Auffassung der bislang für §129a StGB maßgebliche Begriff der Vereinigung nicht mehr allein ausschlaggebend für die Kompetenzverteilung sein.

### 2. Abgrenzungsschwierigkeiten der Kompetenzverteilung im Rahmen des §120 Absatz 2 Satz 1 Ziffer 2 GVG

Rebmann berief sich zur Unterstützung seiner Forderung nach Loslösung vom Vereinigungsbegriff als Zuständigkeitsvoraussetzung im Rahmen des §129a StGB auf die Entstehungsgeschichte dieser Vorschrift. Den Grund für die Zuordnung zur Primärkompetenz des Bundes hatte man bei der Einführung in der Erforderlichkeit zentraler Ermittlungstätigkeit und dem Verhindern zeitlicher Verzögerungen erblickt, die einem schnellen Zugriff und damit einer wirksamen Bekämpfung des Terrorismus entgegengestanden hätten.[96]

Auf diese Argumentation aufbauend, wandte sich der damalige Generalbundesanwalt entschieden gegen die Rechtsprechung des Bundesgerichtshofes, nach welcher eine vormals erfolgte Änderung der Gesetze 1976 in Form der Einführung des §129a StGB unter nationalen Staatsschutzgesichtspunkten stattgefunden hatte. Die Einbeziehung im Ausland begangener oder von dort gegen ausländische Staatsmächte gerichteter Straftaten war dabei bewußt unterlassen worden.[97] Diese Rechtsprechungslinie setzte der Bundesgerichtshof später fort. In einer am 5. Januar 1982 ergangenen Entscheidung[98] stellte er bereits in seinem Leitsatz klar, daß unter Vereinigungen im Sinne des §129a StGB nur diejenigen innerhalb des räumlichen Geltungsbereiches des Grundgesetzes zu verstehen waren. Da diese Vorschrift qualifizierend zu §129 StGB steht, setzte der Bundesgerichtshof für dessen Anwendung das Bestehen von zumindest einer Teilorganisation im Geltungsbereich des Art.9 Absatz 2 GG voraus.[99] Die Haltung der obersten Recht-

---

[95] Rebmann in: NStZ 1986, S. 289 (291) und (294)
[96] BT-DrS 7/5401, S. 11
[97] vgl. BGH St 22, S. 282 (284)
[98] BGH St 30, S. 328ff.
[99] BGH St 20, S. 45 (49ff.)

sprechung wurde zu diesem Zeitpunkt noch weitgehend von der Literatur befürwortet,[100] jedoch erhoben sich bereits einzelne Stimmen, welche den Schutzbereich der §129, §129a StGB in der heute gültigen Fassung und Auslegung interpretierten und daher eine in das Vorbereitungsstadium vorverlagerte Bekämpfungsintention als Sinn der Vorschrift sahen.[101] Solchen rechtspolitischen, vermuteten Notwendigkeiten stellte der Bundesgerichtshof hingegen die Entstehungsgeschichte des §129 StGB innerhalb des ersten Strafrechtsänderungsgesetzes aus dem Jahre 1951 gegenüber, welche an das Vereinigungsverbot des Art.9 Absatz 2 GG angeknüpft habe und somit nur auf organisierte Terrorgruppen im Inland anwendbar sei.[102] Ein Abstellen auf die Staatsangehörigkeit der Mitglieder einer im Ausland ansässigen Vereinigung sowie auf die Ziele der geplanten Angriffe wurde vom erkennenden Senat ausdrücklich abgelehnt, da der Wortlaut von §129, §129a StGB solch differenzierte Zuordnungen nicht zu decken schien. Zwar erkannte der Bundesgerichtshof durchaus die Gefährlichkeit von Vereinigungen dieser Art für den inneren Frieden der Bundesrepublik an, doch zog er daraus keinesfalls die Konsequenz extensiverer Auslegung der beiden genannten Strafvorschriften.[103] Aufgrund der einengenden Auslegung mußte eine Strafverfolgung gemäß §129a StGB selbst dann unterbleiben, wenn zwar der „Kopf" einer Terrororganisation die deutsche Staatsangehörigkeit und einen Wohnsitz im Inland besaß, die übrigen Mitglieder ebenfalls Deutsche waren und das Ziel der Angriffe die bundesstaatliche Sicherheit und Ordnung darstellte, sich der Sitz dieser Vereinigung jedoch vollständig im Ausland befand. Als Beispiel hierfür dürfte das zwangsweise eingestellte Verfahren innerhalb des §129a StGB gegen den Gründer und Anführer der sogenannten „Wehrsportgruppe Hoffmann" dienen, welcher sich durch eine Verlagerung seiner Gruppe in den Libanon der Strafverfolgung durch den Generalbundesanwalt entzog.[104] Zwar konnten manche Ermittlungsverfahren an die jeweilige Landesstaatsanwaltschaft abgegeben werden, wenn es sich um Gewaltakte ausländischer Terrorgruppen handelte, doch durchbrach dieses System wechselnder Zuständigkeiten das von einigen befürwortete zentrale Netz, zumal aufgrund der Nichtanwendbarkeit des §129 StGB mangels deutscher Teilorganisation nicht unter Staatsschutz-, sondern nur unter allgemeinstrafrechtlichen Gesichtspunkten ermittelt werden konnte. Gleiches galt für die internationale Zusammenarbeit terroristischer Vereinigungen. Bezüglich ihrer Verfolgung bestand auch hier die gesplittete Kompetenz zwischen Bund und Län-

[100] vgl. die Auflistung in BGH St 30, S. 328f.
[101] Rudolphi im Anschluß an BGH NStZ 1982, S. 198; vgl auch oben Anm. 85
[102] BGH St 30, S. 328 (329)
[103] BGH St 30, S. 328 (331f.)
[104] siehe die weiteren Nachweise bei Rebmann in: NStZ 1986, S. 289 (290)

dern.[105] Einzelne waren dennoch der Auffassung, daß der Rückgriff auf die Historie nicht zur Unterstützung des Bundesgerichtshofes beitrage, da sich der von diesem angeführte vorgebliche Wille des damaligen Gesetzgebers, den Anwendungsbereich der genannten Paragraphen auf inländische Terrororganisationen zu beschränken, nirgendwo im Gesetzeswortlaut manifestiert habe.[106]
Obwohl Rebmann noch 1979 hinsichtlich einer Ausdehnung der generalbundesanwaltlichen Zuständigkeit auf die infolge einer erheblichen Expansion der Justiz auf Bundesebene und im Rahmen der §§129, 129a StGB neu zu definierenden Anknüpfungspunkte zur Kompetenzabgrenzung entstehenden Schwierigkeiten hingewiesen hatte,[107]war er 1986 bereits von der Notwendigkeit zentraler Verfolgungszuständigkeiten überzeugt.
Der ursprüngliche Entwurf der Neufassung von §120 Absatz 2 Satz 1 Ziffer 2 GVG hatte hingegen schon zu Beginn die Hauptschwierigkeit verdeutlicht, nämlich die Begrenzung der Bundeskompetenz bezüglich des §129a StGB auf staatsschutzrechtliche Delikte. Bereits in den ersten Beratungen des Bundestagsrechtsausschusses über die geplante Fassung wurde die Unmöglichkeit offenbar, diese Regelung Gesetz werden zu lassen. Die einzelnen Problembereiche waren in einer einzigen Ziffer gebündelt, weswegen schließlich eine Aufteilung in jeweilige Komplexe für außernationale und nationale Arten des Terrorismus erfolgte.[108]

**a. Argumente für und gegen eine zentrale Strafverfolgung durch den Generalbundesanwalt**

Als Drucksache 10/6635 hatte der Deutsche Bundestag daraufhin die nun revidierte Änderung des Gerichtsverfassungsgesetzes vorgeschlagen. Auf Seite 6 des Entwurfs sollten im Rahmen der Neufassung des §120 Absatz 2 Satz 1 Ziffer 2 GVG bei Vorliegen der erforderlichen besonderen Bedeutung auch solche Vereinigungen von der Zuständigkeit des Generalbundesanwaltes erfaßt sein, welche Straftaten im Sinne des §129a StGB begingen, ihren Sitz aber ausschließlich im Ausland hatten. Das damit verfolgte Ziel einer wirksameren Terrorismusbekämpfung ließ sich laut Entwurfsbegründung anscheinend nur durch eine extensivere Kompetenz von Oberlandesgerichten und Generalbundesanwalt erreichen. Mitauslöser für den Gesetzentwurf waren vor allem die mangels zureichender tatsächlicher Anhaltspunkte (§152 Absatz 2 StPO) für wenigstens eine Beteiligung deutscher terroristischer Vereinigungen in die Zuständigkeit der Länder gefallenen Anschläge auf die Diskothek „La Belle“ in Berlin und den Frankfurter Flug-

[105] Rebmann in: NStZ 1986, S. 289 (291)
[106] Rudolphi in: NStZ 1982, S. 198 (200)
[107] Rebmann in: DRiZ 1979, S. 363 (365)
[108] Schnarr in: MDR 1993, S. 589

hafen gewesen.[109]

Der Argumentationsstrang innerhalb der Entwurfsbegründung entsprach im wesentlichen der Meinung des damals amtierenden Generalbundesanwaltes, der die Staatsanwaltschaften der Länder als nicht in der Lage befand, überörtliche Zusammenhänge sowie bundesweite Fernziele zu erkennen, ihnen nur lückenhaftes Hintergrundwissen in Ermangelung einschlägiger Erfahrungen mit der Deliktsgruppe des Staatsschutzstrafrechts zumaß und daraus den Schluß ineffektiver Strafverfolgung inklusive reduzierten Bekämpfungserfolges zog.[110] Insbesondere der mögliche Wechsel zwischen den Staatsanwaltschaften der Länder und des Bundes wurde als größtes Hemmnis der Strafverfolgungseffizienz gesehen.[111] Eine Übernahme der im Rahmen der §74a Absatz 2, §120 Absatz 2 GVG bereits existenten sogenannten Evokationslösung, also der Zuständigkeit bei Vorliegen der besonderen Bedeutung, sollte die Eingrenzung der von der Bundesanwaltschaft zu ermittelnden Fälle auf ein gewisses Maß gewährleisten. Im übrigen wurde die erweiterte Kompetenz nicht als solche des Generalbundesanwaltes, sondern der Oberlandesgerichte empfunden. Die parallele Zuständigkeitsexpansion der höchsten Anklagebehörde resultierte lediglich aus der zwingenden Verbindung von Strafverfolgungsorgan und Gerichtszuständigkeit gemäß §142a Absatz 1 Satz 1 GVG.[112]

Knapp 14 Tage nach der Diskussion um den ersten Entwurf, am 27.11.1986, beriet der Bundestagsrechtsausschuß in seiner 103. Sitzung über die revidierte Fassung und äußerte sich insgesamt positiv zur Erstreckung der oberlandesgerichtlichen Kompetenz auf ausländische terroristische Vereinigungen, falls sie §129a StGB zuzuordnende Straftaten verübten.[113] Die Neufassung des §120 Absatz 2 Satz 1 Ziffer 2 GVG wurde als verfassungsmäßige Präzisierung der Kompetenzabgrenzung zwischen Bund und Ländern aufgefaßt, wobei das zwingend vorausgesetzte Merkmal der besonderen Bedeutung das notwendige Regulativ bilden sollte.[114]

---

[109] Stiller, 103. Sitzung des BT-RA v. 27.11.86, S. 57. Die regionalen Staatsanwaltschaften konnten ebenfalls nicht im Rahmen des §129 StGB ermitteln.

[110] Rebmann in: NStZ 1986, S. 289 (291)

[111] BT-DrS 10/6286, S. 5f.; zustimmend Groß/Geerds: HB der Kriminalistik, Bd.II, S. 449 und S. 600

[112] BT-DrS 10/6286, S. 6; Rieß, 103. Sitzung des BT-RA v. 27.11.86, S. 56

[113] Rieß, 103. Sitzung des BT-RA v. 27.11.86, S. 45f.; Stiller, ebenda, S. 57f.; damit ist nicht die Verfolgung ausländischer Vereinigungen als solche gemeint, sondern vorbehalten für den Fall der Begehung terroristischer Straftaten.

[114] Seibert, 103. Sitzung des BT-RA v. 27.11.86, S. 53; zustimmend Vorndran, 572. BR-Sitzung v. 19.12.86, S. 727; Günther, ebenda, S. 731

Auch die kurz vor der Verabschiedung der Gesetzesänderung erfolgte Debatte im Deutschen Bundestag am 5.12.1986 brachte keine Einwände hinsichtlich der Ziffer 2 von §120 Absatz 2 Satz 1 GVG.
De With berichtete von den Ergebnissen der Sitzungen des Rechtsausschusses, schränkte allerdings die in der Anlage zum Protokoll der 101. Sitzung am 14.11. 1986 auf Seite 11 fixierte Zustimmung zur Zuständigkeitserweiterung zwecks Schließung vorhandener Gesetzeslücken wieder leicht ein. Zwar verlor das Argument, Ziele, Strukturen und Hintergründe solcher Vereinigungen von zentraler Stelle aus zu überwachen und zu bekämpfen, nicht an Einfluß, doch wollte er die Vermeidung außenpolitischer Konflikte berücksichtigt wissen. Seine Bedenken richteten sich somit nicht gegen die Zuständigkeitserweiterung als solche, sondern die potentielle Erstreckung auf außenpolitische Belange.[115] Hingegen wurde vereinzelt die Auffassung vertreten, daß gerade wegen der eventuell zu befürchtenden außenpolitischen Verwicklungen die Strafverfolgung beim Bund, der schließlich das Mandat für die Außenpolitik innehabe, zu zentralisieren sei.[116]
Trotzdem gab es durchaus noch kritische Stimmen, die der geplanten Neuregelung mit Bedenken gegenüberstanden.[117] Es wurde unter anderem die Schwierigkeit hervorgehoben, innerhalb der Ermittlungszuständigkeiten der jeweiligen Eingangsinstanz festzustellen, ob parallel eine Verbindung mit einer im Ausland ansässigen Vereinigung besteht, deren Zweck und Betätigung auf die Begehung von Mord, Totschlag und Straftaten im Sinne von §129a Absatz 1 Ziffer 2 und 3 StGB gerichtet ist.

### aa. Folgen der ausgedehnten Evokationslösung auch in Hinblick auf das Prinzip des gesetzlichen Richters

Die geplante und später tatsächlich durchgeführte Erweiterung der „flexiblen" Zuständigkeit wurde von der Mehrheit als in Einklang mit dem Grundsatz des gesetzlichen Richters gemäß Art.101 Absatz 1 Satz 2 GG stehend erachtet. Die Übernahme des Merkmals der besonderen Bedeutung in §120 Absatz 2 Satz 1 Ziffer 2 GVG deutete man in Anlehnung an die gängige Rechtsprechung von Bundesgerichtshof und Bundesverfassungsgericht sowie an die bestehende Regelung in §74a GVG als Auslegung unbestimmter Rechtsbegriffe ohne Spielraum für ein tatsächliches Wahlrecht der Staatsanwaltschaft,[118]zumal das Merkmal der besonderen Bedeutung bereits an anderen Stellen im Gesetz als Anknüpfungspunkt, wenn auch nicht unumstritten, fungierte.[119]

---

[115] de With, 254. BT-Sitzung v. 5.12.86, S. 19793
[116] Dencker in: StV 1987, S. 117 (118)
[117] Schmidt in: MDR 1987, S. 182 (184)
[118] BT-DrS 10/6635, S. 15
[119] Rebmann in: NStZ 1986, S. 289 (292f.)

Die hierin enthaltenen drei Hauptargumente, die auch der Rechtsausschuß für sich in Anspruch genommen hatte, nämlich die Gesetzesbindung des Generalbundesanwaltes als Teil der Exekutive, die Überprüfung der Zuständigkeit durch das jeweilige, mit der Sache betraute Gericht sowie der Vergleich mit der bereits seit 30 Jahren existenten flexiblen Regelung in §74a GVG,[120]vermögen jedoch nicht alle Bedenken auszuräumen. So kann beispielsweise ein von der Staatsanwaltschaft mit dem Verfahren betrautes Gericht infolge von §§209 Absatz 2, 225a Absatz 1, 270 Absatz 1 StPO die Akten nur dann „nach oben" weitergeben, wenn es die Zuständigkeit eines Gerichts höherer Ordnung für begründet hält. Gemäß §120 Absatz 2 (und ebenso hinsichtlich der Staatsschutzkammern bei §74a) GVG ist die Zuständigkeit des Oberlandesgerichtes aber erst bei Übernahme der Strafverfolgung durch den Generalbundesanwalt begründet, so daß die Landgerichte mithin nicht von sich aus Bundesgerichtsbarkeit herbeiführen können, wenn das Vorliegen einer besonderen Bedeutung seitens des Generalbundesanwaltes verneint wurde.[121] Damit hat die Exekutive einen entscheidenden Einfluß auf die Kompetenzverteilung.[122] Daß eine solche Vermischung von Akten der Exekutive und gesetzlicher Regelung noch mit dem Prinzip des gesetzlichen Richters vereinbar ist, dürfte kaum anzunehmen sein. Die daraus resultierende mangelnde Gewährleistung gerichtlicher Nachprüfbarkeit[123]-unabdingbare Voraussetzung für die Zulässigkeit flexibler Zuständigkeiten- entzieht folglich dem Argument der Rechtsprechung von der reinen Auslegung eines unbestimmten Rechtsbegriffes größtenteils den Boden und läßt an der Verfassungsmäßigkeit der beweglichen Zuständigkeit zweifeln.[124] Bereits bei der Einführung des §129a StGB 1976 wollte man diesen Konflikt beseitigen und die Prüfung der besonderen Bedeutung aus beiden Perspektiven gerichtlicher Kontrolle unterziehen, indem das Äquivalent eines Vorlagerechtes anhängiger Verfahren für die Staatsschutzkammern zu den Oberlandesgerichten avisiert wurde,[125]jedoch ohne Erfolg. Bei den Beratungen des Bundestagsrechtsausschusses 1986 war der Begriff der besonderen Bedeutung in diesem Zusammenhang immer noch als zu unscharf kritisiert worden.[126]
Ein Vergleich mit der gängigen Praxis im Rahmen des §74a GVG läßt ferner ausser Acht, daß der Anwendungsbereich innerhalb des §120 Absatz 2 Satz 1 Ziffer

---

[120] BT-DrS 10/6635, S. 15; Seibert, 103. Sitzung des BT-RA v. 27.11.86, S. 54

[121] Rieß in: GA 1976, S. 1 (9); Eisenberg in: NStZ 1996, S. 263 (265); Kissel, Rn.10 zu §142a GVG

[122] Dencker in: StV 1987, S. 117 (118); ebenso Basten, S. 60

[123] Dencker in: StV 1987, S. 117 (118); zustimmend Kühl in: NJW 1987, S. 737 (747)

[124] Für eine explizite Verletzung des Art. 101 Absatz 1 Satz 2 GG: Rieß schon in: GA 1976, S. 1(8); Dencker, 101. Sitzung des BT-RA v. 14.11.86, S. 140; kritisch auch Schoreit, S. 30 und Eisenberg in: NStZ 1996, S. 263 (265)

[125] Rieß in: GA 1976, S. 1 (24)

[126] Odersky, 101. Sitzung des BT-RA v. 14.11.86, S. 40

2 GVG gegenüber der seit mehr als 30 Jahren bestehenden Regelung erheblich ausgedehnter ist.
Nicht zuletzt bietet selbst die Annahme, daß sich hinter dem Merkmal der besonderen Bedeutung lediglich ein unbestimmter Rechtsbegriff verbirgt, eine breite Palette an Auslegungsmöglichkeiten:[127] Da §120 Absatz 2 nämlich einen weiteren Anwendungsbereich als §74a GVG enthält, erscheinen auch die hierzu gesammelten Deutungsvarianten als unzureichend. Ohne nähere Auslegungskriterien steht daher eine schier unüberprüfbare Handhabung des Begriffs der besonderen Bedeutung zu befürchten, wodurch erneut der Konflikt mit Art.101 Absatz 1 Satz 2 GG offen zutage treten würde.

### bb. Begriffsbegrenzung über Art. 96 Absatz 5 GG ?

Eine Einengung der Evokationslösung schien hingegen durch Art.96 Absatz 5 GG vorgezeichnet, wonach der Generalbundesanwalt sein sogenanntes Wahlrecht nur bei Delikten mit Staatsschutzcharakter ausüben darf. Rebmann vertrat daher die Auffassung, infolge des Erfordernisses des Vorliegens von Straftaten im Rahmen des Staatsschutzes sei die Deliktsqualität in notwendiger Weise eingeschränkt, um die Vereinbarkeit der erweiterten Evokationslösung mit den grundgesetzlichen Vorgaben des Art. 101 Absatz 1 Satz 2 GG zu gewährleisten. Die generelle Kompetenzbegrenzung folgte für ihn aus der eingeschränkten Strafgerichtsbarkeit des Bundes: Da gemäß §141 GVG die Ermittlungs- und Verfolgungszuständigkeit der Staatsanwaltschaft mit der Kompetenz des Gerichts, welchem die Behörde zugeordnet ist, korrespondiert, sei die Strafverfolgungskompetenz des Generalbundesanwaltes durch diejenige des Bundes begrenzt.[128]
Die Begründung des Deutschen Bundestages bewegte sich in etwa auf der gleichen Linie. Auch hier wurde die Begriffsbestimmung in Art.96 Absatz 5 GG[129]als Zuständigkeitsbegrenzung verstanden, wodurch §120 Absatz 2 Satz 1 Ziffer 2 GVG aufgrund seines Charakters als Organisationsdelikt folgerichtig dem Bereich des Staatsschutzes zuzurechnen sei.[130]
Diese Argumentation verfängt jedoch nur insoweit, als auf solche Weise Straftaten der „allgemeinen“ Kriminalität herausgefiltert werden können. Es ändert allerdings nicht an dem erheblichen Spielraum, welcher dem Generalbundesanwalt verbleibt, um einer Tat das Merkmal der besonderen Bedeutung zuzumessen oder nicht, beziehungsweise sie unter staatsschutzrechtlichen Gesichtspunkten als relevant einzustufen.

---

[127] so im Ergebnis auch Dencker in: StV 1987, S. 117 (119)
[128] Rebmann in: NStZ 1986, S. 289 (293); gestützt durch BGH NJW 1988, S. 1474 = NStZ 1988, S. 188
[129] Zum Umfang des Staatsschutzbegriffes ausführlich Ziegler in: BayVBl. 1968, S. 333ff.
[130] BT-DrS 10/6635, S. 15; zustimmend Seibert, 103. Sitzung des BT-RA v. 27.11.86, S. 53

Der Bundesgerichtshof schränkte in seiner Entscheidung vom 21.12.1987 den Zuständigkeitsbereich ebenfalls ein, indem er nicht alle unter §129, §129a StGB fallenden Straftaten zugleich dem Staatsschutz zuordnete. Der Senat berief sich dabei auf die gesetzgeberischen Intentionen und verneinte entschieden das Bedürfnis, jede im Rahmen des §129 StGB erfolgte Form der Organisierten Kriminalität der Bundesgerichtsbarkeit zuzuleiten.[131] Allerdings sah der Bundesgerichtshof durch teilweise von deutschem Boden aus agierende kriminelle Ausländervereinigungen außenpolitische Belange betroffen, so daß die Inanspruchnahme von Bundesgerichtsbarkeit in solchen Fällen keine unzulässige Ausdehnung des Art.96 Absatz 5 GG darstelle.[132]

Auch wenn sich im Grunde dieser Haltung zustimmen läßt und derartige Straftaten unter die Belange des Staatsschutzes subsumiert werden können, genügt dies weiterhin nicht zur Eingrenzung des Merkmals der besonderen Bedeutung auf ein verfassungskonformes Maß, da ansonsten der angebliche unbestimmte Rechtsbegriff vollständig mit dem Betroffensein außenpolitischer Belange gleichzusetzen wäre, was weder der Fall ist noch tatsächlich erwünscht sein kann.

Im Ergebnis ist daher festzustellen, daß Art.96 Absatz 5 GG zwar die Eingrenzung auf Straftaten bezüglich des Staatsschutzes zu leisten vermag, dem Merkmal der besonderen Bedeutung aber dennoch keine Verfassungskonformität verleiht.

### cc. Erweiterung von Bundesbehörden

Die mit der Gesetzesänderung angestrebte Strafverfolgungseffizienz sollte aufgrund einer zentralen Zugriffsmöglichkeit erreicht werden, womit notwendigerweise eine größere Belastung des Generalbundesanwaltes und seines Behördenstabs verbunden war. Um die anfallende zusätzliche Arbeitslast bewältigen zu können, stand wahrscheinlich eine Erhöhung der Beamtenanzahl bevor. Zusätzlich mußten die an der Strafverfolgung beteiligten Bundesbehörden in ihren Kapazitäten verstärkt und erweitert werden, wovon insbesondere das Bundeskriminalamt mit einer verbesserten technischen Ausrüstung sowie das Bundesamt für Verfassungsschutz betroffen waren.

Die Frage nach der Erweiterung tauchte bereits in den Beratungen des Bundestagsrechtsausschusses auf.[133] Der Bundesrat äußerte sich eher positiv gegenüber dem Konzept, dem Vorstoß des Terrorismus unter anderem durch eine Verstärkung der beiden Sicherheitsbehörden des Bundes zu begegnen. Ein Ausbau der dort angesiedelten Abteilungen zur Bekämpfung des Terrorismus wurde sowohl

---

[131] BGH NJW 1988, S. 1474 (1475) = NStZ 1988, S. 188 (189); zustimmend Schmidt in: MDR 1987, S. 182 (184); Schnarr in: MDR 1988, S. 89 (93)

[132] BGH NJW 1988, S. 1474 (1475) = NStZ 1988, S. 188 (189); ablehnend Stern §33 III 1f.

[133] 103. Sitzung des BT-RA v. 27.11.86, S. 59

in personeller Hinsicht als auch bezüglich der materiellen Ausstattung befürwortet und dabei eine weiterhin existente Kooperation zwischen Bund und Ländern vorausgesetzt.[134] Ferner äußerten sich Kriminalisten affirmativ zu dieser Entwicklung. Sie sahen in der zergliederten Organisation das größte Manko innerhalb der Terroristenverfolgung. Gefordert wurde von ihrer Seite eine verbesserte Organisationsstruktur,[135] da sich die Nachteile der derzeitigen Zuständigkeitsverteilung lediglich aufgrund von Flexibilität der betroffenen Beamten nicht so gravierend auswirkten. Das Bundeskriminalamt könne zudem seine Hauptfunktion der Koordination nur dann erfolgreich ausüben, wenn die Landesbehörden sich entsprechend kooperativ zeigten. Solange jedoch weiterhin starke Unterschiede in Ausbildung und Handhabung der Kriminalitätsbekämpfung existierten,[136] sei die Forderung nach einer „Bundeskriminalpolizei" nachvollziehbar.[137]
Dabei dürfte zumindest von politischer Seite der mit einer Ausdehnung von Bundesamt für Verfassungsschutz und Bundeskriminalamt verbundene parallele Rückzug von Länderzuständigkeiten größtenteils übersehen worden sein, auch wenn Befürchtungen dieser Art in der Sitzung des Bundestages geäußert wurden, da man den Anwendungsbereich des §129a StGB nicht mehr in der erforderlichen Weise abgegrenzt sah. Zugleich wurde infolge einer stark erweiterten Strafverfolgungskompetenz des Generalbundesanwaltes die Herausbildung von dem Bund zugeordneten regelrechten Sonderbehörden erwartet, die auf der nicht sachgerechten Gleichbehandlung von spontanen und autonomen Gewalttätern mit terroristischen Organisationen basierten und von einigen als Überspannung des bundesstaatlichen Sicherheitskonzeptes empfunden wurden.[138]
Wenn diese Auffassung auch zu sehr die Befürchtung eines sich heranbildenden „Polizei- und Obrigkeitsstaates" repräsentiert, so bleibt doch die mit der Gesetzesänderung nötige Expansion der genannten Bundesbehörden zulasten der Länder bestehen.

### b. Weiterhin bestehende Problembereiche des §120 Absatz 2 Satz 1 Ziffer 2 GVG - Darstellung und Kritik

Die anfangs geplante, aber weithin kritisierte Neufassung des §120 Absatz 2 Satz 1 GVG, wonach sich das Evokationsrecht des Generalbundesanwaltes auf alle

---

[134] Waffenschmidt, 572. BR-Sitzung v. 19.12.86, S. 729; Götz in: Isensee/Kirchhof, Bd.III, §79 Rn.38 und Rn.40; Mensing in: Terrorismus contra Rechtsstaat, S. 163 (169)

[135] Groß/Geerds: HB der Kriminalistik Bd.II, S. 570f.

[136] Groß/Geerds: HB der Kriminalistik Bd.II, S. 599f.

[137] Groß/Geerds: HB der Kriminalistik Bd.II, S. 568f.

[138] Mann, 254. BT-Sitzung v. 5.12.86, S. 19798; zustimmend Dencker, 101. Sitzung des BT-RA v. 14.11.86, S. 143; im Ergebnis auch Mensing in: Terrorismus contra Rechtsstaat, S. 163 (169f.)

Katalogtaten des §129a Absatz 1 Nr. 1-3 StGB erstrecken sollte, falls die Tat unter anderem die innere oder äußere Sicherheit der Bundesrepublik zu beeinträchtigen geeignet war, erhielt schließlich in Ziffer 2 ihre eingeschränkte und endgültige Fassung, nach welcher der Generalbundesanwalt nur bei Straftaten zuständig sein kann, die im Zusammenhang mit der Tätigkeit einer ausländischen Vereinigung begangen werden, deren Zweck oder Tätigkeit unter anderem auf die Begehung derartiger Taten gerichtet ist *und gleichzeitig eine besondere Bedeutung des Falles vorliegt.*

Trotz allem erscheint die inhaltliche Begriffsbestimmung in einigen Bereichen problematisch. Schnarr, Oberstaatsanwalt beim Bundesgerichtshof, hat die Kernbereiche zusammenfassend herausgearbeitet:[139]

So geht beispielsweise der in §120 Absatz 2 Satz 1 Ziffer 2 GVG verankerte Vereinigungsbegriff nicht -wie §129a StGB- von einer terroristischen Gruppierung aus, weswegen jedwede Charakterisierung möglich ist. Ferner ist der Tatbestand des §129a StGB bereits dann erfaßt, wenn die Vereinigung ihren Zweck oder ihre Tätigkeit lediglich auf die Begehung mindestens eines der in §129a Absatz 1 Ziffer 1 bis 3 genannten Delikte *gerichtet* hat. Ausgenommen ist lediglich der gesondert verfolgte Völkermord, so daß im folgenden nur von Ziffer 2 und 3 des §129a StGB die Rede sein wird.[140]

Infolge dieser Formulierung findet eine Vorverlagerung der Strafbarkeit statt, um eine präventive Zugriffsmöglichkeit zwecks Verhinderung terroristischer Straftaten jeglicher Art zu gewährleisten. Voraussetzung ist allerdings die Existenz eines Zusammenhangs mit einer bereits tatsächlich begangenen Katalogtat des §129a Absatz 1 Ziffer 2 und 3 StGB. Für die Zuständigkeit der höchsten Anklagebehörde ist sonach eine doppelte Verbindung mit §129a StGB erforderlich.

Schnarr macht zu Recht auf die diffizile und im Ergebnis selten notwendige Unterscheidung zwischen einer Vereinigung im Sinne des §129a Absatz 1 StGB und einer solchen des §120 Absatz 2 Satz 1 Ziffer 2 GVG aufmerksam.[141] Die Begrifflichkeiten sind nämlich in beiden Fällen meist entsprechend gleich auszulegen, da eine Vereinigung, die in Beziehung zu Katalogtaten des §129a Absatz 1 Ziffer 2 und 3 StGB tritt, auch gleichzeitig den Zweck deren reeller Begehung innehaben dürfte, so daß unter dem eher neutral gefaßten Begriff praktisch immer eine terroristische Vereinigung zu verstehen ist. Um Mißverständnissen mit dem direkten Anwendungsbereich des §129a StGB im Rahmen des §120 Absatz 1 Ziffer 6 GVG vorzubeugen, darf nicht übersehen werden, daß sich die Vorschrift innerhalb von §120 Absatz 2 GVG insbesondere auf Vereinigungen erstreckt, die

---

[139] in: MDR 1988, S. 89ff.

[140] Hinzu kommen noch Mord und Totschlag gemäß §211, §212 StGB, die denselben Voraussetzungen wie §129a Absatz 1 Ziffer 2 und 3 StGB unterliegen.

[141] in: MDR 1988, S. 89 (90)

entweder nur eine Teilorganisation in der Bundesrepublik unterhalten oder ihren Sitz sogar vollständig im Ausland haben, weshalb letztere nicht unter §129a StGB fallen und damit die Primärzuständigkeit des Generalbundesanwaltes ausschliessen. Unbestritten ist dabei, daß es teilweise durchaus zu Schwierigkeiten in der praktischen Umsetzung kommen kann, um die tatsächliche Existenz einer solchen Vereinigung im Ausland festzustellen, vor allem wenn es sich um außereuropäische Länder handelt.

In der genannten Vorschrift ist hingegen noch eine Zuständigkeitsfrage geregelt, welche sich bereits aus der Zuordnung zu §120 Absatz 1 Ziffer 6 GVG ergibt, nämlich das Bestehen einer Teilorganisation im Inland. Da hierdurch die Voraussetzungen des räumlichen Geltungsbereiches nach den Vorgaben des Art.9 Absatz 2 GG erfüllt sind, dürfte sich der „Umweg" über §120 Absatz 2 GVG in den meisten Fällen erübrigen. Schnarr, der diese Doppelzuweisung ebenfalls herausgearbeitet hat,[142] übergeht jedoch den in den Gesetzen unterschiedlich gehandhabten und von ihm selbst zuvor aufgegliederten Vereinigungsbegriff:

Zwar dürfte in fast allen Fällen wegen der zumeist identischen Auslegung eine Überschneidung von primärer und sekundärer Zuständigkeit vorliegen, doch *können* über §120 Absatz 2 Satz 1 Ziffer 2 GVG zumindest *theoretisch* auch solche Vereinigungen strafverfolgt werden, die nicht von vornherein als „kriminell" oder „terroristisch" einzustufen sind. Der Grund dürfte im Bemühen des Gesetzgebers zu suchen sein, *alle* Möglichkeiten einer Schwächung des Staatsschutzes strafrechtlich zu erfassen, falls eine Teilorganisation auf deutschem Boden doch nicht den Anforderungen des §129a StGB entsprechen sollte. Zuzugeben ist im Anschluß an die Argumentation Schnarrs allerdings, daß der dafür verbleibende Zuständigkeitsbereich an der Minimalstgrenze liegen dürfte.

Um die Kompetenz des Generalbundesanwaltes nicht unendlich auszudehnen, ist außerdem die Beachtung des Art.96 Absatz 5 GG zwingende Voraussetzung. Ansonsten würden auch Straftaten, die zwar in den Katalog des §129a Absatz 1 Ziffer 2 und 3 StGB einzuordnen sind, jedoch von ausländischen Vereinigungen im Ausland begangen werden und ohne jedweden Bezug zur Bundesrepublik bleiben, zum Zuständigkeitsbereich der obersten deutschen Anklagebehörde gehören, da der Wortlaut des Gesetzes eine solche Strafverfolgung nicht automatisch ausschließt. Die Reduktion erfolgt daher über die grundgesetzliche Regelung, welche die Ermittlungszuständigkeit auf Bundesebene an die Belange des Staatsschutzes knüpft und so von der Länderjustizhoheit beziehungsweise der anderer Staaten abgrenzt. Solange folglich durch im Ausland von ausländischen Vereinigungen begangene Straftaten zwar an sich die Voraussetzungen des §120 Absatz 2 Satz 1 Ziffer 2 GVG erfüllt sind, aber keinerlei Verbindung zum Bestand der Bundesrepublik oder ihrer Verfassung, die jeweils als Kernrechtsgüter des Staatsschutz-

---

[142] in: MDR 1988, S. 89 (91)

strafrechts gelten, besteht oder zumindest die aus den Kernrechtsgütern abgeleiteten Schutzgüter betroffen sind,[143]hat eine Strafverfolgung mangels Inlandsbezug auf Bundesebene zu unterbleiben. Zusätzlich abzugrenzen ist die aus dem Staatsschutz begründete Kompetenz folglich vom strafrechtlichen Schutz international geschützter Rechtsgüter gemäß §6 StGB.[144]

Schnarr wendet sich in seinem Aufsatz ferner gegen die zwangsweise Zuordnung von Organisationsdelikten zu den Staatsschutzstraftaten. Ursprünglich beabsichtigt war nämlich, die Staatsschutzdelikte wieder aus §129 StGB auszugliedern, um so eine Separierung von unpolitischen und politischen beziehungsweise verfassungsfeindlichen Vereinigungen zu erreichen.[145] Der Grund lag in dem Janusgesicht der Vorschrift als Organisationsdelikt, das anfangs keine scharfe Trennlinie zwischen schlicht kriminellen und verfassungsfeindlichen Vereinigungen zu ziehen vermochte und diese oftmals gleichsetzte.[146] Bereits 1958 hatte man somit nach Lösungsmöglichkeiten gesucht, um ein Abgrenzungsproblem zu beseitigen, das entsprechend der Auffassung von Schnarr auch nach Einführung des §129a StGB und der späteren Änderung des §120 Absatz 2 GVG dennoch fortbestand. Das Ergebnis wurde in §129 Absatz 2 StGB manifestiert; unter diesen Teil der Vorschrift sollten vor allem die schlicht kriminellen, unpolitischen Zusammenschlüsse gefaßt werden. Der aufkeimende Terrorismus sowie die später trotz des Abgrenzungsversuches in Absatz 2 notwendig gewordene Eingliederung des §129a StGB reduzierten den Anwendungsbereich des §129 StGB im wesentlichen auf sein Dasein als Grundtatbestand für die Qualifikation der terroristischen Vereinigung. Strafrechtlich in Erscheinung tretende Organisationen können daher auch Vereinigungen bilden, die -wie Rockergruppen im Stil der Hells Angels oder Hehlerbanden- keinerlei Bezug zum Staatsschutzstrafrecht haben,[147]so daß Organisationsdelikte nicht automatisch dem Bereich des Art.96 Absatz 5 GG zugeordnet werden können.

Schnarr zieht daraus den Schluß, dieses Problem sei in seiner Ganzheit zu §120 Absatz 2 Satz 1 Ziffer 2 GVG transferiert worden. Das kann jedoch nur gelten, wenn auch §129a StGB unter dem Oberbegriff des Organisationsdeliktes sowohl Staatsschutz- als auch allgemeinstrafrechtliche Delikte vereint. Einer Antwort auf die hier ausschlaggebende Frage weicht Schnarr hingegen aus.

---

[143] Schnarr in: MDR 1988, S. 89 (92)
[144] Schnarr in: MDR 1988, S. 89 (93)
[145] Güde, Niederschriften über die Sitzungen der Großen Strafrechtskommission, 111. Sitzung v. 21.10.58, S. 276
[146] Lange, Niederschriften über die Sitzungen der Großen Strafrechtskommission, 111. Sitzung v. 21.10.58, S. 278; Lackner, ebenda, 114. Sitzung v. 24.10.58, S. 377
[147] Schnarr in: MDR 1988, S. 89 (93), auch mit Beispielen; ders. in: MDR 1993, S. 589 (590)

Für einen solchen Januscharakter spricht die Möglichkeit, daß Taten des allgemeinen Strafrechts, beispielsweise verschiedene Formen der Brandstiftung sowie andere gemeingefährliche Delikte, allein aufgrund ihrer Begehung durch eine Vereinigung zu terroristischen Straftaten werden.[148] Allerdings gehört §129a StGB gemäß §120 Absatz 1 Ziffer 6 GVG sogar zur Primärzuständigkeit des Generalbundesanwaltes, weswegen seine Charakterisierung als Staatsschutzdelikt bereits festgelegt ist. Das von Schnarr angeführte Problem der Doppelbödigkeit der strafrechtlichen Vorschrift müßte folglich gleichermaßen für §120 Absatz 1 Ziffer 6 GVG gelten. Dies würde aber eine jeweilige Prüfung der Voraussetzungen des Art.96 Absatz 5 GG bedingen, die innerhalb der Primärzuständigkeit jedoch schon als vorhanden angesehen werden. Infolge dieser Zuständigkeitszuordnung bleibt für eine rein allgemeinstrafrechtliche Auslegung des §129a StGB kein Raum, zumal die dort aufgelisteten Taten ebenfalls den Bezug zu einer inländischen Teilorganisation oder ausländischen Vereinigung voraussetzen und so die Anwendbarkeitslücke der auf zumindest innerstaatliche Teilorganisationen beschränkten Strafrechtsnorm zu schließen versuchen. Im Ergebnis kann aufgrund des schematischen Aufbaus dieser Vorschrift als Qualifikationstatbestand zu §129 StGB die Bezeichnung „Organisationsdelikt" selbst nicht zwingendes Zuordnungskriterium zum Bereich des Staatsschutzes sein.

Es verwundert allerdings, daß trotz der vielen um die Neufassung des §120 Absatz 2 GVG geführten Debatten dessen tatsächliche Anwendung in der Praxis verschwindend gering ist. Schnarr selbst berichtet als Oberstaatsanwalt beim Bundesgerichtshof von keinem einzigen Ermittlungsverfahren, welches ausschließlich auf §120 Absatz 2 Satz 1 Ziffer 2 GVG gestützt worden wäre.[149] Dies führt zu der Überlegung, daß mit der vorstehenden Norm eine Straf- und Zuständigkeitsvorschrift geschaffen wurde, die weder praktisch handhabbar und justitiabel noch -und zwar infolge der dort enthaltenen und hier angesprochenen Problemstellungen- in allen Punkten hinreichend nachvollziehbar ist.

Im Ergebnis ist somit eine erneute Prüfung dieser Kompetenzregelung dringend notwendig. Zwar erscheint eine Zusammenlegung von Ziffer 2 und Ziffer 3 wenig ratsam, da sich die Folgen eines solchen Unterfangens bereits in den Diskussionen vor ihrer Einführung 1986 gezeigt haben, doch könnte zugleich eine Überarbeitung *beider* Ziffern angebracht sein, wie im folgenden bei genauerer Betrachtung von Absatz 2 Satz 1 Ziffer 3 dargelegt werden wird.

---

[148] Daß solche Einstufungen auch ungewollte Folgen haben können: Dencker, 101. Sitzung des BT-RA, v. 14.11.86, S.139ff.

[149] in: MDR 1988, S. 89 (94)

### 3. Problemfelder des §120 Absatz 2 Satz 1 Ziffer 3 GVG

Infolge der Aufteilung des §120 Absatz 2 GVG in Komplexe für außernationale und nationale Arten des Terrorismus ist der zuletzt genannte Bereich in der heutigen Ziffer 3 dieser Norm geregelt.

#### a. Begriff des Staatsschutzes

#### aa. Mangel an einer klaren Definition

Gegenüber der aktuellen Fassung des §120 GVG sollte anfangs lediglich die Eignung der im Rahmen des §129a Absatz 1 Ziffer 2 und 3 StGB begangenen Tat erforderlich sein, die in §120 Absatz 2 Satz 1 Ziffer ***2*** Buchstabe a-c GVG des abgelehnten Entwurfes aufgeführten Rechtsgüter zu beeinträchtigen. Damit sollten insbesondere Bestand, innere und äußere Sicherheit der Bundesrepublik sowie deren Verfassungsgrundsätze geschützt werden.
Der vorgesehene Regelungsgehalt war jedoch zu unbestimmt, um eine klare Abgrenzung der Zuständigkeiten vorzunehmen. Vor allem wurde kritisiert, daß sich hinsichtlich des Merkmals der Geeignetheit prinzipiell jede Straftat aufgrund ihres rechtsbrechenden Charakters gegen die innere Sicherheit richte, insbesondere vor dem Hintergrund der Kumulation mit dem ebenfalls stark variablen und in dieser Arbeit bereits diskutierten Begriff der besonderen Bedeutung, welche für den Übernahmefall zusätzlich vorliegen mußte.[150] Durch das Aufeinandertreffen beider Formulierungen als Grundvoraussetzung für die Zuständigkeitsausübung auf Bundesebene sah man den Oberlandesgerichten eine unüberschaubare Arbeitsbelastung zugemutet und das Prinzip des gesetzlichen Richters vollständig übergangen;[151]eine Kollision mit geltendem Verfassungsrecht konnte folglich nur durch einen genaueren Wortlaut verhindert werden. Deshalb mußten die in der überarbeiteten Fassung des §120 Absatz 2 Satz 1 Ziffer ***3*** GVG aufgeführten Taten künftig *nach den Umständen bestimmt* und geeignet sein, die Rechtsgüter der Buchstaben a-c zu gefährden und zu beeinträchtigen, um den Ausschluß der Straftaten von lediglich untergeordnetem Staatsschutzinteresse von der Strafverfolgung durch die oberste Anklagebehörde zu gewährleisten.[152]
Der Notwendigkeit einer begrifflichen Umschreibung hatte bereits die Begründung des alten Entwurfs durch Heranziehung der Auslegungskriterien der in §92 StGB normierten Begriffsbestimmungen Rechnung zu tragen versucht.[153] §92 StGB vermag für sich jedoch noch keine präzise Definition dessen zu leisten, was

[150] BT-DrS 10/6286, S. 4
[151] Odersky, 101. Sitzung des BT-RA v. 14.11.86, S. 40f.; Rieß, 103. Sitzung des BT-RA v. 27.11.86, S. 47; eingeschränkt auch Mann, 103. Sitzung des BT-RA v. 27.11.86, S. 63
[152] BT-DrS 10/6635, S. 15
[153] BT-DrS 10/6286, S. 6 und S. 9

unter den Rechtsgütern der Buchstaben a-c genau zu verstehen sein soll. In Ermangelung einer näheren Erläuterung beispielsweise der Begriffe der inneren und äußeren Sicherheit wird auf die geltende Auslegung des Bundesgerichtshofes zurückgegriffen, wonach sich Bestrebungen dann gegen die innere Sicherheit richten, wenn auf die Beeinträchtigung der Fähigkeit der Bundesrepublik, sich gegen innere Strömungen zu wehren, hingearbeitet wurde.[154] Gemeinsam mit den Kriterien des §92 StGB und dem Merkmal der Geeignetheit zur negativen Beeinflussung der in den Buchstaben a-c genannten Interessen, welches immer dann vorliegen soll, wenn die Tat einem dort enumerierten verfassungsfeindlichen Ziel dient,[155] führt dies allerdings keineswegs zu einem handhabbaren Staatsschutzbegriff, da es sich lediglich um eine „Anleihe" an den in Art.96 Absatz 5 GG verankerten, aber auch dort nicht definierten Grundsatz handelt.[156]
Dennoch war man nach Vorlage der zweiten Entwurfsfassung größtenteils der Ansicht, durch den Zusatz des nach den Umständen Bestimmtseins einen sehr engen Staatsschutzbezug hergestellt zu haben.[157] Auf den ersten Blick erscheint dies auch nachvollziehbar, doch zeigte sich bereits kurze Zeit nach der Gesetzesänderung die Schwierigkeit, eine entsprechend präzise Auslegung der Norm herauszubilden.[158]

**bb. Auslegungsprobleme innerhalb der Neufassung**

Die Handhabung des Staatsschutzbegriffes stieß von jeher auf Schwierigkeiten,[159] da eine zu ungenaue Definition leicht zu Verfassungskollisionen, zum Beispiel im Rahmen des Art.96 Absatz 5 GG, führen konnte. Nachdem nun die Ausübung von Bundesgerichtsbarkeit eindeutig auf Fälle des Staatsschutzes reduziert ist, muß es sich bei §120 Absatz 2 Satz 1 Ziffer 3 GVG zwangsläufig um die zumindest potentielle[160] Beeinträchtigung staatsschutzrechtlicher Interessen handeln, auch wenn dieser Oberbegriff selbst dort nirgends auftaucht.
Der Bundesgerichtshof begnügt sich mit der Feststellung, daß die Ausübung von bundesstaatlicher Gerichtsbarkeit erster Instanz, normiert durch den Staatsschutz-

---

[154] BGH St 28, S. 312 (316f.); beachte auch die Beispiele für eine Beeinträchtigung der ***äußeren*** Sicherheit bei Schnarr in: MDR 1988, S. 89 (94 Anm. 77)
[155] BT-DrS 10/6286, S. 9f.
[156] Schnarr in: MDR 1988, S. 89 (92)
[157] Seibert, 103. Sitzung des BT-RA v. 27.11.86, S. 53; im Ergebnis auch Schnarr in: MDR 1988, S. 89 (94)
[158] vgl. Schmidt in: MDR 1987, S. 183 (184)
[159] kritisch zum Begriff des Staatsschutzes, welcher 1962 im StGB-Entwurf geführt wurde: Hamann in: NJW 1962, S. 1846 ff.
[160] Eine konkrete Gefährdung ist gemäß BGH in: NJW 1988, S. 1474 (1475) = NStZ 1988, S. 188 (189) nicht erforderlich.

begriff des Art.96 Absatz 5 GG, „traditionell über das hinaus[geht], was in Nr.3 des §120 II 1 GVG umschrieben ist.“[161] Damit wird die Zugehörigkeit der in den Buchstaben a-c dieser Norm aufgeführten Rechtsgüter zum Staatsschutz ohne nähere Begründung impliziert. Aufgrund eines bislang fehlenden Umrisses besitzt die grundgesetzliche Regelung hingegen fließende Grenzen und vermag auf diesem Weg auch die bundesgerichtliche Zuständigkeit erster Instanz zu begründen.
In den letzten Jahren gab es deshalb eine Reihe von Versuchen, den Staatsschutzbegriff präzise zu konturieren. Schroeder beispielsweise erläutert unter anderem näher, in welchen Bereichen sich der Staat tatsächlich noch selbst schützt. Seiner Ansicht nach wurde bereits 1970 dieser Terminus übermäßig pauschaliert und war stückweise mit obrigkeitsstaatlichem Denken behaftet. Er beläßt daher lediglich den Bestand samt den ihm vorgelagerten Schutzobjekten, wie die Sicherheit, noch im Rahmen des Staatsschutzes.[162] Da aber auch Schroeder nur eine beispielhafte Aufstellung der dem Bestand des Staates zugeordneten Rechtsgüter gibt, soll hier auf die von Schnarr aufgeführte Unterteilung in „kleinen“ und „großen“ Staatsschutz zurückgegriffen werden. Schnarr knüpft seine Aufsplittung an die vorstehend erwähnten Ausführungen des Bundesgerichtshofes zur sogenannten Tamilen-Entscheidung[163]an. Dementsprechend bilden alle in §74a GVG und §120 GVG enthaltenen Tatbestände zusammen die den Staatsschutz abdeckenden Strafvorschriften. Sind die Länder gemäß §74a GVG zuständig, handelt es sich um Fälle des sogenannten kleinen Staatsschutzes. Zieht nun der Generalbundesanwalt das Verfahren aufgrund der besonderen Bedeutung des Falles an sich, so ist nach dieser Auffassung die Kompetenz im Rahmen des §120 Absatz 2 GVG zusätzlich nach den verfassungsrechtlichen Vorgaben des Art. 96 Absatz 5 GG zu bestimmen. Wird diese bejaht, liegt ein Fall des sogenannten großen Staatsschutzes vor, welcher in §120 Absatz 2 Satz 1 Ziffer 3 GVG folglich nur einen Teil der gesamten Regelungsmaterie darstellt.[164]
Trotzdem ist die getroffene Unterscheidung, deren Begrifflichkeit sich mittlerweile etabliert hat,[165]nicht ausreichend. Sie klärt zwar das Verhältnis von Staatsschutz innerhalb des grundgesetzlichen Rahmens zur Zuständigkeitsregelung im GVG, doch die Begriffe selbst bleiben weiterhin interpretationsbedürftig.
Erst 1990 wurde mit dem Erlaß des Bundesdatenschutzgesetzes in dessen §20 zugleich eine Legaldefinition bestimmt. Danach gelten als Staatsschutzdelikte diejenigen „in §§74a und 120 des Gerichtsverfassungsgesetzes genannten Straftaten sowie sonstige Straftaten, bei denen auf Grund ihrer Zielsetzung, des Motivs des

[161] BGH NJW 1988, S. 1474 (1475) = NStZ 1988, S. 188 (189)
[162] Schroeder: Der Schutz von Staat und Verfassung, S. 484
[163] BGH NJW 1988, S. 1474 = NStZ 1988, S. 188
[164] Schnarr in: MDR 1993, S. 589 (591) und (595)
[165] vgl. beispielsweise Nehm in: NStZ 1996, S. 513 (515)

Täters oder dessen Verbindung zu einer Organisation tatsächliche Anhaltspunkte dafür vorliegen, daß sie gegen die in Artikel 73 Nr.10 Buchstabe b oder c des Grundgesetzes genannten Schutzgüter gerichtet sind."[166] Die bezeichneten Schutzgüter des Grundgesetzes sind die freiheitliche demokratische Grundordnung, Bestand und Sicherheit des Bundes oder eines Landes (der sogenannte Verfassungsschutz) sowie der Schutz vor Bestrebungen innerhalb Deutschlands, durch Gewaltanwendungen oder entsprechende Vorbereitungshandlungen auswärtige, bundesrepublikanische Interessen zu gefährden.

Damit wird im Kern der Bereich des §120 Absatz 2 Satz 1 Ziffer 3 GVG umschrieben. Relevant ist vor allem die Verknüpfung von Zielsetzung, Tätermotivation und Organisationsdelikt, denn nur anhand dieser Komponenten kann auch das Merkmal *nach den Umständen bestimmt und geeignet* ausgelegt werden.

Infolge der Legaldefinition reduziert sich das Auslegungsproblem im wesentlichen auf die Präzisierung der Begriffe „Bestand" und „innere Sicherheit." Bezüglich des Terminus „Bestand" sah der Gesetzgeber von Beginn an das Auslegungskriterium des §92 StGB vor, für das sich innerhalb der Kommentarliteratur eine feststehende Definition herausgebildet hat,[167]die für §120 GVG übernommen werden konnte. Problematischer stellt sich hingegen die Konkretisierung der inneren Sicherheit dar. Die überwiegende Meinung stimmt mit der Interpretation des Bundesgerichtshofes überein,[168]die sich in der Praxis jedoch als teilweise unzureichend erwiesen hat, weswegen neue Definitionsversuche unternommen wurden.[169] Konsens besteht darin, daß Terroraktionen gegen die innere Sicherheit oftmals zugleich gegen die Verfassung gerichtet sind, wobei allerdings die innere nicht mit der öffentlichen Sicherheit gleichgesetzt werden darf. Die vom Bundesgerichtshof aufgestellte Formulierung wird insofern präzisiert, als beispielhafte Aufzählungen des „sich nicht zur Wehr setzen können" hinzugefügt werden.[170] Dabei ist das Rekurrieren der gebildeten Fallgruppen auf die Straftatbestände des StGB zu beachten,[171]zumal dort seit langem eine Aufteilung der Rechtsgüter stattgefunden hat. Folglich können fast alle in den Staatsschutzdelikten normierten Handlungen die Sicherheit der Bundesrepublik beeinträchtigen. Fraglich erscheint bei dieser Auslegungsmethode, ob auf solche Weise nicht zu viel Gewicht auf das sich anschließende Merkmal der besonderen Bedeutung verlagert wird.

---

166 BGBl. 1990, Teil I, S. 2953 (2976)

167 zum Beispiel LK-*Laufhütte*, Rn.2ff. zu §81; Schönke/Schröder-*Stree/Sternberg-Lieben*, Rn. 2ff. zu §92; Lackner/Kühl, Rn.2ff. zu §92; Tröndle/Fischer, Rn.1ff zu §92

168 BGH St 28, S. 312 (316f.); vgl. oben, Anm. 154

169 a.A. Rebmann in: NStZ 1986, S. 289 (293), der eine klare Zuständigkeitsabgrenzung aufgrund dieser Definition für gegeben hält.

170 Schnarr in: MDR 1993, S. 589 (592f.)

171 so beispielsweise Rebmann in: NStZ 1986, S. 289 (293) für alle zu §120 Absatz 1 GVG gehörenden Delikte.

Zudem ist weiterhin eine derart klare Definition der beiden Voraussetzungen „Geeignetheit“ und „nach den Umständen bestimmt“ erforderlich, daß Abgrenzungsschwierigkeiten bezüglich der Zuständigkeitsbereiche (fast) vollständig ausgeschlossen sind:
Der Terminus *nach den Umständen bestimmt* verknüpft daher objektive und subjektive Elemente miteinander, indem die Tat subjektiv auf die nachteilige Beeinflussung der in den Buchstaben a bis c beschriebenen Interessen zielt, sich dies aber parallel in den objektiven Umständen verdeutlichen muß. Aus den näheren Tatumständen muß sich demnach die Erkennbarkeit des auf Beeinträchtigung wenigstens eines der in §120 Absatz 2 Satz 1 Ziffer 3 GVG normierten Schutzgüter Gerichtetseins ergeben. Die Tat als solche kann somit nur dann der Verfolgungszuständigkeit des Generalbundesanwaltes unterfallen, wenn eine entsprechende Zielrichtung oder Motivation seitens des Täters erkennbar ist.[172]
Hinzu tritt das Merkmal der *Geeignetheit*, welches sich nicht in der Definition der Entwurfsbegründung erschöpfen kann, aufgrund seiner mehrfachen Verwendung im Gesetz aber anhand materiellrechtlich begründeter Kriterien konkretisieren läßt. Nachdem der Bundesgerichtshof auf eine konkrete Gefährlichkeit der Tat verzichtet hat, genügt für die Geeignetheit der Tat eine befürchtete Beeinträchtigung der in Ziffer 3 genannten Schutzgüter. In Anlehnung an das materielle Recht ist auch hier die Gesamtschau der Umstände aus der Sicht eines objektiven Dritten erforderlich. Hingegen wird die Geeignetheit nicht wie im StGB zur Tatbestandseingrenzung herangezogen, sondern fungiert als außertatbestandliches Zuständigkeitsregulativ[173]nach Vorliegen sämtlicher sonstiger Tatbestandsvoraussetzungen.
In Teilen unberücksichtigt geblieben ist jedoch ein Problem, welches sich aus der Verknüpfung des mittlerweile definierten Staatsschutzbegriffs mit den materiellrechtlichen Regelungen des §129a StGB ergibt: die Möglichkeit des Gesetzgebers, auf diesen Terminus Einfluß zu nehmen.

### cc. Potentielle Einflußnahme des einfachen Gesetzgebers auf den Staatsschutzbegriff

Sofern es bei dem ursprünglichen Entwurf geblieben wäre, welcher alle Taten des §129a Absatz 1 Ziffer 2 und 3 StGB miteinbezogen hatte (diese Regelung wurde nur für den späteren §120 Absatz 2 Satz 1 Ziffer 2 GVG übernommen), wären Beispiele denkbar gewesen, die per se der Allgemeinkriminalität hätten zugeordnet werden müssen, nun aber zu Staatsschutzdelikten avancierten, obwohl sie kei-

---

[172] vgl. dazu auch die Ausführungen von Schnarr in: MDR 1993, S. 589 (594)
[173] Schnarr in: MDR 1993, S. 589 (594)

nerlei staatsgefährdenden oder terroristischen Bezug aufwiesen.[174] Deshalb sah der zweite und zugleich Gesetz gewordene Entwurf eine enumerative Auflistung von Katalogtaten des §129a Absatz 1 StGB vor, um diesen unerwünschten Nebeneffekt von Beginn an zu vermeiden. Es wäre zwar vielleicht möglich gewesen, bestimmte Fälle über den Begriff der besonderen Bedeutung von der Verfolgungszuständigkeit des Generalbundesanwaltes wieder auszuschließen, doch hätte sich dieser zuerst einmal mit der Materie beschäftigen müssen, um sie anschließend doch den Länderstaatsanwaltschaften zuzuweisen, wodurch eine unnötige Doppelbelastung der Anklagebehörden entstanden wäre. Außerdem wäre damit die im Rahmen des 8. Strafrechtsänderungsgesetzes erfolgte Reduzierung der Straftatbestände des Staatsschutzes[175]wieder in ihr Gegenteil verkehrt worden und hätte infolge von vermeidbaren Staatsschutzprozessen eventuell den Blick auf tatsächlich zersetzende Strömungen versperrt.[176]
Hierin zeigt sich, wie stark die Zuständigkeitsverteilung von einer Neuregelung seitens des einfachen Gesetzgebers beeinflußt werden kann. Der Begriff des Staatsschutzes ist somit nicht statisch und auf gegenwärtig geltende Strafvorschriften begrenzt. Wird im Wege der materiellrechtlichen Gesetzgebung die Deliktszuschreibung des Strafgesetzbuches in diesem Bereich modifiziert, ist der Anwendungsbereich des Art.96 Absatz 5 GG den Neuerungen anzupassen, wodurch die Ermächtigung der Zuständigkeitsübernahme durch den Bund auch die modifizierten Straftatbestände umfaßt.[177] Theoretisch ist folglich denkbar, daß durch eine Ausdehnung der zu Ziffer 3 gehörenden Delikte zugleich die Zuständigkeit des Bundes erweitert wird, unter der Voraussetzung des parallelen Vorliegens aller weiteren Übernahmebedingungen.
Zu berücksichtigen ist allerdings, daß dem Gesetzgeber die Möglichkeit verbleiben muß, auf Veränderungen im Bereich der Staatsschutzkriminalität zu reagieren; ein statischer Staatsschutzbegriff würde dieser Notwendigkeit entgegenstehen. Dennoch sollten bei potentiellen künftigen Gesetzesänderungen die Auswirkungen auf die Zuständigkeitsverteilungen mitbedacht werden, um eine Überstrapazierung des Begriffs des Staatsschutzes zu verhindern.

### b. Zuständigkeitsabgrenzung oder Eingriff in Justizhoheiten ?

Art.96 Absatz 5 GG verleiht dem Bundesgesetzgeber die Möglichkeit, Rechtsprechungsaufgaben im Wege der Organleihe auf die Länder zu übertragen. Diese Ermächtigung ist fakultativer Art, so daß der Bundesgesetzgeber entscheiden

---

[174] eindrucksvolle Beispiele von Dencker, 101. Sitzung des BT-RA v. 14.11.86, S. 139f.
[175] Ziegler in: BayVBl. 1968, S. 333 (336)
[176] so schon Copic', S. 5
[177] Maunz/Dürig/Herzog/Scholz-*Herzog*, Rn.48 zu Art.96

kann, ob und gegebenenfalls welche Staatsschutzverfahren in der alleinigen Zuständigkeit des Bundesgerichtshofes verbleiben sollen -diese Option ist allerdings eher theoretischer Natur- und welche Landesgerichte insgesamt mit den Prozessen betraut werden sollen. Zwar sind die im Bezirk der jeweiligen Landesregierungen ansässigen Oberlandesgerichte dazu auserkoren, doch ist diese Auswahl nicht in der Verfassung selbst manifestiert, weswegen eine Änderung möglich wäre.[178]

Im Rahmen des §120 Absatz 2 Satz 1 Ziffer 3 GVG wurde deshalb immer wieder auf die Kompetenzausweitung des Bundes zulasten der Länderstaatsanwaltschaften hingewiesen und infolge des generalbundesanwaltlichen Ermessensspielraumes bezüglich der besonderen Bedeutung eine Aushöhlung der föderalistischen Grundkonzeption befürchtet.[179] Zudem erfolgten Verwaltungsentscheidungen, die beispielsweise dem Bundeskriminalamt oder Bundesamt für Verfassungsschutz galten, ohne Beteiligung der Landesjustizverwaltungen, so daß sich letztere von dem Großteil der Terrorismusbekämpfung ausgegrenzt sahen.[180]

Schon in den Beratungen über den ersten Gesetzentwurf war das Problem der verschobenen Justizhoheiten zur Sprache gekommen und eine erhebliche Reduzierung der Länderkompetenz infolge der Annahme einer Beeinträchtigung von Bundesinteressen durch einige Delikte der klassischen Einzeltatkriminalität befürchtet worden.[181] Auch Praktiker äußerten sich gegen die geplante zentrale Verfolgungszuständigkeit. Emrich, ein Staatsanwalt aus dem Bereich der landgerichtlichen Staatsschutzkammern gemäß §74a GVG, führte Bedenken hinsichtlich der Praktikabilität des zu weit gefaßten Begriffs der Geeignetheit für die Beeinträchtigung der unter den Buchstaben a-c aufgeführten Schutzgüter an,[182]der einen unzulässigen Eingriff in das föderalistische Prinzip bedeutet hätte und daher in die heute gültige Fassung umgeändert wurde. Insgesamt wurde die modifizierte Form der Terrorismusbekämpfung im Rahmen der Ziffer 3 als Zuständigkeitsabgrenzung begriffen. Hervorgehoben wurde unter anderem ein von Bund und Ländern gemeinsam praktiziertes und auf die jeweiligen Situationen zugeschnittenes Fahndungskonzept, basierend auf kooperativen Maßnahmenkatalogen.[183] Entgegen der Bedenken von Bremen, Hamburg, Hessen, Nordrhein-Westfalen und des Saarlan-

---

[178] Maunz/Dürig/Herzog/Scholz-*Herzog*, Rn.46 und Rn.49 zu Art.96; so auch Seibert, 103. Sitzung des BT-RA v. 27.11.86, S. 52f.

[179] de With, 103. Sitzung des BT-RA v. 27.11.86, S. 54f.

[180] so im Ergebnis Günther, 572. BR-Sitzung v. 19.12.86, S. 731

[181] Dencker, 101. Sitzung des BT-RA v. 14.11.86, S. 142

[182] Emrich, 101. Sitzung des BT-RA v. 14.11.86, S. 168f.; ders., Anl. z. Prot. der 101. Sitzung S. 64

[183] Zimmermann, 254. BT-Sitzung v. 5.12.86, S. 19798; zustimmend Groß/Geerds: HB der Kriminalistik Bd.II, S. 569

des stimmte der Bundesrat am 19.12.1986 der Gesetzesnovelle zu.[184]
Es wurde ausdrücklich der Ausnahmecharakter betont, welcher der erstinstanzlichen Bundesgerichtsbarkeit aufgrund der Zuständigkeitsabgrenzung durch den Staatsschutzbegriff innewohne und so die in Art.30, 92 GG geregelte Grundverteilung der Rechtsprechung zwischen Bund und Ländern nicht beeinträchtige. Das ius evocandi des Generalbundesanwaltes bezüglich einiger Katalogtaten des §129a Absatz 1 StGB werde über den „Brückenbegriff" des Staatsschutzes mit der Bundeskompetenz erster Instanz verbunden.[185] Die Entwurfsbegründung des Deutschen Bundestages vertrat diese Auffassung in ähnlicher Form. Zwar wurde die zwangsläufige Verringerung der Länderjustizhoheit infolge der Ausweitung von Bundeskompetenzen gesehen, doch erachtete man den durch das Grundgesetz eingegrenzten Bereich des Staatsschutzes, welchem man den Charakter von §120 Absatz 2 Satz 1 Ziffer 2 GVG als Organisationsdelikt sowie die in Ziffer 3 Buchstaben a-c aufgeführten Interessen automatisch zuschrieb, als eingehalten.[186]
Auch Stimmen in der Literatur sehen den Eingriff in das föderalistische Prinzip bis heute nur bei potentieller unzureichender Bestimmung der in Ziffer 3 Buchstaben a-c enumerierten Belange als unrechtmäßig an.[187]
Wie bereits herausgearbeitet, existiert zwar aufgrund der 1990 entstandenen Legaldefinition des Staatsschutzes eine größere Praktikabilität der einzelnen Begrifflichkeiten, doch ist trotz allem zu bezweifeln, daß die reduzierten Auslegungsschwierigkeiten die in Ziffer 3 genannten Staatsinteressen hinreichend bestimmt erscheinen lassen, denn selbst wenn sich im Laufe der Jahre eine gefestigte Rechtsprechung sowie Kommentierung zu den einzelnen Termini herausgebildet hat[188]und weitgehend übereinstimmend von der Rechtmäßigkeit des Eingriffs ausgegangen wird, kann dies nicht einer rückwirkenden Rechtfertigung der Verschiebung von Justizhoheiten dienen.

### c. Besondere Anwendungsfälle

Die Zuständigkeitsregelung der Ziffer 3 greift unter anderem bei sogenannten Kommandoaktionen: Danach beauftragen ausländische Geheimdienste oder sonstige Organisationen Personen, nach Deutschland zu reisen, entsprechend politisch motivierte Anschläge gegen bestimmte öffentliche Einrichtungen oder die Vertreter staatlicher Organe zum Zwecke politischer Einflußnahme zu verüben und die Bundesrepublik im Anschluß wieder zu verlassen.[189] Denkbar wäre in

---

[184] 572. BR-Sitzung v. 19.12.86, S. 737
[185] Rebmann in: NStZ 1986, S. 289 (293f.)
[186] BT-DrS 10/6635, S. 15; so schließlich auch Vorndran, 572. BR-Sitzung v. 19.12.86, S. 727
[187] Kühl in: NJW 1987, S. 737 (747)
[188] Dieser Ansicht ist beispielsweise Schnarr in: MDR 1993, S. 589 (597).
[189] so das Beispiel von Schnarr in: MDR 1993, S. 589 (595)

solchen Fällen auch eine Zuständigkeit der obersten Anklagebehörde gemäß §120 Absatz 2 Satz 1 Ziffer 2 GVG, doch kann diese am mangelnden Nachweis eines Zusammenhangs mit der ausländischen Vereinigung oder Gruppierung scheitern. Ist ein Zusammenhang nachweisbar, ergibt sich eine unschädliche Überschneidung der Zuständigkeitsbereiche von Ziffer 2 und Ziffer 3.
Relevant war der Anwendungsbereich der Ziffer 3 eine gewisse Zeit vor allem bei Verjährung der im Rahmen des §129a StGB begangenen Straftaten oder bei Bekanntwerden des Begehens weiterer Katalogtaten nach rechtskräftiger Verurteilung wegen eines Deliktes des §129a StGB,[190]wie dies bei in der damaligen DDR untergetauchten und nach der Wiedervereinigung festgenommenen Mitgliedern der „Rote Armee Fraktion“ (RAF) der Fall war.[191] Durch den Organisationsbezug konnten solche Taten im Rahmen der Ziffer 3 verfolgt werden.[192] Nach der Beschränkung der Rechtsfigur des Fortsetzungszusammenhanges auf Ausnahmefälle[193]dürfte sich dieses Problem jedoch bereits innerhalb des §129a StGB weitestgehend aufgelöst haben.
Schwieriger zu beurteilen sind dagegen ausländerfeindliche und rechtsextremistische Anschläge, die oftmals spontan und unter Alkoholeinfluß geschehen. Lag bis dato keine extremistische Betätigung vor, gestaltete sich anfänglich die Prüfung der Motivlage als subjektive Komponente entsprechend diffizil. Allerdings ist mit dem Anstieg der rechtsgerichteten Gewaltkriminalität zugleich die Gefahr für die innere Sicherheit der Bundesrepublik gewachsen, da auf diesem Weg ein friedliches Zusammenleben aller Bevölkerungsgruppen verhindert oder zumindest erschwert werden soll und der Eindruck entsteht, die Sicherheitsorgane seien nicht mehr zu einer ausreichenden Kriminalitätsbekämpfung in der Lage.[194] Deshalb dürfte sich zur Zeit die Subsumtion solcher Taten unter den Zuständigkeitsbereich der Ziffer 3 ein wenig vereinfacht haben.

### d. Sonderproblem der „Guerilla diffusa“

Schon laut der ersten Entwurfsfassung sollte im Rahmen des §120 Absatz 2 Satz 1 GVG zugleich die Verfolgung von sogenannten Guerilla diffusa durch den Generalbundesanwalt verankert werden.[195] Mangels fester Organisationsstrukturen solcher Einzeltäter und Kleinstgruppen entfiel die Anwendbarkeit des §129a

[190] BGH St 29, S. 341 (344) und (347)
[191] vgl. BT-DrS 12/2395
[192] Schnarr in: MDR 1993, S. 589 (596)
[193] BGH St 40, S. 138, diese Frage jedoch für bestimmte Bereiche offenlassend, a.a.O., S. 164.
[194] Schnarr in: MDR 1993, S. 589 (596) mwN; vgl. dazu auch den „Fall Eggesin “ BGH NJW 2001, S. 1359ff.
[195] vgl. Begründung des ersten Gesetzentwurfes des §120 Absatz 2 GVG, BT-DrS 10/6286, S. 5

StGB, woraus sich eine dezentrale Zuständigkeit zugunsten der Länder ergab, die 1986 circa 80 % solcher Straftaten verfolgten.[196] Das Betätigungsfeld solcher Tätergruppen umfaßte insbesondere den Bereich der aus politischen Beweggründen begangenen Brand- und Sprengstoffanschläge, die allerdings Mitte der 80er Jahre wieder etwas rückläufig waren.[197]

Gegen diese Form der Kompetenzerweiterung wurden jedoch schwere Bedenken erhoben. Besonders Kritiker aus der Praxis führten Probleme der Effektivität und Praktikabilität an. Emrich teilte seine Erfahrungen als Staatsanwalt aus dem Bereich der landgerichtlichen Staatsschutzkammern mit. Danach konnten die Anklagebehörden der Länder bei den meisten einschlägigen politischen Straftaten rasche und positive Aufklärungsergebnisse vorweisen. Der Praktiker widersprach damit ausdrücklich der Argumentation in der Entwurfsbegründung und erachtete eine zentrale Ermittlungszuständigkeit des Generalbundesanwaltes für schwere terroristische Straftaten solcher Art als keinesfalls notwendig, da kein Manko im Bereich der inneren Sicherheit aufgrund der dezentralen Strafverfolgung aufgetreten sei.[198] Gerade im Bereich der Guerilla diffusa hielt Emrich die Ortsnähe für zwingend erforderlich, um diese Täter zu erkennen und zu überführen, zumal sie oft in ein ansonsten völlig normales und unauffälliges Leben eingebunden seien. Erkenntnisse über derartige spontane Gruppierungen, ihre Motivation sowie die individuellen Verflechtungen seien nur vor Ort und durch persönliche Begegnungen zu erhalten. Die jeweiligen Landesstaatsanwaltschaften könnten bereits erste Einstiege in den politischen Kriminalitätsbereich nachvollziehen und zum Beispiel nach einer Verteilung von Flugblättern oder anderen gedruckten Werken, bei Demonstrationen, auffälligem Verhalten während Gerichtsverhandlungen sowie öffentlichen Bekenntnissen zu einer extremistischen Gruppierung entsprechende Hintergrundinformationen gewinnen, die für eine spätere Strafverfolgung dienlich sind und zum Aufklärungserfolg verhelfen. Eine solche Kenntnis der politischen Delikte sprach Emrich der Bundesanwaltschaft aufgrund der räumlichen Distanz ab; sie könne auch nur über einen langjährigen Zeitraum erworben werden und sei vom Hörensagen sehr schwer zu vermitteln, so daß die Tatortstaatsanwaltschaften am effektivsten ermitteln könnten.[199] Als besonderes Problem empfand Emrich die gebotene Schnelligkeit und Kontinuität der Arbeitsbewältigung seitens der Ermittlungsorgane des Bundes, welche er im Zuge der Kompetenzerweiterung

---

[196] Rebmann in: NStZ 1986, S. 289 (291)

[197] Diese betrugen 1982: 378, 1983: 359, 1984: 219 und 1985: 289, vgl. Verfassungsschutzberichte des Bundesinnenministeriums: 1983, S. 109, 1984, S. 122 und 1985, S. 132

[198] Emrich, 101. Sitzung des BT-RA v. 14.11.86, S. 162

[199] Emrich, 101. Sitzung des BT-RA v. 14.11.86, S. 166f.; ders., Anl. z. Prot. der 101. Sitzung S. 62; für diese Fallgruppe auch Groß/Geerds: HB der Kriminalistik Bd.II, S. 571

nicht gewährleistet sah.[200]
Diese Bedenken waren insoweit nachvollziehbar, als kein Beleg für die angeblich ausschließlich defizitären Erfolge der Länderstaatsanwaltschaften erbracht worden war. Die Verlagerung der Ermittlungszuständigkeit von der Länder- auf die Bundesebene wurde somit ohne statistische Stütze gefordert.[201] Der Grund für den fehlenden Nachweis einer Notwendigkeit der Erweiterung von Verfolgungszuständigkeit und ius evocandi lag daran, daß hinsichtlich dieser Fallgruppe lediglich der Generalbundesanwalt sowie das Bundeskriminalamt befragt worden waren, nicht aber die jeweiligen Ermittlungsbehörden der Länder. Deshalb konnte auch auf das Argument der zusätzlichen Arbeitslast seitens der Bundesorgane nicht eingegangen werden. Es sollte jedoch das Ziel der zentralen Ermittlung im Suchen und Finden von Querverbindungen liegen, um ein eventuelles Dunkelfeld aufzudecken, das sich aufgrund regional isolierter Aufklärungsmöglichkeiten gebildet haben könnte.[202]
Diese Begründung zeigt, daß hier eine sich an nebulösen Eventualitäten orientierende Zuständigkeitsverschiebung stattfinden sollte. Hinzu kam die Befürchtung Emrichs, nach einem unbegründeten Entbinden der ortsnahen Staatsanwaltschaften aus ihrer Verantwortlichkeit werde sowohl das Engagement als auch die erforderliche Wachsamkeit rapide sinken. Im Gegenzug machte er den Vorschlag einer engeren und verbesserten Kooperation zwischen den Sicherheitsorganen von Bund und Ländern,[203]um infolge eines regen Informationsaustausches die Aufklärungsquote politischer Straftaten weiter zu erhöhen. Der Bundesrat schloß sich diesen Ausführungen an und forderte, die geplante Kompetenzverlagerung bezüglich der Straftaten aus dem Bereich der Guerilla diffusa entfallen zu lassen.[204] Dementsprechend sah die Neufassung die innerhalb des §120 Absatz 2 GVG umfassend geplante zentrale Ermittlungszuständigkeit des Generalbundesanwaltes für diese Tätergruppe nicht vor,[205]eröffnete aber in Ziffer 3 -trotz aller geäußerten Bedenken- die Möglichkeit, innerhalb der vorgeschriebenen Voraussetzungen auch durch Guerilla diffusa begangene, enumerativ aufgelistete Taten

---

[200] Emrich, 101. Sitzung des BT-RA v. 14.11.86, S. 167f.; ders., Anl. z. Prot. der 101. Sitzung S. 63

[201] Emrich, 101. Sitzung des BT-RA v. 14.11.86, S. 162f.; ders., Anl. z. Prot. der 101. Sitzung, S. 63; ebenso Günther, 572. BR-Sitzung v. 19.12.86, S. 732; zustimmend Mensing in: Terrorismus contra Rechtsstaat, S. 163 (170) und Kühl in: NJW 1987, S. 737 (747)

[202] Rieß, 103. Sitzung des BT-RA v. 27.11.86, S. 58f.

[203] 101. Sitzung des BT-RA v. 14.11.86, S. 168; zustimmend Mensing in: Terrorismus contra Rechtsstaat, S. 163 (169f.)

[204] Vorndran, 572. BR-Sitzung v. 19.12.86, S. 727; Günther: ebenda, S. 732

[205] BT-DrS 10/6635, S. 14

des §129a StGB losgelöst vom Vereinigungsbegriff[206] durch die höchste Anklagebehörde zu verfolgen.

[206] Katholnigg, Rn.2 zu §120; Löwe-Rosenberg-*Schäfer/Harms*, Rn.5b zu §120

## 2. Kapitel: Besonderheiten des ius evocandi und des Bundesrechtes sowie die Relevanz des Begnadigungsrechtes

### I. Evokationsrecht und Tätigkeit des Bundeskriminalamtes aus heutiger Sicht

Einzelne Auswirkungen des Evokationsrechtes wurden bereits innerhalb der Problematik des §120 Absatz 2 Satz 1 GVG behandelt. Von Interesse ist nun dessen Regelung circa 15 Jahre nach Einführung letzten Terrorismusgesetzes, ebenso die ausgedehnte Tätigkeit des Bundeskriminalamtes.

#### 1. Ermessen oder Auslegung eines unbestimmten Rechtsbegriffes ?

Die Zulässigkeit einer den Bedürfnissen der Praxis angepaßten[207]beweglichen Zuständigkeitsregelung wurde auch in den letzten Jahren von der obersten Rechtsprechung immer wieder bejaht.[208] Mittlerweile hat sich die gängige Kommentarliteratur fast durchweg dieser Ansicht angeschlossen. Lediglich vereinzelt findet sich eine Anlehnung an die zum Zeitpunkt der Einführung des Terrorismusgesetzes 1986 geltend gemachten Bedenken. In der zweiten Auflage des Karlsruher Kommentares aus dem Jahre 1987 wurde die Problematik der mangelnden Definition der vor allem in §120 Absatz 2 Satz 1 Ziffer 3 GVG enthaltenen Begriffe nochmals verdeutlicht und eine Art „Weltzuständigkeit“[209]befürchtet. Bereits 1996 schien diese Prophezeiung für andere vergangen zu sein, insbesondere nachdem Schnarr seine Beiträge zu Ziffer 2 und Ziffer 3 veröffentlicht hatte.[210] Die beiden Aufsätze hatten jedoch -wie im vorigen Kapitel unter II. dargestellt- nicht sämtliche Problembereiche zu erläutern beziehungsweise zu beseitigen vermocht. Trotzdem wird sich mit dem Hinweis auf die gerichtliche Nachprüfbarkeit der Ermessensentscheidung begnügt,[211]obwohl ersichtlicherweise die getroffene Maßnahme nicht in allen Fällen abgeändert werden kann.[212]
Das sogenannte ius evocandi ist nach geltendem Recht vor allem in §142a GVG geregelt und liegt insbesondere vor, wenn es sich um einen Fall mit besonderer oder minderer Bedeutung handelt.
Absatz 1 dieser Vorschrift bezieht sich auf die Primärkompetenz des Generalbundesanwaltes im Rahmen des §120 Absatz 1 GVG. In §142a Absatz 2 Ziffer 1

---

[207] stellvertretend für alle Roxin: Strafverfahrensrecht, §7 Rn.10
[208] vgl. beispielsweise BGH NStZ 1990, S. 138; OLG Düsseldorf NStZ 1990, S. 551
[209] KK-*Salger*, 2. Aufl., Rn.3 zu §120
[210] Löwe-Rosenberg-*Schäfer/Harms*, Rn.5a zu §120; KK-*Hannich*, 4. Aufl., Rn.3 zu §120
[211] Kissel, Rn.5 zu §120; Kleinknecht/Meyer-Goßner, Rn.3 zu §120; Pfeiffer, Rn.2 zu §120; Katholnigg, Rn.2 zu §120; Beulke: Strafprozeßrecht, Rn.45
[212] vgl. oben 1.Kap.II.2.a.aa.

GVG dagegen sind enumerativ Fälle aufgelistet, in denen das Verfahren an die Landesstaatsanwaltschaft abgegeben wird. Daß es sich hierbei nicht um eine Sollvorschrift, sondern eine Mußvorschrift handelt, wird bereits durch den Wortlaut „gibt ab“ deutlich. Somit ist hier keinerlei Ermessen veranschlagt.
Anders sieht es hingegen bei Ziffer 2 -den Sachen minderer Bedeutung- im selben Absatz aus. Zwar hat auch dort eine zwingende Abgabe stattzufinden, doch obliegt die Definition dessen, was unter einer minderen Bedeutung zu verstehen ist, allein dem Generalbundesanwalt.[213] Dieser Terminus korrespondiert mit dem der besonderen Bedeutung und beinhaltet dieselben Auslegungsschwierigkeiten. Wurde im Verlauf dieser Arbeit bereits festgestellt, daß sich der Begriff der besonderen Bedeutung keinesfalls an festgelegten Vorgaben orientiert oder durch den in Art.96 Absatz 5 GG manifestierten Terminus des Staatsschutzes ausreichend eingegrenzt wird, so muß dies in gleicher Weise für den lediglich umgekehrten Fall der minderen Bedeutung gelten. Selbst diejenigen, welche von einer Korrelation zwischen Evokations*recht* und Evokations*pflicht* ausgehen,[214]vermögen solche Bedenken nicht auszuräumen. Richtig ist nur, daß der Generalbundesanwalt das Verfahren innerhalb des §120 Absatz 2 GVG übernehmen muß, wenn er die besondere Bedeutung für gegeben hält oder abgeben muß, wenn die Angelegenheit nur mindere Relevanz besitzt; in *welchen* Fällen er jedoch die Übernahme- oder Abgabevoraussetzungen als vorliegend erachtet, geht nicht aus der Norm hervor.
Das nächste Problem des ius evocandi liegt in §142a Absatz 3 GVG begründet. Danach hat eine Abgabe an die Landesstaatsanwaltschaften in Fällen des besonderen Betroffenseins von Bundesinteressen sowie der Rechtseinheit zu unterbleiben. Zwar ist auch dies eine Mußvorschrift, doch kann die oberste Anklagebehörde relativ frei entscheiden, wann solche Fälle gegeben sind. Im Zweifel können Bundesinteressen als überwiegend berührt angesehen werden, obwohl sie eventuell in dem vermuteten Maße gar nicht tangiert sind. Relevanz erhält diese Ermessenseröffnung durch die mangelnde Nachprüfung infolge fehlender gerichtlicher Kontrolle, da es sich um eine interne Zuweisung handelt.[215]
In §142a Absatz 4 GVG wird ebenfalls ein korrespondierendes Ermessen hinsichtlich des (Nicht)Vorliegens der besonderen Bedeutung ausgeübt: Falls sich herausstellt, daß der Generalbundesanwalt unbegründeterweise das Vorliegen der besonderen Bedeutung angenommen hatte oder diese im Nachhinein wieder ent-

[213] KK-*Schoreit*, 4. Aufl., Rn.7 zu §142a; Herzog in: StV 1993, S. 609 (611f.)
[214] Löwe-Rosenberg-*Schäfer/Harms*, Rn.6 zu §120; Kühne: Strafprozeßrecht, §5 Rn.113 und Rn.125
[215] Katholnigg, Rn.4 zu §142a; KK-*Schoreit*, 4. Aufl., Rn.3 und Rn.8 zu §142a; Kleinknecht/ Meyer-Goßner, Rn.6 zu §142a

fiel, hat eine Abgabe an die Staatsanwaltschaft des entsprechenden Landes zu erfolgen. Der Konflikt mit dem Prinzip des gesetzlichen Richters tritt auch hier in Ermangelung gerichtlicher Nachprüfbarkeit der Ermessensentscheidung[216]und der im Rahmen der Ermessensausübung unterbliebenen Abgabe zutage, da nur der Generalbundesanwalt über den tatsächlichen Wegfall der besonderen Bedeutung entscheidet.

Die Richtlinien für das Strafverfahren und das Bußgeldverfahren (RiStBV) können ebenfalls nicht zur Lösung des Problems beitragen. Lediglich die in den früheren Richtlinien fixierte Orientierung der besonderen Bedeutung an Einzelfallkriterien ist gestrichen worden. In der aktuellen Nr.113 RiStBV wird als besondere Bedeutung der Allgemeinkriminalität beispielhaft das Ausmaß der Rechtsverletzung sowie die Auswirkung der Straftat erwähnt. Bereits in Nr.204 der RiStBV von 1977 mit Wirkung zum 1. Juli 1980 war speziell für die besondere Bedeutung bei Staatsschutzdelikten kein einziger Beispielsfall oder eine „Auslegungshilfe“ bezüglich dieses Begriffes mehr aufgeführt. Dieser Fassung entspricht die heutige Nr.204 noch immer. Damit entfällt aber gleichzeitig eine Stütze der Rechtsprechung, welche ihre Argumentation von der Auslegung unbestimmter Rechtsbegriffe anstelle eines Ermessens mit den Auslegungshilfen der damaligen RiStV -die Vorschriften über das Bußgeldverfahren kamen erst später dazu- untermauert hatte.[217]

Obwohl seitens der Literatur eindeutig betont wird, daß es im Ergebnis der obersten Anklagebehörde des Staates obliegt, den Bereich der Bundeszuständigkeit festzusetzen beziehungsweise die Grenzen der Ausübung zu variieren, sieht man hierin keinen unzulässigen Eingriff in Art.101 Absatz 1 Satz 2 GG.[218] Ebenso unberücksichtigt bleibt die weiterhin gemäß §146, §147 GVG existente Weisungsgebundenheit der Staatsanwaltschaft, welche beispielsweise seitens des Bundesjustizministers immer noch Einfluß auf die Prüfung des Vorliegens der Voraussetzungen im Rahmen des §142a GVG nehmen kann.

Ferner irritiert die Verwendung zweier unterschiedlicher Begrifflichkeiten in einem Kontext: Hinsichtlich der Abgabe bei Fällen minderer Bedeutung gemäß §142a Absatz 2 Ziffer 2 GVG sowie den Voraussetzungen der Nichtabgabe in Absatz 3 wird konstatiert, daß die jeweiligen Bedingungen *unbestimmte Rechtsbegriffe* beinhalten, die ihrerseits dem Generalbundesanwalt ein „*gewisses strafrechtliches Ermessen* einräumen“.[219] Diese Auffassung stellt eine Mischung aus früherer Judikatur, nach welcher der Staatsanwaltschaft eindeutig ein Ermes-

---

[216] Kleinknecht/Meyer-Goßner, Rn.6 zu §142a; Katholnigg, Rn.5 zu §142a

[217] oben, 1. Teil, 5. Kap. IV.1.a.

[218] KK-*Schoreit,* 4. Aufl., Rn.2 zu §142a

[219] KK-*Schoreit,* auch noch in der 4. Aufl., Rn.5 zu §142a; Hervorhebungen durch Verf.

sensspielraum zugebilligt wurde,[220] und aktueller Haltung dar, wonach anstelle eines Ermessens lediglich die Auslegung unbestimmter Rechtsbegriffe vorzunehmen sein soll.[221] Auch wenn die Rechtsprechung im Laufe der Jahre ihre Entscheidungen widersprüchlich begründet haben mag, ist es dennoch nicht möglich, beide Termini in einem einzigen Satz zu einer gemeinsamen Aussage miteinander zu verknüpfen; entweder liegt ein Auswahlermessen *oder* die Auslegung unbestimmter Rechtsbegriffe vor. An solchen Kommentierungen wird deutlich, daß der Konflikt der flexiblen Zuständigkeit mit Art.101 Absatz 1 Satz 2 GG schlicht ignoriert wird.

Nur wenige Stimmen haben sich mit der Frage der Vereinbarkeit dieser zwei Elemente in den letzten Jahren beschäftigt. Achenbach beispielsweise hat das Problem von mehreren Seiten beleuchtet und ebenfalls kritisiert, daß laut einiger Kommentierungen die besondere Bedeutung nur nach den Umständen des Einzelfalles beurteilt werden könne.[222] Auf Kritik stößt ferner die vor allem anhand der §24, §25 GVG[223] aufgefächerte Problematik des Evokationsrechtes, da die in §74a GVG und §120 GVG aufgeführten Tatbestände im Gegensatz zur Allgemeinkriminalität des §24 GVG erheblich mehr Relevanz besitzen. Achenbach fordert deshalb aufgrund der Involvierung der beiden Staatsschutznormen in die Kompetenzinteressen der Exekutive eine strikte Auslegung anhand generalisierender Kriterien, um schon den Anschein sachfremder Einflüsse infolge einzelfallbezogener Beurteilung zu vermeiden,[224] da solche Vorsichtsmaßnahmen auch trotz vorhandenen Vertrauens in eine justizförmige und sachdienliche Handhabung der derzeitigen Situation durch die Staatsanwaltschaft nicht als entbehrlich angesehen werden dürfen.[225] Gerade mit Blick auf die Überlastung der Anklagebehörden sei es nicht verwunderlich, wenn eine Auswahl unter dem Gesichtspunkt des „geringsten Widerstandes“ erfolge. Solchen Erwägungen aber will das Prinzip des gesetzlichen Richters vorbeugen, weswegen dessen uneingeschränkte Beachtung zwingend geboten ist.[226]

---

[220] BGH St 9, S. 367 (368f.); zuletzt BGH St 21, S. 334 (357)

[221] BVerfGE 9, S. 223 (229); BVerfGE 22, S. 254 (261); zustimmend Kühne: Strafprozeßrecht, §5 Rn.125

[222] KK-*Kissel*, 4. Aufl., Rn.8 zu §24; Kissel, Rn.13 zu §24

[223] beispielsweise BGH St 9, S. 367ff.; BVerfGE 22, S. 254ff.; OLG Düsseldorf in: NStZ 1990 S. 551ff.

[224] Achenbach in: Wassermann-FS, S. 849 (852f.); zustimmend Herzog in: StV 1993, S. 609 (611) und Roxin: Strafverfahrensrecht, §7 Rn.10

[225] Achenbach in: Wassermann-FS, S. 849 (856); so aber der BGH.

[226] Achenbach in: Wassermann-FS, S. 849 (860); im Ansatz kritisch auch Eisenberg in: Anm. an OLG Düsseldorf in: NStZ 1990, S. 551 (552); zustimmend Herzog in: StV 1993, S. 609 (610) und Maunz/Dürig/Herzog/Scholz-*Maunz*, Rn.29 zu Art.101 GG

Damit wird deutlich, daß die Verdrängung eines Mißstandes[227]noch lange nicht seine Beseitigung bedeutet. Die bewegliche Zuständigkeit des Generalbundesanwaltes konfligiert heute noch genauso wie damals mit dem Prinzip des gesetzlichen Richters aus Art.101 Absatz 1 Satz 2 GG; daran ändert auch der Versuch nichts, die Wahlentscheidung als Auslegung unbestimmter Rechtsbegriffe darzustellen, solange diese nicht in notwendiger Weise eingegrenzt und an generalisierenden Merkmalen fixiert sind.

## 2. Aufgaben des Bundeskriminalamtes im Bereich des Staatsschutzes

Im vorhergehenden Kapitel[228]wurde bereits der Aufgabenbereich des Bundeskriminalamtes im Rahmen des Staatsschutzes erwähnt und als Hauptaufgabe die Koordinierung bundesweiter Strafverfolgung festgestellt. Seine zweite Funktion ist die des Ermittlungsorgans bei Zuständigkeit des Generalbundesanwaltes. Entsprechend §4 Absatz 2 des Bundeskriminalamtgesetzes (BKAG) kann es auf Ersuchen oder Auftrag hin neben der gemäß §4 Absatz 3 BKAG weiterhin verbleibenden Notzuständigkeit der jeweiligen Landespolizei im ganzen Bundesgebiet tätig werden.[229]
Soweit nicht die Geheimdienste beziehungsweise das Bundesamt für Verfassungsschutz zur Bekämpfung links- oder mittlerweile verstärkt rechtsgerichteter Gewalttaten herangezogen werden,[230]halten viele gerade im Rahmen der §74a, §120 Absatz 2 GVG die Leistungsmöglichkeiten des Bundeskriminalamtes für unersetzlich[231] und hinsichtlich der internationalen Terrorismusbekämpfung für zwingend erforderlich.[232] Nach §4 Absatz 1 BKAG erhält das Bundeskriminalamt in einer enumerativen Anzahl von Fällen die Erlaubnis einzuschreiten, wenn politische Motive für die Taten vorliegen oder bundes- beziehungsweise außenpolitische Belange betroffen sind.[233] Weitere Befugnisse, wie der Schutz von Mitgliedern der Verfassungsorgane, ergeben sich aus §5 Absatz 1 BKAG.[234]

---

227 so auch Roxin: Strafverfahrensrecht, §7 Rn.10f. unter Bezugnahme auf Achenbach in: Wassermann-FS, S. 849ff. passim.

228 II.2.a.cc.

229 Katholnigg, Rn.1 zu §142a; Pfeiffer, Rn.6 zu §120; Kleinknecht/Meyer-Goßner, Rn.8 zu §120

230 vgl. dazu Nr.205 RiStBV

231 so Groß/Geerds: HB der Kriminalistik, Bd.II, S. 600; Götz in: Isensee/Kirchhof, Bd.III, §79 Rn.36

232 Kühne: Strafprozeßrecht, §7 Rn.157f.; Ahlf/Daub/Lersch/Störzer, Rn.1 zu §4 BKAG; Götz in: Isensee/Kirchhof, Bd.III, §79 Rn.5f.

233 vgl. zu den einzelnen Voraussetzungen der primären Ermittlungszuständigkeit: Ahlf/Daub/Lersch/Störzer, Rn.4ff. zu §4 BKAG

234 sämtliche Funktionen des BKA sind aufgelistet bei: Ahlf/Daub/Lersch/Störzer, Rn.6 zu §1 BKAG

Daß sich hier eine stärkere Zuständigkeitsverschiebung schon allein aus personellen und technischen Gründen zugunsten des Bundeskriminalamtes abzeichnet, steht außer Frage. Das zeigt sich gleichermaßen an den Richtlinien für das Strafverfahren und das Bußgeldverfahren. In Nr.207 und Nr.208 RiStBV ist genau festgelegt, in welchen Fällen die Anklagebehörde das Bundeskriminalamt zu informieren hat, damit dort ein etwaiger Zusammenhang mit anderen Straftaten und Verfahren aufgedeckt werden kann. Daran zeigt sich erneut die Vereinigung von Ermittlungs- und Koordinierungsaufgaben innerhalb dieses Bundesorgans. Doch wird selbst von denjenigen, die ein forciert zentralistisches Vorgehen bei der Terrorismusbekämpfung befürworten, eine noch größere Kompetenzzuweisung an das Bundeskriminalamt mit Hinweis auf die Vergangenheit -den Machtmißbrauch im Dritten Reich- und dem daraus resultierenden Grund der generellen Zuweisung des Polizeigenres an die Länder eher abgelehnt.[235] Somit wird es wohl auch künftig bei einem Balanceakt zwischen effektiver Bekämpfung von Staatsschutzdelikten und dem Schutz vor einem regelrechten „Polizeistaat" bleiben. Es steht nur zu hoffen, daß der Blick auf die Strafverfolgungseffizienz nicht eines Tages die Aushöhlung des Rechtsstaates zur Folge hat.

## II. Bundeskompetenz und Zentralisierung der Oberlandesgerichte

### 1. Kritikpunkte und Reformvorschläge bezüglich der Bundesgerichtsbarkeit

Seit der Einführung einer zweiten Instanz für Staatsschutzstrafsachen steht die Ausübung von Bundesgerichtsbarkeit durch die Oberlandesgerichte im Wege der Organleihe unbestritten fest.[236] Parallel dazu hat der Bund auch die Kostenlast zu tragen. Zwar fallen Kosten, Auslagen und Entschädigungen zuerst der Staatskasse desjenigen Bundeslandes zur Last, in welchem das mit der Sache befaßte Oberlandesgericht seinen Sitz hat, doch kann nach Art.3 des Gesetzes vom 8.9.1969[237]das Land vom Bund die Ausgaben erstattet verlangen. Die jeweiligen Einzelheiten dieser Erstattungspflicht sind in entsprechenden Vereinbarungen zwischen den Justizverwaltungen von Bund und Ländern fixiert.[238] Gibt der Generalbundesanwalt ein Verfahren gemäß §142a Absatz 2 GVG an eine Landesstaatsanwaltschaft ab, endet zugleich die Ausübung der Bundesgerichtsbarkeit

---

[235] Kühne: Strafprozeßrecht, §7 Rn.160

[236] vgl. oben 1.Teil, 6.Kap.II.4.

[237] BGBl. 1969, Teil 1, S. 1582 (1585)

[238] Löwe-Rosenberg-*Schäfer/Harms*, Rn.15 zu §120; KK-*Hannich*, 4. Aufl., Rn.10 zu §120; Maunz/Dürig/Herzog/Scholz-*Herzog*, Rn.52 zu Art.96; Katholnigg, Rn.9 zu §120; vgl. dazu auch die „Vereinbarung des Bundes und der Länder über den Kostenausgleich in Staatsschutz-Strafsachen" vom 1.10.87 in: Die Justiz 1987, S. 474

samt den damit verbundenen Konsequenzen, wie beispielsweise der Kostenlast.[239]

Herauszustellen ist ferner, daß es sich bei der Festlegung ausschließlicher Bundesgerichtsbarkeit für den Bereich des Staatsschutzes in Art.96 Absatz 5 GG um einen regelrechten Systembruch handelt, da diese Kompetenzregelung nicht dem sonstigen Schema der Art.73ff.GG folgt. Auch das Modell der in Art.85 GG verankerten Bundesauftragsverwaltung, welche als Charakteristikum die Möglichkeit der übergreifenden Steuerung verwaltungsrechtlicher Tätigkeit durch allgemeine Vorschriften und Einzelweisungen innehat, ist infolge der Gesetzesbindung im Bereich der Dritten Gewalt nicht als Vergleich heranziebar.[240] Art.96 Absatz 5 GG verdeutlicht daher hauptsächlich die Existenz eines besonderen politischen Interesses an diesen Verfahren seitens des Bundes nach Delegation einzelner Befugnisse auf die Länder.[241]

Gerade dieses Zusammenspiel der Kompetenzen auf verschiedenen Ebenen erfordert eine verstärkte Kooperation zwischen Bund und Ländern. Ein isoliertes Arbeiten führt selbst bei noch forcierterem Einsatz des Bundeskriminalamtes keineswegs zu effizienteren Strafverfolgungsergebnissen, falls das Bundesorgan nicht zu einem zentralen „Bundespolizeiapparat" ausgebaut werden soll. Die Argumente, welche bei Einführung des Terrorismusgesetzes seitens der Länder und deren Praktiker vor allem mit Blick auf die Guerilla diffusa geltend gemacht wurden, sollten auch heute nicht unbeachtet bleiben. Ohne den nötigen Erfahrungsaustausch, gemeinsame Fortbildungen, Fachtagungen und spezielle Publikationen[242] wird sich die Verschiebung der Justizhoheiten ebenso fortsetzen wie die schleichende Unlust der Tatortstaatsanwaltschaften, ihrerseits durch Weitergabe von Hintergrundinformationen zum Aufklärungserfolg des Bundeskriminalamtes sowie des Generalbundesanwaltes beizutragen.

Erwähnenswert ist in diesem Zusammenhang zudem der Reformvorschlag eines Richters am Bundesgerichtshof, Foth,[243]welcher aufgrund der gehäuften erstinstanzlichen Tätigkeit des Generalbundesanwaltes und seines Beamtenstabs die Bildung einer eigenständigen Staatsanwaltschaft des Bundes in erster Instanz für angebracht hält, um den Generalbundesanwalt wieder seiner ursprünglichen Aufgabe im Rahmen der Revisionstätigkeit zuzuführen. Mit diesem Vorschlag wären jedoch einige Konsequenzen verbunden. So würde das dem Generalbundesanwalt zugeschriebene Ermessen auf eine ganze Gruppe inklusive Behördenstab ausge-

---

[239] KK-*Salger*, 2. Aufl., Rn.3 zu §120; Löwe-Rosenberg-*Schäfer/Harms*, Rn.16 zu §120

[240] Dreier-*Schulze-Fielitz*, Rn.3 zu Art.96; Maunz/Dürig/Herzog/Scholz-*Herzog*, Rn.121f. zu Art.92

[241] Maunz/Dürig/Herzog/Scholz-*Herzog*, Rn.123 zu Art.92

[242] Groß/Geerds, HB der Kriminalistik Bd.II, S. 600f.

[243] Foth in: DRiZ 1989, S. 458

dehnt. In bezug auf die Problematik der Vereinbarkeit von flexibler Zuständigkeit mit Art.101 Absatz 1 Satz 2 GG müßte vor einer solchen organisatorischen Umstrukturierung zwingend eine handhabbare Auslegungsregel geschaffen werden, um den Konflikt nicht noch weiter zu verschärfen.

Ferner stellt sich die Frage, ob mit einer solchen Teilung nicht zugleich der weitere Ausbau der Bundesorgane vorprogrammiert ist. Spielt man nämlich in Gedanken die von Foth vorgeschlagene Neustrukturierung durch, kann man zu dem Ergebnis einer ansteigenden Ausübung des Anziehungsrechtes infolge einer Stärkung der staatsanwaltlichen Kapazität auf Bundesebene gelangen, welche wiederum eine Vergrößerung und Aufrüstung insbesondere des Bundeskriminalamtes nach sich zöge. Bevor demnach ein solcher Vorgang in die Praxis umgesetzt werden sollte, ist zu prüfen, ob weiterhin ein entsprechende Neuorganisationen erfordernder Anstieg der Verfahren beim Generalbundesanwalt zu verzeichnen ist.

Zu dem genaueren Umfang der erstinstanzlichen Bundeszuständigkeit sind gerade in den letzten Jahren zwei sehr unterschiedliche Tendenzen zu verzeichnen:

Einzelne Abgeordnete haben am 11. Dezember 1997 gemeinsam mit der Fraktion Bündnis 90/Die Grünen die Streichung einiger Sondergesetze beantragt[244]und dabei auch §129a StGB miteinbezogen. Beweggrund für den Antrag war der zwanzigste Jahrestag des „Deutschen Herbstes“, welcher zum Anlaß genommen werden sollte, die infolge des damals stark expandierenden Terrorismus Mitte der 70er Jahre geschaffenen Gesetze neu zu überdenken und gegebenenfalls zu revidieren. Als Begründung wurde das faktische Verschwinden der RAF angeführt, deren Täter zumeist verurteilt und deren Anhänger weitestgehend in das normale bürgerliche Leben zurückgekehrt seien. Der fehlenden terroristischen Bedrohung stünde nun unter anderem §129a StGB samt seinen negativen Folgewirkungen gegenüber. Hervorgehoben wurde von den Antragstellern insbesondere die geringe Zahl der sich auf diesen Straftatbestand stützenden Verurteilungen, welche im Verhältnis zur Flut der später eingestellten Ermittlungsverfahren und in Hinblick auf die damit erfolgte stigmatisierende sowie kriminalisierende Wirkung §129a StGB nicht länger aufrechterhaltenswert erscheinen lasse. Als Schlußargument wurde nochmals die bereits 1986 erwähnte mangelnde Kontur dieses Organisationsdeliktes angeführt, welche nicht nur die Strafbarkeitsgrenze erheblich vor dem Versuchsbereich ansetzt, sondern zugleich den Erfordernissen des Bestimmtheitsgebotes im Rahmen des Art.103 Absatz 2 GG sowie den Grundsätzen des Schuld- und Tatstrafrechts unter Einbeziehung jeglichen Unterstützens einer oder Werbens für eine terroristische Vereinigung nicht gerecht werde.[245]

Auftrieb, aber auch geteiltes Echo bekommt diese Haltung seit Frühjahr 2001. Die Unterstützung eines Aufrufs zur Freilassung mutmaßlicher Terroristen -sie

---

[244] BT-DrS 13/9460

[245] BT-DrS 13/9460, S. 3

sollen zur Vereinigung „Revolutionäre Zellen“ gehören- sowie zur Abschaffung des §129a StGB durch die beiden Politikerinnen von Bündnis 90/Die Grünen, Künast und Roth, stößt vor allem bei Union und Liberalen auf Unverständnis, da ein Sonderrecht für Terroristen befürchtet wird. Als weiterer Grund für die Aufrechterhaltung des §129a StGB wird seitens der Union die Zunahme extremistischer Gewalttaten angeführt.[246] Diese Argumentation ist jedoch zumindest partiell verfehlt. Die Zunahme extremistischer Gewalttaten findet, auch wenn jetzt wieder von einem Aufleben der RAF gesprochen wird,[247]hauptsächlich von „rechts“ statt. §129a StGB ist in seiner Konzeption jedoch eindeutig auf linksextremistischen Terrorismus ausgerichtet. Um diesen Paragraphen halten zu können, müßte er mehr mit Blick auf die rechtsradikalen Taten interpretiert werden. Die Aufrechterhaltung des mit seiner Einführung verbundenen Gedankens der alleinigen Bekämpfung „linker“ Extremisten ginge somit an der Realität vorbei.
Die PDS dagegen geht in ihren Forderungen erheblich über die Vorschläge von Bündnis 90/Die Grünen hinaus und erstrebt nicht nur die Aufhebung des §129a StGB, sondern auch des §129 StGB nach einem entsprechenden Antrag im Bundestag.[248] Ein solcher Antrag ist im Interesse der inneren Sicherheit jedoch abzulehnen, da er eine empfindliche Strafbarkeitslücke hinterlassen würde. Läßt sich die Streichung des §129a StGB noch argumentativ nachvollziehen, wenn auch nicht unbedingt gutheißen, bestehen hinsichtlich der parallelen Aufhebung des §129 StGB insbesondere bei einem eventuellen Wegfall des Qualifikationstatbestandes erhebliche Bedenken. Es kann daher lediglich eine Modifizierung der beiden Vorschriften in Betracht gezogen und befürwortet werden.
Diesen Auffassungen steht allerdings eine genau entgegengesetzte Meinung gegenüber. Im Rahmen der Bekämpfung Organisierter Kriminalität (OK), welche in zunehmendem Maße unter dem Aspekt der inneren Sicherheit beurteilt und teilweise als Gefahr für die demokratische Gesellschaftsordnung gesehen wird,[249] werden Überlegungen zur Ausdehnung der generalbundesanwaltlichen Verfolgungskompetenz angestellt. Mangels einer speziellen europäischen Justizzuständigkeit für diesen Bereich solle zumindest auf nationaler Ebene eine Zentralisierung der strafverfolgenden Staatsanwaltschaften unter dem Aspekt der Effektivierung stattfinden.[250] Zur Unterstützung dieser These wird auf die Erfahrungen des Bundeskriminalamtes innerhalb des Staatsschutzes verwiesen; die Bildung sogenannter Schwerpunktstaatsanwaltschaften mit der Behörde des Generalbundesanwaltes als Zentralstelle entspräche dann dem Konzept auf polizeilicher Ebene,

---

[246] vgl. die FAZ v. 3.4.2001, S. 7
[247] FAZ v. 20.5.2001 und v. 21.5.2001
[248] Tageszeitung (TAZ) v. 4.4.2001, S. 7
[249] Nehm in: NStZ 1996, S. 513 (514)
[250] Rebmann in: Odersky-FS, S. 465 (471)

welche durch ihre erstinstanzliche Kompetenz in Staatsschutzverfahren bereits mit den auch im Bereich der OK eingesetzten kriminellen Methoden vertraut sei.[251] Die das Ermittlungsverfahren betreffenden Probleme, wie konspiratives Verhalten, Fremdsprachigkeit bei auszuwertenden Ermittlungsergebnissen und bei Strafprozessen, Erfahrungen mit Technologietransfer und die Verdeckung von Straftaten durch legale Scheingeschäfte, sind nach Auffassung Rebmanns auch bei Landesverratsdelikten oder politisch motiviertem Ausländerterrorismus existent. Als besonderer Vorteil wird die Möglichkeit informeller und rechtshilfeförmlicher Kontakte zu ausländischen Polizei- und Justizzentralbehörden eingestuft, welche gerade bei grenzüberschreitender OK von Nutzen sei. Zuletzt wird noch die bestehende und funktionierende Kooperation mit dem Bundeskriminalamt und den Landeskriminalämtern betont. Gleichzeitig diene eine zentrale Kompetenz durch Hervorhebung des hohen Stellenwertes der Strafverfolgung solcher Delinquenz auch dem Zweck der Generalprävention.[252]
Um die geplante Erweiterung der Verfolgungszuständigkeit in die bereits existente Kompetenz des Generalbundesanwaltes zu integrieren, sollen zunächst bestehende Möglichkeiten ausgeschöpft werden. Einzelfälle können de lege lata im Rahmen der §129a StGB, §120 Absatz 1 Ziffer 6, §120 Absatz 2 Satz 1 Ziffer 1 in Verbindung mit §74a Absatz 1 Ziffer 4 und §120 Absatz 2 Satz 1 Ziffer 3 GVG verfolgt werden, erfüllen aber nur selten die bezüglich der Zuständigkeit erforderlichen und durch Art.96 Absatz 5 GG vorgegebenen staatsschutzrechtlichen Voraussetzungen. Zwar gibt es durchaus auf Bundesebene verfolgbare Taten der OK, doch müssen diese zum Beispiel in der Unterwanderung staatlicher Organe bestehen, welche in ihrem Ausmaß die Funktionsfähigkeit der Organe und damit die verfassungsrechtliche Ordnung gefährdet.[253]
Eine Ausdehnung wird für bestimmte Embargoverstöße (§34 AWG) sowie Strafvorschriften gegen Atomwaffen (§19 KrWaffG) innerhalb des §74a GVG vorgeschlagen, welche aber dennoch eine zu geringe Auswirkung infolge des nur minimal extensivierten Kompetenzbereichs hätte, weshalb stattdessen eine Grundgesetzänderung avisiert werden soll.[254] Dabei wird eine Ergänzung des Art.96 Absatz 5 GG mit folgendem Wortlaut angedacht: „Das gilt auch für Verfahren wegen Straftaten, die wegen der Organisation der Täter oder wegen überregionaler oder internationaler Tatbegehung die öffentliche Sicherheit oder den Rechtsfrieden in der Bundesrepublik Deutschland in erheblichem Maß beeinträchtigen."[255]

---

[251] Rebmann in: Odersky-FS, S. 465 (472f.); so auch Nehm in: NStZ 1996, S. 513 (516)
[252] Nehm in: NStZ 1996, S. 513 (516)
[253] Rebmann in: Odersky-FS, S. 465 (474f.); zustimmend Nehm in: NStZ 1996, S. 513 (515f.) und (518)
[254] Rebmann in: Odersky-FS, S. 465 (476)
[255] Rebmann in: Odersky-FS, S. 465 (477)

Diese Fassung soll die Einführung des Begriffs der Organisierten Kriminalität in das Grundgesetz verhindern. Die Belange der Bundesländer sieht man durch das Zustimmungserfordernis zur verfassungsrechtlichen Änderung gewährt. Angestrebt wird dennoch keine Ausdehnung der Primärkompetenz des Bundes, sondern der evokativen Zuständigkeit, da letztere flexibler sei und die Länderjustizhoheit weniger beeinträchtige. Bei Wegfall der staatsschutzrechtlichen Begrenzung könnten dann innerhalb des §120 Absatz 2 Satz 1 Ziffer 1 GVG große, der OK zuzurechnende Vereinigungen ebenso strafverfolgt werden wie überregionale allgemeinkriminelle Vereinigungen, bei denen eine Teilorganisation innerhalb Deutschlands vorhanden sowie die besondere Bedeutung des Falles gegeben ist.[256] Miteinzubeziehen wären demnach international und überörtlich schwerwiegende Straftaten verübende Vereinigungen, kleinere Tätergruppen, die Taten planen, vorbereiten oder teils auch durchführen, welche beispielsweise bei Nuklear-Kriminalität die öffentliche Sicherheit stark gefährden, sowie schließlich die zum typischen Erscheinungsbild der OK gehörenden Delikte. Die Ausübung des Evokationsrechtes soll sich nach dieser Ansicht an den verfassungsrechtlichen Vorgaben orientieren.[257]
Problematisch erscheint im vorliegenden Zusammenhang allerdings das ius evocandi, welches dadurch weiter erhöhte Relevanz erhalten würde. Sind die Schwierigkeiten gerade auch in Hinblick auf die gerichtliche Nachprüfbarkeit und das in Art.101 Absatz 1 Satz 2 GG begründete Prinzip des gesetzlichen Richters schon vorhanden, besteht bei einer Expansion die Gefahr eines inflationären Gebrauchs des Evokationsrechtes mit Ausweitung der bestehenden Problemfelder als Folge, zumal -wie bereits festgestellt- Art.96 Absatz 5 GG allein kaum ausreicht, den Ermessensspielraum in notwendiger Weise zu begrenzen. Kommt noch die Organisierte Kriminalität als zweiter Begriff, wenn auch in umschriebener Form dazu, führt die Kumulation mit dem Terminus der besonderen Bedeutung zu einer Anhäufung aussageschwacher Kriterien.
Auch der amtierende Generalbundesanwalt Nehm äußert sich trotz Anerkennung der positiven Auswirkungen einer erstinstanzlichen Bundeskompetenz in diesem Bereich einer solchen Neuorganisation gegenüber skeptisch. Nicht nur die Auslegung des skizzierten Begriffs der OK würde sich entsprechend diffizil gestalten, sondern auch die Beurteilung der Beziehung zwischen Organisationsdelikt und den von den Vereinigungen jeweils verübten Einzelstraftaten.[258] Das Problem dürfte mithin in der Differenzierung der jeweiligen Deliktsarten liegen; bei einem Ineinandergreifen beider Arten ergeben sich Abgrenzungsschwierigkeiten, die zwingend die Frage nach der Zuständigkeit aufwerfen, da Straftaten im Rahmen

---

[256] Rebmann in: Odersky-FS, S. 465 (477f.)
[257] Rebmann in: Odersky-FS, S. 465 (478f.)
[258] so Nehm in: NStZ 1996, S. 513 (516)

des §129 StGB grundsätzlich zum Zuständigkeitsbereich der Landgerichte gehören. Lediglich die Einführung speziell auf mafiöse Machenschaften zugeschnittener Tatbestände könnte die Problematik ein wenig eindämmen.
Es gibt jedoch noch weitere, rein praktische Bedenken gegen eine Erweiterung der Bundeskompetenz: Gerade im Bereich der Organisierten Kriminalität gestaltet sich die Ausermittlung eines Organisationsdeliktes in personeller und zeitlicher Hinsicht sehr aufwendig, da die Beweise der sich zumeist auf Taten der Allgemeinkriminalität beziehenden Anfangsermittlungen häufig nicht ausreichend sind. Dem sind auch die für Staatsschutzdelikte erforderlichen Ermittlungen nicht vergleichbar, zumal bei Verfahren der OK Zeugenschutzprogramme sowie die Überwachung des Post- und Fernmeldeverkehrs durchzuführen sind. Der Zeitverlust wäre demnach bei einer Kompetenzverlagerung auf den Bund extrem hoch, da die Bundesanwaltschaft im Gegensatz zu den Länderstaatsanwaltschaften ihre Ermittlungen nicht auf einige schwerwiegende Einzeldelikte begrenzen kann. Nicht zuletzt ist zu berücksichtigen, daß sich hinter der vermuteten schwerwiegenden OK auch schlichte Bandenkriminalität von untergeordneter Bedeutung verbergen kann, die einen Zuständigkeitswechsel im laufenden Ermittlungsverfahren erforderlich macht. Zu den das ius evocandi im Verhältnis zu Art.101 Absatz 1 Satz 2 GG betreffenden verfassungsrechtlichen Auswirkungen käme so ein Austausch der politischen Verantwortlichkeit innerhalb des föderalistischen Aufbaus hinzu. Schließlich würde sich auch die Prüfung der besonderen Bedeutung aufgrund des sehr umfangreichen Aktenmaterials kaum in einem zeitlich vertretbaren Rahmen durchführen lassen.[259]
Um die Möglichkeit effektiver Strafverfolgung der OK auch ohne Kompetenzverschiebungen aufzuzeigen, zieht Nehm einen Vergleich mit Italien. Dort sind den Staatsanwaltschaften auf regionaler Ebene Antimafia-Bezirksdirektionen angegliedert, welche ihren eigenen Aufgabenbereich haben, zugleich die Ermittlungen überwachen, für deren zügige Durchführung sorgen und sich so spezialisieren. Anstelle einer Bundeszuständigkeit muß somit eher eine Verbesserung der Strafverfolgungsmethoden erfolgen, gestützt durch vermehrte Koordinierungsstellen innerhalb der einzelnen Bundesländer, um Informationen zu sammeln und die Effektivität zu erhöhen. Relevant ist in diesem Zusammenhang noch die Einbeziehung internationaler Erfahrungen, um auf lange Sicht eine europäische Lösung anzustreben.[260]
Insgesamt ist festzuhalten, daß die Erweiterung der generalbundesanwaltlichen Kompetenz auf den Bereich der OK eine die positiven Aspekte überwiegende Anzahl von Nachteilen hätte, welche wohl auch der Grund für die bislang nicht erfolgte Umsetzung dieses Vorschlages sind.

---

[259] vgl. Nehm in: NStZ 1996, S. 513 (517f.)
[260] Nehm in: NStZ 1996, S. 513 (518f.)

## 2. Gerichtskonzentration

### a. Gründe für ihre Aufrechterhaltung

In §120 Absatz 5 Satz 2 GVG ist weiterhin die Möglichkeit vorgesehen, durch Staatsverträge zwischen einzelnen Bundesländern eine zusätzliche Zuständigkeitskonzentration herbeizuführen. Bis auf die bereits bestehenden Verträge zwischen Bremen und Hamburg sowie Rheinland-Pfalz und dem Saarland[261] wurden auch nach der Wiedervereinigung keine weiteren Zusammenschlüsse vereinbart.
Der Grund einer Gerichtskonzentration wird von der überwiegenden Meinung auch heute noch in der Herausbildung von besonders sachkundigen und erfahrenen Richtern gesehen, welche dann bezüglich der diffizilen rechtlichen und tatsächlichen Probleme besser agieren sollen.[262] Besonders in Terrorismusverfahren wurde infolge der Konzentration von Oberlandesgerichten eine höhere Abschrekkung gegenüber politisch motivierter Gewaltkriminalität aufgrund effizient gestalteter Strafverfolgung konstatiert.[263]
Diese Schlußfolgerung ist jedoch nicht unbedingt zwingend. Allein eine Reduzierung der zuständigen Oberlandesgerichte führt noch nicht zu effizienter Strafverfolgung, selbst wenn die mit den Ermittlungen betrauten Staatsanwaltschaften dadurch ebenfalls auf wenige verringert werden, und eine abschreckende Wirkung aufgrund hoher Aufklärungsquoten erhöht sich wiederum nicht durch eine weitere Zuständigkeitskonzentration in den richterlichen Reihen. Das einzig denkbare Verbindungsglied zwischen beiden Bereichen ist ein *überzeugendes* Urteil. Wer ein solches nur von Richtern mit besonderer Kenntnis staatsschutzrechtlicher Art erwartet, mag sich der dargestellten Auffassung anschließen. Andernfalls stellt diese Argumentation keine Stütze für eine forcierte Verringerung der mit Staatsschutzverfahren betrauten Oberlandesgerichte dar, die außerdem einige negative Auswirkungen hätte: Wenn die Anzahl der zuständigen Oberlandesgerichte bei gleichbleibender oder sogar sich erhöhender Staatsschutzkriminalität weiter reduziert würde, wäre die Belastung der noch bestehenden Staatsschutzsenate erheblich. Schon wenige Großverfahren könnten so aufgrund der Überlastung dem im Strafprozeßrecht zu beachtenden Beschleunigungsgebot zuwiderlaufen.[264] Müssen in der Folge mehrere zusätzliche Senate gebildet werden, ist der Konzentrationseffekt wieder verschwunden.
Zwar hat sich diese Zuteilungsmethode an nur vereinzelte Senate in Anlehnung an die bezüglich der Staatsschutzkammern bei den Landgerichten schon länger be-

---

[261] vgl. oben 1.Teil, 6.Kap.II.2.
[262] Kleinknecht/Meyer-Goßner, Rn.1 zu §120; Kissel, Rn.14 zu §120; KK-*Hannich*, 4. Aufl., Rn.2 zu §120
[263] Basten, S. 301
[264] so auch Kissel, Rn.16 zu §120

stehende Konzentrationsmöglichkeit ergeben, doch bestimmt §74a GVG, daß *eine* Kammer zuständig sein soll, während sich §120 GVG dem Wortlaut nach nur auf das Oberlandesgericht im Gesamten bezieht. Eine solche Auslegung würde indes dem Gedanken der Erlangung besonderer Sachkunde und Erfahrung scheinbar zuwiderlaufen, so daß befürwortet wird, die Konzentration auf die Geschäftsverteilung auszudehnen, um auf diesem Weg möglichst einen Strafsenat zum Staatsschutzsenat heranzubilden. Einzelne gehen sogar so weit, bei Oberlandesgerichten mit nur einem Staatsschutzsenat einen regelrechten „Auffangsenat" zu bilden, der in Fällen von §210 Absatz 3 Satz 2, §354 Absatz 2 Satz 2 StPO -der Bundesgerichtshof kann danach bestimmen, daß in Beschwerde- und Revisionsverfahren, in denen ein Oberlandesgericht erstinstanzlich geurteilt hat, die Verhandlung nun vor einem anderen Senat dieses Gerichts stattzufinden hat- die besondere Sachkunde gewährleisten soll.[265]
Gegen diese Auffassung spricht allerdings das Verständnis einiger Paragraphen des Deutschen Richtergesetzes (DRiG). Gemäß §27 Absatz 1 und §28 Absatz 1 DRiG erhält ein auf Lebenszeit ernannter Richter ein Amt bei einem bestimmten Gericht. Damit wird vorausgesetzt, daß ein Richter auf Lebenszeit infolge der ihm förmlich bescheinigten Befähigung zur Ausübung des ihm zugewiesenen Amtes in der Lage ist, *jedes* Richteramt qualifiziert wahrzunehmen.[266] Zusätzliche, allein durch Gerichtskonzentration herbeigeführte Qualifikationen zur Erlangung überzeugenderer Urteile entsprechen somit nicht der ursprünglichen gesetzgeberischen Konzeption. Unbestritten sind ergänzende Sachkunde und langjährige Erfahrung oftmals vorteilhaft, doch können sie auch zu festgefahrenen Meinungen und voreiligen Schlüssen aufgrund bekannter Handlungsabläufe führen. Die Beurteilung der Sachlage durch einen anderen Senat könnte folglich neue Sichtweisen eröffnen. In den vor allem in Stammheim und Berlin-Moabit durchgeführten Terroristenprozessen der 70er Jahre erwies sich die Verhandlungsleitung infolge permanenter Provokation durch die Angeklagten hingegen tatsächlich als äußerst schwierig. Seitens des Vorsitzenden waren demnach sachliche Souveränität und höchste Konzentration erforderlich; trotzdem konnten Ausschreitungen mit nachfolgender Saalräumung oder Ausschluß der Angeklagten oft nicht verhindert werden.[267] Sicherlich wird ein Vorsitzender beim dritten oder fünften Prozeß der Lage ein wenig entspannter gegenüberstehen, doch darf keine Routine aufkommen, da jedes Verfahren seine eigene Dynamik besitzt, jeder Angeklagte anders reagiert oder zu provozieren sucht, jedesmal die Zuhörerreihen verschieden besetzt sind. Während der ersten Welle dieser Prozesse mag daher der Konzentrationsge-

---

[265] Löwe-Rosenberg-*Schäfer/Harms*, Rn.4 zu §120; Kissel, Rn.18 zu §120
[266] vgl. dazu Barbey in: Isensee/Kirchhof, Bd.III, §74 Rn.43
[267] vgl. dazu Wassermann: Ist Bonn doch Weimar ?, S. 50

danke eine gewisse Daseinsberechtigung gehabt haben. Mittlerweile sind Verfahren dieser Art jedoch rarer geworden. Sowohl Angeklagte als auch ihre Sympathisanten legen es nicht mehr auf eine offene Konfrontation im Gerichtssaal an. Eine Ausnahme hiervon bilden allerdings manche Prozesse gegen rechtsradikale Straftäter, die jedoch zur Zeit noch selten vor Staatsschutzsenaten verhandelt werden.
Zudem werden nur solche Richter zu Vorsitzenden eines Senats am Oberlandesgericht ernannt, die entsprechend langjährige Berufserfahrung besitzen und mit den erwähnten Problemen umzugehen wissen sollten. Nach circa fünfundzwanzig Jahren hat das Argument der besonderen Sachkunde und Erfahrung seine Relevanz somit größtenteils eingebüßt. Daß bei bundesweit insgesamt 14 mit Staatsschutzprozessen befaßten Oberlandesgerichten manche vielleicht nur gelegentlich mit der Materie in Kontakt kommen, mag zwar einerseits eine längere Falleinarbeitung bedingen, andererseits aber auch zu einer flexibleren Haltung führen, welche aus der zwangsweisen Beschäftigung mit dem zwischenzeitlich modifizierten politischen und gesellschaftlichen Umfeld und der Erlangung des notwendigen Eindrucks aktueller Strömungen resultiert.

### b. Die Situation nach der Wiedervereinigung

Im Zuge der Deutschen Wiedervereinigung war eine Anpassung auch des Gerichtsverfassungsrechtes an bereits geltende Bestimmungen erforderlich. Für eine Übergangszeit blieb der gerichtsorganisatorische Aufbau der Deutschen Demokratischen Republik bestehen, da eine sofortige Umstellung der Gerichtsbarkeiten nicht durchführbar war. Somit existierten in den fünf beigetretenen Ländern Kreis- und Bezirksgerichte, deren Zuständigkeiten so weit wie möglich den Vorgaben des Gerichtsverfassungsgesetzes entsprechen sollten.[268] Zu diesem Zweck wurden bei den Bezirksgerichten der jeweils ansässigen Landesregierungen besondere Senate gebildet, welche dann den Aufgabenbereich eines Oberlandesgerichts wahrnehmen sollten, unter anderem die Verfahren im Rahmen des §120 GVG.[269] Die bereits anhängigen Staatsschutzprozesse wurden nach dieser Maßgabe zunächst in die Zuständigkeit des Berliner Kammergerichtes umgeleitet,[270] welches aufgrund seines den organisatorischen Vorgaben der Bundesrepublik weitgehend entsprechenden Gerichtsaufbaus nicht von den Änderungen der Anla-

---

[268] Einigungsvertrag, Anlage I, Kap.III, Abschn.III, 1., abgedruckt in: Stern/Schmidt-Bleibtreu, S. 240f.

[269] Einigungsvertrag, Anlage I, Kap.III, Abschn.III, 1k u.l, abgedruckt in: Stern/Schmidt-Bleibtreu, S. 248f.

[270] vgl. auch §21 des Rechtspflege-Anpassungsgesetzes (RpflAnpG), BGBl. 1992, Teil I, S. 1147 (1150)

gen im Einigungsvertrag betroffen war.[271] Diese Kompetenz sollte so lange bestehen bleiben, bis alle erforderlichen personellen und organisatorischen Vorkehrungen zur Übernahme und Durchführung von Staatsschutzverfahren an den neu zu bildenden besonderen Senaten abgeschlossen waren.[272] Es erfolgte ferner eine Ausdehnung der bereits für die „alten" Bundesländer bestehenden Zuständigkeitskonzentration auf die Beitrittsländer unter der Begründung des dadurch erreichbaren rationellen und flexiblen Einsatzes des knappen Personals. Weitere länderübergreifende Zusammenschlüsse sind bis heute zur Gewährleistung der besonderen Sachkunde möglich.[273]
Daran zeigt sich, daß von Beginn an die „neuen" Bundesländer mit passender Begründung der bereits geltenden Zuständigkeitskonzentration unterworfen wurden, weswegen man von vornherein nur besondere Senate bei den am Sitz der Landesregierung ansässigen Bezirksgerichten für die späteren Oberlandesgerichte gebildet hatte. Der Zeitpunkt der Wiedervereinigung wurde demnach nicht zu einer Reflexion über die bestehende Regelung genutzt, sondern die hinzukommenden Länder in den existenten Aufbau integriert. Im Gegenteil hatte Rebmann sogar angedacht, bei der von ihm vorgeschlagenen Erweiterung des generalbundesanwaltlichen Evokationsrechtes auf Delikte der Organisierten Kriminalität noch weitere Oberlandesgerichtskonzentrationen durch Länder-Staatsverträge herbeizuführen, um eine stärkere Spezialisierung auf diesem Gebiet zu erreichen, wie dies auch schon für Verfahren des Staatsschutzes gilt.[274]
Es verwundert aber dennoch, daß trotz der vorhandenen Möglichkeit bislang keine weiteren Gerichtszusammenschlüsse vereinbart wurden. Eine forciertere Konzentration scheint somit den praktischen Gegebenheiten zuwider zu laufen und kann daher auch nicht befürwortet werden.

## III. Das Recht zur Begnadigung im Rahmen politischer Delikte

### 1. Definition und Ausübungsbefugnis, insbesondere bei Art. 60 Absatz 2 GG

#### a. Heutige Bedeutung der Begnadigung

Die Begnadigung, auch kurz Gnade genannt, wobei in dieser Arbeit keine begriffliche Unterscheidung erfolgt, soll dazu dienen, für Pflichtverstöße verhängte

---

[271] Stern/Schmidt-Bleibtreu zu Anlage I des Einigungsvertrages, Kap.III, Abschn.III, 1.a, S. 241

[272] Stern/Schmidt-Bleibtreu zu Anlage I des Einigungsvertrages, Kap.III, Abschn.III, 1.l, S. 250; Löwe-Rosenberg-*Schäfer/Harms*, Rn.12 zu §120; KK-*Hannich*, 4. Aufl., Rn.2a zu §120

[273] Stern/Schmidt-Bleibtreu zu Anlage I des Einigungsvertrages, Kap.III, Abschn.III, 1.n, S. 251; Katholnigg, Rn.4 zum Einigungsvertrag (Maßgaben zum GVG)

[274] Rebmann in: Odersky-FS, S. 465 (479f.)

Rechtsnachteile zu revidieren oder abzumildern, wovon Schuldspruch und Strafzumessung unberührt bleiben.[275]
Gemäß Art.60 Absatz 2 GG übt der Bundespräsident „im Einzelfalle für den Bund das Begnadigungsrecht aus," und ist demnach nicht zum Erlaß von Amnestien befugt. Eine Niederschlagung (Abolition), welche in ihren Konsequenzen am stärksten eingreift und dem Täter zumindest die rechtskräftige Urteilsfeststellung erläßt, ist aufgrund der während des Nationalsozialismus gemachten Erfahrungen und der Gefahr willkürlicher oder parteipolitischer Handhabung ebenfalls nicht in dieser Befugnis enthalten.[276] In dem hier interessierenden Zusammenhang geht es um die Begnadigung im engeren Sinn, also die Gewährung von Straferlaß oder Strafmilderung für einen individuell ausgewählten Verurteilten.[277]

**b. Ausübung durch die Exekutive**

Das Begnadigungsrecht wird von Organen der Exekutive ausgeübt, die damit auf die Urteilsvollstreckung verzichten.[278] Dieses Recht gehört sonach anfänglich zu den Befugnissen der zur Strafvollstreckung berechtigten Körperschaft und wird anschließend durch den entsprechenden Amtsträger wahrgenommen.[279] Problematisiert wird allerdings die Einschätzung der Gnade in ihrer rechtlichen Stellung. Das Bayerische Justizministerium betrachtet sie als gezielt gegen die geltende Rechtsordnung gerichtet und damit als Akt contra legem.[280] Ansonsten existieren stark divergierende Auffassungen:[281] Von einigen wird die Begnadigung als Verwaltungsakt eingestuft,[282]von anderen als gerichtsfreier Hoheitsakt.[283] Relevant wird diese Streitfrage für die Justitiabilität von Gnadenentscheidungen, welche hier aber unberücksichtigt bleiben kann, sowie für die Ableitung der Kompetenz aus dem verfassungsrechtlichen beziehungsweise materiellrechtlichen Normenbereich. Auf diese Frage wird nachfolgend noch eingegangen.

---

[275] Maunz/Dürig/Herzog/Scholz-*Herzog*, Rn.25 zu Art.60; Löwe-Rosenberg-*Wendisch*, Rn.3 zu §452; v.Preuschen, S. 27; Schätzler, S. 11

[276] BVerfGE 25, S. 352 (358); Hüser, S. 10; Dreier-*Pernice*, Rn.24 zu Art.60; Maunz/Dürig/Herzog/Scholz-*Herzog*, Rn. 30ff. zu Art.60

[277] König, S. 4; SK-*Paeffgen*, Rn.2 zu §452

[278] BVerfGE 25, S. 352 (365f.); Kleinknecht/Meyer-Goßner, Rn.1 zu §452; SK-Paeffgen, Rn.2 zu §452; Löwe-Rosenberg-*Wendisch*, Rn.3 zu §452; Dimoulis, S. 199

[279] Mickisch, S. 24; v.Preuschen, S. 17; Schätzler, S. 121

[280] in: BVerfGE 25, S. 352 (355f.)

[281] Zur Einschätzung der Begnadigung als „Rechtsakt" sowie zu den unterschiedlichen Theorien vgl. Maurer, passim; die rechtliche Charakterisierung wurde bewußt offengelassen in: BVerfGE 25, S. 352 (361).

[282] Mickisch, S. 176

[283] Drews, S. 4; **a.A.** energisch König, S. 194ff.

### c. Zuordnung der Begnadigungskompetenz

#### aa. Justizhoheit oder materielles Recht als Anknüpfungspunkt ?

Infolge der grundsätzlichen Trennung von Landes- und Bundesjustizhoheit, die maßgebend für das Recht zur Begnadigung ist, steht auch dem Bund die Ausübung des Gnadenrechts lediglich im Rahmen des Art.60 Absatz 2 GG zu. Der Bundespräsident übt dieses Recht in allen Fällen erstinstanzlicher Bundesgerichtsbarkeit sowie bei Entscheidungen von Bundesbehörden aus.[284]
Die hier interessierende Fallgruppe beschränkt sich auf diejenigen vom Generalbundesanwalt innerhalb des §142a GVG angeklagten und von den Oberlandesgerichten entschiedenen Verfahren im Rahmen der §120 und §74a Absatz 2 GVG. Eine diesbezügliche einfachgesetzliche Regelung findet sich in §452 StPO wieder, welcher in Satz 1 das Begnadigungsrecht für Bundesgerichtsbarkeit erster Instanz dem Bund zuschreibt und es für alle anderen Fälle den Ländern überläßt (Satz 2).[285] Das Begnadigungsrecht steht dem Bund ferner zu, wenn ein Gericht der Deutschen Demokratischen Republik in einem Verfahren entschieden hat, das der Bundesgerichtsbarkeit unterfallen würde.[286] Bis vor einiger Zeit existierten zudem noch vom Bundespräsidenten zu entscheidende Gnadengesuche, die sich auf Verurteilungen *vor* Einführung einer zweiten Instanz in Staatsschutzstrafsachen bezogen.[287] Dabei handelte es sich zweifelsfrei um Bundesgerichtsbarkeit.
Dahinter steht die Überlegung, daß bei Übertragung gewisser Staatsschutzverfahren der Bund nicht die mit den Prozessen verknüpften Folgerechte abgeben muß. Da Art.96 Absatz 5 GG die Zuständigkeit infolge der Organleihe beim Bund beläßt und das Recht zur Begnadigung mit der Justizhoheit akzessorisch verbunden ist,[288] wird auf diesem Weg eine eventuelle Aufspaltung zwischen beiden Hoheitsbereichen vermieden.[289] Von denjenigen Vertretern, welche die grundgesetzliche Regelung als zentrale Norm auffassen, wird daher Art.60 Absatz 2 GG als *Kompetenz*norm mit Zuweisung des Ausübungsrechtes an das befugte Organ im entsprechenden Hoheitsbereich und §452 StPO als *Zuständigkeits*vorschrift angese-

---

[284] Dreier-*Pernice*, Rn.26 zu Art.60; Maunz/Dürig/Herzog/Scholz-*Herzog*, Rn.33 zu Art.60; Löwe-Rosenberg-*Wendisch*, Rn.1 zu §452; SK-*Paeffgen*, Rn.5 zu §452

[285] KK-*Hannich*, 4. Aufl., Rn.11 zu §120; Kissel, Rn.21 zu §120; Katholnigg, Rn.9 zu §120; Dreier-*Schulze-Fielitz*, Rn. 34f. zu Art.96; KK-*Fischer*, 4. Aufl., Rn.2f. zu §452; Kleinknecht/Meyer-Goßner, Rn.2ff. zu §452

[286] Einigungsvertrag, Anl.I, Kap.III, Sachgeb.III, Abschn.III, Maßgabe 14i in: BGBl. 1990, Teil II, S. 885 (934)

[287] vgl. der geänderte Artikel 1 Ziffer 1 der Anordnung des Bundespräsidenten über die Ausübung des Begnadigungsrechts des Bundes in: BGBl. 1970, Teil I, S. 1513.

[288] vgl. oben 1.Teil, 6.Kap.II.4.b.

[289] so auch Maunz/Dürig/Herzog/Scholz-*Herzog*, Rn.124 zu Art.92

hen, welche den zuständigen Hoheitsbereich oder die Stelle ausweist.[290] Solchen Zuständigkeitsvorschriften wird ein lediglich deklaratorischer Charakter zugesprochen und diese Schlußfolgerung von der Meinung abgeleitet, daß in einem föderalistisch konzipierten Staat bei getrennten Staats- und damit auch Justizhoheiten nicht ein dem anderen Hoheitsbereich angehörendes Organ das Begnadigungsrecht ausüben darf.[291]

Zu beachten ist bei dieser Unterscheidung allerdings, daß auch im Sprachgebrauch der Fachliteratur die Termini Kompetenz und Zuständigkeit oftmals als Austauschbegriffe gehandhabt werden.

Parallel dazu wird die Auffassung von §452 StPO als der gesetzlichen Grundlage strafrechtlicher Begnadigung vertreten, wonach Art.60 Absatz 2 GG die den Hoheitsbereichen bereits zugewiesenen Befugnisse nur nochmals aufgreift und den entsprechenden Staatsorganen zum Zwecke der Ausübung überträgt. Als Begründung wird die Möglichkeit einer Änderung des §452 StPO durch den einfachen Gesetzgeber herangezogen, wodurch die grundgesetzliche Regelung weitgehend auf Marginalien beschränkt werden könnte.[292] Demgemäß soll die Kompetenz zur Begnadigung nicht länger von dem zuständigen Gericht beziehungsweise der Gerichtsbarkeit, sondern dem verletzten Recht abhängig sein und ist, je nachdem, ob es sich um eine bundes- oder landesgesetzliche Strafvorschrift handelt, entsprechend zuzuordnen. Um eine gewisse Gleichheit auch in der Vollstreckung sowie dem Vollzug des Strafausspruchs zu gewährleisten,[293] könne folglich keine längere Bindung an eine teils zufällige Gerichtsbarkeit erster Instanz geknüpft werden,[294] zumal diese gerade in Staatsschutzverfahren häufig auf einem Ermessen des Generalbundesanwaltes beruht. Etwaigen verfassungsrechtlichen Bedenken wird mit einem Hinweis auf die stillschweigende Übernahme des Art.49 Absatz 1 der Weimarer Reichsverfassung begegnet. Schon damals habe nur festgestanden, *wer* das Recht zur Begnadigung ausüben dürfe, nicht aber in welchen Fällen. Daß man die heutige Auslegung auf sogenanntes Staatsgewohnheitsrecht[295] zurückzuführen versucht, wird infolge des dafür fehlenden Verfassungssatzes abgelehnt.[296]

Dem Argument, ein dem anderen Justizhoheitsbereich zugehöriges Organ sei im Rahmen des Föderalismus nicht für die Begnadigung zuständig, wird der Hinweis

---

290 Schätzler, S. 12 und S. 15; Uppenkamp, S. 128; König, S. 4; Dimoulis, S. 498

291 Schätzler, S. 15; nur eingeschränkt zustimmend Dimoulis, S. 238

292 v.Preuschen in: NJW 1970, S. 458 (459); ders., S. 49; Wahl, S. 257ff.; für einen konstitutiven Charakter des §452 StPO auch Dimoulis, S. 500

293 Eine Erforderlichkeit dazu besteht auch gemäß BVerfGE 45, S. 187 (243); ebenfalls kritisch zur Ungleichbehandlung Schneider in: MDR 1991, passim

294 Bachof in: JZ 1983, S. 469 (473f.)

295 stellvertretend für viele: König, S. 4

296 Bachof in: JZ 1983, S. 469 (474f.); Mickisch, S. 177

entgegengesetzt, daß dies nur für Bereiche zu gelten habe, in denen tatsächlich ein Bundesgericht nur Bundesrecht und ein Landesgericht nur Landesrecht anwendet.[297] Eine materielle Anknüpfung stünde somit ebenfalls in Einklang mit geltendem Verfassungsrecht, wonach in allen Fällen, in denen kein Bundesgericht selbst eine Entscheidung getroffen hat, den Ländern das Begnadigungsrecht obliegt.[298]

Ferner ist nach dieser Auffassung weder eine Bundeszuständigkeit für erstinstanzliche Strafsachen aufgrund Sachzusammenhangs denkbar, da die Strafvollstrekkung der Länderzuständigkeit unterfällt, noch ist der Begriff „Natur der Sache" aussagekräftig genug, um daraus eine Zuständigkeitsverteilung abzuleiten.[299] Zur Untermauerung der aufgestellten These und Verdeutlichung des Mankos der aktuellen Regelung wird die Begnadigungskompetenz in Fällen einer Gesamtstrafenbildung herangezogen, bei denen die Einzelstrafen teilweise im Rahmen von Bundesgerichtsbarkeit und teilweise von Landesgerichtsbarkeit ausgesprochen wurden. In der Praxis hat sich nun die Zuweisung des Begnadigungsrechtes an denjenigen Hoheitsträger manifestiert, dessen Gerichtsbarkeit zuletzt ausgeübt wurde; maßgebend ist die Bildung der letzten Gesamtstrafe.[300] Es ist demnach durchaus möglich, daß selbst in schwerwiegenden Staatsschutzverfahren das Recht zur Begnadigung an die Länder zurückfällt, wenn später eine amtsgerichtliche Verurteilung in anderer Sache erfolgt und das Landgericht im Anschluß eine Gesamtstrafe bildet.[301]

Dennoch wird eingeräumt, daß eine materielle Anknüpfung praktisch nur begrenzt durchführbar wäre, zumal es einen Eingriff in das föderalistische Prinzip bedeuten würde, bei Verletzung materiellen Bundesrechtes und einer Aburteilung durch die Landesjustiz das Begnadigungsrecht dem Bund zuzugestehen.[302] Die begrenzte praktische Durchführbarkeit ergibt sich zudem aus der Entwicklung, wonach sowohl materielles als auch prozessuales Strafrecht meist Bundesrecht ist. Hätte hier nun überall allein der Bund die Ausübung der Begnadigung inne, würde sie zu einer großflächigen und damit unüberschaubaren sowie kaum zu bewältigenden Befugnis mutieren.[303]

---

[297] Bachof in: JZ 1983, S. 469 (475 Anm. 53)

[298] Dimoulis, S. 501

[299] Mickisch, S. 177; Dimoulis, S. 499f; für den Begriff der Natur der Sache zustimmend Bachof in: JZ 1983, S. 469 (475)

[300] Vereinbarung der Gnadenrechtsinhaber vom 27.10.1971, in: Die Justiz: Amtsblatt des Justizministeriums Baden-Württemberg 1972, S. 4

[301] so das Beispiel von Mickisch, S. 173 Anm. 37

[302] Bachof in: JZ 1983, S. 469 (474)

[303] im Ergebnis auch Dimoulis, S. 501

Von denjenigen, die Art.60 Absatz 2 GG vermittelnd so auslegen, daß der Bund das Strafverfahren von der ersten bis zur letzten Instanz innegehabt haben muß, damit der Bundespräsident tätig werden darf, wird das Gnadenrecht in Fällen oberlandesgerichtlicher Organleihe nicht als Ausnahme dieses Prinzips gesehen, sondern deren erstinstanzliche Tätigkeit als Auftragsgerichtsbarkeit[304] für den Bund begriffen, so daß die verfassungsrechtlichen Vorgaben erfüllt sind.
Existieren mithin unterschiedliche Ansichten, ob §452 StPO konstitutiver oder deklaratorischer Natur ist, so läßt sich zumindest festhalten, daß bei ausschließlicher Ausübung von Bundesgerichtsbarkeit und Verletzung bundesrechtlicher Normen eine Abgabe beziehungsweise Übertragung der Begnadigungskompetenz an eine Landesbehörde unzulässig ist,[305] woraus die nebeneinander bestehende Existenz der diesbezüglichen Kompetenzbereiche von Bund und Ländern ersichtlich ist.[306]
Teilweise ist die Divergenz der vertretenen Auffassungen aber wieder so stark, daß eine vollständige Abschaffung des Begnadigungsrechtes gefordert wird, da ein solches Institut mit den Vorstellungen eines modernen Rechtsstaates nicht länger in Einklang zu bringen sei[307] und aufgrund des Nebeneinander von normfreier Praxis und gesetzlichen Eingriffsmöglichkeiten der Gerichte in den Strafvollzug zu einem Gegeneinander der zwei Gewalten führe.[308] Nicht ganz so weitreichende Konsequenzen zieht Mickisch, der den Begnadigungsakt dem Verwaltungsbereich zuordnet und damit der Ausführung durch die Länder im Rahmen der Art.83ff. GG überantwortet. Der Großteil der über Art.60 Absatz 2 GG, §452 StPO zugewiesenen Fälle steht somit nach dieser Meinung aufgrund der Ausübung durch den Bund selber nicht in Einklang mit den grundgesetzlichen Vorgaben, weshalb Mickisch §452 StPO als verfassungswidrig ansieht.[309]

### bb. Stellungnahme zu den verschiedenen Legitimationsansätzen

Die unterschiedlichen Legitimationsansätze sind wegen der weiterhin existenten Heranziehung des Rechts zur Begnadigung als Begründung für die Ausübung von Bundesgerichtsbarkeit in Staatsschutzverfahren von Bedeutung. Ob die zum Zeitpunkt der Einführung einer zweiten Instanz für solche Prozesse geltend gemachten Forderungen, nämlich dieses Recht unbedingt beim Bundespräsidenten zu be-

---

[304] Maunz/Dürig/Herzog/Scholz-*Herzog*, Rn.33 zu Art.60
[305] v.Münch/Kunig-*Meyer*, Rn.18 zu Art.96; Dimoulis, S. 501f.
[306] Schätzler, S. 20; Dimoulis, S. 498f.
[307] so forciert Huba in: Der Staat 1990, S. 117 (120) und (124)
[308] Schneider in: MDR 1991, S. 101 (104)
[309] Mickisch, S. 178

lassen, heute noch Bestand haben können, hängt zum Großteil davon ab, ob tatsächlich weiterhin eine unauflösliche Verbindung zwischen Begnadigungsrecht und Bundesgerichtsbarkeit besteht.
Folgt man der erstgenannten Ansicht und damit der herrschenden Meinung, besteht zwischen der Argumentation von 1969 und der aktuellen Situation kein eminenter Unterschied, welcher eine differenzierte Betrachtungsweise des Begnadigungsrechtes rechtfertigen würde. Allein der Gedanke, wenige, aber dafür relevante und publizitätsträchtige Fälle in den Händen des Bundespräsidenten zu belassen,[310] ist danach zur Herstellung einer Konformität mit den für die Existenz einer Bundesgerichtsbarkeit in Staatsschutzstrafsachen herangezogenen und bereits diskutierten[311]Erwägungen schon fast ausreichend. Geht man aber von der These des konstitutiven Charakters des §452 StPO aus, ließe sich die Zuständigkeit im Rahmen der einfachen Gesetzgebung zugunsten der Länder ändern, solange die Grundprinzipien der föderalistischen Staatskonzeption Berücksichtigung finden. Schließt man sich sogar der Meinung von der Verfassungswidrigkeit der genannten Norm an oder befürwortet die Streichung der strafrechtlichen Begnadigung in toto, kann diese Kompetenz des Bundespräsidenten nicht länger die Zuweisung der Staatsschutzverfahren zur Bundesgerichtsbarkeit protegieren.
Für die herrschende Meinung spricht allerdings die Lesart des Art.60 Absatz 2 GG. Falls §452 StPO ausschließlich zugunsten der Länder geändert würde, stünde die einfachgesetzliche Norm dann nicht mehr in Einklang mit der Verfassung. Die Bedeutung der Worte „für den Bund“ beinhaltet zumindest alle Fälle, in denen ausschließlich Bundesgerichtsbarkeit ausgeübt wurde. Findet nun ein Staatsschutzprozeß vor dem Oberlandesgericht statt, handelt es sich infolge der Organleihe im Wege des Art.96 Absatz 5 GG um Gerichtsbarkeit des Bundes, solange der Generalbundesanwalt das Verfahren nicht an die Landesstaatsanwaltschaft abgibt. Dementsprechend kann keine Zuweisung des Begnadigungsrechtes an ein Exekutivorgan im Bereich der Länderhoheit erfolgen, weil sich ansonsten ein eklatanter Widerspruch mit Art.60 Absatz 2 GG ergäbe. Auf gleichem Wege dürfte daher auch die Gefahr gebannt sein, infolge einer Änderung des §452 StPO durch den einfachen Gesetzgeber die verfassungsrechtliche Norm im wesentlichen auf Marginalien zu reduzieren.
Der Ansicht, daß §452 StPO wegen Art.83ff. GG dem Bund verfassungswidrige Kompetenzen zuschreibt, kann nicht gefolgt werden. Art.83 GG enthält die Bestimmung, daß die Länder Bundesgesetze (nur solange) als eigene Angelegenheit ausführen, „soweit dieses Grundgesetz nichts anderes bestimmt oder zuläßt,“ weshalb auch diese Auffassung an Art.60 Absatz 2 GG scheitern muß. Wird in

---

[310] Schätzler, S. 22 und S. 123; Schlaich in: Isensee/Kirchhof, Bd.II, §49 Rn.10; Dimoulis, S. 501f.

[311] vgl. oben 1.Teil, 6.Kap.II.4.b.

bestimmten Fällen das Begnadigungsrecht für den Bund ausgeübt, läßt diese Formulierung durchaus die Definition zu, daß die Länder dann gerade nicht dafür zuständig sein sollen. Wird die Charakterisierung des §452 StPO als konstitutive Norm abgelehnt, entfällt damit zwingend das Argument seiner Verfassungswidrigkeit.
Ob das Begnadigungsrecht des Bundespräsidenten weiterhin als Stütze der aktuellen Zuständigkeitsverteilung erster Instanz Geltung beanspruchen kann, muß allerdings noch im Rahmen der Begnadigungsgründe erörtert werden.[312]

### cc. Delegationsmöglichkeiten

Art.60 Absatz 3 GG ermächtigt den Bundespräsidenten unter anderem, seine Befugnis zur Ausübung des Begnadigungsrechtes zu delegieren,[313] wovon in der „Anordnung des Bundespräsidenten über die Ausübung des Begnadigungsrechts des Bundes“[314] umfassend Gebrauch gemacht wurde. In Artikel 2 Absatz 3 dieser Anordnung ist jedoch eine Beschränkung enthalten, nach welcher die Fälle von außerordentlicher Bedeutung weiterhin durch den Bundespräsidenten selbst entschieden werden.
Infolge der Delegationsmöglichkeit wird sichtbar, daß nicht eines der Staatsorgane, sondern der Staat selbst das Recht zur Begnadigung innehat.[315] Da aber der Träger des Begnadigungsrechts durch die jeweilige Verfassung bestimmt wird, verbleibt die Verantwortung für die Ausübung trotz Delegation beim entsprechenden verfassungsrechtlichen Organ,[316] so daß diese Möglichkeit dem ausschließlichen Zweck einer Entlastung der obersten Organe dient. Nach Artikel 2 Absatz 2 Ziffer 1 der Anordnung des Bundespräsidenten[317] ist für Begnadigungen bei erstinstanzlichen Strafverfahren innerhalb der Bundesgerichtsbarkeit der Bundesjustizminister zuständig, welcher aber nach Artikel 3 derselben Anordnung diese Befugnis weiter delegieren kann.
Für die Länder gelten ihre jeweils eigenen Gnadenordnungen, wobei auch dort in der Regel die Landesjustizminister diese Befugnis innehaben.[318] Dabei ist es gän-

---

[312] dazu siehe unten ab 2.bb.
[313] Maunz/Dürig/Herzog/Scholz-*Herzog*, Rn.39 zu Art.60; Dreier-*Pernice*, Rn.30 zu Art.60; v.Preuschen, S. 50; Schlaich in: Isensee/Kirchhof, Bd.II, §49 Rn.10; KK-*Fischer*, 4. Aufl., Rn.2 zu §452; Kleinknecht/Meyer-Goßner, Rn.2f. zu §452; Drews, S. 4 und S. 421
[314] BGBl. 1965, Teil I, S. 1573, geändert in: BGBl. 1970, Teil I, S. 1513
[315] Schätzler, S. 120
[316] Dimoulis, S. 498; Schätzler, S. 20
[317] BGBl. 1965, Teil I, S. 1573
[318] Die Quellen der einzelnen Gnadenordnungen der früheren BRD sind abgedruckt bei: Drews, S. 421f. sowie bei Kakies, S. 17 Anm. 2; die aktuelleren Quellen haben Mickisch, S. 19 Anm.1 und Schätzler, S. 289ff. aufgelistet.

gige Praxis, daß sich der Ministerpräsident des Landes als jeweiliger Träger des Ausübungsrechtes nach bundesgerichtlichem Vorbild die Entscheidung in Fällen von außerordentlicher Bedeutung vorbehält.[319]

## 2. Begnadigungsmöglichkeiten aus politischen Gründen

### a. Politisierung der Gnade im engeren Sinn

Im Laufe der Jahre hat sich die Auffassung durchgesetzt, daß Gnade im modernen Rechtsstaat in Teilen emotionale und irrationale Elemente berücksichtigen darf.[320] Es können aber gleichermaßen partiell-rationale Entscheidungen zugunsten des Gemeinwohls ergehen, wovon auch aus Gründen des öffentlichen Interesses ergehende Akte erfaßt werden, die in erster Linie unter dem Begriff „Staatsklugheit" beziehungsweise „Staatsräson" rangieren. Zu dieser Kategorie gehören hauptsächlich Fälle, bei denen relevante Staatsinteressen mit der staatlichen Strafvollstreckungspflicht konfligieren.[321] Als Beispiel hierfür dienen insbesondere politische Austauschbegnadigungen von Spionen, die generelle Freilassung bestimmter politischer Gefangener,[322]die Reduzierung außenpolitischer Spannungen und die Regeneration des inneren Friedens.
Unterschieden werden muß demnach der allgemeine politische Charakter, welcher der Begnadigung nach Auffassung einzelner[323]von vornherein innewohnt, von den politischen Motiven ihrer Ausübung, die hier erörtert werden. Dennoch ergeben sich auch bei solchen Gnadenakten Problemfelder.

#### aa. Problembereiche, insbesondere die Abhängigkeit von der öffentlichen Meinung

Gerade wenn es sich um ein regelrechtes Erpressen von Gnade handelt, also beispielsweise die Unversehrtheit der Geiseln von der Freilassung bestimmter Verbrecher -zumeist terroristische Gesinnungsgenossen- abhängig gemacht wird, handelt es sich nicht mehr um Begnadigung im ursprünglichen Sinn, sondern rein um einen Akt politischer Führung. Offensichtlich wird dieser Unterschied daran,

---

[319] vgl. Kakies, S. 17; Schätzler, S. 13

[320] stellvertretend für viele: Dreier-*Pernice*, Rn.27 zu Art.60

[321] vgl. aus der neueren Literatur: Maurer, S. 30 und S. 146 ff.; Held in: Odersky-FS, S. 413 (421); Hüser, S. 40; v.Preuschen, S. 75; Uppenkamp, S. 134; Schätzler, S. 108; König, S. 101f.; Mickisch, S. 148

[322] v.Preuschen, S. 75; Kirchheimer: Politische Justiz, S. 581; SK-*Paeffgen*, Rn.2 zu §452; Maurer, S. 146 und S. 170; zustimmend Dimoulis, S. 453f. und auf S. 466 mit Beispielen für die innere Befriedung zu Beginn der 20er Jahre.

[323] so Dimoulis, S. 452 und S. 459 unter Berufung auf Kirchheimer: Politische Justiz, S. 586

daß, falls man dieser freigelassenen Personen wieder habhaft wird, sie erneut der Strafvollstreckung unterfallen.[324]
Als Beispiel eines innerstaatlichen Befriedungsversuchs stellte sich vor längerer Zeit die Begnadigung von Sympathisanten der verbotenen KPD dar.
Diffizil gestalten sich ferner die insbesondere zwischen der Bundesrepublik und der ehemaligen DDR erfolgten sogenannten Austauschbegnadigungen. Eine gesetzliche Grundlage für solche Freilassungen existiert bislang nicht; werden die inner- und interstaatlichen Beziehungen höher als der Strafvollstreckungsanspruch estimiert, muß folglich auf das Recht zur Begnadigung zurückgegriffen werden.[325]
Das Bedenken gegen diese Praxis liegt auf der Hand: Eine explizit politische Motivation zur Befugnisausübung steht scheinbar nicht mehr in Einklang mit den ursprünglichen Wurzeln der Gnade, nämlich auf jene Weise Gerechtigkeit auszuüben; eigennützige Gnadenmotive können daher im Einzelfall die Ausübung delegitimieren.[326]
Es ist aber zu berücksichtigen, daß im Rahmen der Beibehaltung von Begnadigungsmöglichkeiten im modernen Rechtsstaat diese den Entwicklungen der letzten Jahrzehnte angepaßt werden müssen. Wird dem ausübenden Organ bei seiner Entscheidung grundsätzlich weitgehendes, prinzipiell nur von den Grenzen der Willkür beschränktes Ermessen zugestanden,[327]so ist die Schlußfolgerung nachvollziehbar, daß die Ausübung partiell durch die politische Repräsentation und nicht infolge politischer Neutralität bestimmt werden kann. Der Grund liegt in der Zuweisung an Organe der Exekutive, die bereits allein aufgrund ihrer Stellung diesen Akten den politischen Charakter verleihen.[328] Einwände gegen die Begnadigung aus politischen Gründen könnten nur dann greifen, wenn sie auf normativen Grundlagen basierten. Von Verfassungs wegen ist die Gnade aber außer dem Willkürverbot keinen weiteren Beschränkungen unterworfen. Solange nicht ihre deutliche „Verrechtlichung“ stattgefunden hat, müssen mithin auch politische Beweggründe für zulässig gehalten werden.
Zwar scheint es mit einigen Schwierigkeiten verbunden, eindeutig festzustellen, wann es sich um einen Fall politischer Gnade handelt, doch läßt sich dieser Zeitpunkt von der politischen „Verdichtung um eine Gnadenentscheidung“[329]herleiten

---

[324] Schätzler, S. 157ff mit weiteren Beispielen; Schlaich in: Isensee/Kirchhof, Bd.II, §49 Rn.11; Mickisch, S. 197; Dimoulis, S. 470 Anm. 594

[325] Maurer, S. 170 und S. 203; siehe auch den Fall des Kanzleramtsspions Guillaume, erwähnt bei Maurer auf S. 148 Anm. 194 und bei Dimoulis, S. 476 Anm. 618.

[326] so auch Dimoulis, S. 346 und S. 453 mwN.

[327] vgl. dazu Held in: Odersky-FS, S. 413 (420); für den Bundespräsidenten: Dreier-*Pernice*, Rn.27f. zu Art.60

[328] Dimoulis, S. 199 und S. 452f.

[329] Dimoulis, S. 460

und immer dann konstatieren, wenn die Entscheidung der öffentlichen Auseinandersetzung unterfällt und damit an der offiziellen Politik partizipiert.[330]
Die Begnadigung von Terroristen offenbart im besonderen den Spagat zwischen möglichst politischer Neutralität des Kompetenzträgers und der Zuordnung zu Regierungsakten. So machte die geplante Begnadigung der ehemaligen RAF-Mitglieder Speitel und Boock im Herbst 1988 durch Bundespräsident von Weizäkker, nachdem der rheinland-pfälzische Ministerpräsident Vogel bereits im Juni die erste Gnadenentscheidung zugunsten eines Ex-RAF-Mitglieds getroffen hatte,[331] deutlich, welche Umstände zur „Korrektur“ der geltenden Gesetzeslage auf diesem Weg führen können. Der Wandel innerhalb der öffentlichen Meinung hin zu einer Unterstützung des Begnadigungsvorhabens zeigte, daß für eine strikte Handhabung der in den 70er Jahren geschaffenen Anti-Terror-Gesetze mittlerweile der Konsens fehlte.[332] Zwingende Voraussetzung für eine Begnadigung war dabei die vollständige Abkehr der Verurteilten von ihrer einstigen Ideologie. Mangelnde Einsicht genügte demnach zur legitimen Ablehnung des Gnadengesuchs.[333] Bei der Entscheidung des Bundespräsidenten war aber gleichermaßen die richtungsweisende Wirkung zu bedenken, welche durchaus weitere Gnadenbitten von zu lebenslanger Freiheitsstrafe verurteilten Terroristen nach sich ziehen konnte. Es galt folglich, eine in alle Richtungen vertretbare Entscheidung zu treffen, ohne die Glaubwürdigkeit des staatlichen Strafanspruches herabzusetzen.
An diesem Fall wird aber zugleich offenbar, welchen Schwankungen die öffentliche Meinung und damit die Begnadigung aus politischen Gründen ausgesetzt ist: Die Begnadigung von Speitel erfolgte mit Wirkung zum 30.6.1990; in diesem Zeitraum wurde der Deutsche Bank-Vorstandsvorsitzende, Dr. Alfred Herrhausen, durch einen Anschlag, welcher der RAF zugerechnet wird, getötet. Bei erneuter Umfrage hinsichtlich der parallelen Freilassung der Ex-Terroristin hätte das Ergebnis durchaus anders aussehen können.[334] Die Folgewirkungen in der öffentlichen Meinung sollten demnach nicht unterschätzt werden.

### bb. Relative Unvereinbarkeit von Begnadigungsrecht und politischem Amt

Auch die Begnadigungen im sonstigen politischen Staatsschutzstrafrecht können nicht statisch gehandhabt werden. Werden diplomatische Beziehungen unvermutet höher estimiert als die Strafvollstreckungspflicht, kann eine Begnadigung un-

---

[330] Mickisch, S. 39; ebenso Dimoulis, S. 461
[331] Die Zeit vom 16.9.88, S. 5; Dimoulis, S. 469 Anm. 590
[332] Die Zeit vom 16.9.88, S. 5
[333] Dimoulis, S. 280 und S. 470f.
[334] so zum Beispiel Schneider in: MDR 1991, S. 101

abhängig von der Gnadenwürdigkeit der betroffenen Person erfolgen.[335] Dadurch zeigt sich, welchem Druck die Kompetenzinhaber insbesondere in publizitätsträchtigen Fällen ausgesetzt sind. Zwar wird diese Problematik vereinzelt aufgrund der niedrigen Anzahl vernachlässigt,[336]doch sind sie für die Untersuchung, ob die Ausübungsbefugnis in bestimmten Fällen des Staatsschutzstrafrechts unbedingt beim Bundespräsidenten verbleiben sollte, von erheblicher Relevanz.

Vor allem auf Länderebene macht sich die relative Unvereinbarkeit von Begnadigungsrecht und politischem Amt bemerkbar. Um in Übereinstimmung mit ihrer eigenen politischen Linie und dem potentiellen Wählerwillen zu stehen, können gewisse politische Gesichtspunkte in der Entscheidung stärkere Berücksichtigung finden als erforderlich gewesen wäre. Begünstigt wird diese Tendenz durch die mangelnde Notwendigkeit einer öffentlichen Begründung.[337] Es sei in diesem Zusammenhang nochmals an den Fall Vera Brühne[338]erinnert.

Die Problematik bestimmter Begnadigungsentscheidungen selbst auf Bundesebene zeigt sich noch an einem weiteren Beispiel: Der nordrhein-westfälische Landtagsabgeordnete und gleichzeitige Vorsitzende der „Freien Deutschen Jugend," Josef Angenfort, wurde wegen mehrerer Staatsschutzdelikte (Geheimbündelei, verfassungsverräterische Zersetzung, Vorbereitung eines hochverräterischen Unternehmens) 1955 zu fünf Jahren Zuchthaus verurteilt. Nach zwei Jahren wurde ihm von dem damaligen Bundespräsidenten Heuss infolge heftiger Kritik an der verhängten Strafhöhe im Verhältnis zu anderen Kommunistenprozessen die bedingte Begnadigung erteilt, welche aber 1961 von seinem Nachfolger Lübke wegen Betätigung Angenforts für die mittlerweile verbotene KPD widerrufen wurde, woraufhin jener in die DDR flüchtete. 1968 wurde er bei seiner Rückkehr in die Bundesrepublik verhaftet und zur Reststrafenverbüßung, die auf Antrag um ein Jahr reduziert wurde, in den Strafvollzug überstellt. Bereits wenige Monate später trat die Veränderung der politischen Verhältnisse gegenüber dem Zeitpunkt der Tat derart offen zutage, daß die weitere Strafvollstreckung an Angenfort mehrheitlich als Belastung der innerdeutschen Beziehungen empfunden wurde, weshalb im Februar 1969 ein weiteres Gnadengesuch bei Bundesjustizminister Heinemann eingereicht und kurze Zeit später umgesetzt wurde.[339] Dieser Fall zeigt nur zu deutlich die Wechselwirkungen zwischen Begnadigungsentscheidungen, Politik und öffentlicher Meinung.

---

[335] Dimoulis, S. 474ff. mit einer Reihe von Beispielen

[336] vgl. König, S. 113 und S. 196

[337] Uppenkamp, S. 132; Dimoulis, S. 200f. mwN.

[338] oben, 1.Teil, 6.Kap.II.4.b.

[339] Der Spiegel vom 3.3.69 (Nr.10), S. 57; Hüser, S. 38f.; Dimoulis, S. 477f.

**b. Parteipolitische Gnadenakte**

Unter Begnadigung aus parteipolitischen Erwägungen heraus sind diejenigen Entscheidungen zu verstehen, welche zugunsten von Parteifreunden oder zur Sicherung persönlicher Vorteile ergehen. Zwar sind solche Fälle höchst selten, doch stellen sie den klassischen Mißbrauch dieser in das weitgehende Ermessen des Entscheidungsträgers gestellten Kompetenz dar und sind klar als unzulässig einzustufen.[340]

Maurer[341] zieht innerhalb solcher Fallgestaltungen eine Grenze zwischen zulässigen parteipolitischen Begnadigungen, die im Erfordernis höherrangiger länderstaatlicher Interessen ergehen können, und den illegitimen Gnadenerweisen aus sogenannter Parteifreundschaft. Es dürfte hingegen kaum ein Fall denkbar sein, bei dem länderstaatliche Erwägungen den Ausschlag für eine *partei*politische Begnadigung geben könnten. Entweder handelt es sich um einen regelrechten Regierungsakt innerhalb der Landespolitik -diese Entscheidungen sind weitgehend auf Akzeptanz in der Literatur gestoßen- oder es handelt sich um reine parteipolitische Interessen, wie beispielsweise bevorstehende Wahlen, die wiederum als alleiniger Begnadigungsgrund nicht zulässig sind.

Obwohl die Meinung verbreitet ist, Entscheidungsträger setzten infolge der dafür mangelnden Legitimation die Begnadigung nicht als Werkzeug innerhalb der Parteipolitik ein,[342] um sich nicht unnötig der Kritik preiszugeben, wurde dennoch die Möglichkeit angedacht, daß eventuell für leichtere politische Delikte verhängte Strafen, begangen von Anhängern der Regierungspartei vor Landtagswahlen (zum Beispiel die Störung von Versammlungen anderer Parteien), durch nach der Wahl erfolgte Gnadenerweise nicht vollstreckt werden können.[343] König[344] geht sogar weiter, indem er die These aufstellt, Begnadigungen zugunsten von Parteifreunden würden häufiger erteilt als aus Gründen der sogenannten Staatsklugheit. In dieser Allgemeinheit ist die These jedoch nicht haltbar, zumal König seine Behauptung nicht unter Beweis zu stellen vermag. Bislang existiert lediglich ein Beispiel, bei dem die parteipolitischen Erwägungen allerdings überdeutlich sind, nämlich der Fall Erich Schley.[345] Solchen eindeutig kopflastigen Entscheidungen der Exekutive sollte präventiv begegnet werden, zumal gerade im Bereich des Staatsschutzes parteipolitische Beweggründe mehr als fehl am Platz sind. Infolge der angestellten Überlegungen wurde bereits seit einiger Zeit die Forderung nach der Einführung von Gnadenkommissionen erhoben.

---

[340] Hüser, S. 41; Dimoulis, S. 481; König, S. 102 Anm. 3
[341] S. 148 Anm. 195
[342] so Dimoulis, S. 464
[343] Kakies, S. 33 Anm. 2
[344] S. 102 Anm. 3
[345] nachzulesen im Spiegel vom 30.11.60 (Nr.49), S. 33f.

### 3. Potentielle Erforderlichkeit von Gnadenkommissionen

#### a. Divergierende Begnadigungspraxis in den Bundesländern

Nicht nur die etwaige Berücksichtigung parteipolitischer Gesichtspunkte durch den politischen Amtsinhaber auf Länderebene könnte ein Grund für die Belassung des Begnadigungsrechtes beim Bund sein, sondern auch die divergierende Handhabung in den Bundesländern im allgemeinen. Zwar wird seitens der Gnadenbehörden versucht, wenigstens im eigenen Land eine kongruente Praxis herauszubilden; das dürfte durch die Delegation auf den jeweiligen Landesjustizminister und dessen Rechtsprechungsüberblick auch gelingen,[346]doch hatte das Bundesverfassungsgericht 1977 verstärkt auf die Problematik der divergierenden Praxis und der damit verbundenen unterschiedlichen Verbüßungszeiten hingewiesen.[347] Um die Entscheidungen zu nivellieren, wurde verstärkt die Bildung von Gnadenkommissionen befürwortet.

#### b. Verfahren früherer und aktueller Gnadenordnungen

Das frühere, auf die Gnadenordnung von 1935 gestützte Verfahren, sah sowohl die Stellungnahme des erstinstanzlichen Spruchkörpers als auch die der Staatsanwaltschaft vor.[348]

Obwohl es logisch erscheint, den in Straf- und Vollstreckungsanspruch involvierten Bereichen ein Mitspracherecht über den Anspruchsverzicht einzuräumen, sollte eine solche Durchführung heute eigentlich keine Geltung mehr beanspruchen: Tendierte das Gericht nun in seiner Stellungnahme zu einer positiven Entscheidung hinsichtlich des Gnadengesuchs, würde es sich zu seinem eigenen vorangegangenen Urteil in Widerspruch setzen. Ähnliches gilt gleichermaßen für die Staatsanwaltschaft. Zudem liegt die Hauptaufgabe beider Stellungnahmen darin, sich aus dem Umfeld oder der Schwere der Tat ergebende potentielle Bedenken geltend zu machen. Die Beurteilung ergeht mithin retrospektiv aus den Akten, obwohl es eindeutig auf die Entwicklung des Verurteilten *nach* dem Urteil ankommt.[349]

Wenngleich eine solche Zusammensetzung von Gnadenkommissionen beziehungsweise der anzuhörenden Stellen an sich ungeeignet ist, werden immer noch

---

[346] vgl. dazu König bereits 1961, S. 100

[347] BVerfGE 45, S. 187 (243); so vorher auch schon Uppenkamp, S. 127

[348] §8 Abs.1, §10 der VO des Reichsministers der Justiz über das Verfahren in Gnadensachen vom 6. Februar 1935 in: DJ 1935, S. 203 (204f.)

[349] kritisch auch Uppenkamp, S. 131

die Stellungnahmen des Gerichts im ersten Rechtszug sowie der Staatsanwaltschaft benötigt.[350]

**c. Vorschläge und Ergebnisse**

Bereits seit den 50er Jahren erhoben sich Stimmen, die den Akt der Begnadigung als nach innen gerichtet und ein Festhalten an der Übertragung auf den Repräsentanten von Bund oder Land als noch in überkommenen Traditionen verwurzelt ansahen.[351] Deshalb wurde für einen den Entscheidungsträger beratenden Ausschuß plädiert,[352] ganz allgemein die Delegierung an eine Stelle mit größtmöglicher Objektivität und Unparteilichkeit gefordert[353] oder an die Option einer bundesweiten Gnadenkommission für die zu lebenslanger Freiheitsstrafe Verurteilten gedacht.[354] Eine beratende Gruppe würde zudem den auf dem Entscheidungsträger lastenden Verantwortungsdruck insgesamt verringern.

Hinsichtlich der Bildung von Gnadenkommissionen, unabhängig davon, ob sie auf Bundes- oder Länderebene entstehen sollen, ergibt sich zunächst das Problem ihrer Zusammensetzung.

Vorgeschlagen wird eine Besetzung mit einem Juristen als Präsidenten, einem Richter, einem Staatsanwalt und drei Laienbeisitzern, die auf 8 bis 10 Jahre ernannt sein und ein besonderes Beurteilungsvermögen besitzen sollen, wie beispielsweise Mediziner, Pädagogen und Sozialarbeiter.[355] Diese Lösungsmöglichkeit kann jedoch bezüglich der dem Staatsdienst zugehörigen Juristen an den vorher unter b. genannten Punkten scheitern. Ansonsten bietet sie allerdings größere Gewähr für die Nichtbeachtung parteipolitischer Beweggründe, sofern die Kommissionsmitglieder *ausschließlich* entsprechend ihrer Qualifikation ausgesucht werden.

---

[350] z.B. bei folgenden Gnadenordnungen: Baden-Württemberg (§18) in: Die Justiz 1989, S. 369 (372), Bayern (§13) in: Gesetz- und Verordnungsblatt 1974, S. 400 (402f.), Mecklenburg-Vorpommern (§9) in: Amtsblatt 1991, S. 79 (81), Nordrhein-Westfalen (§12) in: Gesetzblatt 1976, S. 17 (19f.), Sachsen (§16) in: Amtsblatt 1992, Teil I, S. 277 (279) und Schleswig-Holstein (§9) in: Schleswig-Holsteinische Anzeigen 1984, S. 91 (93). In Berlin (Amtsblatt 1990, S. 1660), Bremen (Amtsblatt 1985, S. 385), Hessen (Gesetz- und Verordnungsblatt 1974, Teil I, S. 587), Niedersachsen (Rechtspflege 1977, S. 34) und Rheinland-Pfalz (Justizblatt 1990, S. 213) ist dagegen keine Stellungnahme der Staatsanwaltschaft erforderlich.

[351] insbesondere Förster in: JR 1950, S. 609 (612); später auch Hüser, S. 137 und Uppenkamp, S. 138

[352] Förster in: JR 1950, S. 609 (612) in Anlehnung an die Praxis der damaligen DDR sowie in West-Berlin.

[353] Hüser, S. 138

[354] Dreher in: BVerfGE 45, S. 187 (245); zustimmend Uppenkamp, S. 135

[355] Uppenkamp, S. 140

Bei sämtlichen Vorschlägen ist aber zu berücksichtigen, daß trotz aller Bemühungen eine vollkommen einheitliche Begnadigungspraxis schon aus der Natur der Sache nicht existieren kann, solange nicht ihre vollständige Verrechtlichung und damit die Abkehr vom eigentlichen Sinn stattgefunden hat.[356] Es kann hier folglich nur um die Feststellung gehen, ob eine Belassung des Begnadigungsrechtes im Rahmen von Staatsschutzverfahren auf Bundesebene bei gleichzeitiger Bildung einer Gnadenkommission gegenüber einer Übertragung auf die Länder von Vorteil ist.

Einzukalkulieren ist hierfür auch die Anzahl der von Staatsschutzstraftätern zu erwartenden Gnadengesuche. Die Quantität der Begnadigungen von wegen Hoch- und Landesverrates Verurteilten -die Zahl der infolge nachgewiesener Staatsschutzdelikte im Strafvollzug Befindlichen ist sehr niedrig-[357]dürfte bereits allein aus Gründen der Medienwirksamkeit relativ gering liegen. Zudem gehen die allgemeinen Überlegungen teilweise schon in Richtung Bundes-Gnadenkommission, unter möglichst umfassender Berücksichtigung der föderalistischen Strukturen.[358] Bedenkt man anschließend noch die Diffizilität bestimmter politischer Gnadenentscheidungen und eine potentielle Schließung der Gesetzeslücke im Bereich der sogenannten Austauschbegnadigung,[359]wird ersichtlich, daß eine weitreichende Neuregelung zugunsten der Länder mit erheblichen außenpolitischen Schwierigkeiten verbunden wäre, nicht zuletzt aufgrund regional divergierender Handhabung. Ferner ergäbe sich aus der Übertragung des Begnadigungsrechtes unter paralleler Kontinuität der Organleihe ein Verstoß gegen Art.60 Absatz 2 GG.[360]

Für eine Beibehaltung der derzeitigen Regelung spricht weiterhin die Stellung des Bundespräsidenten, welcher -anders als die Ministerpräsidenten oder der jeweilige Justizminister auf Länderebene- nicht im Rahmen des Art.62 GG zur Regierung im organisatorischen Sinn gehört.[361] Die erforderliche Übersicht über die erteilten und noch ausstehenden Gnadengesuche ist dadurch ebenfalls gewährleis-

---

[356] im Ergebnis auch Triffterer/Müller-Dietz in: BVerfGE 45, S. 187 (244)

[357] Am 31.3.91 befanden sich drei männliche Verurteilte im Rahmen der Straftatbestände Friedensverrat, Hochverrat und Gefährdung des demokratischen Rechtsstaates im Vollzug sowie eine Person im Rahmen von Landesverrat und Gefährdung der äußeren Sicherheit, so daß insgesamt nur 4 Personen wegen Staatsschutzdelikten inhaftiert waren (Statistisches Bundesamt, Rechtspflege, Fachserie 10, Reihe 4.1: Strafvollzug 1993). Wieviele der wegen Mordes oder Brandstiftungsdelikten Verurteilten und Inhaftierten ihre Taten aus staatsfeindlichen Beweggründen begangen haben, läßt sich zwar nicht herausfiltern, doch ist auch hier von einer sehr geringen Zahl auszugehen.; so auch Dimoulis, S. 502 Anm. 32; vgl. zu dieser Tendenz schon die Statistiken Ende der 50er Jahre bei König, S. 90ff.

[358] Uppenkamp, S. 139

[359] Dieser Vorschlag kam von Maurer, S. 203.

[360] vgl. oben II.1.c.bb.

[361] Maunz/Dürig/Herzog/Scholz-*Herzog*, Rn.38f. zu Art.62; Dreier-*Hermes*, Rn.7 zu Art.62; Mickisch, S. 38

tet, zumal nur ein Oberlandesgericht pro Bundesland im Wege der Organleihe tätig wird. Probleme könnten sich lediglich dann ergeben, wenn das Ermessen des Generalbundesanwaltes zur Verfahrensübergabe beispielsweise auf den Bereich der Organisierten Kriminalität ausgedehnt würde, mit der Konsequenz ansteigender Verurteilungen innerhalb der Bundesgerichtsbarkeit und zwingend nachfolgender Überlastung des Entscheidungsträgers. Bei einer Ermessenserweiterung müßten daher *alle* Fälle einer unabhängigen Kommission übergeben werden, um auf Überlastung basierende Fehlentscheidungen zu vermeiden.
Schließlich besitzt die Begnadigung von zu lebenslanger Freiheitsstrafe Verurteilten noch einige Relevanz:
Vor Einführung einer zweiten Instanz in Staatsschutzstrafsachen war der Bund gemäß §134 GVG für die Begnadigung erstinstanzlicher, lebenslänglich verhängter Freiheitsstrafen zuständig.[362] Nach der heutigen Gesetzeslage sind immer noch einige der zur primären Zuständigkeit der Oberlandesgerichte gehörenden Delikte sowie ein Großteil der in §120 Absatz 2 Satz 1 Ziffer 2 und 3 GVG aufgeführten Straftaten mit lebenslanger Freiheitsstrafe bewehrt, insbesondere wenn es sich um die wenigstens leichtfertige Verursachung des Todes eines Menschen handelt.[363] In der Regel besitzen solche Fälle außergewöhnliche Bedeutung und werden nicht delegiert. Stellt die Begnadigung lebenslänglich Verurteilter im allgemeinstrafrechtlichen Bereich auf Länderebene infolge der Reaktionen der öffentlichen Meinung schon ein Politikum dar,[364]ist es kaum vorstellbar, einen wegen Völkermordes Verurteilten den Gnadenbehörden eines Landes zu überantworten, wenn bereits allein der Fall Angenfort auf *Bundes*ebene politisches Tauziehen verursachen konnte. Zwar ist durchaus denkbar, daß aufgrund des generalbundesanwaltlichen Ermessens ein Fall samt sich anschließender Begnadigung sozusagen „unberechtigt" der Bundesgerichtsbarkeit zugeführt wird, doch dürfte die Kombination von Überbewertung der Tat an sich inklusive *Ausübung* des Begnadigungsrechts so gut wie nie vorkommen und ist in Anbetracht der Nachteile bei genereller Übertragung auf die Länder in Kauf zu nehmen.
Als Ergebnis ist somit an der momentanen Zuständigkeitsregelung zwischen Bund und Ländern festzuhalten. Allerdings bietet sich im Rahmen der Entscheidungsfindung die Bildung einer Gnadenkommission für im Wege erstinstanzlicher Bundesgerichtsbarkeit Verurteilte an, und zwar unter Hinzuziehung beispielsweise von erfahrenen Gutachtern, Sozialpädagogen und Angehörigen verwandter Berufsgruppen. Juristen sollten dort möglichst nur in sehr geringer Zahl vertreten

---

[362] vgl. oben, 1.Teil, ab dem 4.Kap.
[363] §§ 80, 81 Abs.1, 94 Abs.2, 97a, 100 Abs.2, 211 Abs.1, 212 Abs.2, 220a Abs.1, 306c, 307 Abs.3 Ziff.1, 309 Abs.4, 313 Abs.2 iVm 308 Abs.3, 314 Abs.2 iVm 308 Abs.3, 316c Abs.3 StGB
[364] Dieser Ansicht ist auch Hüser, S. 50.

sein, um einer Verrechtlichung der Begnadigung sowie einem potentiellen Widerspruch innerhalb der Judikative präventiv zu begegnen.

## 4. Gegenzeichnung als Ausdruck von Verantwortlichkeit und Kontrolle

Das Begnadigungsrecht wird zwar weitgehend im Ermessen des Entscheidungsträgers ausgeübt, unterliegt aber dennoch parlamentarischer Kontrolle. Auf Länderebene hat der Ministerpräsident als gleichzeitiges Regierungsmitglied das Begnadigungsrecht originär inne und ist in dieser Funktion dem Parlament verantwortlich.[365] Dabei stellt sich das Problem, inwieweit das Parlament als Verfassungsorgan einzelne Entscheidungen beeinflussen kann.[366] Teils wird sogar befürchtet, daß als Kontrollmittel politische Wünsche geäußert werden, um eine übereinstimmende Linie von Regierungspolitik und positiv beschiedenen Gnadengesuchen zu gewährleisten.[367]
Der Bundespräsident ist hingegen dem Bundestag nicht verantwortlich, weshalb der zuständige Bundesminister die Gnadenerweise gemäß Art.58 GG gegenzeichnet und ihnen damit Gültigkeit verleiht sowie gleichzeitig die politische Verantwortung übernimmt.[368] Bei fehlender Gegenzeichnung kann das Staatsoberhaupt mithin nicht begnadigen.[369] Obwohl diese von einigen lediglich noch als Formerfordernis gesehen wird,[370]erscheint es unbillig, die Entscheidung von der Zustimmung eines Regierungsmitgliedes abhängig zu machen. Zwar wird angeführt, daß gerade in Fällen politischer Gnadenerweise, wie zum Beispiel bei Austauschbegnadigungen, die Regierung ohnehin wegen der außenpolitischen Konsequenzen an der Entscheidung beteiligt werden müsse,[371]doch kann es vor allem im Bereich des Staatsschutzes zu Kontroversen kommen, in deren Verlauf etwa die Gegenzeichnung zur Begnadigung von ehemaligen Terroristen verweigert wird. Dann aber ist die Entscheidung nicht länger Aufgabe des ursprünglichen Trägers, sondern der Regierung, welche Begnadigungen verhindern kann, die nicht kongruent zur politischen Linie sind. Wenn auch auf Bundesebene dieses Problem zahlenmäßig etwas geringer ausfallen dürfte als bei den unmittelbar verantwortlichen Ministerpräsidenten, muß zugegeben werden, daß im Rahmen der Bundesgerichtsbarkeit besonders publizitätsträchtige Fälle zum tragen kommen, weswegen

---

[365] Held in: Odersky-FS, S. 413 (422); Dimoulis, S. 503; Schätzler, S. 123
[366] so schon Held in: Odersky-FS, S. 413 (422)
[367] im Ergebnis Dimoulis, S. 202
[368] so die herrschende Meinung: Maunz/Dürig/Herzog/Scholz-*Herzog*, Rn.37 zu Art.60; Bonner Komm.-*Fink*, Rn.11f. zu Art.58; v.Preuschen, S. 51; Schätzler, S. 123; Dimoulis, S.503
[369] Dreier-*Pernice*, Rn.12 zu Art.58; Schätzler, S. 123; Dimoulis, S. 506 Anm. 53
[370] beispielsweise Dreier-*Pernice*, Rn.7 zu Art.58
[371] Schlaich in: Isensee/Kirchhof, Bd.II, §49 Rn.79

dort ein einzelner Fall mehr Aufruhr verursachen kann als ein Vielfaches an Entscheidungen auf Länderebene.
Ungeachtet der Anzahl der von den genannten Kontroversen betroffenen Fälle ist zu überlegen, auf welche Weise dieser potentielle Konflikt beseitigt werden kann, ohne die parlamentarische Verantwortung in toto aufzuheben.
Hierfür kann wieder auf den Vorschlag der unabhängigen Gnadenkommissionen zurückgegriffen werden. Zwar wäre dann weiterhin eine Gegenzeichnung des zuständigen Bundesministers erforderlich, doch ist deren Ablehnung weitaus schwerer, wenn die entsprechenden Sacherwägungen nicht nur von einer Einzelperson vorgebracht werden. Daß trotzdem einmal die Regierungslinie als vorrangig erachtet wird, kann auf diese Weise sicherlich nicht ausgeschlossen werden, doch wäre deren Einführung mit Blick auf die weiteren, bereits erörterten Vorteile einer Gnadenkommission eindeutig ein Schritt in die richtige Richtung.

## 3. Kapitel: Vor- und Nachteile einer potentiellen Einführung von Laien an den Staatsschutzsenaten der Oberlandesgerichte gegenüber der Gefahr berufsrichterlicher Ämterpatronage - eine Abwägung

### I. Aktuelle Analyse von Laien in politischen Strafverfahren

#### 1. Differenzen in der Spruchkörperbesetzung

Die Senate der Oberlandesgerichte sind während der Hauptverhandlung gemäß §122 GVG mit drei Richtern unter Einschluß des Vorsitzenden besetzt, sofern nicht wegen des Umfangs oder der Schwierigkeit der Materie eine Besetzung mit fünf Richtern erforderlich ist. Laien sind im Gegensatz zu den unteren Instanzen nicht an diesen Spruchkörpern beteiligt.[372]

Es soll nun noch einmal genauer untersucht werden, woraus die differierenden Spruchkörperbesetzungen der verschiedenen Instanzen resultieren und ob infolge der Vielzahl von Argumentationssträngen eine Änderung angezeigt ist.

#### 2. Heutige Argumente für und gegen Schöffen in politischen Strafverfahren

##### a. Übertragbarkeit allgemeingültiger Aussagen

Bereits im historischen Teil dieser Arbeit wurden Vor- und Nachteile einer Beteiligung von Nichtjuristen an der (Straf-) Rechtsprechung im allgemeinen und an politischen Strafprozessen im speziellen entsprechend der geschichtlichen Entwicklung dargelegt.[373] Deshalb sollen nur noch einmal kurz die heute weiterhin vorgebrachten Deutungen resümiert werden.

Die Hauptgründe, welche bislang für eine Beibehaltung von Laien geltend gemacht werden und sich zugleich auf alle Rechtsprechungszweige übertragen lassen, sind folgende:

Mit an erster Stelle steht die so herbeigeführte Volkstümlichkeit der Rechtspflege. Der Berufsrichter soll infolge der Mitwirkung von Nichtjuristen eine verständlichere Ausdrucksweise verwenden, um die Jurisdiktion dem Volk näherzubringen und die allgemeine Rechtskenntnis zu verbessern.[374] Damit eng verbunden ist die sogenannte Plausibilitätskontrolle, bei welcher der Berufsrichter dem Laien

---

[372] vgl. dazu den schematischen Gerichtsaufbau in Strafsachen bei Beulke: Strafprozeßrecht, §3, Rn.45; Kühne: Strafprozeßrecht, §5 Rn.122

[373] oben, 1.Teil, 5.Kap.IV.1.c.

[374] Ranft: Strafprozeßrecht, Rn.76; Wassermann: Richterliche Gewalt, S. 116; ders. in: RuP 1982, S. 117 (121); Wolf: Gerichtsverfassungsrecht, §23 I.4.c; Rieß in: Schäfer-FS, S. 155 (217f.); Peters in: Strafprozeß und Reform, S. 82 Anm. 13; ders., Der Bürger und das Recht, S. 187 (200); Roxin: Strafverfahrensrecht, §7 Rn.16; Jung in: 150 Jahre LG Saarbrücken, S. 317 (320f.); Eser, S. 216; dies bestätigt Schiffmann mit seiner Erhebung für die Verwaltungsgerichtsbarkeit, S. 194.

die Entscheidung klar und vor allem nachvollziehbar darlegt. Auf diesem Weg soll einer eingefahrenen Sichtweise der Praktiker sowie einem häufigen Verwenden juristischer Floskeln vorgebeugt werden. Voraussetzung ist eine aktive Beteiligung der Schöffen an der Kommunikation. Zwar wird hierfür insgesamt mehr Zeit pro Verfahren benötigt, doch führt die Plausibilitätskontrolle zu einer genauen Prüfung aller Gesichtspunkte sowie zu einer höheren Akzeptanz des Urteils durch die Betroffenen.[375]

Als weiterer Positiv-Aspekt wird die hierdurch erfolgende Demokratisierung der Rechtspflege herausgestellt. Durch die Mitwirkung von Schöffen als Teile des Volkes soll einerseits dem demokratischen Grundgedanken im Rahmen des Art. 20 Absatz 2 GG Rechnung getragen und andererseits einer zu großen Differenz zwischen dem einzelnen Bürger und den Organen der Judikative vorgebeugt werden. Gleichzeitig läßt sich darin eine Partizipation der Bevölkerung an der Systemlegitimation des Justizapparates sehen.[376] Ferner dient das Schöffenamt einer unmittelbaren Beteiligung der Öffentlichkeit an der Strafrechtsprechung,[377]besonders in politischen Strafprozessen.[378] Dieser Vorzug wird von einigen mit einer Stärkung generalpräventiver Aspekte verbunden, welche durch die Heranziehung immer größerer Bevölkerungsteile zustandekommen soll.[379] Eine Verinnerlichung der Strafrechtsnormen kann hingegen mit solcher Breitenwirkung nur stattfinden, wenn tatsächlich ein repräsentativer Querschnitt durch alle Bevölkerungsgruppen erfolgt und eine stärkere Fluktuation der teilnehmenden Nichtjuristen gewährleistet ist. Dann aber können durchaus nichtjuristische Wertungen sowie Kenntnisse über soziale Verhältnisse und Strukturen in den Rechtsfindungsprozeß und somit in die Urteile eingehen.[380]

Die aufgelisteten Gründe gelten sowohl für die Laienbeteiligung allgemein als auch für politische Strafverfahren, da gerade dort Öffentlichkeit, plausible Entscheidungen und ein vollkommen demokratisches Verfahren zwingend erforderlich sind.

---

[375] Wolf: Gerichtsverfassungsrecht, §23 I.4.g; Ranft: Strafprozeßrecht, Rn.76; Wassermann: Richterliche Gewalt, S. 116f., insbesondere mit dem Stichwort „Betriebsblindheit"; ders. in: RuP 1982, S. 117 (121); Rennig, S. 198; bestätigt auch von Schiffmann, S. 194f.; Kühne in: Alternativen zur Strafjustiz, S. 175 (179f.); Rüping: Strafverfahren, Rn.52; schon sehr früh Schwinge, S. XVI; leicht kritisch dazu Jescheck in: Lebendiges Strafrecht, S. 229 (242)

[376] In dieser Form auch BGH JZ 1984, S. 1120; Wassermann: Richterliche Gewalt, S. 114; ders. in: RuP 1982, S. 117 (129); Wolf: Gerichtsverfassungsrecht, §23 I.4.b; Jung in: 150 Jahre LG Saarbrücken, S. 317 (319ff.); Eser, S. 215f.

[377] Schroeder in: NJW 1983, S. 137 (141); Jung in: 150 Jahre LG Saarbrücken, S. 317 (331)

[378] Wassermann in: RuP 1982, S. 117 (120)

[379] Schroeder in: NJW 1983, S. 137 (141); Wolf in: Gilles, S. 73

[380] so auch Wolf: Gerichtsverfassungsrecht, §23 I.4.d; Bietz in: DRiZ 1987, S. 164; Kühne in: Alternativen zur Strafjustiz, S. 175 (178) und (180)

**b. Der Nutzen von Schöffen in hochpolitischen Strafverfahren**

Um über potentielle Veränderungen zu diskutieren, genügt es nicht, den status quo einfach nur aufrechterhalten zu wollen, wie es Kissel in einem Kurz-Plädoyer für das ehrenamtliche Richtertum getan hat. Aus der alleinigen Feststellung, daß sich dieses Rechtsinstitut uneingeschränkt bewährt habe und deshalb jede Suche nach Gründen zu dessen Rechtfertigung vollständig entbehrlich sei,[381] kann kein Nutzen für die Beteiligung von Nichtjuristen in anderen Instanzen gezogen werden, sondern sie würde auf die Schlußfolgerung reduziert, daß das einzige Argument für das Vorhandensein der Schöffen eben nur ihre Existenz ist.[382]

Der bereits für das allgemeine (Straf-)Recht geltend gemachte Aspekt einer Auflockerung der Sozialstruktur läßt sich für die oberen Instanzen weiterentwickeln. Um zu verhindern, daß die sozialgesellschaftliche Homogenität der Berufsrichter ein fast absolutes Maß erreicht, ist eine Beteiligung von Laien angebracht,[383] sofern ihre Auswahl nicht ebenfalls nur aus einer einzigen Bevölkerungsschicht erfolgt, die eventuell sogar identisch mit jener der Berufsrichter ist. Zu diesem Gesichtspunkt angefertigte Studien[384] liegen bereits länger zurück, doch dürften im Laufe der Jahre an den Prozentzahlen nur wenige Änderungen erfolgt sein; lediglich der Frauenanteil ist bei den Schöffen gestiegen. Im Ergebnis wird eine starke Repräsentation von Angestellten des öffentlichen Dienstes, der Privatwirtschaft sowie von Selbständigen festgestellt.[385] Solange dieser Trend keiner Umkehrung unterfällt, und das in §42 Absatz 2 GVG enthaltene Postulat einer angemessenen Berücksichtigung *aller* Bevölkerungsgruppen unerfüllt bleibt, können die positiven Auswirkungen einer Erweiterung hin zur Schöffenteilnahme an den Oberlandesgerichtsprozessen, abgesehen von der fortschreitenden Demokratisierung, partiell tatsächlich keine Verwirklichung finden.

Soweit eingewendet wird, daß Verfahren politischer Natur keinem Nichtjuristen mitüberantwortet werden dürfen und selbst eine geringe Partizipation genauestens überlegt sein muß,[386] kann es sich höchstens um das Problem der Komplexität der Materie an sich handeln, nicht aber um die Höhe der Strafrahmen. Zwar ist infolge der Übernahmeregelung des §120 Absatz 2 GVG durch den Generalbundesan-

---

[381] Kissel in: 100 Jahre Gerichtsverfassungsgesetz, S. 59 (75); zustimmend Liekefett, S. 117

[382] Diese Auffassung vertritt Volk in: Dünnebier-FS, S. 373 (389)

[383] Rüggeberg in: Verw.Arch. 1970, S. 189 (212); im Ergebnis auch Kulcsár in: Jahrbuch für Rechtssoziologie und Rechtstheorie Bd.III, S. 491 (496f.) und Wassermann: Richterliche Gewalt, S. 116

[384] Katholnigg/Bierstedt in: ZRP 1982, S. 267ff.; Schiffmann, insbesondere S. 170f., der hingegen im Bereich ehrenamtlicher Verwaltungsrichter Vertreter aus fast allen sozialen Schichten vorfand.

[385] Katholnigg/Bierstedt in: ZRP 1982, S. 267 (268)

[386] Pieth in: Alternativen zur Strafjustiz, S. 199 (204)

walt häufiger die Möglichkeit der Verhängung lebenslanger Freiheitsstrafe gegeben, doch muß bei dieser Argumentation zugleich die generelle Zuständigkeit des Landgerichts für schwerwiegende allgemeinstrafrechtliche Taten berücksichtigt werden, über die in allen Fällen gemischt besetzte Kammern entscheiden.[387] Die Strafen, welche im Rahmen der landgerichtlichen Zuständigkeit beispielsweise gemäß §74 Absatz 2 GVG zur Disposition stehen, liegen keinesfalls niedriger als bei §120 GVG und finden zudem wesentlich häufigere Anwendung. Die *Höhe* der zu erwartenden Strafen spricht deshalb *für* eine Erweiterung der Schöffenbeteiligung.[388]

Ferner könnte eine umfassende Heranziehung von Laien eine klarere und verständlichere Verhandlungsleitung mit sich bringen, welche insbesondere bei Großverfahren geboten ist, um mit dem nachfolgenden Urteil die erhofften general- und spezialpräventiven Effekte zu erreichen. Die mit einer auf das Wesentliche beschränkten Prozeßführung oftmals erzielte Verfahrensbeschleunigung[389] wird hier allerdings nicht eintreten, da der gesamte Prozeßstoff noch sorgfältiger aufbereitet werden muß[390] und zeitliche Einsparungen deshalb mit Sicherheit nicht zu erwarten sind.

### c. Folgen der Ambivalenz vieler Argumente

Zusätzliche Diffizilität erhält der vorliegende Problemkomplex infolge der Ambivalenz vieler Argumente. Ein ganzer Teil der als positiv und nützlich aufgeführten Aspekte läßt sich gleichermaßen gegenteilig verwerten. Aus der Darlegung, die Schöffen seien aufgrund ihrer positiven Auswirkungen beibehalten worden, ließe sich deshalb auch die Aussage formen, es gäbe nur keine sicheren Erkenntnisse über potentielle Negativeffekte ihrer Abschaffung.[391]

Insbesondere die allgemeingültigen Aussagen unterfallen der Ambivalenz:

Der verstärkten Öffentlichkeit läßt sich entgegnen, daß die Kontrollfunktion heutzutage viel einfacher und effektiver von den Massenmedien ausgeübt wird.[392] Ebenso könnte der Demokratisierungsgedanke in sein Gegenteil verkehrt werden, da das Demokratieprinzip keine Aufteilung der Judikative in Berufs- und Laienrichter vorschreibt. Dennoch stellt die Tradition der Mitwirkung des Volkes ein

[387] vgl. dazu die Übersicht bei Kühne: Strafprozeßrecht, §5 Rn.122

[388] Dieses Ergebnis hat auch Rennig auf S. 92 herausgearbeitet.

[389] Peters in: Strafprozeß und Reform, S. 82 (86)

[390] Schiffmann, S. 195f.

[391] Volk in: Dünnebier-FS, S. 373 (389)

[392] Wassermann in: Richterliche Gewalt, S. 113; Volk in: Dünnebier-FS, S. 373 (378); Görlitz in: Handlexikon zur Rechtswissenschaft, S. 268

Ursprungselement der Demokratie dar und bildet mithin einen relevanten justizpolitischen Faktor,[393]dessen Einfluß nicht unterschätzt werden sollte.
Das Einbringen nichtjuristischer Wertvorstellungen, Kenntnisse und Eindrücke in die Entscheidungsfindung wird von einigen als außerordentlich gering eingestuft[394]und dieses Manko teils auf bestehende, aus der Heranziehung verschiedener sozialer Gesellschaftsschichten entstandene Sprachbarrieren zurückgeführt.[395] Dabei bleibt jedoch die Rolle des Berufsrichters unberücksichtigt, dessen Aufgabe unter anderem in der verständlichen Informierung des Schöffen liegt.[396] Natürlich ist die jeweilige Belastung der Richter und der Druck zur Erfüllung des Pensenschlüssels ein Grund für die mangelnde Kommunikation[397]innerhalb des Spruchkörpers, doch dürfte in den oberen Instanzen dieser Druck ein wenig geringer sein. Zwar ist auch dort die Überlastung teilweise immens, hingegen fällt eine Verzögerung infolge der Ausgestaltung als Kollegialgericht nicht nur einem einzigen Richter zur Last. Außerdem wäre eine parallele Einführung des Laien in den Fall durch den Berichterstatter des Senats möglich. Bei Kollegialgerichten, die mehr als einen Berufsrichter beinhalten, ist zudem die etwaige Gefahr einer Ablenkung sowie Überstimmung des einzigen ausgebildeten Juristen des Spruchkörpers durch beispielsweise uninteressierte oder voreingenommene Schöffen gebannt. Des weiteren muß man sich entscheiden, ob die Sozialstruktur der Berufsrichter durch die Beteiligung eines Querschnitts möglichst der gesamten Bevölkerung aufgelockert werden soll, oder ob nur eine soziale Oberschicht dieses Amt wahrnehmen darf. Der Gesetzgeber hat sich in §42 Absatz 2 GVG klar für die erste Alternative entschieden und damit eventuelle „Sprachbarrieren“ als überwindbares Hindernis einkalkuliert, um eine tatsächlich verständliche Verhandlungsführung zu präjudizieren.
Gegen Laien wird ferner angeführt, sie seien außerstande, den sprachlichen „Übersetzungsvorgang“ der Juristen von der Fach- in die Laiensphäre nachzuvollziehen, weswegen sich die Richter in Banalitäten flüchten könnten.[398] In solchen Fällen muß der Schöffe dem Berufsrichter jedoch mitteilen, daß die Ausführungen für ihn trotz allem noch nicht verständlich genug sind. Das setzt sicherlich einen couragierten Laien voraus und wird daher nicht in allen Fällen funktionie-

---

393 ebenso Jung in: 150 Jahre LG Saarbrücken, S. 317 (329); a.A. Kühne in: ZRP 1985, S. 237f.

394 Barbey in: Isensee/Kirchhof, Bd.III, §74 Rn.45

395 Görlitz in: Handlexikon zur Rechtswissenschaft, S. 267

396 Kulcsár in: Jahrbuch für Rechtssoziologie und Rechtstheorie, Bd.III, S. 491 (504); Wassermann: Richterliche Gewalt, S. 121; Schroeder in: NJW 1983, S. 137 (141); Bietz in: DRiZ 1987, S. 164; zum Akteneinsichtsrecht auch Schreiber in: Welzel-FS, S. 941 (953)

397 schon Huhn in: DRiZ 1964, S. 303 (305); Wasserman: Richterliche Gewalt, S. 122 und S. 125

398 Kühne in: ZRP 1985, S. 237 (238); Volk in: Dünnebier-FS, S. 373 (387)

ren, doch muß diesbezüglich an die Juristen appelliert werden, daß sie nicht für sich selbst, sondern stets im Namen des Volkes Recht sprechen. Eine Fortbildung der Schöffen und damit einhergehende Heranziehung von sogenannten Halbjuristen[399]ist dagegen wenig sinnvoll und würde dem ursprünglichen Laienrichterprinzip zuwiderlaufen.
An dieser Diskussion wird deutlich, daß sich die Argumente nur selten klar für oder gegen Laien einsetzen lassen. Dies liegt unter anderem an dem Minimum empirischer Untersuchungen. Casper/Zeisel,[400] Klausa,[401] Haisch[402] und Schiffmann[403]haben jeweils empirische Erhebungen durchgeführt, doch liegen sie einerseits schon 30 Jahre zurück und sind andererseits quantitativ viel zu gering angelegt, um aussagekräftig genug zu sein. Zwar hat Klausa in den jeweiligen Instanzen die einzelnen Bereiche sorgfältig differenziert und kommt zu einem eher positiven Ergebnis,[404]jedoch kann damit weder eine Ausdehnung noch eine Abschaffung der Laienbeteiligung befürwortet werden. Die anderen Erhebungen beziehen sich entweder auf eine einzelne Gerichtsbarkeit (Schiffmann) oder beschäftigen sich überwiegend mit Untersuchungen bezüglich des amerikanischen Rechts (Haisch).

### 3. Potentielle Einführung von Laien an den oberlandesgerichtlichen Staatsschutzsenaten - eine Abwägung der Argumente

Grundsätzlich ist die Einführung von Laienrichtern am Oberlandesgericht möglich. Art.92 GG besagt lediglich, daß die rechtsprechende Gewalt den Richtern anvertraut ist, ohne zwischen Juristen und Laien zu unterscheiden. Das Bundesverfassungsgericht hat demgemäß nochmals die Zuziehung von Laien als im Ermessen des Gesetzgebers stehend bekräftigt.[405] Vor allem ihre Beteiligung in Gerichtszweigen mit besonderer Fachbezogenheit begegnet keinerlei verfassungsrechtlichen Bedenken.[406] Folglich ist eine potentielle Änderung der Laienmitwirkung keine verfassungsrechtliche, sondern eine rein justizpolitische Aufgabe.[407]

---

[399] Dieser Vorschlag stammt von Wassermann: Richterliche Gewalt, S. 119f., der allerdings die Schwierigkeit der „Ausbildungsgrenze“ erkennt; dagegen auch energisch Höffner, Der Bürger und das Recht, S. 73 (74).
[400] Der Laienrichter im Strafprozeß
[401] Ehrenamtliche Richter. Ihre Auswahl und Funktion empirisch untersucht
[402] Informationsbewertung und Strafurteil durch Juristen und Laien
[403] Die Bedeutung der ehrenamtlichen Richter bei Gerichten der allgemeinen Verwaltungsgerichtsbarkeit
[404] Klausa, S. 65ff.
[405] BVerfGE 42, S. 206 (208f.)
[406] Maunz/Dürig/Herzog/Scholz-*Herzog*, Rn.85 zu Art.92 GG
[407] Maunz/Dürig/Herzog/Scholz-*Herzog*, Rn.88 zu Art.92 GG

### a. Ein rechtsvergleichender Blick

Ein nochmaliger Blick auf Österreich und die Schweiz zeigt, daß sich dort das Laienrichtertum etabliert hat und gemischt besetzte Gerichte gleichermaßen für schwerste Delikte, wozu auch einige politische Straftatbestände gehören, zuständig sind.[408] Bei dieser Rechtsvergleichung ist allerdings zu beachten, daß zum Beispiel in der Schweiz die Richterbestellung auf andere Weise erfolgt und die Laien teilweise permanente Gerichtsmitglieder darstellen.[409] Trotzdem läßt sich ein Vergleich anstellen, soweit man in Deutschland den Nichtjuristen das Verständnis für die Komplexität der Materie abzusprechen versucht oder deren parteipolitisches Engagement, auf das noch eingegangen werden wird,[410]als Ausschlußgrund für die höheren Instanzen ansieht.

### b. Verfahrenstechnische Schwierigkeiten

Es wird oftmals angeführt, in den oberen Instanzen könnten Laien den Ablauf des Prozesses in Ermangelung ausreichender verfahrenstechnischer Kenntnisse gefährden.[411] Dem läßt sich jedoch durch eine *verfahrenstechnische Unterweisung* entgegenarbeiten. Erhalten sie bereits eine Einweisung in Form von Leitfäden über das Schöffenamt, so kann dort problemlos ein Überblick über die wichtigsten verfahrenstechnischen Regeln angefügt werden. In Hessen wird mittlerweile der gesamte Verfahrensablauf in einer für Laien verständlichen Sprache erläutert. Ferner besteht dieses Problem generell und wird bei den Oberlandesgerichten keineswegs verstärkt, solange sie als Tatsachengerichte erster Instanz urteilen. Ob Schöffen für Berufungs- oder Revisionsverfahren geeignet sind, braucht in dieser Arbeit folglich nicht geklärt zu werden.

Das Argument der verfahrenstechnischen Komplexität verliert zudem durch die Befürwortung zumindest fachkundiger Laien an Gewicht. Diejenigen, welche Schöffen lediglich in Jugend- oder Wirtschaftsstrafverfahren für sinnvoll erachten,[412]übersehen dabei, daß diese dann zwar durchaus dem Verhandlungsgegenstand an sich ohne größere Probleme folgen und mit ihrem Fachwissen zur Rechtsfindung beitragen können, in Hinblick auf den Verfahrens*ablauf* und die Einhaltung aller prozeß- und verfassungsrechtlichen Vorschriften aber ebenso un-

---

[408] vgl. oben, 1.Teil, 5. Kap.IV.4.; bezüglich der Schweiz: Pieth in: Alternativen zur Strafjustiz, S. 199 (203) und Jescheck in: Lebendiges Strafrecht, S. 229 (244) und (247); für Österreich: Jung in: 150 Jahre LG Saarbrücken, S. 317 (326)

[409] Jescheck in: Lebendiges Strafrecht, S. 229 (244) und (248)

[410] unten g.

[411] so beispielsweise Görlitz in: Handlexikon zur Rechtswissenschaft, S. 266

[412] Pieth in: Alternativen zur Strafjustiz, S. 199 (204f.); in Teilen auch Peters in: Strafprozeß und Reform, S. 82 (103); Wolf: Gerichtsverfassungsrecht, §23 I.4.h; Görlitz in: Handlexikon zur Rechtswissenschaft, S. 269

bedarft sind wie jeder andere Schöffe auch. Wenn es danach möglich ist, einem fachspezifischen Spruchkörper Laien mit dem dafür notwendigen Fachwissen zuzuweisen und dabei positive Ergebnisse zu erzielen, wie zum Beispiel in Wirtschaftsstrafsachen, dann ist es auch möglich, sämtlichen Schöffen erster Instanz die *erforderlichen* prozeß- und verfassungsrechtlichen Kenntnisse zu vermitteln. Dies würde keineswegs zu sogenannten Halbjuristen führen, denn die Kenntnis der Grundprinzipien eines fairen Verfahrens hat keinerlei Auswirkungen auf die Einschätzung des Prozeßgegenstandes, so daß der Schöffe anschließend weiterhin dem ursprünglichen Sinn entsprechend wegen seiner Laiensphäre am Verfahren partizipiert.

### c. Beeinflußbarkeit durch Massenmedien

Schon mit dem Aufkommen der Massenmedien äußerte man die Vermutung, Laien seien auf diesem Weg viel leichter zu beeinflussen als ihre berufsrichterlichen Kollegen und könnten so ihre Objektivität für den Prozeß verlieren.[413] Doch diese Auffassung scheint größtenteils auf einem Trugschluß zu basieren: Vor allem in den sogenannten Sensationsprozessen, wie etwa Verfahren gegen ehemalige RAF-Angehörige oder sonstige gewalttätige Linksextremisten (man bedenke nur das Medieninteresse an den Prozessen der letzten Zeit gegen die Ex-Terroristen Birgit Hogefeld und Hans-Joachim Klein) oder bei den sich verstärkenden Prozessen gegen Rechtsradikale, ist das Interesse der Öffentlichkeit und damit der Medien besonders groß. Daher hat sich mittlerweile die Erkenntnis verbreitet, daß ein um gleichbleibende Objektivität bemühter Berufsrichter in solchen Fällen von einem Einfluß der öffentlichen Meinung ebenfalls nicht vollständig frei ist. Zwar gibt es bislang keine gesicherte Kenntnis darüber, in welchem Maß die richterliche Unabhängigkeit und Unbefangenheit durch Presse und Rundfunk beeinträchtigt wird -das dürfte sich auch kaum feststellen lassen, da niemand sagen kann, welche Tatsachenberichte und Meinungen außerhalb des Gerichtssaales unterschwellig Einfluß genommen haben-, doch kann sich fehlende Objektivität gerade in hochpolitischen Strafverfahren aufgrund der Ermangelung einer zweiten Tatsacheninstanz besonders stark auswirken.[414] Selbst wenn man auf die während des Studiums und Referendariates erworbene Fähigkeit zur Selbstdisziplin verweisen kann, so ist doch im Normalfall kein Mensch vollkommen frei von Beeinflussungen dritter Seite, und sei es nur durch allgemeine Gespräche und differie-

---

[413] stellvertretend für viele: Liekefett, S. 116; Görlitz in: Handlexikon zur Rechtswissenschaft, S. 266; Wolf: Gerichtsverfassungsrecht, §23 I.4.h; Volk in: Dünnebier-FS, S. 373 (376)

[414] Zu diesen Ergebnissen kommen auch Kloepfer in: Isensee / Kirchhof, Bd.III, §35 Rn.34, Doebel in: Terrorismus contra Rechtsstaat, S. 211 (234f.), Herrmann in: DRiZ 1982, S. 286 (292), Lamprecht in: DRiZ 1989, S. 4 und S. 9, Wassermann: Richterliche Gewalt, S. 93 und S. 182f. sowie Kühne: Strafprozeßrecht, §5 Rn.110.

rende Grundhaltungen im Familienkreis.[415] Zu verlangen, daß ein Richter ohne jegliche Einflußnahme zu urteilen hat, hieße, ihn bis zur Urteilsverkündung mit seinen Kollegen in einem dafür vorgesehenen Gebäudetrakt unterzubringen, ohne Zeitung, Radio oder Fernsehen (abgesehen vielleicht von Unterhaltungsprogrammen) und damit dem Beispiel Amerikas in großen Jury-Prozessen zu folgen. Eine solche Vorgehensweise erscheint schon aufgrund der Verfahrensanzahl verfehlt und ist mit geltenden Grundrechten nicht vereinbar. Außerdem werden amerikanische Jury-Mitglieder nur für einen einzelnen Prozeß ausgewählt, während es sich beim Berufsrichter um seine permanente Tätigkeit handelt.
Obwohl es durchaus vorkommen kann, daß ein Richter schon mehr als einmal im Licht der Öffentlichkeit stand, es für die ihm zugeordneten Schöffen dagegen eine völlig neue Erfahrung darstellt, läßt sich hieraus nicht automatisch auf die stärkere Beeinflußbarkeit der Laien schließen. Im Gegenteil könnte man den Richter sogar aufgrund des vorangegangenen Aktenstudiums für latent voreingenommen befinden.[416] Die Hinzuziehung von Schöffen könnte daher einen zusätzlichen, möglichst objektiven Beitrag zur Wahrheitsfindung leisten. Einer potentiellen, da niemals verifizierbaren[417]stärkeren Beeinflußbarkeit durch Massenmedien könnte durch einer Verdeutlichung der Verantwortung innerhalb des Schöffenamtes sowie einer Ermahnung, sich so gut wie möglich der Berichterstattung über den Prozeßverlauf zu entziehen, entgegengewirkt werden.
Das Argument forcierterer Einflußnahme der Medien auf den Laienrichter kann daher nicht gegen die Einführung von Schöffen an den Staatsschutzsenaten Raum greifen.

**d. Laien als sogenanntes Sicherheitsrisiko**

Einer Expansion des Laienrichtersystems steht ferner das Argument entgegen, der einfache Bürger bedeute in Staatsschutzverfahren wegen der allgemeinen Zugänglichkeit zum Schöffenamt ein erhöhtes Sicherheitsrisiko.[418] Fraglich erscheint nur, worin Selbiges heute noch bestehen soll. Hinter dieser Auffassung steht die ursprüngliche Angst vor Spionage, und diese mag auch in den ersten Jahren der Bundesrepublik begründet gewesen sein. Mittlerweile haben aber wesentliche politische Veränderungen stattgefunden: Das ehemals geteilte Deutschland ist seit

---

[415] so Doebel in: Terrorismus contra Rechtsstaat, S. 211 (234); Wassermann: Richterliche Gewalt, S. 182f.; Lamprecht in: DRiZ 1989, S. 4 (11)

[416] Diese Meinung vertritt Herrmann in: DRiZ 1982, S. 283 (293); die gleiche Frage stellt Haisch, S. 161, der jedoch auf S. 165 zu dem Fazit kommt, daß Fehlurteilen durch die Inkenntnissetzung von den Ergebnissen der Voruntersuchung vorzubeugen ist.

[417] Selbst Schiffmann konnte in seiner Erhebung nur eine ***unbewußte*** Beeinflußbarkeit einiger Schöffen herausarbeiten, S. 179f.

[418] Liekefett, S. 118

mehr als 10 Jahren wiedervereinigt und die Zeit des sogenannten Kalten Krieges vorüber. Die Öffentlichkeit wird durch die Massenmedien über den Prozeßverlauf unterrichtet; Verhandlungen hinter verschlossenen Türen existieren in diesem Bereich praktisch nicht. Selbst wenn die Öffentlichkeit zeitweise von den Verfahren ausgeschlossen worden sein sollte, erfährt sie dennoch das Urteil samt seiner Begründung. Ein Interesse an Spionage dürfte mithin entfallen sein. Zudem wäre mit dem Ausschluß von Laien keinesfalls die ebenfalls nur theoretische Gefahr gebannt, daß Berufsrichter von einer bestimmten Seite „eingeschleust" werden.
Würden Nichtjuristen an den Staatsschutzsenaten tätig, böte sich an, ihre Anzahl gegenüber den Berufsrichtern um eine Person geringer zu gestalten. Entweder würde in einer dem Landgericht gleichenden Besetzung von drei Berufsrichtern und zwei Schöffen oder -bei bedeutungsvollen und diffizilen Prozessen- von fünf Berufsrichtern und vier Schöffen entschieden, so daß ein einfaches Überstimmen durch die Laien unmöglich wäre. Zwar könnte man bei einer derartigen Besetzung einwenden, die Hinzuziehung von rechtsunkundigen Bürgern sei infolge ihrer zahlenmäßigen Minderheit wenig nutzbringend und daher eine Farce, doch entspricht diese Spruchkörpergestaltung erstens im Regelfall der landgerichtlichen Großen Strafkammer, und zweitens wird bei diesem Modell ein couragierter Laie vorausgesetzt, welcher sich der Relevanz seiner übernommenen Aufgabe bewußt ist und sich deshalb engagiert einbringt.
Weiterhin sind alle erstinstanzlichen Urteile der Oberlandesgerichte seit der Einführung einer zweiten Instanz für Staatsschutzstrafsachen revisibel, womit das Risiko eines „gelenkten" Urteils erster Instanz nicht höher ist als bei den Staatsschutzkammern der Landgerichte und der Laie keinesfalls als (potentielles) Sicherheitsrisiko bei hochpolitischen Prozessen bezeichnet werden kann.

### e. Durchbrechung des ungeschriebenen Prinzips der erforderlichen Sachkunde

Gerade in Staatsschutzverfahren wird die Schwierigkeit der Materie gegen eine Ausdehnung des Laienrichtertums geltend gemacht. Es besteht die überwiegende Meinung, daß hierfür eine besondere Sachkunde und Erfahrung erforderlich ist, weswegen fraglich erscheint, inwieweit eine Partizipation von Nichtjuristen dann überhaupt möglich sein soll.[419] Vor allem scheint die sich permanent ausweitende Zentralisierungstendenz in Kombination mit der weiterhin erhobenen Forderung nach forcierterer Konzentration der Oberlandesgerichte auf eine geringere Anzahl als vierzehn[420]eine Beteiligung von Schöffen auszuschließen.

---

[419] Pieth in: Alternativen zur Strafjustiz, S. 199 (204)
[420] vgl. oben, 1.Teil, 6.Kap. I.3.; 2.Teil, 2.Kap.II

Eine solche Haltung setzt hingegen zwei Dinge voraus:
Zum einen müßte die bereits vorhandene Konzentration auf lediglich vierzehn für das gesamte Bundesgebiet zuständige Oberlandesgerichte unangefochten positiv zu bewerten sein. Die damit verbundene Heranbildung von regelrechten Fachjuristen mit besonderen Kenntnissen und langjähriger Erfahrung im Bereich der Staatsschutzstraftaten ist aber in dieser Arbeit bereits kritisch beleuchtet worden. Neben dem erhöhten Risiko, nach einiger Zeit Tatbestände vorschnell unter bekannte Handlungsabläufe zu subsumieren sowie eine Überlastung der zuständigen Senate herbeizuführen und damit dem Beschleunigungsgebot entgegenzuwirken, existiert die Gefahr, eine bereits vorhandene Einstellung entgegen Modifizierungen im politischen und gesellschaftlichen Umfeld aufrechtzuerhalten.[421] Daher böte sich die Möglichkeit an, gerade in solchen Prozessen eine Meinungsauflokkerung durch Laien herbeizuführen.
Ein größeres Maß an Fachwissen und Erfahrung seitens der Berufsrichter steht zudem nicht unbedingt in Widerspruch zu wechselnden Schöffen. Oberlandesgerichtliche Verfahren beinhalten überwiegend eine höhere Anzahl von Sitzungstagen, an denen das Gericht aber immer in derselben Besetzung teilnimmt, wodurch die Kontinuität innerhalb eines Verfahrens daher grundsätzlich gewahrt ist. Die den Schöffen sicherlich fehlende Erfahrung kann durch eine verständliche Verhandlungsleitung zumindest partiell kompensiert werden, und die Nichtjuristen können von der Berufserfahrung ihrer Kollegen in den Beratungen profitieren. Dabei besteht nicht zwingend das Risiko, daß die Schöffen sich selbst zu stummen Beisitzern degradieren. Rennig hat in seiner Studie verschiedene empirische Erhebungen, unter anderem die von Casper/Zeisel, verglichen und ist zu dem, wenn auch vorsichtigen Ergebnis gekommen, daß Laien durchaus in der Lage sind, schwierigen Verhandlungen zu folgen, qualifizierte Fragen zu stellen und zur Wahrheitsfindung beizutragen.[422] Auch Schiffmann konnte bei den ehrenamtlichen Verwaltungsrichtern einen nicht unerheblichen Beitrag zur Sachaufklärung manifestieren,[423]zumal viele sich innerhalb kürzester Zeit mit der Materie vertraut machen konnten.[424] Schlußendlich können Bürger, die nach zweimaliger Amtszeit einen Turnus pausiert haben, wiedergewählt werden und so ebenfalls Erfahrung sammeln. Schöffen wirken folglich nicht automatisch kontraproduktiv zu der mit einer Zuständigkeitskonzentration angestrebten besonderen Sachkunde.

[421] vgl. oben, 1.Teil, 5.Kap. IV.2. und 2.Teil, 2.Kap. II.1.a.
[422] Rennig, S. 186f.; diese These wird auch angeführt bei Volk in: Dünnebier-FS, S. 373 (379); für diesbezügliche Solidarität zwischen Berufs- und Laienrichtern Arndt in: Gesammelte juristische Schriften, S. 343 (356)
[423] S. 130
[424] Schiffmann, S. 145

### f. Der Laie als „Unsicherheitsfaktor“ in Großverfahren

Problematisch ist dagegen die Möglichkeit, daß ein Großverfahren im fortgeschrittenen Stadium von Beginn an nochmals neu aufgerollt werden muß, weil ein Schöffe plötzlich ausfällt. Hiermit sind keine Fälle gemeint, in denen der Laie beispielsweise schwer erkrankt und auf unabsehbare Zeit dem Schöffenamt fernbleibt, da dieses Risiko gleichermaßen bei den Berufsrichtern existiert.
Die eigentliche Crux liegt bei den eher verdeckten Krankheiten, wenn zum Beispiel ein Schöffe bislang unerkannter Alkoholiker ist. So mußte der Prozeß um den Brand am Düsseldorfer Flughafen vollständig wiederholt werden, obwohl bereits eine größere Anzahl an Sitzungstagen stattgefunden hatte und die Beweisaufnahme langsam ihrem Ende zugegangen war, weil bei einem der Schöffen starke Alkoholprobleme offenbar wurden, welche auf die mangelnde Fähigkeit, dem Geschehen im Gerichtssaal mit der erforderlichen Konzentration zu folgen, schließen ließen. Dieser Neubeginn war mit starkem Zeitverlust, hohen Kosten und der erneuten Befragung von Zeugen verbunden. Selbiges könnte theoretisch gleichermaßen in jedem anderen Kollegialgericht passieren; allerdings zeigen sich die Auswirkungen gravierender, je höher Instanz und Bedeutung des Verfahrens sind.
Man muß nicht gleich an bewußte Sabotage durch später geplant ausfallende Schöffen denken, doch kann es im Rahmen des Personenauswahlverfahrens durchaus erneut zu solchen Verzögerungen kommen. Dieser Unsicherheitsfaktor müßte bei einer potentiellen Erweiterung der Schöffenbeteiligung unbedingt Berücksichtigung finden, da sich die Heranziehung solcher Bürger zum ehrenamtlichen Richterdienst niemals vollständig vermeiden läßt. Erstens müßte dafür jeder in Betracht kommende oder bereits gewählte Schöffe sowie jeder Hilfsschöffe (!) genauestens über seinen persönlichen Hintergrund befragt werden, was zweitens voraussetzt, daß sich der Betroffene sein Problem eingesteht und somit auf das Ehrenamt verzichtet. Eine derartige Kontrolle ist selbst unter Einschluß eindringlicher Appelle, sich der zu übernehmenden beziehungsweise übernommenen Verantwortung bewußt zu sein, in der Praxis schlichtweg undurchführbar. In dieser Hinsicht wird der Laie insbesondere bei Großverfahren ein Unsicherheitsfaktor bleiben.

### g. Parteipolitische Gebundenheit der Schöffen als Hinderungsgrund ?

Gegen eine Bestärkung des demokratischen Elementes durch eine (ausgeweitete) Laiengerichtsbarkeit wird oftmals deren parteipolitisches Auswahlsystem eingewendet und dieses sogar als latent verfassungswidrig bezeichnet.[425] Daher soll

[425] Volk in: Dünnebier-FS, S. 373 (374)

das Wahlverfahren nochmals kurz skizziert und sein potentieller Einfluß auf die Entscheidungsfindung untersucht werden.

**aa. Das Schöffenwahlsystem und der Proporzgedanke**

Eine ausschließlich unter rein objektiven Gesichtspunkten durchgeführte Schöffenwahl ist mit der Realität nicht in Einklang zu bringen, weshalb sich die Auffassung vertreten läßt, Art und Weise der Laiengewinnung seien eine explizit politische Angelegenheit.[426]

Seit der Wiedereinführung der Laienmitwirkung nach dem Zweiten Weltkrieg hat sich an dem im GVG verankerten Wahlmodus prinzipiell nur wenig geändert. 1974 war im Rahmen einer Reform die Amtszeit verlängert, ein Vierjahresrhythmus eingeführt und die Tätigkeit auf zwei aufeinanderfolgende Amtsperioden begrenzt worden. Relevant war indes die Modifikation, daß fortan ein entsprechender Bevölkerungsquerschnitt bei der Auswahl berücksichtigt werden muß, und zwar in bezug auf Alter, Geschlecht, Beruf und soziale Stellung (§36 Absatz 2 GVG).[427]

Trotzdem besteht weiterhin die Schwierigkeit, eine ausreichende Anzahl an Bürgern zu erhalten. Da die Vorschlagslisten von den Gemeinden erstellt werden, ist die Berücksichtigung engagierter Bürger unerläßlich; andernfalls müßte nach dem Zufallsprinzip oder Alphabet verfahren werden -beides Auswahlmodi, die mit Sicherheit kein Garant für motivierte ehrenamtliche Richter sind. Das Engagement der Kandidaten kann in verschiedenen Aktivitäten bestehen, sei es, daß jemand in Vereinen integriert ist, sich sozial oder kirchlich engagiert oder auf kommunaler Ebene politisch betätigt. Daraus hat sich im Laufe der Jahre eine Tendenz entwikkelt, den politischen Parteien immer größeren Einfluß auf die zu erstellenden Vorschlagslisten einzuräumen,[428]wobei aber auch andere Interessengruppen gebeten werden, Vorschläge einzubringen[429]beziehungsweise sich der einzelne Bürger bei seiner Gemeinde selbst um die Aufnahme in die Schöffenvorschlagsliste bewerben kann.

Diese Entwicklung birgt sowohl Vor- als auch Nachteile in sich.

Die Nachteile bestehen in der Gefahr parteipolitisch einseitiger Auswahl, wobei die durch das Gesetz vorgeschriebene doppelte Zweidrittelmehrheit, nämlich einmal zur Aufnahme in die Vorschlagsliste und dann nochmals zur Wahl als Schöffe (§36 Absatz 1 Satz 2, §42 Absatz 1 GVG), zuerst einmal eine stark unilaterale Auswahl verhindert und gleichzeitig zu einer parteipolitischen Proporzregelung

---

[426] Kern: Geschichte des Gerichtsverfassungsrechts, S. 110

[427] vgl. oben, 1.Teil, 7.Kap. I.1.

[428] Kühne in: ZRP 1985, S. 237 (238); Rüping: Strafverfahren, Rn.51; Liekefett, S. 112; Wassermann: Richterliche Gewalt, S. 122; ders. in: RuP 1982, S. 117 (124)

[429] Casper/Zeisel, S. 76

führt.[430] Aus einer entsprechenden Proporzregelung kann sich jedoch trotzdem eine leichte Verfälschung des Laienrichterprinzips ergeben, wenn die Bürger nicht mehr als Repräsentant des Volkes allgemein, sondern als der einer bestimmten (politischen) Gruppe ausgewählt werden.[431] Weiter kann es zu einer schlichten Übernahme der Vorschlagslisten kommen,[432]mit der Konsequenz latenter Entwertung des Einzelvorschlages,[433]da die Zweidrittelmehrheit prinzipiell für jeden Kandidaten gesondert festzustellen ist.

Problematisch wird es zudem, wenn mehr Schöffen benötigt werden als Interessenten für das Ehrenamt vorhanden sind, da gemäß §36 Absatz 4 GVG die doppelte Anzahl der erforderlichen Schöffen und Hilfsschöffen in die Vorschlagsliste aufzunehmen ist. In diesen Fällen ist eine parteipolitische Auswahl der noch benötigten Kandidaten schon fast die logische Folge.

Zusätzlich wird Kritik an den Ausnahmeregelungen der §§33-35 GVG geübt, nach denen viele eigentlich als Laienrichter erwünschte und in größerem Maß am öffentlichen Leben partizipierende Bürger[434] zum Beispiel wegen ihres Berufes ausgeschlossen sind oder die Übernahme des Ehrenamtes ablehnen dürfen.

Zu beachten ist bei aller Kritik hingegen, daß sich die Bundesrepublik im Laufe der Jahre zu einem Parteienstaat entwickelt hat.[435] Haben sich die politischen Parteien somit als Repräsentanten des Volkes etabliert und legitimiert, wäre es sinnwidrig, gerade die ihnen nahestehenden Personen vom Schöffenamt auszuschliessen, zumal die von den Gemeinden nach dem Proporzgedanken aufgestellten Vorschlagslisten auch durchaus positive Aspekte beinhalten: Sich auf kommunaler Ebene politisch engagierenden Personen kann in der Regel ein Interesse an öffentlichen Vorgängen unterstellt werden,[436]so daß sie ein größeres Verantwortungsbewußtsein für das zu übernehmende Ehrenamt entwickeln oder bereits besitzen als nach dem Zufallsprinzip ausgewählte, desinteressierte Bürger. Zwar muß unbestritten eine Auswahl abgelehnt werden, bei welcher der Vorgeschlagene ausschließlich wegen seiner Parteizugehörigkeit Schöffe werden soll; da sich aber keine Partei vor ihrem politischen Kontrahenten eine Blöße infolge „ungeeigneter" Kandidaten geben möchte, wird in der überwiegenden Anzahl der Fälle auf Personen mit Qualifikation und Interesse geachtet.[437]

Selbst wenn man die Auffassung vertreten möchte, die Nachteile würden gegenüber den Vorteilen überwiegen und eine hauptsächlich parteipolitische Auswahl

[430] Görlitz in: Handlexikon zur Rechtswissenschaft, S. 265
[431] Wassermann in: RuP 1982, S. 117 (124)
[432] Eser, S. 218; dagegen auch BGH St 35, S. 190 (193)
[433] Liekefett, S. 112
[434] Kühne in: ZRP 1985, S. 237 (238)
[435] Wassermann in: RuP 1982, S. 117 (124); Niethammer-Vonberg, S. 112
[436] Niethammer-Vonberg, S. 112; Schiffmann, S. 174; Liekefett, S. 112
[437] Wassermann: Richterliche Gewalt, S. 123f.; ders. in: RuP 1982, S. 117 (124)

begünstigen, ließe sich daraus erst dann ein Hinderungsgrund für Schöffen bei hochpolitischen Verfahren ableiten, wenn der parteipolitische Hintergrund sich in irgendeiner Form in der Entscheidungsfindung niederschlagen würde, worauf nachstehend eingegangen wird.

**bb. Parteipolitischer Einfluß auf die Entscheidungsfindung ?**

Empirische Erhebungen jedweder Art können immer nur Rückschlüsse auf solcherlei Einflüsse zulassen, aber niemals zu gesicherten und bewiesenen Erkenntnissen führen. Das für die Berufsrichter über den inneren Prozeß der Entscheidungsfindung Gesagte[438]findet deshalb auch hier Anwendung.
Die Auffassungen über dieses Problem gehen sehr weit auseinander. Von einzelnen wird seitens der Kandidaten die Förderung des Eindrucks befürchtet, aufgrund des durch die Partei erfolgten Vorschlages zur Bekleidung des Schöffenamtes zugleich deren Meinung vertreten zu müssen. Gleichzeitig wird aber zugegeben, daß in politisch ruhigen Zeiten ein solcher Fall höchst selten vorkommen dürfte.[439]
Mit Blick auf die Vergangenheit ist eine solche Haltung verständlich, nur darf sie nicht unbesehen für die heutige Zeit übernommen werden. Der Hinweis auf parteigebundene Rechtsprechung während und nach der Weimarer Republik[440]kann heutzutage keinen Bestand mehr haben. Durch die hier vorgeschlagene Besetzung der Staatsschutzsenate mit jeweils einem Berufsrichter in der Überzahl ist die Gefahr einer einfachen und eventuell sogar parteipolitisch beeinflußten Überstimmung durch die Laienrichter gebannt. Ferner ist das gesamte Rechtssystem nach den Erfahrungen der Geschichte in vielen Teilen reformiert und stärker demokratisiert worden. Selbst wenn sich vereinzelt Schöffen an die Grundhaltung der Partei gebunden fühlten, welcher sie angehören, dürfte es kaum gelingen, mehrere Schöffen mit identischer politischer Auffassung in einen Senat zu bringen, in welchem diese Tendenz bereits ebenfalls latent vorherrscht. Zwar existiert die Möglichkeit, die Sitzung zu verschieben oder auf andere Weise neu beginnen zu lassen und damit eventuell eine andere Besetzung zu erreichen oder den „unerwünschten" Schöffen aus ihn persönlich betreffenden Gründen durch einen anderen ersetzen zu lassen, doch läßt sich das alles in der Praxis kaum durchsetzen. Nicht nur, daß eine Sitzung keinesfalls beliebig oft vertagt oder neu begonnen werden kann; es ist auch fast unmöglich, bei allen unliebsamen Laien Gründe für ihre Amtsunfähigkeit zu finden. Und schließlich sind die Hilfsschöffen zu berücksichtigen, welche gemäß §48 Absatz 2 GVG immer dann zugewiesen werden,

---

[438] oben, 3.c.
[439] Liekefett, S. 112
[440] Liekefett, S. 112

wenn der Hauptschöffe an der Sitzungsteilnahme verhindert ist. Um die ehrenamtlichen Richter vollständig unter Kontrolle zu haben, müßte in der Bundesrepublik ein dem amerikanischen Recht entsprechendes Modell der Schöffenheranziehung eingeführt werden. Das vergleichbare, früher in Deutschland bei den Geschworenen vorherrschende peremptorische Ablehnungsrecht[441]wurde allerdings aus genau diesem Grund der Kontrolle und unilateralen, ergebnisorientierten Auswahl abgeschafft.

Natürlich obliegt es auch den Laien selbst, sich ihre Objektivität zu bewahren. Besteht beispielsweise eine starke Interessenkollision, die noch nicht von den im GVG enthaltenen Ausnahmeregelungen erfaßt wird, so ist die Inkompatibilitätsfrage[442]analog zu stellen. Nimmt der Schöffe an der Sitzung teil, kann er die übrigen Mitglieder des Kollegialgerichts von seiner „Befangenheit" unterrichten oder sogar gemäß §30 StPO seine Ablehnung vorschlagen.

Daß trotzdem einige Kritiker eine *bewußte* parteipolitische Beeinflussung der Entscheidungsfindung implizieren,[443]geschieht ohne gültigen Nachweis. Natürlich ist niemand davor gefeit, unterschwellig Wertungen in das Urteil einfließen zu lassen, doch setzen sich diese aus multiplen Faktoren zusammen und erfolgen -wie bereits dargelegt- gleichermaßen bei den Berufsrichtern.

Schiffmann erhob eine entsprechende Untersuchung über ehrenamtliche Richter innerhalb der Verwaltungsgerichtsbarkeit und kam zu dem Ergebnis, daß deren überwiegende Anzahl keinesfalls bewußt parteipolitische Gesichtspunkte in den Entscheidungsfindungsprozeß einbringen wollte.[444]

Dieses Ergebnis dürfte auf die Strafgerichtsbarkeit übertragbar sein. Andere Auswirkungen sind bei der Teilnahme von Laien an hochpolitischen Prozessen nicht zu erwarten, da die innerhalb mancher Terroristenprozesse zu verhandelnden, oftmals grausamen Taten, wie Sprengstoffanschläge oder Geiselnahme mit anschließender Tötung der Geiseln, mit Sicherheit kaum separat unter parteipolitischen Gesichtspunkten beurteilt werden, gerade weil sich der politische Hintergrund nur schwer davon abstrahieren läßt. Da mittlerweile die Gewalttaten von „rechts" zugenommen haben, kann zudem schlecht eine einseitige Linie der Rechtsprechung durchgehalten werden, ohne auf die aktuelle Entwicklung einzugehen. Die Betroffenheit der Schöffen richtet sich eher nach der Tatbegehung als solche, so daß parteipolitische Vorurteile den geringsten Einfluß auf die Entscheidungsfindung haben.[445] Selbst wenn dies doch einmal der Fall wäre, existiert im-

---

[441] oben, 1.Teil, 2.Kap. I.2.a.
[442] so Liekefett, S. 73
[443] vgl. die Nachweise für verschiedene Gerichtsbarkeiten bei Rennig, S. 263f.
[444] S. 176f.
[445] Benz, S. 135

mer noch die Möglichkeit, das Verfahren von einer Revisionsinstanz überprüfen zu lassen.

Außerdem ist die Rolle der Öffentlichkeit in solchen Verfahren nicht zu unterschätzen. Wer seine parteipolitischen Präferenzen offen in das Urteil einfließen läßt, riskiert eine „Enttarnung“ und Kritisierung durch die Medien. Gerade aufgrund dieser Medienwirksamkeit dürften Berufs- und ehrenamtliche Richter um besondere Objektivität bemüht sein.

### cc. Änderungsvorschläge

Diejenigen, welche eine Einführung von Laien an den oberlandesgerichtlichen Staatsschutzsenaten zumindest andenken, setzen hierfür allerdings eine Änderung des Auswahlsystems voraus, und zwar im Sinne von Schöffen mit ausgesucht fachspezifischen Kenntnissen. Die mit Staatsschutzverfahren zu betrauenden ehrenamtlichen Richter sollten dann durch den Bundestag oder die Landesparlamente ausgesucht werden.[446] Gegen derartige Vorschläge wird indes immer wieder die Negativerfahrung des Volksgerichtshofes angeführt und vor dessen „Wiederauferstehung“ gewarnt. Solche Stimmen verdienen gehört zu werden, doch erscheint fraglich, ob dieser Hinweis noch im ehemaligen Umfang Geltung beanspruchen kann. Um diese Frage zu beantworten, ist ein Blick auf andere Gerichtsbarkeiten erforderlich:

Ehrenamtliche Verfassungsrichter werden explizit unter parteipolitischen Gesichtspunkten entsprechend dem Proporzverhältnis ausgewählt, um eine Besetzung analog der politischen Regierungsverhältnisse zu erreichen.[447] Die Vorschlagslisten werden von den Landtagen des jeweiligen Bundeslandes erstellt.[448] Als Begründung dient die dadurch erlangte Zusammensetzung aus politischem und juristischem Fachwissen, da nur so die überwiegend politisch geprägten Aufgaben bewältigt werden könnten.[449] Wenn nun eine eindeutig politische Auslese auf verfassungsgerichtlicher Ebene erwünscht ist, läßt sich auf strafrechtlicher Ebene zumindest an ein ähnliches Wahlverfahren denken, da eine Wiederholung des Debakels Volksgerichtshof in einer intakten Demokratie nicht möglich ist. Wie im ersten Teil dieser Arbeit explizit ausgeführt,[450]hatte Hitler sämtliche Garantien zugunsten der Angeklagten abgeschafft, die Öffentlichkeit fast immer vom Verfahren ausgeschlossen und für bestimmte Prozesse -vor allem politischer Na-

---

[446] Liekefett, S. 118

[447] Liekefett, S. 61 und S. 113

[448] vgl. z.B. §6 Absatz 1 Satz 2 des Gesetzes über den Staatsgerichtshof, GVBl. Hessen 1994, S. 684 (685)

[449] Liekefett, S. 113

[450] oben, 1.Teil, 4.Kap.

tur- die Instanzen verkürzt oder verschoben. Ein solcher Nährboden, wie ihn die Verhältnisse der Weimarer Republik geboten hatten, aufgrund derer eine spätere Machtübernahme Hitlers unter Aufbau eines eigenen grausamen Regimes ermöglicht wurde, existiert in der Bundesrepublik nicht. Dieses, in der Tat abschreckende Beispiel kann somit nicht mehr als Begründung gegen Laien an den Oberlandesgerichten ausreichen.

Um dennoch dem Argument eines all zu stark parteipolitisch ausgerichteten Auswahlverfahrens entgegenzuwirken, scheint dessen Modifizierung tatsächlich eine Möglichkeit zu sein, allerdings nicht in Anlehnung an die ehrenamtlichen Verfassungsrichter. Für den verfassungsrechtlichen Bereich erscheint eine entsprechende Wahl unter explizit parteipolitischen Gesichtspunkten aufgrund der erforderlichen Kenntnisse sinnvoll. Im Strafrecht ist dies -wie oben unter e. dargelegt- nicht nötig. Eine Übernahme des verfassungsrechtlichen Schöffenauswahlverfahrens würde daher den Eindruck parteipolitisch voreingenommener Strafjustiz eher noch verstärken. Aufgrund der mittlerweile existenten Möglichkeit, sich selbst als Schöffen vorschlagen zu können, sollte deshalb mehr Wert auf eine Persönlichkeitswahl als auf die Einhaltung irgendeines Parteiproporzes gelegt werden,[451] falls für dieses Amt geeignet erscheinende Personen außerhalb des Proporzes stehen.

**h. Zwischenergebnis**

Das Echo auf eine Ausweitung der Laienbeteiligung ist somit geteilt. Wird einerseits das ehrenamtliche Richtertum als Gewinn an Stärke und Legitimation für die Judikative betrachtet,[452]trotz der anfallenden Kosten allgemein als wertvoll bezeichnet[453]oder für einen unverzichtbaren Bestandteil der Strafrechtspflege gehalten, deren Ausweitung sich in Teilbereichen anböte,[454]so können andere keine rationalen Gründe für deren Existenz verifizieren und befürworten eher ihren Rückbau.[455] Bei den Überlegungen darf aber der symbolische Wert[456]nicht unterschätzt werden.

Schließlich haben die verschiedenen Erhebungen zur Entkräftung mancher Vorurteile geführt: Hinsichtlich etwaiger emotionsgesteuerter Entscheidungen seitens der Schöffen gelingt den Berufsrichtern deren weitgehende Neutralisierung,[457]zu-

---

[451] Wassermann: Richterliche Gewalt, S. 124f.; ders. in: RuP 1982, S. 117 (124); im Ergebnis auch Jescheck: Lebendiges Strafrecht, S. 229 (249)

[452] Wassermann: Richterliche Gewalt, S. 118 und S. 125

[453] Wolf: Gerichtsverfassungsrecht, §23 I.4.h

[454] Jung in: 150 Jahre LG Saarbrücken, S. 317 (330f.)

[455] Kühne in: ZRP 1985, S. 237 (239)

[456] Dieser wird sogar von Volk postuliert in: Dünnebier-FS, S. 373 (388).

[457] Schiffmann, S. 174

mal insbesondere bei ehrenamtlichen Strafrichtern im Verhältnis zu ihren berufsrichterlichen Kollegen keine Tendenz zu forcierter variierenden Entscheidungen nachgewiesen werden konnte.[458] Ferner sind Nichtjuristen durchaus in der Lage, für eine in der Länge dem normalen Arbeitstag vergleichbare Sitzung die erforderliche Konzentration aufzubringen, was gleichermaßen für die Aufnahmefähigkeit sowie die benötigte Gedächtnisleistung gilt.[459] Zwar wurden von entsprechenden Probanden strafrechtlicher Untersuchungen tendenziell höhere Strafen verhängt, doch ergab sich im Gegenzug eine stärkere Homogenität der getroffenen Strafmaß-Entscheidungen, die bei den ausgebildeten Juristen nicht zu verzeichnen war.[460]

Ob daher für die Gegner einer Erweiterung vor allem die potentielle und meist unbewußte parteipolitische Beeinflußbarkeit ausreichend sein kann, soll im folgenden durch die Untersuchung der Gefahr berufsrichterlicher Ämterpatronage geklärt werden.

## II. Die Beeinträchtigung berufsrichterlicher Unabhängigkeit durch parteipolitische Ämterpatronage und die Bedeutung von Richterwahlausschüssen

### 1. Unabhängigkeit der Richter

Das höchste Postulat richterlicher Unabhängigkeit ist in Art.97 Absatz 1 GG verankert, wonach ein Richter lediglich dem Gesetz unterworfen ist. Es gibt aber sowohl auf Bundes- als auch auf Landesebene weitere, diesen relevanten Grundsatz manifestierende Normen. In §25 des Deutschen Richtergesetzes (DRiG) wird die grundgesetzliche Vorgabe im Singular wiederholt. Ebenso enthalten die jeweiligen Landesverfassungen entsprechende Vorschriften, wie beispielsweise Art.126 Absatz 2 der Hessischen Verfassung.[461] Diese Art von vorausgesetzter umfassender Neutralität und Objektivität besitzt viele Facetten und kann daher in mannigfaltiger Form beeinträchtigt werden. Vor allem die persönliche sowie innere Unabhängigkeit können Einschränkungen erfahren, und zwar gleichermaßen durch das existente Einstellungs- und Beförderungssystem wie infolge von persönlichem parteipolitischem Engagement und ebenso durch das ausgeprägte Medieninteresse an spektakulären Fällen.[462]

---

[458] Haisch, S. 174

[459] Schiffmann, S. 145f.

[460] Haisch, S. 159

[461] GVBl. 1946, S. 229 (237)

[462] Herrmann in: DRiZ 1982, S. 286 (287); bezüglich der beiden letztgenannten Möglichkeiten auch Gilles in: DRiZ 1983, S. 41

Die Problematik von Beeinflussungen seitens der Massenmedien auf Berufs- und Laienrichter wurde bereits im Rahmen der Vor- und Nachteile von Schöffen behandelt.[463] Besonderes Augenmerk liegt daher auf Einwirkungsmöglichkeiten durch parteipolitische Tätigkeiten sowie durch die maßgeblich in den Händen der Exekutive liegende Beurteilungs- und Beförderungspraxis, welche eng mit der Gefahr sich ausweitender Ämterpatronage verbunden ist.

## 2. Parteipolitisches Engagement

Bereits kurz nach der Gründung der Bundesrepublik hatte die Diskussion um den parteipolitisch engagierten Richter ihren Höhepunkt erreicht und alle vertretbaren Positionen in sich vereinigt,[464]wodurch sich eine Wiederholung der verschiedenen Meinungen erübrigt.

Dennoch erscheint es notwendig aufzuzeigen, wie reell solche Auswirkungen sich in den letzten Jahren tatsächlich gestaltet haben. In Ermangelung genauerer Statistiken oder sonstiger empirischer Erhebungen über die Parteigebundenheit von Richtern können Rückschlüsse lediglich aus Indizien und Einzelauskünften gezogen werden. Daraus ergibt sich trotzdem eine realistische Schätzung, wonach die eher geringe Anzahl von 20 Prozent aller Richter eine Parteizugehörigkeit besitzen. Davon ist wiederum nur ein Minimum tatsächlich aktives Mitglied.[465]

Aus diesem Ergebnis läßt sich zweierlei ableiten: Erstens üben die Richter bereits von sich aus Zurückhaltung in bezug auf Parteizugehörigkeit, und zweitens kann den übrigen 80 Prozent nicht schon allein wegen ihrer fehlenden Mitgliedschaft absolute politische Unvoreingenommenheit attestiert werden.

Deshalb hat sich heutzutage die Auffassung durchgesetzt, daß ein Berufsrichter mit seinem parteipolitischen Engagement die Unparteilichkeit seines Amtes innerhalb der Dritten Staatsgewalt sowie das ihm seitens der Bevölkerung entgegengebrachte Vertrauen in die vollständige Neutralität und Objektivität seiner Tätigkeit nicht gefährden darf. Über das Bekenntnis zur freiheitlich-demokratischen Grundordnung hinaus muß jede Beeinträchtigung der Rechts- und Entscheidungsfindung durch persönliche oder gruppenbedingte politische Wertvorstellungen vermieden

---

[463] oben, I.3.c.

[464] oben, 1.Teil, 5.Kap.I.2.

[465] Gilles in: DRiZ 1983, S. 41 (42); Kratz in: DRiZ 1970, S. 15; Wassermann: Ist Bonn doch Weimar ?, S. 47; ders. in: Justizreform, S. 23

werden.[466]
Diese Meinung deckt sich mit der in §39 DRiG verankerten Wahrung der Unabhängigkeit, wonach sich der Richter „innerhalb und außerhalb seines Amtes, auch bei politischer Betätigung, so zu verhalten [hat], daß das Vertrauen in seine Unabhängigkeit nicht gefährdet wird."
Trotzdem wird teilweise parteipolitisches Engagement gerade bei der Entscheidung politischer Verfahren für erforderlich gehalten, um die entsprechenden diffizilen Wertungen vornehmen zu können.[467] Es darf jedoch bei solchen Forderungen nicht übersehen werden, daß parteiliche Aktivitäten über den kommunalen Bereich hinaus gerade im Rahmen des Staatsschutzstrafrechts zur Besorgnis der fehlenden Unparteilichkeit des Richters führen können.
Relevant ist in diesem Zusammenhang demnach folgendes: Allein das schriftliche Gebot zu Unvoreingenommenheit und Überparteilichkeit verhindert nicht die Beeinflussung der Rechtsfindung durch persönliche Wertschätzungen und Auffassungen. Es gilt somit gleichermaßen für Berufsrichter wie für Laienrichter die stetige Mahnung, durch Selbstüberprüfung und bewußte Relativierung eigener Ansichten der Unabhängigkeitspflicht genüge zu tun.[468] Vor allem verdient die These Zustimmung, daß ein Richter mit Parteizugehörigkeit erst recht um die nötige Neutralität bemüht sein wird, um in der Öffentlichkeit oder unter Kollegen nicht den Verdacht aufkeimen zu lassen, Entscheidungen nur im Sinne des Parteibuches zu fällen.[469] Etwas anderes kann nur dann gelten, wenn in hochpolitischen Prozessen eine zusätzliche Beziehung zwischen der Parteizugehörigkeit eines Richters und dem Verfahrensgegenstand existiert. Für solche Fälle besteht hingegen weiterhin die Möglichkeit, den betroffenen Richter wegen Besorgnis der Befangenheit abzulehnen.[470]
Eine mit dem parteipolitischen Engagement eng verbundene, wenngleich auf anderer Ebene gelagerte Gefahr einer Beeinträchtigung der richterlichen Unabhängigkeit geht allerdings von der sogenannten Ämterpatronage aus.

---

[466] Henke in: DRiZ 1974, S. 173 (177); Kratz in: DRiZ 1970, S. 15; Gilles in: DRiZ 1983, S. 41 und S. 44; Heimeshoff in: DRiZ 1975, S. 261 (264); Wassermann: Richterliche Gewalt, S. 88f.; zurückhaltend Simon, S. 84 und S. 102f.; für parteipolitische Zurückhaltung auch Böckenförde, S. 91f. und v.Arnim: Ämterpatronage, S. 56f.; a.A. Nagel bei Haisch, S. 61, der sich allerdings auf amerikanische Untersuchungen bezieht.; für umfassende Rechtsvergleichung siehe Gilles in: DRiZ 1983, S. 41 (45).
[467] insbesondere Kratz in: DRiZ 1970, S. 15; Arndt: Gesammelte juristische Schriften, S. 367 (374ff.); Heimeshoff in: DRiZ 1975, S. 261 (264)
[468] zustimmend Wassermann: Richterliche Gewalt, S. 87
[469] Lamprecht in: DRiZ 1989, S. 4 (11); diese These findet sich auch bei Rennig, S. 266
[470] Wassermann: Richterliche Gewalt, S. 88 und S. 165; Gilles in: DRiZ 1983, S. 41 (44)

### 3. Parteipolitische Ämterpatronage - Auswirkungen und Prävention

Ämterpatronage ist eigentlich ein den öffentlichen Dienst betreffender Begriff und liegt im allgemeinen vor, wenn bei Personalauswahl und -beförderung partikulare, amtsfremde Interessen gegenüber funktionsorientierten Aspekten vorrangige Berücksichtigung finden.[471] Relevant ist für diese Arbeit ausschließlich die Ämterpatronage unter parteipolitischen Gesichtspunkten; in solchen Fällen ist die jeweilige Parteizugehörigkeit, nicht aber Ausbildung, Berufserfahrung sowie charakterliche Eigenschaften für Einstellung und insbesondere Beförderung maßgebend.[472] Diese, auch innerhalb der Justiz tendenziös existente Praxis,[473] ist verfassungswidrig,[474] weil sie einen klaren Verstoß gegen Art.33 Absatz 2 GG, wonach eine Einstellung nur aufgrund von Befähigung, Eignung und fachlicher Leistung erfolgen darf, sowie gegen Art.33 Absatz 3 und Art.3 Absatz 3 GG darstellt, die jeweils eine Bevorzugung oder Benachteiligung wegen der politischen Anschauung verbieten.

#### a. Personalpolitik als Aufgabe der Exekutive

Die Personalpolitik im Rahmen der Dritten Staatsgewalt obliegt auch heute noch der Exekutive,[475] wobei die Besetzung des Bundesverfassungsgerichtes nach Parteiproporz dabei allerdings außer Betracht bleiben soll.
Vor allem über Beförderungen entscheidet der zuständige Minister in fast allen Bundesländern allein.[476] Liegt die Personalpolitik aber im wesentlichen in einer Hand, hat dies eventuell gewaltenübergreifende Steuerungssysteme zur Folge, in welchen das Richterbild den Vorstellungen der Exekutive „angepaßt" werden kann.[477] Innerhalb der Auswahlkriterien zur Beförderung oder bereits zur Einstellung erhalten neben der dienstlichen Qualifikation immer mehr außerdienstliche

---

[471] Eschenburg, S. 10f.; v.Arnim: Staatslehre, S. 363

[472] v.Arnim: Staatslehre, S. 276; Wassermann: Zuschauerdemokratie, S. 134

[473] Heimeshoff in: DRiZ 1975, S. 261; v.Arnim: Staatslehre, S. 363; Wassermann: Zuschauerdemokratie, S.135

[474] Heimeshoff in: DRiZ 1975, S. 261 (264); v.Arnim: Staatslehre, S. 365; Bietz in: DRiZ 1990 S. 74; Böckenförde, S. 91; v.Münch in: NJW 1993, S. 1673 (1676): Wassermann: Zuschauerdemokratie, S. 134; AK-Komm.-*Wassermann*, Rn.27 zu Art.95 GG

[475] vgl. §3 des Hessischen Richtergesetzes in der Fassung v. 11.3.91 in: GVBl. 1991, Teil I, S. 54; Lisken in: DRiZ 1969, S. 269; Litten, S. 112; Simon in: DRiZ 1980, S. 90 (93); Herrmann in: DRiZ 1982, S. 286 (291); Wassermann: Zuschauerdemokratie, S. 137; Bettermann in: Isensee/Kirchhof, Bd.III, §73 Rn. 9

[476] Lisken in: DRiZ 1969, S. 269; Herrmann in: DRiZ 1982, S. 286 (290)

[477] Zitscher in: ZRP 1991, S. 100 (102f.); diese Befürchtung teilen Piorreck bei Bietz in: DRiZ 1990, S. 74 (75) und Litten, S. 113.

Tätigkeiten Gewicht.[478] Dies betrifft sowohl die mittleren und unteren Instanzrichter[479]als auch die höheren Stellen. In politisch turbulenteren Zeiten, zum Beispiel vor Landtagswahlen, kann die Besetzung von Kammer- oder Senatsvorsitzendenstellen bei Spruchkörpern, die mit politischen Delikten betraut sind, besonderes Gewicht erhalten,[480]um in Einzelfällen eine Übereinstimmung von Rechtsprechung und Wahlprogramm zu erreichen. Ein brisantes Beispiel zu diesem Thema waren einige der sogenannten Stammheim-Verfahren, also Prozesse gegen hochrangige Terroristen wie Baader. Die damalige Justizverwaltung manövrierte unter Einsatz schwierigster Personalmaßnahmen einen Richter als Vorsitzenden in den Strafsenat, welcher dafür bekannt war, noch nie in einer Rechtsmittelinstanz aufgehoben worden zu sein. Als diese Personalentscheidung offiziell wurde, erhärtete sich der Eindruck, es sei ein den öffentlichen Erwartungen entsprechender Richter ausgewählt worden.[481]
Zu prüfen ist aufgrund solcher Vorfälle somit, welche Konsequenzen die parteipolitische Ämterpatronage für die Richter hat und in welcher Form ihr begegnet werden kann.

### b. Auswirkungen auf die Richter

Die vordergründige Konsequenz parteipolitischer Ämterpatronage für die Richter ist die Beeinträchtigung ihrer verfassungsrechtlich garantierten Unabhängigkeit, indem Karriereaspekte Einfluß auf die Amtsausübung nehmen.[482] Selbst das Bundesverfassungsgericht konnte bereits 1961 (!) eine Gefährdung der richterlichen Unabhängigkeit durch die Personalpolitik der Justizverwaltung nicht ausschliessen.[483]

---

[478] Wassermann: Richterliche Gewalt, S. 42; Eschenburg, S. 54; AK-Komm.-*Wassermann*, Rn. 27 zu Art.95 GG; Herrmann in: DRiZ 1982, S. 286 (291); Henke in: DRiZ 1974, S. 173; v. Arnim: Staatslehre, S. 501f.; Bietz in: DRiZ 1990, S. 74 (75); Gilles in: DRiZ 1983, S. 41 (43) mwN; Litten, S. 112f.; Lecheler in: Isensee/Kirchhof, Bd.III, §72, Rn. 108; a.A.: Die Bundesregierung, DrS 11/209 vom 30.04.1987 als Antwort auf die Kleine Anfrage der Fraktion Die Grünen vom 13.04.1987, DrS 11/164.

[479] schon Säcker in: ZRP 1971, S. 145 (150 Anm. 50); Wassermann: Zuschauerdemokratie, S. 138; Vierhaus in: ZRP 1991, S. 468 (470); Jauernig: Zivilprozeßrecht, §8 1.c.

[480] Wassermann: Ist Bonn doch Weimar ?, S. 42; ders.: Zuschauerdemokratie, S. 137f.; Kratz in: DRiZ 1970, S. 15 (16); Lisken in: DRiZ 1969, S. 269 (270)

[481] Rasehorn in: Terrorismus contra Rechtsstaat, S. 245 (255)

[482] Kühne: Strafprozessrecht §5 Rn.110; Lecheler in: Isensee/Kirchhof, Bd.III, §72 Rn. 108; Heimeshoff in: DRiZ 1975, S. 261 (263f.); bei Bietz in: DRiZ 1990, S. 74; v.Münch in: NJW 1993, S. 1673 (1676); Wolf in: Gilles, S. 73; v.Münch/Kunig-*v.Münch*, Rn.44 zu Art. 21 GG; Wassermann: Zuschauerdemokratie, S. 140; Jauernig: Zivilprozeßrecht, §8 1.c.; Gilles in: DRiZ 1983, S.41 (43); Kunig in: Isensee/Kirchhof, Bd.II, §33 Rn.58

[483] BVerfGE 12, S. 81 (97f.)

Eng damit verwoben ist der Schwund des Vertrauens der Bevölkerung in die Neutralität der Justiz[484] sowie die damit korrespondierende Beeinträchtigung des in Art.20 Absatz 1 GG manifestierten Demokratieprinzips.[485] Gerade in Strafverfahren politischer couleur ist eine unabhängige und unparteiliche Justiz jedoch unentbehrlich. Jeder Anschein von Voreingenommenheit ist penibel zu vermeiden, um keinen direkten oder indirekten Vergleich mit den parteigesteuerten Gerichtshöfen des Dritten Reiches herauszufordern, auch wenn ihre Errichtung in einer gefestigten Demokratie nicht möglich ist. Trotzdem kann den Berufsrichtern nicht pauschal Voreingenommenheit vorgeworfen werden, wenn sie in irgendeiner Form parteipolitisch aktiv sind. Befürchtet wird in diesen Fällen dennoch, der Richter könne einen Distanzverlust erleiden, indem seine Amtsführung von der Überlegung geleitet werde, welche Auswirkungen seine Entscheidung auf sein berufliches Fortkommen haben könnte, je nachdem, auf welche Resonanz sie innerhalb der Partei stößt.[486] Im umgekehrten Fall könnte der karriereorientierte Richter allein aus diesem Grund in die für seine Beförderung günstige Partei eintreten.[487]

Diese Entwicklung ist hingegen keinesfalls zwingend und würde bedeuten, daß der betreffende Richter seine Karriere höher als seine Berufspflichten estimiert. Das mag im Einzelfall tatsächlich einmal vorkommen. Um aber eine (ernsthafte) Gefährdung der richterlichen Unabhängigkeit im allgemeinen zu attestieren, müsste sich das parteiorientierte Verhalten in einer Vielzahl von Fällen bemerkbar machen, auch wenn bereits der Einzelfall an sich gegen das Ethos verstößt. Als erstes erscheint deshalb fraglich, ob die reine Parteizugehörigkeit zum Zwecke des beruflichen Fortkommens in irgendeiner Form die Entscheidungsfindung zu beeinflussen vermag. Falls der Bewerber für eine höherdotierte Stelle glaubt, der amtierenden Regierungspartei beitreten zu müssen, um Chancen bei der Beförderung zu haben, dann bedeutet es keinesfalls, daß dieser Richter in seinen Entscheidungen künftig auf die Belange und Ansichten „seiner" Partei Rücksicht nimmt. Es ist sogar eher eine konträre Tendenz zu verzeichnen, nach welcher ein parteinormierter Richter anschließend seine eigene Auffassung vertritt, ohne dabei die ihn patronierende Partei einzukalkulieren.[488] Wichtig ist in diesem Zusam-

---

[484] Böckenförde, S. 98f.; Zitscher in: ZRP 1991, S. 100 (104); bei Bietz in: DRiZ 1990, S. 74; Die Bundesversammlung des Deutschen Richterbundes in: DRiZ 1975, S. 161; Heimeshoff in: DRiZ 1975, S. 261 (264)

[485] v.Arnim: Ämterpatronage, S. 22

[486] Kloepfer in: Das parlamentarische Regierungssystem der BRD, S. 53 (65); bei Bietz in: DRiZ 1990, S. 74

[487] v.Arnim: Staatslehre, S. 364; ders.: Ämterpatronage, S. 14; Kloepfer in: Das parlamentarische Regierungssystem der BRD, S. 53 (65); Wassermann: Zuschauerdemokratie, S. 140

[488] Gilles in: DRiZ 1983, S. 41 (44); Wassermann: Zuschauerdemokratie, S. 227 (Anm. 76)

menhang das Rollenbewußtsein der Richter sowie das Ethos bezüglich ihrer Tätigkeit, welches trotz erfolgreicher Ämterpatronage eine parteipolitisch gefärbte Rechtsprechung vielfach verhindert.[489] Besitzt der einer Partei zugehörige Richter die erforderliche fachliche Qualifikation, gestaltet sich seine Berufung unproblematisch.[490] Erst wenn bei zwei Bewerbern mit gleichen Qualifikationen die Parteizugehörigkeit ausschlaggebend wirkt, entstehen infolge der Benachteiligung des zweiten Kandidaten Bedenken. Wirklich problematisch sind allerdings die Fälle, in denen der Richter eine entsprechende „Karriere" bei einer Partei verzeichnen kann. Ein über das Mittelmaß hinausgehendes, buchstäblich leidenschaftliches parteipolitisches Engagement, insbesondere bei stärkerer individueller Bindung, ist durchaus zu einer Beeinträchtigung der richterlichen Unabhängigkeit geeignet.[491] Auswirkungen auf die Entscheidung dürften dennoch nur ganz selten entstehen, da die Gefahr parteipolitisch gebundener Rechtsprechung an den Oberlandesgerichten schon aus dem Grund der Kollegialgerichtsbarkeit weitgehend gebannt ist. Selbst wenn ein Senatsmitglied meint, auf bestimmte Belange seines Patrons eingehen zu müssen, sind noch -je nach Besetzungsmodus- zwei bis vier weitere Mitglieder da, um die erforderliche Neutralität zu wahren. Ferner ist zu beachten, daß bereits seit 1969 alle oberlandesgerichtlichen Urteile erster Instanz revisibel sind.

Keine unerhebliche Rolle spielt zudem die Materie, über welche zu entscheiden ist. Es handelt sich hier um Staatsschutzstrafrecht und damit nicht um einen klassischen Bereich der Ämterpatronage. Anders als beispielsweise in der Verwaltungsgerichtsbarkeit geht es nicht um Baugenehmigungen für Parteigebäude, sonstige Bauvorhaben von Parteimitgliedern oder Lärmpegel (man denke nur an den Ausbau des Frankfurter Flughafens), sondern es können sich nur Tendenzen bemerkbar machen. Das Staatsschutzstrafrecht ist einerseits zu sensibel und genießt zuviel Medienaufmerksamkeit, um nach Belieben beeinflußt zu werden,[492]und ist andererseits zu differenziert, um einer einzigen Parteimeinung zu folgen. Allerdings könnte eine sogenannte kopflastige Rechtsprechung nach „links" oder „rechts" Raum greifen, auch wenn einige die Ansicht vertreten, daß aufgrund der Beteiligung aller Parteien an der Patronage ein in etwa ausgewogenes Verhältnis hergestellt wird.[493] Eine solche vermeintliche Balance könnte nämlich bereits bei

---

[489] Wassermann: Richterliche Gewalt, S. 17 und S. 53; ders.: Zuschauerdemokratie, S. 140

[490] zustimmend Heimeshoff in: DRiZ 1975, S. 261 (264)

[491] OLG Koblenz in: NJW 1969, S. 1177

[492] v.Arnim: Ämterpatronage, S. 63f.

[493] so vor allem Wassermann: Zuschauerdemokratie, S. 135; a.A. entschieden v.Arnim: Staatslehre, S. 502 ff. und Kloepfer in: Das parlamentarische Regierungssystem der BRD, S. 53 (65), die beide eine bewußte Distanz der Gerichte insbesondere zu den politischen Parteien erwarten.

minimalen Veränderungen der Paritäten zu einseitiger Rechtsprechung führen. Der Trend zu kopflastigen Entscheidungen beruht hingegen nicht auf der Parteizugehörigkeit als solcher, sondern basiert auf einer inneren Gesamteinstellung, die auf mannigfaltige Art gewonnen werden kann. Desweiteren sind vorhandene Divergenzen zwischen oder innerhalb einer einzigen Partei zu berücksichtigen, wie das Beispiel von der Existenz terroristischer Gruppierungen und die Behandlung extremistischer Straftäter[494]zeigt. Die reine Zugehörigkeit bedeutet damit nicht zwingende Übereinstimmung mit einer Grundlinie der betreffenden Partei. Darüberhinaus eröffnen unbestimmte Rechtsbegriffe wie der einer „besonderen Bedeutung" in §120 GVG relative Ermessens- und Interpretationsspielräume, innerhalb derer subjektive persönliche Präferenzen -wenn auch unbewußt- zum Ausdruck gebracht werden können. Gewisse politische Einstellungen lassen sich folglich gleichermaßen außerhalb einer Partei gewinnen,[495]so daß ein parteipolitisches Engagement allenfalls als potentielles Indiz für bestimmte Haltungen aufzufassen ist.
Als Nachteil der Ämterpatronage wird ihre Unvereinbarkeit mit einer Richterberufung auf Lebenszeit angeführt. Dieses Argument unterliegt jedoch der Ambivalenz:
Folgt man den ursprünglichen Rechtfertigungsgründen der Ämterpatronage, so müßte sie eine Möglichkeit jederzeitiger Entlassung bedingen. Sämtliche patronierten Beamten beziehungsweise Richter würden dann bei einem Regierungswechsel ihre Stelle wieder verlieren, damit die neue Machtspitze nicht mit den von ihrem Vorgänger berufenen Personen arbeiten muß.[496] Da das Demokratieprinzip der jeweiligen Regierungspartei nur zu temporärer Macht verhilft, darf über die Wahlperiode hinaus kein Parteieinfluß manifestiert werden.[497] Genau dies würde infolge der Ernennung auf Lebenszeit aber unweigerlich geschehen, so daß die Ämterpatronage als systemwidrig angesehen werden müßte.
Daraus läßt sich aber zugleich die konträre Argumentation ableiten: Wenn der Richter genau weiß, daß seine Beförderung die Regierungszeit der die Patronage betreibenden Partei überdauert, stellt dies für ihn erst recht keinen Grund dar, seine Entscheidungen an den Belangen dieser Partei auszurichten. Bestätigt wird diese Auffassung durch die bereits erwähnte Haltung mit Hilfe von Parteieinfluß beförderter Richter, welche anschließend trotzdem ihre Meinung vertraten. Mag also auch eine Systemwidrigkeit vorliegen, bleibt sie doch weitgehend folgenlos. Ferner korrespondiert diese Argumentation mit der generellen Ansicht über den

---

[494] oben, 2.Kap. II.1.
[495] Wassermann: Zuschauerdemokratie, S.174; AK-Komm.-*Wassermann*, Rn.28 zu Art.95 GG
[496] Eschenburg, S. 22; v.Arnim: Staatslehre, S. 366
[497] v.Arnim: Ämterpatronage, S. 17 u. S. 23; Kunig in: Isensee/Kirchhof, Bd.II, §33 Rn.58f.; Eschenburg, S. 22

parteipolitisch engagierten Richter.[498] Ein Vergleich der Richterwahl am Oberlandesgericht mit der dem Parteiproporz entsprechenden Wahl der Verfassungsrichter[499]muß zudem wegen der dortigen Bearbeitung eines vollkommen anders gelagerten Aufgabenbereiches scheitern.

Natürlich darf der sachwidrige Einfluß der Exekutive auf die Personalpolitik nicht unbeachtet bleiben, und jedwede dahingehende Verstärkung ist zu unterbinden, doch dürfte innerhalb des Staatsschutzstrafrechts die Einhaltung des Unabhängigkeitsgebotes des §39 DRiG überwiegen. Wenn sogar in der Verwaltungsgerichtsbarkeit die Schöffen eine parteipolitisch beeinflußte Rechtsprechung ablehnen und sich entsprechend objektiv zu verhalten suchen, kann dies durchaus auf die Berufsrichter übertragen werden,[500]da kein Grund für eine andere Annahme vorhanden ist.

Daß im Bereich des politischen Strafrechts dennoch in letzter Zeit immer wieder über eine vorgeblich stark beeinflußte Richterwahl diskutiert wurde, liegt zum einen an den sich häufenden Urteilen bezüglich rechtsextremistischer Straftaten, die oftmals zu den im Asyl- und Demonstrationsrecht ergehenden und mittlerweile stark politisierten Entscheidungen in Bezug gesetzt werden,[501]obwohl letztere keinerlei politische Delikte im klassischen Sinn beinhalten, und zum anderen an der Resonanz, auf die bestimmte parteipolitisch umstrittene Urteile in der Öffentlichkeit treffen.[502] Da auch in Staatsschutzverfahren eine Entscheidung selten die Zustimmung aller findet, stößt die Behauptung parteipolitischer Beeinflussung bei den Entscheidungsgegnern rasch auf offene Ohren. Bekräftigt wird eine solche Vermutung mangelnder richterlicher Unabhängigkeit, wenn tatsächlich ein Kandidat, dessen fachliche Qualifikation nicht eindeutig gegeben ist, in ein hohes Amt berufen wird.

Trotzdem sollten die Auswirkungen auf die Entscheidungsfindung in diesem Bereich nicht überschätzt werden. Zwar wird im Wege der Ämterpatronage indirekt das Prinzip des gesetzlichen Richters beeinflußt, indem durch unterschiedlichste Maßnahmen im Personalbereich ein besonders geeigneter Richter den Vorsitz bei relevanten Prozessen erhalten hat,[503]doch ist dies keinesfalls die Regel.

Ein Problem ergibt sich lediglich aus der verschärften Gerichtskonzentration. Sind bereits nur wenige Oberlandesgerichte für das gesamte Gebiet der Bundesrepublik zuständig, *kann* eine Beförderung oder Berufung in Staatsschutzsenate im Wege der Ämterpatronage zu einer großflächigen Rechtsprechungstendenz füh-

---

[498] vgl. oben II.2.

[499] Roellecke in: Isensee/Kirchhof, Bd.II, §53 Rn. 43; Wassermann: Richterliche Gewalt, S. 54

[500] Rennig, S. 266

[501] Henke in: NVwZ 1985, S. 616 (619)

[502] Heimeshoff in: DRiZ 1975, S. 261 (263)

[503] siehe oben, II.3.a.

ren, die eventuell über einen längeren Zeitraum sich verändernde Gesellschaftsstrukturen, Täterprofile oder modifizierte extremistische Haltungen ignoriert. In dieser Form hätte die Ämterpatronage weit größere Auswirkungen auf die Neutralität der Rechtsprechung als die Einführung von Laien an den Staatsschutzsenaten, da sich bei letzteren die parteipolitischen Beeinflussungsversuche wegen der variierenden Besetzung höchstens auf den Einzelfall beschränken könnten, während die festgefahrene Meinung eines Berufsrichters in alle Prozesse zumindest hineinwirkt. Dieser potentiellen Entwicklung könnte allerdings durch einen in dieser Arbeit bereits avisierten Rückbau der forcierten Oberlandesgerichtskonzentration begegnet werden.

### c. Diskussionen um Richterwahlausschüsse als Präventionsmaßnahme gegen Ämterpatronage

Um eine zu große Beeinträchtigung der richterlichen Unabhängigkeit durch politische Parteien im Wege der Ämterpatronage zu verhindern, wurde vor allem in den siebziger und achtziger Jahren verschärft über die Rolle des Kreationsorgans der Richter diskutiert, um künftig eine Benachteiligung parteipolitisch uninteressierter Bewerber bei Einstellung und Beförderung auszuschließen.[504]

In dieser Arbeit geht es um Einstellung und Einweisung in eine höher dotierte Richterstelle innerhalb der Landesgerichtsbarkeit. Der Wechsel vom Landes- zum Bundesrichter, für den die Regeln über die Einstellung von Bundesrichtern gemäß Art.95 Absatz 2 GG in Verbindung mit dem Richterwahlgesetz ausschlaggebend sind, kann dabei außer Betracht bleiben.

Bemängelt wurde bei der Personalpolitik vor allem der Unterschied zwischen Landes- und Bundesrecht. Art.95 Absatz 2 GG schreibt für die *Berufung* der Richter an Bundesgerichten eine gemeinsame Entscheidung des jeweils zuständigen Bundesministers mit einem Richterwahlausschuß, der zu gleichen Teilen aus für das entsprechende Sachgebiet zuständigen Länderministern und vom Bundestag gewählten Mitgliedern besteht,[505]vor.

Für das Landesrecht besteht hingegen mit Art.98 Absatz 4 GG lediglich eine Kann-Vorschrift. Danach können die Länder „bestimmen, daß über die Anstellung der Richter in den Ländern der Landesjustizminister gemeinsam mit einem Richterwahlausschuß entscheidet."

Da es sich im Rahmen des Landesrechts also weder um eine Muß- noch eine Soll-Vorschrift handelt, wurde darüber nachgedacht, ob der parteipolitisch gebun-

---

[504] Schmidt-Jortzig in: NJW 1991, S. 2377 (2381); Simon, S. 88; Gilles in: DRiZ 1983, S. 41 (47); Wolf in: Gilles, S. 73 (82); v.Arnim: Ämterpatronage, S. 40; Arndt in: Gesammelte juristische Schriften, S. 367 (376); Herrmann in: DRiZ 1982, S. 286 (291); Baur in: DRiZ 1971, S. 401 (402) und (405)

[505] zur Erläuterung dieses Vorgangs wird verwiesen auf Teubner, S. 29ff.

dene Landesjustizminister weiterhin eine objektiv geleitete Richterernennungs- und Beförderungspolitik garantieren kann;[506]man befürchtete eine allzu unilaterale Auswahl, hervorgerufen durch eine mit der Regierungslinie übereinstimmende und so in die Unabhängigkeit der Richter eingreifende Personalpolitik.[507] Als neues Kreationsorgan sollte demnach ein absolut demokratisch legitimiertes Gremium[508]fungieren. In Betracht kam vor allem die Errichtung von Richterwahlausschüssen.[509]

### aa. Vor- und Nachteile von Richterwahlausschüssen auf Länderebene

Solche Gremien wurden auf der Grundlage des Art.98 Absatz 4 GG bereits in einigen Bundesländern eingeführt, beispielsweise in Baden-Württemberg, Berlin, Bremen, Hamburg, Schleswig-Holstein und Hessen. Deren Ausgestaltung unterliegt, ebenso wie der Wahlmodus, von Bundesland zu Bundesland gewissen Modifikationen.[510]

Gegen die umfassende Einführung von rein aus Richtern bestehenden Richterwahlausschüssen werden verschiedene Argumente vorgebracht: Einer der häufigsten Angriffspunkte ist die ebenfalls vorgeschlagene reine Selbstkooptation durch die Richter, da auf diesem Weg die Personalpolitik ausschließlich den Richtern obliege und sie so zu Politikern würden.[511] Als weitere Gegenargumente werden die Unvereinbarkeit von Selbstkooptation und Art.20 Absatz 2 Satz 1 GG[512]sowie der Verstoß einer solchen Autonomie gegen das Prinzip der Gewaltenteilung[513]genannt, desweiteren die fehlende parlamentarische oder exekutivische Kontrolle[514]und die Gegensätzlichkeit zum Prinzip ministerieller Personalhoheit.[515] Befürchtet wird zudem eine bewußte Selektion seitens der Richter, um auf politische Diskussionen oder gesellschaftliche Entwicklungen Einfluß zu nehmen, welche letztlich zum Verlust der richterlichen Unabhängigkeit, dem man gerade vorbeugen wolle, führen würde.[516]

---

[506] Strelitz in: Hirsch-FS, S. 355 (357); Kratz in: DRiZ 1970, S. 15; Baur in: DRiZ 1971, S. 401 (402)

[507] Baur in: DRiZ 1971, S. 401 (402); Kratz in: DRiZ 1970, S. 15 (16)

[508] Simon, S. 88; Arndt in: Gesammelte juristische Schriften, S. 343 (355)

[509] Wolf in: Gilles, S. 73 (78); Ipsen in: DÖV 1971, S. 469; Kratz in: DRiZ 1970, S. 15 (16)

[510] nachzulesen bei Strelitz in: Hirsch-FS, S. 355 (358ff.); Ipsen in: DÖV 1971, S. 469 (470ff.); Wolf in: Gilles, S. 73 (78 Anm.14); Wassermann: Richterliche Gewalt, S. 52

[511] Arndt in: Gesammelte juristische Schriften, S. 343 (355f.) und S. 367 (371) und (374)

[512] AK-Komm-*Wassermann*, Rn.21 zu Art.95 GG

[513] Arndt in: Gesammelte juristische Schriften, S. 367 (369)

[514] Wassermann: Ist Bonn doch Weimar ?, S. 19; Baur in: DRiZ 1971, S. 401 (402)

[515] Teubner, S. 50

[516] Schmidt-Jortzig in: NJW 1991, S. 2377 (2382)

Selbst gegen gemischt besetzte Gremien richten sich die Bedenken. Bereits die Erfahrung lehre, daß parteipolitisch zusammengesetzte Ausschüsse jedweder Art zugleich unter selbigen Gesichtspunkten entschieden und damit nicht auf Niveau und Unabhängigkeit der Rechtsprechung achteten. In der Konsequenz würden dann fachlich weniger geeignete Kandidaten versuchen, durch aktive Parteiarbeit das Interesse der Ausschußmitglieder auf sich zu lenken.[517] Die gleichen Bedenken äußert auch Baur hinsichtlich rein aus Parlamentariern zusammengesetzter Ausschüsse.[518] Ein parlamentarisch ausgestaltetes Wahlsystem würde ferner eine Abhängigkeit der Judikative von der Legislative und damit letztlich von den politischen Parteien herbeiführen,[519]obwohl Personalentscheidungen nicht an Parteien, also auf von Regierung und Parlament unabhängige Stellen,[520]übertragen werden dürfen. Die Kritiker berufen sich vor allem auf frühere Versuche mit Richterwahlausschüssen. In Hessen war ein solcher Ausschuß eingeführt worden,[521]besetzt mit Vertretern von Exekutive und Legislative. Schon nach kurzer Zeit verstärkte sich allerdings die politische Einflußnahme und führte zu einem Qualitätsverlust[522]auf fachlicher Ebene.

Die Erneuerung des Kreationsorgans auf Länderebene birgt jedoch auch Vorteile in sich. Zum einen ist eine *Beteiligung* von Richtern an den Wahlausschüssen notwendig, um entsprechend Art.20 Absatz 2 GG eine Balance zwischen allen drei Gewalten herzustellen.[523] Dem widerspricht auch nicht die grundgesetzliche Regelung, nach welcher Richterwahlausschüsse zwar für den Bund vorgeschrieben, für die Länder aber in deren Ermessen gestellt sind.[524] Nicht eine etwaige Verfassungswidrigkeit oder die Ausnahme für den Bund vom Prinzip der Gewaltenteilung bedingt somit den Unterschied, sondern die Autonomie der Bundesländer, die Mitwirkung an der Personalpolitik nach eigenen Vorstellungen auszugestalten. Je nach Art der Ausgestaltung wurde damit von den Vätern der Verfassung ein gewisses Maß an parteipolitischer Einflußnahme einkalkuliert.[525] Zum anderen darf der positive Aspekt nicht unterschätzt werden, welcher bei einem

---

[517] Zitscher in: ZRP 1991, S. 100 (104); Firnhaber in: DRiZ 1969, S. 322 (323); im Ergebnis auch Wassermann: Ist Bonn doch Weimar ?, S. 43

[518] DRiZ 1971, S. 401 (404)

[519] Firnhaber in: DRiZ 1969, S. 322 (323)

[520] BVerfGE 9, S. 268 (282); v.Münch/Kunig-*v.Münch*, Rn.42 zu Art.21 GG

[521] Art.127 Absatz 3 Hessische Verfassung, GVBl. 1946, S. 229 (237)

[522] Teubner, S. 33

[523] Baur in: DRiZ 1971, S. 401 (404)

[524] Knoche in: DRiZ 1970, S. 122 (124)

[525] Kloepfer in: Das parlamentarische Regierungssystem der BRD, S. 53 (64); Das verkennen auch Schmidt-Jortzig in: NJW 1991, S. 2377 (2381), Wolf in: Gilles, S. 73 (79), Ipsen in: DÖV 1971, S. 469 (475), Wassermann: Richterliche Gewalt, S. 53 und Herrmann in: DRiZ 1982, S. 286 (291) nicht.

entsprechend zusammengesetzten Ausschuß in einer größeren Kontrollfunktion bezüglich der Personalentscheidungen besteht, herbeigeführt durch die Offenlegung auch parteipolitischer Auswahlkriterien und den besseren Vergleich fachlicher Qualifikation[526] sowie die differierenden Interessen und politischen Richtungen.[527] Die *Mitwirkung* von Juristen und insbesondere von Richtern hätte zudem den Vorteil, daß sie einerseits die gemäß Art.33 GG geforderten Qualifikationen, nämlich Befähigung, Eignung und fachliche Leistung des Bewerbers zutreffender beurteilen können[528] und sich andererseits daran erinnert sehen, selbst einmal das Amt in einer den Vorgaben des Art.20 Absatz 2 GG entsprechenden Weise erhalten zu haben.[529] Schließlich führte die Beteiligung von Richtern an den Wahlausschüssen in den jeweiligen Bundesländern bislang keineswegs zu parteipolitischer Durchsetzung innerhalb des Richtertums.

Es sollte demnach zwar nicht verkannt werden, daß Personalpolitik immer zugleich auch ein Stück Parteipolitik darstellt,[530] doch ist es durchaus möglich, die Personalentscheidungen von der Exekutivspitze, also dem Minister der Justiz oder des jeweiligen Ressorts, und dem Richterwahlausschuß *gemeinsam* treffen zu lassen, um auf diesem Weg ein Gleichgewicht durch die Einbeziehung verschiedener Kräfte herzustellen,[531] die Auswahlkriterien offenzulegen und parteipolitische Einflüsse möglichst auf ein Minimum zu reduzieren. Hessen beispielsweise hat bezüglich der Berufung in das Richterverhältnis eine gemeinsame Entscheidung von Justizminister und Richterwahlausschuß in §20 des Hessischen Richtergesetzes (HRiG)[532] vorgeschrieben, basierend auf Art.127 Absatz 2 und 3 der Landesverfassung. Gleiches gilt für die Berufung auf Lebenszeit gemäß §21 HRiG. Für sich allein ist daher weder der Ausschuß noch der Minister entscheidungsbefugt. Die Zusammensetzung des hessischen Richterwahlausschusses besteht §9 HRiG entsprechend aus sieben vom Landtag berufenen Mitgliedern, fünf Richtern sowie im jährlichen Wechsel dem Präsidenten einer der beiden hessischen Rechtsanwaltskammern, welcher Mitglied kraft Amtes ist. Diese Form der Zusammensetzung garantiert im wesentlichen die Bewältigung der in §8 HRiG

---

[526] so schon Lauritzen, Der Bürger und das Recht, S. 84 (86), der im Richterwahlausschuß für die Bundesrichter die optimale Synthese zwischen Selbstkooptation und kontrollierter Wahl sieht; für die Bundesrichter auch DRiZ 1986, S. 237; Kratz in: DRiZ 1970, S. 15 (17); Ipsen in: DÖV 1971, S. 469 (475); Teubner, S. 38

[527] Herrmann in: DRiZ 1982, S. 286 (291)

[528] Baur in: DRiZ 1971, S. 401 (404)

[529] Strelitz in: Hirsch-FS, S. 355 (364)

[530] Arndt in: Gesammelte juristische Schriften, S. 343 (356) u. S. 367 (371f. u. S. 378); AK-Komm.-*Wassermann*, Rn.28 zu Art.95 GG

[531] in diesem Sinne ebenso Arndt in: Gesammelte juristische Schriften, S. 367 (378f.)

[532] GVBl. 1991, Teil I, S. 54ff.

gestellten Aufgabe, über die persönliche und fachliche Eignung zur Ausübung des Richteramtes zu befinden.
Insofern dürften die Vorteile von entsprechend paritätisch zusammengesetzten Richterwahlausschüssen eventuell auftretende Nachteile überwiegen und den sachwidrigen Einfluß der Ämterpatronage wenigstens reduzieren.

### bb. Mangelnde Beteiligung von Richterwahlausschüssen bei Beförderungen

Hinsichtlich der bereits existenten Richterwahlausschüsse besteht innerhalb der Bundesländer eine starke Kompetenzinhomogenität. Lediglich der geringste Teil -Berlin[533]und Schleswig-Holstein-[534]geht über die allgemeine Berufung in das Richterverhältnis und damit die Erstanstellung eindeutig hinaus und beteiligt den Richterwahlausschuß auch bei der Beförderungsfrage, die ansonsten -wie in Hessen-[535]ausschließlich dem zuständigen Minister obliegt.
Der Nutzen eines größtenteils objektivierten Richterwahlausschusses kann sich aber nur entfalten, wenn dieser nicht allein bei der Erstanstellung, sondern gerade auch bei der Beförderung ein Mitentscheidungsrecht besitzt. Vor allem der exekutivisch verwaltete Beförderungsmodus ist es, welcher aufgrund seiner parteipolitischen Beeinflussungsmöglichkeiten eine diesbezügliche mangelnde Distanz der Judikative vermuten läßt.[536] Im Unterschied zur Berufung in das Richterverhältnis werden höhere Stellen, beispielsweise in Senaten des Oberlandesgerichtes, an Richter vergeben, die bereits einige Jahre Berufserfahrung in ihrer Eingangsstelle sammeln konnten.[537] Wer in eine solche höherdotierte Stelle berufen wird, erhält damit automatisch erhebliche Funktionen, da der Richter am Oberlandesgericht Urteile unterer Instanzen revidieren kann, zudem für die justizverwaltungstechnisch wichtigen Beurteilungen der ihm unterstellten Richter zuständig ist und auf diesem Weg *eventuell* einen gewissen Einfluß geltend machen könnte, wenn auch immer zu berücksichtigen ist, daß es um Stellen innerhalb eines Kollegialgerichtes geht. Handelt es sich um die Ernennung zum Senatsvorsitzenden, tritt die Problematik dagegen schon wieder stärker in den Vordergrund. Verbleibt die Beförderung weiterhin ausschließlich beim zuständigen Minister, kann dies zur Beeinträchtigung der richterlichen Unabhängigkeit, falls potentielle Bewerber ihre Entscheidungen an den Bedürfnissen der Exekutive ausrichten, und zugleich zur Aus-

---

[533] §2 Absatz 1 Berliner Richtergesetz in der Fassung vom 27.4.70, GVBl. 1970, S. 642
[534] §10 Änderungsgesetz zum Schleswig-Holsteiner Richtergesetz vom 22.5.85 in: GVBl. 1990, S. 420
[535] §3 Absatz 2 Hessisches Richtergesetz, GVBl. 1991, Teil I, S. 54
[536] Ipsen schon in: DÖV 1971, S. 469 (475); Simon in: DRiZ 1980, S. 90 (93); Baur in: DRiZ 1971, S. 401 (404)
[537] Wolf in: Gilles, S. 73 (77)

wahl unter sachfremden, da parteipolitischen Gesichtspunkten führen,[538] so daß Richterwahlausschüsse künftig auch bei der Beförderung ein Mitbestimmungsrecht eingeräumt bekommen sollten,[539] um infolge ihrer pluralistischen Zusammensetzung die Patronagepolitik um einiges zurückzudrängen.

### d. Fazit

Die vorstehenden Ausführungen sollen keinesfalls das Bild einer von Ämterpatronage durchwucherten Justiz entstehen lassen. Daß sie auch in diesem Bereich existiert, steht außer Frage, doch dürfte eine Berufung vor allem in ein höheres Richteramt von Kandidaten ohne ausreichende fachliche Qualifikation, aber stattdessen mit dem entsprechenden Parteibuch selten sein.[540] Zwar können *politische* Auswahlkriterien nicht sofort als sachfremd ausgeschlossen werden,[541] doch sollte man den Unterschied zur *partei*politischen Selektion nicht verkennen, die zum Beispiel zur Ankündigung einer Verhinderung der Wiederwahl von Bundesverfassungsrichtern seitens der Parteien führte, falls die getroffenen Entscheidungen nicht mit deren Erwartungen übereinstimmen.[542]

Auch wenn eine derartige Haltung und Einflußnahme außerhalb der Verfassungsgerichtsbarkeit nicht möglich erscheint, ist trotzdem das Zusammenspiel von Publizitätswirkung der Justiz und öffentlicher Meinung[543] bei der Personalpolitik besonders relevant. Bei Verdacht von Ämterpatronage ist es die Angelegenheit der Medien, den vermuteten Mißstand offenzulegen und damit entweder eine genauere Begründung und Entschleierung der Auswahlkriterien oder die erneute Überprüfung anhand objektivierter Qualifikationsmerkmale zu erreichen.[544] Letztlich sollte derjenige Kandidat ausgewählt werden, der die erforderliche Qualifikation und Berufserfahrung besitzt, ohne Rücksicht auf eine etwaige fehlende oder vorhandene Parteizugehörigkeit.

---

538 Wolf in: Gilles, S. 73 (82); Simon in: DRiZ 1980, S. 90 (93)

539 Das fordern auch Baur in: DRiZ 1971; S. 401 (404) und Wolf in: Gilles, S. 73 (82).

540 Simon, S. 103 Anm. 7a; so auch Wassermann: Richterliche Gewalt, S. 53

541 Dies betont vor allem Säcker in: ZRP 1971, S. 145 (149f.); AK-Komm.-*Wassermann,* Rn. 28 zu Art.95 GG

542 FAZ v. 1.7.75, S. 4 („Beim Bundesrat und im Wahlmännerausschuß fällt die Entscheidung")

543 Kloepfer in: Isensee/Kirchhof, Bd.II, §35 Rn.61

544 Wassermann: Ist Bonn doch Weimar ?, S. 44

### III. Abwägungsergebnis: Parteiproporz und Ämterpatronage als Gleichgewicht

Im Rahmen der vorgenommenen Abwägung zwischen den potentiellen Nachteilen einer Einführung von Laien an den oberlandesgerichtlichen Staatsschutzsenaten und der Gefahr berufsrichterlicher Ämterpatronage konnten etwa gleichstarke Auswirkungen festgestellt werden. Unter Berücksichtigung des hier vorgeschlagenen Rückbaus der forciert existenten Konzentration der Oberlandesgerichte bilden der Parteiproporz bei der Schöffenauswahl und die Ämterpatronage ein ungefähres Gleichgewicht. Eventuelle Abweichungen in die eine oder andere Richtung besitzen keine Relevanz. Würde die Gerichtskonzentration dagegen verschärft, hätte sie einen negativen Verstärkungseffekt auf die bereits vorhandenen parteipolitischen Einflußmöglichkeiten, selbst wenn die Balance insgesamt bestehenbliebe.

Eine vollständig neutrale, das heißt eine von jeglichen Beeinflussungen gänzlich unabhängige Justiz, wird erstens in einer sogenannten parteienstaatlichen Demokratie nie existieren, und zweitens ist niemand davor gefeit, zumindest unbewußt tendenziös subjektive Aspekte in die Entscheidungsfindung einfließen zu lassen. Es ist aber strikt darauf zu achten, daß dabei ein gewisses Maß nicht überschritten wird. Vor allem eindeutigen parteipolitischen, wenngleich oftmals unterschwelligen Beeinträchtigungsversuchen ist daher sowohl bei den ehrenamtlichen als auch bei den Berufsrichtern durch Selbstdisziplin und aufrechterhaltene Objektivität entgegenzuwirken. Läßt sich unbewußte Einflußnahme generell nicht vollständig vermeiden, so hat die Abwägung doch zumindest keine Tendenz zur Inkaufnahme *bewußter* parteipolitischer Rücksichtnahme im Rahmen der Entscheidungsfindung ergeben. Trotz dieses an sich positiven Ergebnisses darf hingegen keine Leichtfertigkeit aufkommen, sondern es ist innerhalb von Ausbildung und Amtseinweisung immer auf diese potentielle Gefahr hinzuweisen. Prinzipiell muß zudem für den berufsrichterlichen Bereich primär die fachliche Qualifikation beziehungsweise auf dem Laiensektor das Interesse am Schöffenamt, nicht aber die Parteizugehörigkeit oder der Proporzgedanke für die Auswahl des Kandidaten ausschlaggebend sein, um auf lange Sicht eine im negativen Sinn politisierte Justiz zu verhindern.

## 4. Kapitel: Diskussion um die vorrangige Zuständigkeit der oberlandesgerichtlichen Staatsschutzsenate vor den Jugendgerichten

Parallel zu den bereits erörterten Problemfeldern ergeben sich für Jugendliche, die wegen zum Zuständigkeitsbereich des §120 GVG gehörenden Straftaten angeklagt werden, noch weitere zentrale Fragen.

### I. Problembereiche bei ausschließlich jugendlichen Angeklagten

#### 1. §120 GVG als Ausnahme vom Jugendgerichtsgesetz

Normalerweise gilt für jugendliche Straftäter das Jugendgerichtsgesetz (JGG), dessen Grundlage im Erziehungsgedanken[545] besteht. Das Staatsschutzstrafrecht bildet von dieser Zuständigkeitsvorschrift eine Ausnahme: Die erstinstanzliche Zuständigkeit der Oberlandesgerichte gemäß §120 GVG hat Vorrang vor allen anderen Strafkammern,[546] also auch vor den Jugendkammern, und bildet diesen gegenüber ein Gericht höherer Ordnung.[547] In §102 JGG ist jene Regelung nochmals normiert. Dort heißt es in Satz 1: „Die Zuständigkeit des Bundesgerichtshofes und des Oberlandesgerichts werden durch die Vorschriften dieses Gesetzes nicht berührt."
Infolge der ausschließlichen Zuständigkeit der Staatsschutzsenate ergeben sich jedoch teils gravierende Unterschiede zu jugendlichen Angeklagten, welche sich in einem Verfahren wegen allgemeinstrafrechtlicher Taten verantworten müssen.

#### 2. Nichtbeachtung relevanter Vorschriften des Jugendgerichtsgesetzes, insbesondere §37

Gemäß §104 Absatz 1 JGG muß in Strafverfahren gegen Jugendliche, die bei den für allgemeine Strafsachen zuständigen Gerichten anhängig sind, eine Vielzahl von Vorschriften des Jugendgerichtsgesetzes beachtet und angewendet werden, so bezüglich der Verfehlungen Jugendlicher und ihrer Folgen (§§3-32), der Heranziehung und Rechtsstellung der Jugendgerichtshilfe (§§38, 50 Absatz 3), des Umfangs der Ermittlungen im Vorverfahren (§43), des Absehens von der Verfolgung und der Einstellung des Verfahrens durch den Richter (§§45, 47), der Untersuchungshaft (§§52, 52a, 72), der Urteilsgründe (§54), des Rechtsmittelverfah-

---

[545] grundlegend BGH St 15, S. 224ff.; BGH St 16, S. 261 (263); Schaffstein/Beulke, §23 III.; Diemer/Schoreit/Sonnen: Rn.5 zu §5 JGG; Eisenberg, Einl. Rn.5ff. und Rn.13 zu §5; Brunner/Dölling, Rn.4 zu Einführung II.; Ostendorf, Rn.4 Grdl. zu §§1-2; Albrecht, §8

[546] KK-Hannich, 4.Aufl. 99, Rn.12 zu §120 GVG; Pfeiffer, Rn.7 zu §120; Kleinknecht/Meyer-Goßner, Rn.10 zu §120; Kissel, Rn.6 zu §120; a.A. Katholnigg, Rn.1 zu §120, der die absolute Vorrangigkeit der Oberlandesgerichtssenate auf §120 Absatz 1 GVG begrenzt.

[547] Brunner/Dölling, Rn.14 zu §§39-41

rens (§§55, 56), des Verfahrens bei Aussetzung der Jugendstrafe zur Bewährung und der Verhängung der Jugendstrafe (§§57-64), der Beteiligung und Rechtsstellung des Erziehungsberechtigten und des gesetzlichen Vertreters (§§67, 50 Absatz 2), der notwendigen Verteidigung (§68), Mitteilungen (§70), der Unterbringung zur Beobachtung (§73), Kosten und Auslagen (§74) sowie des Ausschlusses von Vorschriften des allgemeinen Verfahrensrechts (§§79-81).

§104 Absatz 2 JGG stellt die Anwendung weiterer Vorschriften in das Ermessen des Richters. Auf diesem Weg soll die Verwirklichung der dem Jugendgerichtsgesetz zugrundeliegenden Gedanken des schnelleren und reibungsloseren Prozeßverlaufs, die Anwendung sachlichen Jugendstrafrechts und die Beachtung des Erziehungsgedankens[548]auch vor den Oberlandesgerichten gewährleistet werden. Trotzdem bleiben dabei relevante Vorschriften außer Betracht, wovon vor allem §37 JGG betroffen ist. Danach sollen „die Richter bei den Jugendgerichten und die Jugendstaatsanwälte erzieherisch befähigt und in der Jugenderziehung erfahren sein." Bezweckt wird damit eine dem Erziehungsgedanken förderliche Atmosphäre im Gerichtssaal, die sich ebenfalls auf das (Aussage-)Verhalten der jugendlichen Angeklagten auswirken sowie Sprachbarrieren und darauf basierende Mißverständnisse verhindern soll.[549] Findet nun die Verhandlung vor einem für allgemeine Strafsachen zuständigen Gericht statt, kann die Hemmschwelle des Angeklagten vor dem Spruchkörper infolge intellektueller Überforderung beachtliche, die Wahrheitsfindung erschwerende Ausmaße annehmen. Insbesondere die teilweise feinen, aber relevanten Details, welche eine Straftat dem Katalog des §120 GVG zugehörig erscheinen lassen, können ebenso wie der nach Ermessensgesichtspunkten auszufüllende Begriff der besonderen Bedeutung und die Qualifikationsmerkmale des §120 Absatz 2 Ziffer 3 GVG gegebenenfalls aufgrund von kommunikativen Fehldeutungen oder Trotzreaktionen falsch zugeordnet werden. Lempp hat als psychiatrischer Sachverständiger solche Entwicklungen im sogenannten Solingen-Prozeß festgestellt. Unabhängig von den schweren und verurteilenswerten Folgen des dem Strafverfahren zugrundeliegenden Brandanschlages, förderte die im wesentlichen auf erwachsene Angeklagte zugeschnittene Art der Verhandlungsleitung nicht die Aussagebereitschaft von Angeklagten und Zeugen und damit die Wahrheitsfindung.[550] Zu bedenken ist außerdem, daß in Fällen mit extremistischem Hintergrund die dem Umfeld der Angeklagten zugehörigen Per-

---

[548] Schaffstein/Beulke, §31 2.; Eisenberg, Rn.5 zu §104; Ostendorf, Rn.4 Grdl. zu §§102-104; Albrecht, §36 B und §37 C;Diemer/Schoreit/Sonnen, Rn.2 zu §103, der durch eine gemeinsame Verhandlung von Jugendlichen und Erwachsenen die Durchführung einer jugendgemäßen Verhandlung und optimale Rechtswahrnehmung der Jugendlichen stark erschwert sieht.

[549] Brunner/Dölling, Rn.3 zu §37; Eisenberg, Rn.10 zu §103, der durch die gleichzeitige Anklage von Erwachsenen eine beeinträchtigende Atmosphäre vermutet.

[550] Lempp in: MschrKrim 1998, S. 125 (126); Eisenberg in: NStZ 1996, S. 263

sonen sowie die Zeugen oft ebenfalls Minderjährige sind, weswegen die bereits genannten Probleme auch auf diese Menschen zutreffen können.[551] Damit soll nicht gesagt werden, daß nur sehr selten mit jugendlichen Angeklagten befaßte Richter sich generell nicht auf diese Situation einstellen können, da die langjährige berufliche Tätigkeit zu berücksichtigen ist: Der Richter eines oberlandesgerichtlichen Staatsschutzsenates hat zuvor einige Jahre andere Dezernate im unteren Instanzenbereich bearbeitet[552]und konnte vielleicht sogar als Jugendrichter Erfahrung sammeln. Dennoch können solche Erfahrungswerte nicht einfach vorausgesetzt werden. Dasselbe gilt gleichermaßen für den Staatsanwalt.
Ferner dient die Besetzung des Gerichts mit drei beziehungsweise fünf berufsrichterlichen Senatsmitgliedern nicht dem Abbau von Hemmschwellen. Bei Beteiligung von ohne Robe an der Verhandlung partizipierenden Schöffen wäre das Vertrauen zu einem derartigen Spruchkörper eventuell größer. Unterstützung erfährt diese Forderung aus dem Grundsatz der sachlichen Zuständigkeit, wonach an allen schwerwiegenden Strafsachen Laien in den Kollegialgerichten mitwirken sollen.[553] Diese Schöffen sollten dann §35 Absatz 2 Satz 2 JGG entsprechend erzieherisch befähigt sein.[554]
Der dargelegten Auffassung steht allerdings die rechtliche Einordnung der genannten Paragraphen entgegen. Es handelt sich bei §35 und §37 JGG lediglich um Soll-Vorschriften, die selbst bei den Jugendgerichten keine Gewähr für ihre vollständige Einhaltung bieten[555]und daher nicht als Grundlage für einen Anspruch auf erzieherisch befähigte Jugendrichter in Staatsschutzverfahren dienen können. De lege ferenda ist somit zu überlegen, ob §37 JGG nicht in eine Muß-Vorschrift umgewandelt werden kann.[556] Dabei wird keinesfalls die Schwierigkeit ihrer praktischen Umsetzung unterschätzt, insbesondere mit Blick auf wechselnde Dezernate. Dennoch sollten im Interesse der Wahrheitsfindung und Wahrung der im Jugendgerichtsgesetz verankerten Grundgedanken Prozesse wie derjenige bezüglich des Brandanschlages in Solingen künftig anders gehandhabt werden.
Bei der Umwandlung des §35 JGG in eine zwingende Regelung bestehen aufgrund der größeren Personenanzahl weniger Schwierigkeiten, entsprechend erzieherisch befähigte Kandidaten als Schöffen zu benennen.

---

[551] Lempp in: MschrKrim 1998, S. 125 (126)
[552] so auch Schoreit in: NStZ 1997, S. 69
[553] Schaffstein/Beulke, §29 II
[554] Hinsichtlich der grundsätzlichen Hinzuziehung von Schöffen zu hochpolitischen Delikten kann auf die bereits ausgearbeitete Diskussion verwiesen werden, oben, vor allem 3.Kap. I.
[555] Schaffstein/Beulke, §28 III 2; Schoreit in: NStZ 1997, S. 69 (70)
[556] Diesen Vorschlag machen auch Schoreit in: NStZ 1997, S. 69 (71) und Ostendorf, Rn.9 Grdl. zu §§33-38.

### 3. Mangelnde tatrichterliche Praxis

Zu der meist fehlenden Erfahrung als Jugendrichter kommt noch ein zweiter Aspekt zulasten jugendlicher Angeklagter hinzu, nämlich die Ausübung erstinstanzlicher Tätigkeit durch einen ansonsten als Revisionsgericht fungierenden Spruchkörper. Wurde dieser Umstand bereits in allgemeiner Form kritisiert,[557] scheint er sich in Kumulation mit dem Ausschluß des §37 JGG noch zu verstärken.[558] In derartiger Allgemeinheit kann diese Behauptung allerdings keinen Bestand haben. Zwar genügt es nicht, die revisionsrichterliche Aufgabe ohne weitere Begründung als ebenso persönlichkeitsbildend wie die tatrichterliche zu bezeichnen,[559] zumal es im vorliegenden Zusammenhang nicht um eventuell fehlende Persönlichkeit geht, doch ist zu berücksichtigen, daß infolge der forciert durchgeführten Gerichtskonzentration im Bereich der Staatsschutzdelikte nur wenige Oberlandesgerichte mit solchen Verfahren betraut sind. Je nach Häufigkeit der diesbezüglichen Straftaten liegt dann zumindest teilweise ebenfalls tatrichterliche Übung vor, was aber trotz allem noch nicht ausreichen kann, um das Argument der mangelnden tatrichterlichen Praxis in allen Fällen vollständig auszuräumen. Um außerdem auf die Besonderheiten im Zusammenhang mit jugendlichen Angeklagten besser eingehen zu können, bietet sich die Möglichkeit an, solche Prozesse stets nur an einen einzigen Senat pro Oberlandesgericht[560] zu überweisen.

## II. Besonderheiten bei der gemeinsamen Anklage von Jugendlichen / Heranwachsenden und Erwachsenen

### 1. Vorrangigkeit der Staatsschutzsenate

Besonderheiten gelten im Staatsschutzstrafrecht auch für Verfahren, bei denen zusammen mit den Jugendlichen oder Heranwachsenden gleichzeitig Erwachsene angeklagt sind.

Bei Taten des allgemeinen Strafrechts können die Verfahren gegen Jugendliche und Erwachsene gemäß §102 Absatz 1 JGG verbunden werden, wobei gemäß Absatz 2 Satz 1 dieser Vorschrift das Jugendgericht zuständig ist. Dieser Grundsatz, der bereits auf landgerichtlicher Ebene seine erste Durchbrechung erfährt und den Jugendlichen entsprechend §103 Absatz 2 Satz 2 JGG vor die Staatsschutzkammer stellt, falls für den Erwachsenen die Zuständigkeit gemäß §74a GVG gegeben ist,[561] wird für Verfahren, bei denen für den Erwachsenen das

---

[557] siehe oben, 1.Teil, 1.Kap.II.1.b. und 6.Kap.I.1.

[558] Dieser Ansicht ist zumindest Eisenberg in: NStZ 1996, S. 263 (264).

[559] Das hat Schoreit in: NStZ 1997, S. 69 getan.

[560] Katholnigg, Rn.1 zu §120; Dallinger/Lackner, Rn.5 zu §33

[561] BGH St 13, S. 378 (382); Schaffstein/Beulke, §30 II.2.; Brunner/Dölling, Rn.10ff. und Rn. 25 zu §§39-41

Oberlandesgericht zuständig ist, ebenfalls außer Kraft gesetzt. Fand 1975 nach den Vorgaben des Ersten Gesetzes zur Reform des Strafverfahrensrechtes vom Dezember 1974, wonach das Schwurgericht keine Sonderstellung mehr innehatte, noch eine Abwägung zwischen Jugendkammer, Schwurgericht und Staatsschutzkammer nach dem Schwergewicht der Tat statt,[562]die wegen der geforderten Sachkunde fast immer zugunsten der Staatsschutzkammer ausging, selbst wenn das schwerere Delikt dem Katalog des §74 Absatz 2 GVG entstammte,[563]ergibt sich seit dem Strafverfahrensänderungsgesetz vom 5.10.1978 die Vorrangigkeit der Staatsschutzsenate bereits aus der Stellung als Gericht höherer Ordnung.[564]

## 2. Relevanz von Öffentlichkeit und Medieninteresse

Jugendstrafverfahren sind nichtöffentlich (§48 Absatz 1 JGG). Sind hingegen Heranwachsende oder Erwachsene mitangeklagt, kann die Öffentlichkeit gemäß §48 Absatz 3 Satz 2 JGG nur dann ausgeschlossen werden, wenn der Erziehungsgedanke bezüglich des jugendlichen Angeklagten dies gebietet.
Hochpolitische Prozesse, die vor den Oberlandesgerichten stattfinden, besitzen erfahrungsgemäß ein hohes Medieninteresse. Gerade wenn es sich um Jugendliche und Heranwachsende handelt, möchten viele wissen, wodurch sich junge Leute zur Verübung staatsgefährdender Taten veranlaßt sehen. Bereits vor den Verfahren ist der multimediale Druck somit zu spüren. Hinzu kommt die oftmals hohe Anzahl der Prozeßbeteiligten, die im Fall um den Solinger Brandanschlag bei etwa 40 Personen lag.[565] Diese Zahl reicht für sich schon aus, um Auftreten und Aussageverhalten der jugendlichen Angeklagten zu beeinflussen: Entweder führt die Anwesenheit von zeitweise 100 Personen unter Einschluß der zugelassenen Öffentlichkeit zu völliger Passivität oder zu einem angepaßten Rollenverhalten, nach welchem sich der Jugendliche dem Bild entsprechend verhält, das die Öffentlichkeit von ihm bereits erstellt hat und damit die Wahrheitsfindung sowie seine Resozialisierungschancen verfälscht.[566] Gerade solche Verhaltensmuster sollen durch ein jugendspezifisches Strafverfahren verhindert werden. Für derartige Prozesse müßte im Interesse der Erziehungsgedankens gemäß §48 Absatz 3 Satz 2 JGG die Öffentlichkeit folglich stets ausgeschlossen werden, denn im Rahmen der Abwägung zwischen Öffentlichkeitsgrundsatz und dem Schutz der jugendlichen Angeklagten hat letzterer eindeutig Vorrang.

---

[562] vgl. BGH St 26, S. 191ff., insbesondere S. 194ff.; Rieß in: GA 1976, S. 1 (6)
[563] Dünnebier in: JR 1975, S. 1
[564] ausführlich dazu, oben 1.Teil, 7.Kap. I.4. und 2.Teil, 4.Kap. I.1.
[565] Lempp in: MschrKrim 1998, S. 125 (126); Eisenberg in: NStZ 1996, S. 263
[566] Eisenberg in: NStZ 1996, S. 263 (264); Lempp in: MschrKrim 1998, S. 125 (126f.)

### 3. Zulässigkeit der Nebenklage

Die Nebenklage ist in Jugendverfahren unzulässig (§80 Absatz 3 JGG). §104 Absatz 1 Ziffer 14 JGG greift dieses Verbot nochmals für Verfahren auf, die vor den für allgemeine Strafsachen zuständigen Gerichten stattfinden. Der Grund hierfür besteht in der Kontroverse zwischen Erziehungsziel und durch die Nebenklage betonter Strafverfolgung.[567]
Dennoch gibt es Entscheidungen, bei denen in gemäß §103 Absatz 1 JGG verbundenen Strafverfahren die Nebenklage gegen den heranwachsenden und den erwachsenen Angeklagten[568]mit der Begründung zugelassen wurde, §80 Absatz 3 JGG bewirke nicht den Ausschluß der Nebenklage insgesamt. Ihre Zulässigkeit soll sich mithin an dem für die Altersgruppe des jeweiligen Angeklagten anzuwendenden Verfahrensrecht orientieren. Das Oberlandesgericht Düsseldorf beruft sich dabei auf die Wortauslegung, nach der sich §80 Absatz 3 JGG explizit nur auf Jugendliche bezieht, und folgert aus der Erstreckung des der Vorschrift innewohnenden Schutzgedankens auch auf Heranwachsende und Erwachsene einen potentiellen Eingriff in das Recht eines gemäß §395 StPO zur Partizipation berechtigten Nebenklägers. Der Persönlichkeitsschutz des Jugendlichen sowie der Erziehungsgedanke wurde dabei vom Oberlandesgericht Düsseldorf nicht hoch genug estimiert, um einen solchen Eingriff in prozessuale Rechte Dritter zu rechtfertigen.[569]
Diese Auffassung wurde circa eineinhalb Jahre später zumindest bezüglich der Zulässigkeit einer Nebenklage in verbundenen Verfahren gegen den erwachsenen Angeklagten vom Bundesgerichtshof per Beschluß bestätigt und darin herausgestellt, daß ein verbundenes Verfahren mit Jugendlichen und Erwachsenen ohnehin selten sei.[570] Dabei verkennt der Bundesgerichtshof gleichwohl nicht die Möglichkeit potentieller Beeinträchtigungen durch die Nebenklage, weswegen es als Aufgabe des Vorsitzenden angesehen wird, die Verhandlungsführung mit Blick auf die Interessenwahrung des jugendlichen Angeklagten zu gestalten und nötigenfalls eine Verfahrenstrennung gemäß §103 Absatz 3 JGG durchzuführen.[571] In praxi dürfte hingegen eine erneute Verfahrenstrennung *nach* erfolgter Verbindung die absolute Ausnahme sein. Die infolge der gemeinsamen Verantwortung der Angeklagten vor einem Gericht hergestellte Praktikabilität des Falles durch eine konzentrierte Aufarbeitung des Tatgeschehens und der Würdigung von Zeugenaussagen und sonstigen Beweismaterialien im Zusammenhang wird wohl nach

[567] Lempp in: MschrKrim 1998, S. 125 (127)
[568] OLG Düsseldorf in: NStZ 1994, S. 299; **a.A. entschieden** OLG Köln in: NStZ 1994, S. 298f.
[569] in: NStZ 1994, S. 299
[570] in: StV 1996, S. 83
[571] BGH in: StV 1996, S. 83

überwiegender Ansicht der Prozeßbeteiligten über das Schutzinteresse der jugendlichen Angeklagten vor Beeinträchtigungen durch die partiell zugelassene Nebenklage dominieren. Ferner ist es selbst für einen Senatsvorsitzenden mit unterstellter jugendrichterlicher Erfahrung äußerst schwierig, allein durch die Gestaltung der Verhandlungsführung unmittelbare Auswirkungen auf den von der Nebenklage an sich nicht Betroffenen zu unterbinden.[572] Dieses Ziel war beispielsweise im Solingen-Prozeß nicht erreicht worden, so daß infolge der häufigeren Bezugnahme des Nebenklägervertreters auf Äußerungen der jugendlichen Angeklagten diese stark in dessen Verfolgungsakte involviert wurden.[573] Eine absolut solitäre Fokussierung auf den erwachsenen Angeklagten ist in verbundenen Verfahren hinsichtlich der Verfolgungsakte seitens der Nebenklage nicht möglich.
Zum Schluß wird in der Entscheidung des Bundesgerichtshofes ausgeführt, daß auch bei getrennten Verfahren der jugendliche Tatbeteiligte von der Partizipation der Nebenklage, wenngleich als Zeuge, betroffen ist,[574] weswegen kein großer Unterschied zu deren Zulässigkeit in verbundenen Verfahren gesehen wird. Diese Argumentation ist jedoch insoweit verfehlt, als der jugendliche Straftäter eben nur als Zeuge davon tangiert ist. Die Auswirkungen auf seine eigene Person und seinen Prozeß sind keineswegs mit den Konsequenzen vergleichbar, welche sich bei einem verbundenen Verfahren inklusive Nebenklage ergeben können, da sie bei letzterem unmittelbar wirken, während sie aufgrund der Rolle als Zeuge schon allein aufgrund der zeitlich-räumlichen Trennung und dem Bewußtsein, in einem partiell fremden Verfahren auszusagen, lediglich mittelbare Relevanz besitzen.
Gegen die Zulässigkeit der Nebenklage spricht zudem der Vergleich mit §48 JGG. In dessen Absatz 3 Satz 1 wird der Grundsatz der Nichtöffentlichkeit für die Verfahren mitangeklagter Heranwachsender und Erwachsener explizit durchbrochen. Eine derartige Einschränkung existiert für §80 Absatz 3 JGG hingegen nicht.
Innerhalb einer Abwägung zwischen den Schutzinteressen des Jugendgerichtsgesetzes und der Bedeutung einer Beteiligung der Nebenklage muß der Schwerpunkt daher bei den jugendlichen Angeklagten fixiert werden.

---

[572] ebenso Eisenberg in: NStZ 1994, S. 299 (300); Diese Gratwanderung hatte auch das OLG Rostock in einem Verfahren wegen rechtsextremistisch begründeter Gewalttaten zu bewältigen, dessen Entscheidung jedoch im Revisionsverfahren vor den Bundesgerichtshof gelangte, abgedruckt in: NJW 2001, S. 1359ff.

[573] Lempp in: MschrKrim 1998, S. 125 (127)

[574] BGH StV 1996, S. 83

## III. §102 JGG und der Gleichbehandlungsgrundsatz des Art. 3 Absatz 1 GG unter Beachtung weiterer Grundrechte

### 1. Ansprüche aus Art. 6 Absatz 2 Satz 2 und Art. 20 Absatz 1 GG

Eisenberg sieht in der Ausgestaltung des §102 Satz 1 JGG de lege lata eine Kollision mit den Grundrechten. Als erstes führt er die in Art.6 Absatz 2 Satz 2 GG verankerte Fürsorgepflicht des Staates an, die zur Schaffung besonderer Jugendgerichte verpflichte,[575]verstärkt durch das in Art.20 Absatz 1 GG verankerte Sozialstaatsprinzip, welches den Schutz der Schwächeren dem Gesetzgeber in Form eines Gestaltungsauftrages überantworte.[576] Diesem Auftrag ist der Gesetzgeber mit §104 JGG und der Fortgeltung jugendgerichtsgesetzlicher Paragraphen nachgekommen. Der aus Art.6 Absatz 2 Satz 2 und Art.20 Absatz 1 GG herzuleitende Grundsatz, Jugendlichen durch entsprechende Regelungen größtmöglichen Schutz zukommen zu lassen, genügt jedoch nicht zur Begründung eines unmittelbaren Anspruchs auf ausschließliche Durchführung von Strafverfahren vor den Jugendgerichten. Den verfassungsrechtlichen Vorgaben ist der Gesetzgeber in ausreichender Form nachgekommen.[577] Etwaige Forderungen zur Änderung der §§102, 104 JGG können sich daher nur aus einer potentiellen Verletzung des Gleichbehandlungsgrundsatzes gemäß Art.3 Absatz 1 GG ergeben.

### 2. Potentielle Verletzung des Gleichbehandlungsgrundsatzes und ihre möglichen Rechtfertigungsgründe

Nach der Rechtsprechung des Bundesverfassungsgerichts liegt ein Verstoß gegen das unmittelbar geltende Recht des Art.3 Absatz 1 GG vor, wenn wesentlich Gleiches ungleich behandelt wird[578]und dadurch eine Benachteiligung für den Betroffenen entsteht.[579]

Daß eine Ungleichbehandlung vorliegt, wenn sich jugendliche Straftäter wegen allgemeinstrafrechtlicher Taten vor Jugendgerichten, infolge der Beteiligung an Staatsschutzdelikten jedoch vor oberlandesgerichtlichen Staatsschutzsenaten verantworten müssen, steht außer Frage.

---

[575] in: NStZ 1996, S. 263 (266); diese Funktion im Rahmen des staatlichen Wächteramtes wird bestätigt von Mangoldt/ Klein/Starck: Bonner GG, Rn.254 zu Art.6 GG.

[576] Eisenberg in: NStZ 1996, S. 263 (266 Anm. 34); den Schutz der Schwächeren im Rahmen des Art.20 Absatz 1 bekräftigt Jarrass/Pieroth, Rn.104f. zu Art.20 GG.

[577] Dies muß auch Eisenberg in: NStZ 1996, S. 263 (266) anerkennen.

[578] BVerfGE 1, S. 14 (52); BVerfGE 76, S. 256 (329); BVerfGE 78, S. 249 (287)

[579] BVerfGE 67, S. 239 (244)

Es ist jedoch zu berücksichtigen, ob die Differenzierungskriterien nach ihrer Art und Bedeutung diese Ungleichbehandlung rechtfertigen.[580]
In Betracht kommt zuerst die für die Behandlung von Staatsschutzverfahren erforderliche Sachkunde. War sie schon der Grund für eine forcierte Konzentrationspolitik der Oberlandesgerichte, wird sie erneut herangezogen, um die Ausnahme von der Jugendgerichtsbarkeit zu rechtfertigen: Die Kenntnisse über politische Zusammenhänge sowie die Übersicht bezüglich aktiver staatsfeindlicher Tätigkeit seien ausschließlich bei den Oberlandesgerichten in der nötigen Weise vorhanden; hinzu komme das Geheimhaltungsinteresse.[581] Letzteres steht hingegen bereits aufgrund der zugelassenen Öffentlichkeit und des zumeist großen Medienaufgebotes in Frage, auch wenn §104 Absatz 3 JGG die Möglichkeit eröffnet, aus Gründen der Staatssicherheit die Heranziehung der Jugendgerichtshilfe sowie die Beteiligung des Erziehungsberechtigten und des gesetzlichen Vertreters auf Anordnung des Richters zu untersagen. Wenn allerdings gegen die Sachkunde angeführt wird, daß sich zumindest §120 Absatz 2 Satz 1 Ziffer 3 GVG auf Straftaten allgemeiner Art bezieht, welche die Charakterisierung als Staatsschutzdelikt erst nach der Bejahung ihrer Relevanz für den Bestand, die innere oder äußere Sicherheit der Bundesrepublik, deren Verfassung oder die Sicherheit der NATO-Partner erhalten,[582]bedeutet dies für sich allein noch keinen Gleichheitsverstoß, denn über die Feststellung des normalen Straftatbestandes hinaus hat das zuständige Gericht gerade zu prüfen, ob die angeklagte Tat nach den Umständen geeignet und bestimmt ist, die enumerierten Folgen herbeizuführen.
Ferner ist die für solche Taten geänderte Zuständigkeit innerhalb des Grundgesetzes zu beachten. Gemäß Art.96 Absatz 5 GG üben die Oberlandesgerichte bei der Behandlung von Staatsschutzverfahren Bundesrecht aus, so daß der Generalbundesanwalt die Strafverfolgungsbehörde vertritt. Bei einer im Bereich der normalen Jugendgerichte verbleibenden Zuständigkeit würde das Auftreten des Generalbundesanwaltes vor einem der Landesgerichtsbarkeit zugehörigen Spruchkörper einen Eingriff in deren Justizhoheit darstellen. Der vorherrschende, im Grundgesetz verankerte Zuständigkeitsmodus steht einer Verhandlung von Staatsschutzstraftaten vor Jugendgerichten somit entgegen.
Allerdings wurde der relativ hohe Ermessensspielraum des Generalbundesanwaltes bei der Auslegung des Begriffs der in §120 GVG enthaltenen „besonderen Bedeutung“ in dieser Arbeit bereits mehrfach kritisiert[583]und könnte bei extensi-

---

580 BVerfGE 1, S. 264 (276); BVerfGE 4, S. 31 (42); BVerfGE 9, S. 124 (130); BVerfGE 17, S. 319 (330)

581 Schoreit in: NStZ 1997, S. 69 (71); Schaffstein/Beulke, §30 II.1.b; BT-DrS 1/3264, S. 49; BT-DrS 8/976, S. 70

582 Eisenberg in: NStZ 1996, S. 263 (264)

583 1.Kap. II.; 2.Kap. I.

ver Interpretation zu einer häufigen Anklage vor den Staatsschutzsenaten führen. Fraglich erscheint nur, welche Auswirkungen eine etwaige Einschränkung des Ermessensspielraumes auf die prozeßrechtliche Situation der Jugendlichen hätte: Bei einer diesbezüglichen Änderung würden zwar die Zuständigkeiten zwischen Bund und Ländern und damit zwischen den Oberlandes- und den Landgerichten klarer abgegrenzt, doch würde ein Teil der in die Länderkompetenz gewechselten Verfahren gleichfalls nicht vor Jugendgerichten, sondern gemäß §74a GVG vor den Staatsschutzkammern der Landgerichte verhandelt werden, da letztere Vorrang haben.[584] Der einzige Unterschied bestünde dann in der Beteiligung von Schöffen an einem ausgesprochenen Tatsachengericht, auch wenn dies für sich genommen bereits positive Auswirkungen darstellen würden. Bezüglich der Katalogtaten des §120 Absatz 2 Satz 1 Ziffer 3 GVG ergäbe sich hingegen eine klare Veränderung **zugunsten** der Jugendlichen, da diese Verfahren künftig gemäß §41 JGG in die Zuständigkeit der Jugendkammer fallen würden. Dies war auch Grundlage einer Revisionsrüge zum Bundesgerichtshof, nach welcher die Revisionsführer die vom Oberlandesgericht Rostock bejahte Zuständigkeit gemäß §120 Absatz 2 Satz 1 Ziffer 3 GVG als solche der landgerichtlichen Jugendkammer ansahen. Besondere Brisanz erhält gerade dieser Fall durch die Aussage des Generalbundesanwaltes, aufgrund der deutschen Historie und des in Ostdeutschland ansteigenden Rechtsextremismus zur Zuständigkeitsübernahme regelrecht verpflichtet gewesen zu sein, weshalb er das Merkmal der besonderen Bedeutung verwirklicht sah.[585] Der Bundesgerichtshof bestätigte die Rechtmäßigkeit der Kompetenzentscheidung, da die Nachahmungsgefahr in Deutschland eine Bedrohung der inneren Sicherheit bedeutet und den Schutz von in der Bundesrepublik lebenden Ausländern in Frage gestellt habe. Allerdings stellte der Bundesgerichtshof klar, daß nicht jede rechtsextremistisch motivierte Tat unter die Voraussetzungen eines Staatsschutzdeliktes subsumiert werden kann, sondern den Anforderungen des §120 Absatz 2 Satz 1 Ziffer 3 GVG, Art.96 Absatz 5 GG sowie dem tatsächlichen Vorliegen der besonderen Bedeutung genügen muß.[586] Die zu Beginn des 2. Teils herausgearbeiteten negativen Auswirkungen der beweglichen Zuständigkeit des Generalbundesanwaltes spiegeln sich hier somit wider.
Der Bundesgerichtshof hatte sich in diesem Zusammenhang bereits 1955 mit einem potentiell vorliegenden Verstoß gegen Art.3 Absatz 1 GG beschäftigt und einen solchen mit der Begründung verneint, die Vorgabe des Gleichheitsgrundsatzes würde auch dann eingehalten, wenn sich die Gerichtszuständigkeit nach der Gesetzesverletzung richte, zumal alle derartigen Täter vor dem erkennenden Ge-

---

[584] siehe oben II. 1.
[585] FAZ v. 14.12.2000
[586] BGH NJW 2001, S. 1359 (1362f.)

richt gleichbehandelt würden.[587] Für den Bereich der vor dem Oberlandesgericht Angeklagten ist diese Argumentation auch durchaus zutreffend, nur bleibt dabei das Verhältnis zu den in anderen Bereichen straffällig gewordenen Jugendlichen sowie die Umsetzung der dem Jugendgerichtsgesetz zugrundeliegenden Konzeption außer Betracht.

Als weitere Rechtfertigung für die Ungleichbehandlung wird der Schutz der Gerichtsmitglieder angeführt.[588] Mit Blick auf das stark erhöhte öffentliche Interesse werden für Staatsschutzverfahren besondere Sicherheitsmaßnahmen ergriffen, die bei einer Verteilung auf verschiedene Jugendgerichte praktisch nur schlecht durchführbar wären. Aufgrund der relativ geringen Anzahl von Staatsschutzprozessen mit jugendlichen Angeklagten[589]würden die Verfahren mit hoher räumlicher und zeitlicher Distanz über das Bundesgebiet verteilt, so daß nur mobile kurzfristige Sicherheitsmaßnahmen, aber keine dauerhaften Sicherheitsschleusen oder ähnliches angebracht werden könnten. Solche Beeinträchtigungen müssen jedoch wegen der Höherwertigkeit der Schutzinteressen jugendlicher Angeklagter hingenommen werden.

### 3. Ergebnis und Änderungsvorschläge

Die unter 2. angeführten Gründe reichen insgesamt nicht aus, um die Ungleichbehandlung in Relation zu den wegen allgemeinstrafrechtlicher Taten angeklagten Jugendlichen umfassend zu rechtfertigen, zumal eine reine Differenzierung nach der *Tat* -entgegen der im Jugendgerichtsgesetz zugrundegelegten *Täter*orientierung-[590]als nicht sachgerecht erscheint.[591] Die sich de lege lata mit Blick auf das Ermessen des Generalbundesanwaltes bezüglich §120 Absatz 2 Satz 1 Ziffer 3 GVG und die partielle Zulässigkeit der Nebenklage ergebenden Nachteile stellen einen Verstoß gegen Art.3 Absatz 1 GG dar, der aber durch praktikable Änderungen beseitigt werden kann.

Teilweise wurde gefordert, bestimmte Delikte künftig nicht mehr über §102 JGG von der Zuständigkeit der Jugendgerichtsbarkeit auszuschließen und damit diese

---

587 6 StR 87/55 - Urt. v. 26.10.55, S.2f.; vgl. dazu die Ausführungen im 1.Teil, 5.Kap.IV.1.c.cc

588 Schoreit in: NStZ 1997, S. 69 (71)

589 Lempp in: MschrKrim 1998, S. 125 (128); Ostendorf, Rn.5 Grdl. zu §§102-104; Manche Staatsschutzdelikte wurden beispielsweise 1999 von Jugendlichen und Heranwachsenden gar nicht verwirklicht oder zu einem teilweise unter 10 % gegenüber erwachsenen Straftätern dieser Deliktsgruppe liegenden Prozentsatz, Statistisches Bundesamt, Rechtspflege, Strafverfolgung 1999, S. 18f.

590 Albrecht, §8I.; Brunner/Dölling, Rn.3 zu Einführung I.; Diemer/Schoreit/Sonnen, Rn.1 zu §42

591 Dieser Ansicht ist auch Eisenberg in: NStZ 1996, S. 263 (267).

Vorschrift für Jugendliche zu streichen[592] oder das Merkmal der besonderen Bedeutung bei jugendlichen Straftätern auf Ausnahmefälle zu begrenzen.[593] Letzteres ist hingegen wegen einer damit einhergehenden unzulässigen Beschneidung des Ermessensspielraumes der Strafverfolgungsbehörde sowie dem Eingriff in die bundesrechtliche Justizhoheit nicht möglich.

Es wurde jedoch mehrfach vorgeschlagen, an den Oberlandesgerichten spezielle Staatsschutzsenate für Jugendliche einzurichten.[594] Damit ist entgegen der Ansicht von Ostendorf[595] nicht die Streichung des §102 JGG verbunden, sondern diese Vorschrift müßte de lege ferenda um den Zusatz erweitert werden, daß innerhalb der oberlandesgerichtlichen Zuständigkeit ein eigener Jugendstaatsschutzsenat mit dem Verfahren zu betrauen ist. Anhand von Statistiken ist ferner zu ermitteln, ob die Anzahl der Staatsschutzprozesse mit ausschließlich jugendlichen Angeklagten sowie der gemäß §103 Absatz 2 Satz 2 JGG verbundenen Verfahren eine Errichtung von speziellen Jugendsenaten an allen Oberlandesgerichten erfordert oder dies zum Zwecke der Auslastung nur in einzelnen Gerichtsbezirken erfolgen sollte. Schoreit weist dabei zutreffend auf die Konsequenzen für die landgerichtlichen Staatsschutzkammern hin, deren Vorrang vor den Jugendgerichten gemäß §103 Absatz 2 Satz 2 JGG dann ebenfalls entfallen müsste,[596] wodurch jeweils eine Staatsschutzkammer am Landgericht gleichermaßen in eine Jugendstaatsschutzkammer umzubilden wäre. Damit würde zugleich in beiden Instanzen die von vielen vorausgesetzte erforderliche Sachkunde des erkennenden Gerichts gewährleistet.

Auf diesem Weg könnte §37 JGG auch als Soll-Vorschrift seine Wirkung entfalten, falls eine Abänderung in zwingendes Recht unterbliebe, und zur Besetzung der jeweiligen Kammern und Senate mit entsprechend erzieherisch befähigten Richtern, Schöffen (am Landgericht) und Staatsanwälten führen. Die einzige Ausnahme würde der Generalbundesanwalt bilden, wobei eine solche Einschränkung allerdings hinnehmbar ist. Dem Schutz der Jugendlichen sowie ihrer Anfälligkeit für Staatsschutzdelikte aufgrund der geringeren Lebenserfahrung und dem gerade in extremistischen Bereichen ausgeprägten Wunsch nach Gruppenzugehörigkeit würde damit ausreichend Rechnung getragen. Ferner stünde der Jugendgerichtshilfe subjektiv keine Außenseiterrolle mehr zu.[597] Schließlich ist zu erwarten, daß eine sichtbare Gleichbehandlung jugendlicher Angeklagter bei diesen zu einer po-

---

[592] Peters: Strafprozeßrecht, §69 III.; Lempp in: MschrKrim 1998, S. 125 (129)

[593] Eisenberg in: NStZ 1996, S. 263 (267)

[594] Schoreit in: NStZ 1997, S. 69 (71); Ostendorf, Rn.9 Grdl. zu §§33-38 mwN und Rn.6 Grdl. zu §§102-104

[595] Jugendgerichtsgesetz, Rn.6 Grdl. zu §§102-104

[596] Schoreit in: NStZ 1997, S. 69 (71)

[597] Lempp in: MschrKrim 1998, S. 125 (128)

sitiven Auswirkung auf den Verfahrensablauf, höherer Akzeptanz der gerichtlichen Entscheidung sowie einer gesteigerten Resozialisierungschance[598]führen wird.
Bei vollständiger Umsetzung des Änderungsvorschlages wäre somit einem sich aus der derzeitigen Zuständigkeitsregelung ergebenden Verstoß gegen Art.3 Absatz 1 GG de lege ferenda entgegengewirkt.

[598] Lempp in: MschrKrim 1998, S. 125 (129)

## 5. Kapitel: Fazit

Im Anschluß an die erörterten Problembereiche der erstinstanzlichen oberlandesgerichtlichen Zuständigkeit sollen die einzelnen Ergebnisse nochmals kurz zusammengefaßt werden.

Bezüglich der im Rahmen einer potentiellen Schöffenerweiterung auf die Oberlandesgerichte dargelegten Argumente, welche infolge des Abwägungsergebnisses mit der Gefahr einer Ämterpatronage für eine Laienbeteiligung an den Staatsschutzsenaten sprechen, mutet es seltsam an, daß kaum jemand ernsthaft für ihre dortige Einführung eingetreten ist, deren Gegner aber ebenfalls trotz aller gegenüber Schöffen geltend gemachten Bedenken bislang keinen Versuch unternommen haben, stattdessen die gemäß §74a GVG bei den Landgerichten vorhandene Laiengerichtsbarkeit abzuschaffen. Dieses vermeintliche Paradoxon ist jedoch aus der Historie erklärbar:

Am Landgericht waren infolge des Gesetzes über die Wiederherstellung des Rechtszustandes vor 1933 und der darauffolgenden Vereinheitlichungsnovelle[599] Nichtjuristen beteiligt. Mit dem ersten Strafrechtsänderungsgesetz 1951 wurde nach §74 GVG §74a GVG eingefügt, welcher anfangs nur eine Zuständigkeit für wenige Delikte, wie hochverräterische Schriften, politische Verschleppung und Verdächtigung, Agententätigkeit gemäß §100d Absatz 2 und 3, §129 StGB sowie den vollständigen neueingefügten Abschnitt über Staatsgefährdung enthielt.[600]

Somit war die Zuständigkeit gemischt besetzter Spruchkörper auf politische Straftaten ausgedehnt worden. Ein Ausschluß der Schöffen für diesen Teilbereich war aufgrund der in §76 GVG vorgeschriebenen Besetzung der Strafkammern nicht möglich. Ihre zusätzliche Einführung am Oberlandesgericht kam hingegen nicht in Betracht.

Auch heute reicht der Umkehrschluß aus der Existenz von Laien bei den landgerichtlichen Staatsschutzkammern für sich nicht aus, um eine Erweiterung auf die Staatsschutzsenate zu begründen. Ziel dieser Arbeit ist aber keineswegs die Forderung nach uneingeschränkter Änderung des Gerichtsverfassungsgesetzes, zumal eine dortige konsequente Ausformung des Laiengedankens lediglich als Forcierung eines seit langem existenten Kompromisses[601] erscheint, so viele positive Argumente hier auch herausgefiltert werden konnten. Vor allem die Möglichkeit eines Schöffenausfalls und der damit verbundene Neubeginn der Hauptverhandlung in Großverfahren vor den Oberlandesgerichten ist für eine potentielle Änderung der Gesetzeslage zu berücksichtigen. Relevant war in diesem Zusammenhang daher die Analysierung, warum die Reformbewegungen in bezug auf hoch-

---

[599] BGBl. 1950, Teil I, S. 455ff.

[600] BGBl. 1951, Teil I, S. 739 (745)

[601] Diesen Schluß zieht vor allem Volk in: Dünnebier-FS, S. 373 (382).

politische Delikte nie vollständig umgesetzt wurden, wo die Wurzeln für den Ausschluß von Nichtjuristen an den obersten Instanzen liegen und ob Argumente gegen die sich seit längerem abzeichnende Tendenz des Laienabbaus vorhanden sind. Eine Reduzierung des bereits vorhandenen Laienrichtertums kann hingegen keinesfalls befürwortet werden, sondern es sollte solange unangetastet bleiben, bis seine „Schädlichkeit" nachgewiesen ist.[602] Dieser Nachweis dürfte jedoch kaum gelingen, denn wollte man alle Rechtsinstitute abschaffen, deren praktischer Wert nicht zweifelsfrei erwiesen ist, gäbe es manche Lücken im System.

Eine andere Möglichkeit zur Herbeiführung genereller Schöffenbeteiligung ist die vollständige Zuständigkeitsübertragung auf die Landgerichte. Dieser Weg muß jedoch aus verschiedenen Gründen scheitern:

Eine derartige Zuständigkeitsverschiebung gerät mit den grundgesetzlichen Vorgaben in Konflikt, da Art.96 Absatz 5 GG für den Bereich des Staatsschutzes als Kann-Vorschrift eindeutig die Ausübung von Bundesgerichtsbarkeit durch Gerichte der Länder zuläßt - de lege lata wird diese Funktion von den Oberlandesgerichten im Wege der Organleihe wahrgenommen. Die Ausgestaltung als Kann-Vorschrift ermöglicht nun zwei Deutungen. Entweder wird die Norm im Rahmen der aktuellen Kompetenzverteilung ausgelegt, oder die Zuständigkeit für Staatsschutzstraftaten verbleibt ohne ein entsprechendes Bundesgesetz uneingeschränkt beim Bund, mit der logischen Folge eines gänzlich fehlenden Instanzenzuges, da eine Überprüfung des Urteils auf gleicher Ebene scheitert.[603] Eine vollumfänglich in Landesgerichtsbarkeit übergehende Zuständigkeit liegt hingegen außerhalb dieser Interpretationsmöglichkeiten, zumal eine derartige Übertragung weitreichende Konsequenzen hat: Dem Bundesland, zu dem das mit der Strafsache betraute Landgericht gehört, fällt zugleich die Kostenlast anheim. Ferner ergeben sich Auswirkungen auf das mit der Gerichtszuständigkeit akzessorisch verbundene Recht zur Begnadigung, so daß Art.60 Absatz 2 GG in Ermangelung vorhandener Bundesgerichtsbarkeit obsolet wird. Wie bereits dargelegt,[604] ist das Begnadigungsrecht zudem gerade im Bereich des Staatsschutzstrafrechtes mit teils gravierenden innen- oder außenpolitischen Konsequenzen verbunden. Seine Rückführung auf einen politisch gebundenen Entscheidungsträger könnte zu politischen Spannungen, divergierenden Einzelmaßnahmen oder sogar zu wahlkampftaktischem Mißbrauch führen. Dies ist einer der Hauptgründe, das exekutivische, gewaltenübergreifende Steuerungsinstrument bei dem überparteilichen Bundespräsidenten zu belassen. Um dennoch etwaigen politisch beeinflußten stattgegebenen Gnadengesuchen vorzubeugen, wird die Bildung von gemischt besetzten Gnaden-

---

[602] so auch Jung in: 150 Jahre LG Saarbrücken, S. 317 (332), der punktuelle Einwände nicht als Generalargument gegen eine Schöffenbeteiligung verstanden haben möchte.

[603] oben, 1.Teil, 6.Kap. II.1.

[604] oben, 2.Kap. III.2.

kommissionen[605] auf Bundesebene als dringend notwendige Reformmaßnahme vorgeschlagen.
Schließlich führt eine Zuständigkeitsübertragung auf die Landgerichte keinesfalls zu einer Lösung aller erörterten Probleme. So ist beispielsweise hinsichtlich des generalbundesanwaltlichen Ermessens die Existenz von Straftaten überregionalen Charakters und mit bundesweitem Interesse zu berücksichtigen. Solche Delikte lassen sich oftmals nur schwer landesintern bekämpfen. Zwar ist die Inanspruchnahme des Bundeskriminalamtes gemäß §2 Absatz 5 und Absatz 6 des Bundeskriminalamtgesetzes eingeschränkt möglich, doch handelt es sich dabei um eine Bundesbehörde, weswegen bei Ermittlung auf Länderebene allenfalls die Aufgabe der Koordinierung bundesweiter Strafverfolgung wahrgenommen werden kann. Für Staatsschutzstraftaten mit innenpolitischen Auswirkungen muß daher das Evokationsrecht des Generalbundesanwaltes bestehen bleiben, um für die Ermittlungen auf das Bundeskriminalamt sowie das Bundesamt für Verfassungsschutz zurückgreifen zu können. Dann aber bestehen sämtliche diskutierten Probleme des Evokationsrechtes weiter, nur daß es sich als Ausgangszuständigkeit grundsätzlich um Landesjustizhoheit handelt. Bei einem vollständigen Wegfall des ius evocandi würde das Auftreten des Generalbundesanwaltes vor den Landgerichten sogar einen unzulässigen Eingriff in das förderalistische Justizhoheitssystem des betreffenden Bundeslandes darstellen. Aus dem gleichen Grund müßte die beim Generalbundesanwalt zentralisierte Strafverfolgung unterbleiben. Fraglich ist ferner, inwieweit die auf Bundesebene durchgeführte Gerichtskonzentration in irgendeiner Form auf die Länder übertragen werden könnte.
Insgesamt ist daher eine umfassende Zuständigkeitsübertragung auf die Landgerichte abzulehnen.
Erstrebenswert ist dagegen eine Eingrenzung des Evokationsrechtes durch klare Formulierungen und sogenannte Auslegungshilfen, da Art.96 Absatz 5 GG zwar die Bundeszuständigkeit auf Straftaten des staatsschutzrechtlichen Bereichs eingrenzt, dem Begriff der besonderen Bedeutung aber dennoch keine Verfassungskonformität verleiht.[606] Im Zweifel wird es sich immer noch um die Auslegung eines unbestimmten Rechtsbegriffes handeln, doch läßt sich eine dahingehende Interpretations- und Definitionspraxis mit entsprechend nachfolgender Selbstbindung erreichen. Ihr ist gegenüber dem de lege lata beinahe unbegrenzten Ermessen eindeutig der Vorzug zu geben. Zu berücksichtigen ist dabei auch die potentielle Modifizierung des Staatsschutzbegriffes durch den einfachen Gesetzgeber, die eine parallele Erweiterung der Bundeszuständigkeit nach sich zöge. Auch aus diesem Grund wäre ein klar abgegrenztes Evokationsrecht notwendig.

[605] oben, 2.Kap. III.3.c.
[606] oben, 1.Kap. II.2.a.bb.

Weiterhin erscheint die Überarbeitung von §120 Absatz 2 Satz 1 Ziffer 2 und 3 GVG angebracht, um eine Überlastung des Generalbundesanwaltes infolge eines zu weit gefaßten Anziehungsrechtes zu verhindern. Keinesfalls sollte seine Zuständigkeit auf den Bereich der Organisierten Kriminalität ausgedehnt, sondern stattdessen Strafverfolgungsmethoden verbessert und Koordinierungsstellen auf Länderebene vermehrt werden. Die einzelnen Bundesländer selbst haben bereits damit begonnen, Maßnahmen zu einer diesbezüglichen Kriminalitätsbekämpfung zu treffen. So stellte der hessische Innenminister im August 2001 nach bayerischem Vorbild einen Gesetzentwurf zur Ausweitung der Aufgaben des Verfassungsschutzes vor, wonach dieser künftig in Fällen der Organisierten Kriminalität hauptsächlich in Form der Überwachung tätig werden soll. Zwar ist ein solcher Schritt mit erheblichen personellen und sachlichen Konsequenzen verbunden, die zwingend Stellenerweiterungen erfordern, und auch die Kritik an einer solchen Vorgehensweise sollte nicht unbeachtet bleiben,[607] da beispielsweise der Datenschutzbeauftragte von Zezschwitz die Bekämpfung der Organisierten Kriminalität als alleinige Aufgabe des jeweiligen Landeskriminalamtes sieht, doch ist die übereinstimmende Grundtendenz maßgebend, diesen Deliktsbereich weiterhin in der Länderzuständigkeit zu belassen. Eine Aufnahme der Organisierten Kriminalität in Art.96 Absatz 5 GG würde hingegen zu einer Kumulation stark interpretationsbedürftiger Begriffe mit kaum kontrollierbarer Ermessensausübung sowie zu einem sich anschließenden verschärften Verstoß gegen das Prinzip des gesetzlichen Richters führen. Zu bedenken ist ferner die Wechselwirkung einer potentiellen erweiterten Ermittlungszuständigkeit des Generalbundesanwaltes mit dem verstärkten Ausbau des Bundeskriminalamtes und der Entscheidungsbefugnis des Bundesinnenministers hinsichtlich des Vorliegens betroffener bundes- oder außenpolitischer Belange, so daß die bereits miteinander verwobenen Organe von Exekutive und Legislative noch größeren Einfluß auf die Dritte Gewalt erhalten. Es bleibt somit bei einem diffizilen Spagat zwischen effektiver Kriminalitätsbekämpfung und Nachteilen erheblich erweiterter Bundesbehörden.
Mit dem ius evocandi in Zusammenhang steht ebenfalls die Forderung nach einem Vorlagerecht anhängiger Verfahren von den Landgerichten zum Oberlandesgericht. §209 Absatz 2, §225a Absatz 1, §270 Absatz 1 StPO läßt den Landgerichten wegen §120 Absatz 2 GVG nicht die Möglichkeit, von sich aus Bundesgerichtsbarkeit herbeizuführen, falls der Generalbundesanwalt vorher das Vorliegen einer besonderen Bedeutung des Falles verneint hat. Um die gerichtliche Überprüfbarkeit in alle Richtungen zu gewährleisten und das Evokationsrecht de lege ferenda mit dem Prinzip des gesetzlichen Richters zu vereinbaren, ist somit ein entsprechendes Vorlagerecht zwingend erforderlich.

[607] FAZ v. 18.8.2001, S. 4

Das geltende Evokationsrecht hat zudem Auswirkungen auf die Aburteilung Jugendlicher, da es von dem Ermessen des Generalbundesanwaltes abhängig ist, ob sich der jugendliche Straftäter vor einem Oberlandesgericht oder Jugendgericht verantworten muß. Eine Beschränkung der Ermessensausübung für diesen Bereich durch den partiellen Wegfall des Merkmals der besonderen Bedeutung wäre allerdings dessen unzulässige Beschneidung. Stattdessen ist eine generelle Einschränkung des Evokationsrechtes unter Zugrundelegung der bereits avisierten Formulierungen und Auslegungshilfen angezeigt.
Infolge der Ungleichbehandlung von jugendlichen Staatsschutzstraftätern gegenüber den wegen allgemeinstrafrechtlicher Taten angeklagten Jugendlichen durch den Wegfall relevanter Vorschriften des Jugendgerichtsgesetzes, die eventuell mangelnde tatrichterliche Erfahrung des erkennenden Senats sowie die partielle Zulässigkeit der Nebenklage und des insgesamt damit einhergehenden Verstoßes gegen den Gleichheitsgrundsatz aus Art.3 Absatz 1 GG, wird zudem die Bildung spezieller Jugendschutzsenate an den Oberlandesgerichten für unerläßlich gehalten. Auf diesem Weg könnte §37 JGG auch als Soll-Vorschrift seine Wirkung entfalten. Parallel dazu müßte der diesbezügliche Vorrang der landgerichtlichen Staatsschutzkammern vor den Jugendgerichten gemäß §103 Absatz 2 JGG entfallen und eine Jugendstaatsschutzkammer für Taten des §74a GVG gebildet werden. Weiterhin gebietet der Erziehungsgedanke die regelmäßige Anwendung des §48 Absatz 3 Satz 2 JGG, um nicht durch Öffentlichkeit und Medieninteresse das Auftreten und Aussageverhalten der jugendlichen Angeklagten (und Zeugen) über Gebühr zu beeinflussen.
Ebenfalls vonnöten ist ein Rückbau der forciert betriebenen Oberlandesgerichtskonzentration oder zumindest deren Stagnation. Das von Beginn an vorgebrachte Argument erforderlicher Sachkunde kann für eine weitere Zusammenlegung von den für Staatsschutzdelikte zuständigen Gerichtsständen vor allem mit Blick auf die dadurch hervorgerufenen Nachteile nicht als ausreichende Rechtfertigung dienen. Die sich mit dem parteipolitischen Schöffenauswahlsystem derzeit in einem ungefähren Gleichgewicht befindliche Ämterpatronage käme bei einer Reduzierung der mit hochpolitischen Delikten betrauten Oberlandesgerichte aufgrund der Relevanz beispielsweise einer Stelle als Senatsvorsitzender wesentlich ausgeprägter zum tragen. Verstärkte Einflußnahmen von parteipolitischer Seite wären die Folge. Ferner gelten eventuell vorgefaßte oder aufgrund der langjährigen Erfahrung herausgebildete Meinungen für einen länderübergreifenden Bereich und sind dadurch schwerer zu modifizieren. Zu berücksichtigen ist auch die potentielle Überlastung einzelner Senate infolge der Zunahme insbesondere rechtsextremistischer Gewalttaten, die in einzelnen Fällen unter die Katalogtaten des §120 Absatz 2 GVG subsumiert werden können.[608] Bei einer zufälligen regionalen Anhäu-

[608]vgl. BGH NJW 2001, S. 1359ff., das Revisionsverfahren im Fall „Eggesin“

fung solcher Prozesse würde bald eine vollständige Überlastung der zuständigen Senate eintreten und der Maxime einer Verfahrensbeschleunigung entgegenwirken. Um dies zu verhindern, sollte folglich keine weitere Oberlandesgerichtskonzentration stattfinden. Eine zusätzliche Möglichkeit ist die Rücküberantwortung der Ermittlungszuständigkeit bezüglich Straftaten der sogenannten Guerilla diffusa an die Länderstaatsanwaltschaften, welche einerseits die hierfür notwendige Tatortnähe und zugleich die regionale Sachkunde hinsichtlich der Gepflogenheiten oder Auffälligkeiten bestimmter Gruppierungen besitzen.
Bei Umsetzung dieser Reformvorschläge können die im Rahmen der erstinstanzlichen Zuständigkeit der Oberlandesgerichte existenten Problemfelder de lege ferenda zumindest minimiert werden. Diese Arbeit soll daher mit ihrer historischen sowie systematischen Darstellung und Diskussion einem besseren Verständnis von Argumentation und Entwicklung dienen und gemeinsam mit den vorgeschlagenen Modifikationen eine Basis für weitere Überlegungen eines verbesserten Staatsschutzstrafrechtes bilden.

## *Abkürzungsverzeichnis*

| | |
|---|---|
| a.A. | andere Ansicht |
| a.a.O. | am angegebenen Ort |
| Abg. | Abgeordneter |
| Abs. | Absatz |
| Anl. z. Prot. | Anlage zum Protokoll |
| Anm. | Anmerkung |
| Art. | Artikel |
| AWG | Außenwirtschaftsgesetz |
| BayVBl. | Bayerische Verwaltungsblätter |
| Bd. | Band |
| Beschl. | Beschluß |
| BGBl | Bundesgesetzblatt |
| BGH | Bundesgerichtshof |
| BKA | Bundeskriminalamt |
| BKAG | Bundeskriminalamtgesetz |
| BR | Bundesrat |
| BRD | Bundesrepublik Deutschland |
| BT | Bundestag |
| BVerfG | Bundesverfassungsgericht |
| DDR | Deutsche Demokratische Republik |
| ders. | derselbe |
| DJ | Deutsche Justiz |
| DJT | Deutscher Juristentag |
| DJZ | Deutsche Juristen-Zeitung |
| DR | Deutsches Recht |
| DRB | Deutscher Richterbund |
| DRiZ | Deutsche Richterzeitung |
| DrS | Drucksache |
| DRZ | Deutsche Rechts-Zeitschrift |
| E | Entscheidung |
| EGGVG | Einführungsgesetz zum Gerichtsverfassungsgesetz |
| FAZ | Frankfurter Allgemeine Zeitung |
| f. | folgende |
| ff. | fortfolgende |
| FS | Festschrift |
| GA | Goltdammers Archiv |
| GG | Grundgesetz |
| GRGA | Gustav Radbruch-Gesamtausgabe |

| | |
|---|---|
| GVG | Gerichtsverfassungsgesetz |
| HB | Handbuch |
| HRiG | Hessisches Richtergesetz |
| iVm | in Verbindung mit |
| JGG | Jugendgerichtsgesetz |
| JR | Juristische Rundschau |
| JuS | Juristische Schulung |
| JuV | Justiz und Verwaltung |
| JW | Juristische Wochenschrift |
| JZ | Juristenzeitung |
| Kap. | Kapitel |
| KPD | Kommunistische Partei Deutschlands |
| KK | Karlsruher Kommentar |
| KMR | Kleinknecht/Müller/Reitberger |
| KrWaffG | Kriegswaffenkontrollgesetz |
| LG | Landgericht |
| LK | Leipziger Kommentar |
| MDR | Monatsschrift für Deutsches Recht |
| mwN | mit weiteren Nachweisen |
| MschrKrim | Monatsschrift für Kriminologie |
| NJW | Neue Juristische Wochenschrift |
| Nr. | Nummer |
| NStZ | Neue Zeitschrift für Strafrecht |
| OK | Organisierte Kriminalität |
| OLG | Oberlandesgericht |
| Prot. | Protokoll |
| RA | Rechtsausschuß |
| RAF | Rote Armee Fraktion |
| RGBl | Reichsgesetzblatt |
| RiStBV | Richtlinien für das Strafverfahren und das Bußgeldverfahren |
| RiStV | Richtlinien für das Strafverfahren |
| Rn. | Randnummer |
| RuP | Recht und Politik |
| RT-Verh. | Reichstagsverhandlungen |
| RV | Reichsverfassung |
| RVBl | Reichsverwaltungsblatt |
| S. | Seite |
| SK | Systematischer Kommentar |
| Sten. Ber. | Stenographischer Bericht |
| Sten. Prot. | Stenographisches Protokoll |

| | |
|---|---|
| StGB | Strafgesetzbuch |
| StPO | Strafprozeßordnung |
| StRÄndG | Strafrechtsänderungsgesetz |
| StV | Strafverteidiger |
| v. | von/vom |
| Verf. | Verfasser |
| Verw.Arch | Verwaltungsarchiv |
| VGH | Volksgerichtshof |
| vgl. | vergleiche |
| VO | Verordnung |
| WP | Wahlperiode |
| ZAkDR | Zeitschrift der Akademie für Deutsches Recht |
| ZRP | Zeitschrift für Rechtspolitik |
| ZStW | Zeitschrift für die gesamte Strafrechtswissenschaft |

## *Literaturverzeichnis*

### *Monographien*

***Ahlf, Ernst – Heinrich / Daub, Ingo E. / Lersch, Roland / Störzer, Hans Udo (Hrsg.):*** Bundeskriminalamtgesetz BKAG, Stuttgart/München/Hannover/Berlin/ Weimar/Dresden 2000

***Albrecht, Peter-Alexis:*** Jugendstrafrecht, 3. Auflage, München 2000

***Arndt, Adolf:*** Das Bild des Richters, Juristische Studiengesellschaft Karlsruhe, Heft 27, 1957

***ders.:*** Gesammelte juristische Schriften, München 1976

***Arnim, Hans Herbert v.:*** Staatslehre der Bundesrepublik Deutschland, München 1984

***ders.:*** Ämterpatronage durch politische Parteien, Wiesbaden 1980

***Aschrott, P.F. (Hrsg.):*** Reform des Strafprozesses, Berlin 1906

***Basten, Thomas:*** Von der Reform des politischen Strafrechts bis zu den Anti-Terror-Gesetzen, Köln 1983

***Beling, Ernst:*** Deutsches Reichsstrafprozeßrecht, Berlin/Leipzig 1928

***Bennecke, Hans / Beling, Ernst:*** Lehrbuch des deutschen Reichs - Strafprozeß-Rechts, Breslau 1900

***Beulke, Werner:*** Strafprozeßrecht, 5. Auflage, Heidelberg 2001

***Binder, Sepp:*** Terrorismus, Bonn 1978

***Birkmeyer, Karl (Hrsg.):*** Deutsches Strafprozeßrecht, Berlin 1898

***Böckenförde, Ernst-Wolfgang:*** Verfassungsfragen der Richterwahl, Berlin 1974 (Schriften zum Öffentlichen Recht Bd.250)

***Brunner:*** Die Entstehung der Schwurgerichte, Berlin 1872

***Buchheit, Gert:*** Richter in roter Robe, München 1968

***Casper, Gerhard / Zeisel, Hans (Hrsg.):*** Der Laienrichter im Strafprozeß, Karlsruhe 1979

***Copic', Hans:*** Grundgesetz und politisches Strafrecht neuer Art, Tübingen 1967

***Dehler, Thomas:*** Denkschrift zur Entschließung des Bundestages vom 11. Juli 1951 über die Zuziehung von Schöffen oder Geschworenen und die Schaffung eines zweiten Rechtszuges in Hoch- und Landesverratssachen, hrsgg. am 30.10. 1951

***Dimoulis, Dimitri:*** Die Begnadigung in vergleichender Perspektive, Strafrechtliche Abhandlungen (Neue Folge) Bd.97, Berlin 1996

***Döhring, Erich:*** Geschichte der deutschen Rechtspflege seit 1500, Berlin 1953

***Dombois, Hans:*** Politische Gerichtsbarkeit, Gütersloh 1950

***Drews, Richard:*** Das deutsche Gnadenrecht, Köln/Berlin/Bonn/München 1971

***Eschenburg, Theodor:*** Ämterpatronage, Stuttgart 1961
***Eser, Albin:*** Einführung in das Strafprozeßrecht, München 1983

***Franz, Günther (Hrsg.):*** Staatsverfassungen, 3. Auflage, Darmstadt 1975
***Freisler, Roland (Hrsg.):*** Beiträge zur Rechtserneuerung, Heft 3: Der Volksrichter in der neuen deutschen Strafrechtspflege, Berlin 1937

***Germann, O.A. (Hrsg.):*** Schweizerisches Strafgesetzbuch 1937/1950, 5. Auflage, Zürich 1952
***Grimm, Friedrich:*** Politische Justiz, Preußisch Oldendorf 1963, Neuauflage 1974
***Groß, Hans / Geerds, Friedrich:*** Handbuch der Kriminalistik Bd. II, 10. Auflage, Berlin 1978
***Güde, Max:*** Probleme des politischen Strafrechts, Hamburg 1957

***Haeberlin, C.F.W.J.:*** Sammlung der neuen deutschen Strafprozeßordnungen, Greifswald 1852
***Hahn, Carl / Mugdan, Benno:*** Die Gesamten Materialien zu den Reichs-Justizgesetzen, Bd.1 Materialien zum Gerichtsverfassungsgesetz Abt. 1 und Abt. 2, 2. Auflage, hrsgg. v. Eduard Stegemann, Aalen 1983 ( Neudruck der Ausgabe Berlin 1883)

***Isensee, Josef / Kirchhof, Paul (Hrsg,):*** Handbuch des Staatsrechts:
Bd.II: Demokratische Willensbildung- Die Staatsorgane des Bundes, Heidelberg 1987
Bd.III: Das Handeln des Staates, 2. Auflage, Heidelberg 1996

***Jasper, Gotthard:*** Der Schutz der Republik, Tübingen 1963
***Jauernig, Othmar:*** Zivilprozeßrecht, 26. Auflage, München 2000
***Jung, Heike (Hrsg.):*** Alternativen zur Strafjustiz und die Garantie individueller Rechte, Bonn 1989

***Kern, Eduard:*** Geschichte des Gerichtsverfassungsrechts, München/Berlin 1954
***ders.:*** Der Strafschutz des Staates und seine Problematik (Recht und Staat, Heft 270/271), Tübingen 1963
***Kirchheimer, Otto:*** Politische Justiz, Neuauflage Hamburg 1993
***Klausa, Ekkehard:*** Ehrenamtliche Richter. Ihre Auswahl und Funktion – empirisch untersucht; Sozialwissenschaften und Recht, hrsgg. v. Dieter Grimm / Rüdiger Lautmann / Otwin Massing / Norbert Reich, Bd.1, Frankfurt/Main 1972
***Knittel, Eberhard:*** Mitbestimmung in der Strafjustiz, Marburg 1970
***Koch, Hannsjoachim W.:*** VGH, München 1988
***Kühne, Hans-Heiner:*** Strafprozeßrecht, 5. Auflage, Heidelberg 1999

***Lehmann, Lutz:*** Legal & Opportun, Berlin 1966
***Litten, Rainer:*** Politisierung der Justiz, Hamburg 1971

***Mannheim, Hermann:*** Beiträge zur Lehre von der Revision wegen materiellrechtlicher Verstöße im Strafverfahren, Berlin 1925
***Marcic, René:*** Vom Gesetzesstaat zum Richterstaat, Wien 1957
***Maurach, Reinhart:*** Deutsches Strafrecht Allgemeiner Teil, 3. Auflage, Karlsruhe 1965
***Maurer, Axel:*** Das Begnadigungsrecht im modernen Verfassungs- und Kriminalrecht, Frankfurt 1979 (Europäische Hochschulschriften Bd.225)
***Merten, Detlef:*** Rechtsstaatlichkeit und Gnade ( Schriftenreihe der Hochschule Speyer Bd.74), Berlin 1978
***Mittermaier, W. / Liepmann, M.:***. Schwurgerichte und Schöffengerichte. Beiträge zu ihrer Kenntnis und Beurteilung.
Bd.1, Heidelberg 1906
Bd.2, Heidelberg 1909
***Müller, Ingo:*** Rechtsstaat und Strafverfahren, Frankfurt/Main 1980

***Niethammer-Vonberg, Christine:*** Parteipolitische Betätigung der Richter (Schriften zum Öffentlichen Recht Bd.86), Berlin 1969
***Nowakowski, Friedrich:*** Reform der Laiengerichtsbarkeit in Strafsachen: Verhandlungen des 4. Österreichischen Juristentages, Wien 1970, Bd.1, 5. Teil

***Oetker, Friedrich:*** Das Verfahren vor den Schwur- und den Schöffengerichten (Handbuch des Strafprozesses Bd.3, hrsgg. von Julius Glaser), Leipzig 1907

***Peters, Karl:*** Strafprozeß, 4. Auflage, Heidelberg/Karlsruhe 1985
***Posser, Diether:*** Politische Strafjustiz aus der Sicht des Verteidigers, Karlsruhe 1961

***Ranft, Otfried:*** Strafprozeßrecht, Stuttgart/ München/ Hannover/ Berlin/ Weimar/ Dresden, 2. Auflage 1995
***Rennig, Christoph:*** Die Entscheidungsfindung durch Schöffen und Berufsrichter in rechtlicher und psychologischer Sicht, Marburg 1993
***Roxin, Claus:*** Strafverfahrensrecht, 25. Auflage, München 1998
***Rüping, Hinrich:*** Das Strafverfahren, 3. Auflage, München 1997
***Rumpf, Helmut:*** Regierungsakte im Rechtsstaat, Bonn 1955

***Schätzler, Johann-Georg:*** Handbuch des Gnadenrechts, 2. Auflage, München 1992
***Schaffstein, Friedrich/Beulke, Werner:*** Jugendstrafrecht, 13. Auflage, Stuttgart/ Berlin/Köln 1998
***Scheffler, Herbert:*** Strafprozeßrecht für Polizeibeamte, 19. Auflage, Hilden 1970
***Schiffmann, Gerfried:*** Die Bedeutung der ehrenamtlichen Richter bei Gerichten der allgemeinen Verwaltungsgerichtsbarkeit, Berlin 1974 (Schriftenreihe der Hochschule Speyer Bd.53)

***Schoreit, Armin:*** Innere Sicherheit in der Bundesrepublik Deutschland, Heidelberg 1979

***Schroeder, Friedrich-Christian:*** Der Schutz von Staat und Verfassung im Strafrecht, München 1970, Münchener Universitätsschriften, Reihe der Juristischen Fakultät, Bd.9

***Schütze, Theodor Reinhold:*** Laien in den Strafgerichten ?, Leipzig 1873

***Schwarze, Friedrich Oscar:*** Das deutsche Schwurgericht und dessen Reform, Erlangen 1865

***Schwinge, Erich:*** Der Kampf um die Schwurgerichte, Aalen 1970, Strafrechtliche Abhandlungen, Heft 213 (Neudruck der Ausgabe Breslau 1926)

***Seuffert, Hermann:*** Über Schwurgerichte und Schöffengerichte, München 1873

***Simon, Dieter:*** Die Unabhängigkeit des Richters, Darmstadt 1975 (Erträge der Forschung Bd.47)

***Stern, Klaus:*** Das Staatsrecht der Bundesrepublik Deutschland Bd.II (Staatsorgane, Staatsfunktionen, Finanz- und Haushaltsverfassung, Notstandsverfassung), München 1980

***Stern, Klaus / Schmidt-Bleibtreu, Bruno (Hrsg.):*** Verträge und Rechtsakte zur Deutschen Einheit, Bd.2: Einigungsvertrag und Wahlvertrag, München 1990

***Stier-Somlo, Fritz / Elster, Alexander (Hrsg.):*** Handwörterbuch der Rechtswissenschaft Bd.5 (Reichsgericht-Territorialprinzip), Berlin/Leipzig 1928

***Sundelin, Paul (Hrsg.):*** Sammlung der neuern deutschen Gesetze, Berlin 1861

***Teubner, Ernst:*** Die Bestellung zum Berufsrichter in Bund und Ländern, Köln/Berlin/Bonn/München 1984

***Vormbaum, Thomas:*** Die Lex Emminger vom 4. Januar 1924 (Schriften zur Rechtsgeschichte, Heft 43), Berlin 1988

***Wagner, Albrecht:*** Die Umgestaltung der Gerichtsverfassung und des Verfahrens- und Richterrechts im nationalsozialistischen Staat in: Weinkauff, Hermann: Die deutsche Justiz und der Nationalsozialismus Teil I, Stuttgart 1968

***Wagner, Walter:*** Der Volksgerichtshof im nationalsozialistischen Staat, Stuttgart 1974

***Wahl, Alfons:*** Gnadenrecht der Bundesrepublik Deutschland, Stuttgart 1954

***Wassermann, Rudolf (Hrsg.):*** Justizreform, Neuwied/Berlin 1970

***ders.:*** Der politische Richter, München 1972

***ders.(Hrsg.):*** Terrorismus contra Rechtsstaat, Darmstadt/Neuwied 1976

***ders.:*** Ist Bonn doch Weimar ?, Neuwied/Darmstadt 1983

***ders.:*** Die richterliche Gewalt, Heidelberg 1985

***ders.:*** Die Zuschauerdemokratie, Düsseldorf/Wien 1986

***Wolf, Manfred:*** Gerichtsverfassungsrecht aller Verfahrenszweige, 6. Auflage, München 1987

***Zachariae, Heinrich Albert:*** Handbuch des deutschen Strafprozesses Bd.1, Göttingen 1860
***Zimmerl, Leopold:*** Sachverständige Laienrichter ? aus der Reihe: Recht und Staat in Geschichte und Gegenwart, Heft 112, Tübingen 1934

***Dissertationen***

***Benz, Ulrike:*** Zur Rolle der Laienrichter im Strafprozeß, Frankfurt/Main 1982
***Blaser, Guntram:*** Rechtsakt und Gnadenakt im modernen Rechtsstaat, München 1962
***Bolder, Paul Otto:*** Der Versuch einer Reform des Strafverfahrens und der Strafgerichtsverfassung in den Jahren 1885, 1894 und 1895, Freiburg 1934
***Böttges, Walter:*** Die Laienbeteiligung an der Strafrechtspflege. Ihre Geschichte und heutige Bedeutung, Bonn 1979

***Dahringer, Helmut:*** Berufs- und Laienrichter in der deutschen Rechtspflege, Freiburg i.Br. 1950

***Fürst, Michael:*** Reformen im politischen Strafrecht in der Zeit des Dritten Reiches, Augsburg 1990

***Haisch, Jochen:*** Informationsbewertung und Strafurteil durch Juristen und Laien, Mannheim 1973
***Herrmann, Rudolf:*** Die Schöffen in den Strafgerichten des kapitalistischen Deutschland, Berlin 1957 (zugleich Diss. Univ. Halle-Wittenberg)
***Hüser, Klaus:*** Begnadigung und Amnestie als kriminalpolitisches Instrument, Hamburg 1973

***Idel, Wolfgang:*** Die Sondergerichte für politische Strafsachen, Freiburg i. Br. 1935

***Jakfeld, Jürgen:*** Die besondere Behandlung der Staatsschutzstrafverfahren im deutschen Strafprozeß- und Gerichtsverfassungsrecht, Köln 1966

***Kakies, Dieter:*** Sind Gnadenentscheidungen gerichtlich nachprüfbar ?, Hamburg 1963
***Klingebiel, Josef Hans:*** Die Gerichtsverfassung des Strafprozesses in ihrer Entwicklung seit 1879, Göttingen 1936
***König, Manfred:*** Grundrechtsbindung und gerichtliche Nachprüfung von Gnadenakten, Stuttgart 1961

***Liekefett, Karlheinz:*** Die ehrenamtlichen Richter an den deutschen Gerichten, Göttingen 1965

***Mickisch, Christian:*** Die Gnade im Rechtsstaat, Frankfurt a.M./Berlin/Bern/New York/Paris/Wien 1996, (zugleich Diss. Univ. Regensburg, 1994)
***Müller, Paul:*** Laienrichter in der Strafrechtspflege ?, Köln 1939

***Petzal, Werner:*** Die Änderungen der sachlichen Zuständigkeit nach dem Entwurf eines Einführungsgesetzes zu einem Allgemeinen Deutschen Strafgesetzbuch, Freiburg i.Br. 1935
***Preuschen, Diethardt Freiherr von:*** Der Rechtsschutz in Gnadensachen des §452 StPO, Bonn 1968

***Schöllkopf, Albert:*** Die Versuche einer Reform der Strafgerichtsverfassung in den Jahren 1919-1923, Tübingen 1937
***Schwesinger, Adolf:*** Die Entwicklung der deutschen Gerichtsorganisation seit 1879, Jena 1938
***Suter, Hans:*** Das Schwurgericht im aargauischen Strafprozeß, Aarau 1940

***Uppenkamp, Thomas:*** Die Begnadigung und ihre Bedeutung bei der lebenslangen Freiheitsstrafe, Münster 1972

***Aufsätze***

***Achenbach, Hans:*** Staatsanwalt und gesetzlicher Richter - ein vergessenes Problem ? in: Festschrift für Rudolf Wassermann zum sechzigsten Geburtstag, hrsgg. v.Christian Broda / Erwin Deutsch / Hans-Ludwig Schreiber/ Hans-Jochen Vogel, Neuwied/Darmstadt 1985, S. 849ff.

***Bachof, Otto:*** Über Fragwürdigkeiten der Gnadenpraxis und der Gnadenkompetenz, in: JZ 1983, S. 469
***Bar, L. von:*** Zur Frage der Laiengerichte im Strafprozeß, in: ZStW 26 (1906), S. 219
***Barbey, Günther:*** Der Status des Richters, in: Isensee/Kirchhof, Bd.III, §74
***Baur, Fritz:*** Laienrichter - Heute ?, in: Tübinger Festschrift für Eduard Kern, hrsgg. von der Rechtswissenschaftlichen Abteilung der Rechts- und Wirtschaftswissenschaftlichen Fakultät der Universität Tübingen, Bd. 24 (Tübinger Rechtswissenschaftliche Abhandlungen), Tübingen 1968, S. 49
***ders.:*** Richterwahl und Gewaltenteilung, in: DRiZ 1971, S. 401
***Bettermann, Karl August:*** Die rechtsprechende Gewalt in: Isensee/Kirchhof, Bd.III, §73
***Bietz, Hermann:*** Laienrichter zwischen Macht und Ohnmacht ?, in: DRiZ 1987, S. 164
***ders.:*** Ämterpatronage in der Justiz ?, in: DRiZ 1990, S. 74

***Binding, Karl:*** Der Kampf um die deutsche Strafgerichtsbank, in: Preußische Jahrbücher, Bd.32, Berlin 1873, S. 117
***Bockelmann, Paul:*** Strafprozessuale Zuständigkeitsordnung und gesetzlicher Richter, in: GA 1957, S. 357
***ders.:*** Entspricht die Zuständigkeitsordnung im Strafprozeß dem Grundgesetz ?, in: NJW 1958, S. 889
***Buchner, Adolph:*** Die politische Auffassung des Geschwornengerichts und ihre Folgen in Deutschland, in: Der Gerichtssaal, Fünfter Jahrgang zweiter Bd., Erlangen 1853. S. 192
***Bumke, Erwin:*** Die Neuordnung der Strafgerichte und des Strafverfahrens, in: JW 1920, S. 227
***ders.:*** Vom Reichsgericht, in: JW 1932, S. 1185
***Busch:*** Anmerkung zu OLG Bremen, Beschl. v. 4.9.52, in: JZ 1953, S. 151

***Creifelds:*** Der Volksrichter in der Gesetzgebung des Dritten Reiches, in: Beiträge zur Rechtserneuerung, hrsgg. v. R. Freisler, Heft 3, S. 182
***Cüppers, Josef:*** Die Neuregelung des Gnadenwesens, eine vordringliche Aufgabe der Bundesregierung, in: NJW 1949, S. 921

***Dallinger, Wilhelm:*** Gerichtsverfassung und Strafverfahren, in: JZ 1951, S. 620
***ders.:*** Anmerkung zum Urteil des BGH v. 4.10.56, in: MDR 1957, S. 113
***Delbrück:*** Eine Warnung vor Ersetzung der Strafkammern durch Schöffengerichte, in: Mittermaier/Liepmann, Bd.I, S. 29
***Dencker, Friedrich:*** Das „Gesetz zur Bekämpfung des Terrorismus“, in: StV 1987, S. 117
***Doebel, Peter:*** „Unter scharfen Sicherheitsvorkehrungen...“ Die Prozesse gegen Extremisten, in: Terrorismus contra Rechtsstaat, hrsgg. v. R. Wassermann, S. 211
***Dolenc, Method:*** Die Verfassung der österreichischen Strafgerichte und das Laienrichtertum, in: Mittermaier/Liepmann, Bd. II, S. 467
***Drucker:*** Neuester und allerneuester Strafprozeß, in: JW 1924, S. 241
***Dünnebier, Hanns:*** Die Verbindung von Strafsachen nach §§2 bis 4, 13 StPO, in: JR 1975, S. 1
***Düringer, Adelbert:*** Die Politisierung der Justiz, in: DJZ 1922, Spalte 521

***Ebermayer:*** Fünf Jahre Oberreichsanwalt, in: DJZ 1928, Spalte 33
***Ehlers, Hermann:*** Die politische Gerichtsbarkeit in der Praxis der Bundesrepublik, in: Dombois, Hans: Politische Gerichtsbarkeit, Gütersloh 1950, S. 25 (Nachwort)
***Eisenberg, Ulrich:*** Anmerkung an OLG Düsseldorf NStZ 1990, S. 551, ebenda
***ders.:*** Anmerkung an OLG Düsseldorf, in: NStZ 1994, S. 299

***ders.:*** Grundsätzliche erstinstanzliche Nichtzuständigkeit von Bundesanwaltschaft und Oberlandesgerichten in Jugendstrafverfahren (§120 GVG, §102 JGG), in: NStZ 1996, S. 263

***Firnhaber, Ulrich:*** Zur Richterwahl, in: DRiZ 1969, S. 322
***Fischer, Robert:*** Die Einführung eines zweiten Rechtszuges in Staatsschutz-Strafsachen, in: NJW 1969, S. 449
***Förster, Hans:*** Zur Neuordnung des Gnadenwesens, in: JR 1950, S. 609
***Foth, Eberhard:*** Der Generalbundesanwalt „beim Bundesgerichtshof" -unzeitgemäße Bezeichnung oder unzeitgemäße Behörde ?, in: DRiZ 1989, S. 458
***Freisler, Roland:*** Dringende Fragen der deutschen Strafgerichtsorganisation und des deutschen Strafverfahrens, in: Deutsches Strafrecht 1936, S. 305
***ders.:*** Die lebenswichtigen Aufgaben des Volksgerichtshofes, in: DJ 1936, S. 656
***ders.:*** Grundsätzliche Stellungnahme zur Volksrichterbeteiligung, in: Beiträge zur Rechtserneuerung, hrsgg. v. R. Freisler, Heft 3, S. 34

***Gilles, Peter:*** Richterliche Unabhängigkeit und parteipolitische Bindung von Richtern, in: DRiZ 1983, S. 41
***Gleispach, Graf von:*** Umfang der Beteiligung der Volksrichter im ersten und im Berufungsrechtszug, in: Beiträge zur Rechtserneuerung, hrsgg. v. R. Freisler, Heft 3, S. 38
***Görlitz, Axel:*** Laienrichtertum, in: Handlexikon zur Rechtswissenschaft, hrsgg. v. Axel Görlitz, München 1972, S. 265
***Götz, Volkmar:*** Innere Sicherheit, in: Isensee/Kirchhof Bd.III, §79
***Graßberger, Roland:*** Zur Reform des Schwurgerichtes, in: Festschrift für Theodor Rittler zum 70. Geburtstag, Innsbruck 1946, S. 49
***Grünwald, Gerald:*** Die sachliche Zuständigkeit der Strafgerichte und die Garantie des gesetzlichen Richters, in: JuS 1968, S. 452
***Gumbel, E.I.:*** Landesverrat, begangen durch die Presse, in: Die Justiz Bd.2, S.75

***Hachenburg, Max/Bing, Fritz:*** Juristische Rundschau, in: DJZ 1932, Spalte 274
***Hamann, Andreas:*** Der „Staatsschutz" im Strafgesetzentwurf und das Grundgesetz, in: NJW 1962, S. 1845
***Hanack, Ernst-Walter:*** Die politische Betätigung des Richters, in: Festgabe für Heinrich Herrfahrdt, hrsgg. von Erich Schwinge, Marburg 1961, S. 127
***Hartung, Fritz:*** Die Verordnung über Gerichtsverfassung und Strafrechtspflege im Lichte der Kritik, in: Das Recht 1924, Spalte 128
***Heimeshoff, Erich:*** Parteipolitische Betätigung von Richtern, in: DRiZ 1975, S. 261
***Heine, Wolfgang:*** Die Buchhändler und Druckerprozesse vor dem Reichsgericht, in: Die Justiz Bd.2 1926/1927, S. 350

***Heinemann, Gustav W./ Posser, Diether:*** Kritische Bemerkungen zum politischen Strafrecht in der Bundesrepublik, in: NJW 1959, S. 121
***Held, Wolfgang:*** Gnade und Recht, in: Festschrift für Walter Odersky zum 65. Geburtstag am 17. Juli 1996, hrsgg. v. Reinhard Böttcher/Götz Hueck/Burkhard Jähnke, Berlin/New York 1996, S. 413
***Henke, Wilhelm:*** Wider die Politisierung der Justiz, in: DRiZ 1974, S. 173
***ders.:*** Die Parteien und der Ämterstaat, in: NVwZ 1985, S. 616
***Hentschel:*** Tabellen und Statistisches, in: Beiträge zur Rechtserneuerung, hrsgg. v. R. Freisler, Heft 3, S. 201
***Herrmann, Joachim:*** Die Unabhängigkeit des Richters ?, in: DRiZ 1982, S. 286
***Herzog, Felix:*** Über bewegliche Zuständigkeitsregelungen, instrumentelle Zuständigkeitswahl und das Prinzip des gesetzlichen Richters, in: StV 1993, S. 609
***Hippel, R. von:*** Der Entwurf einer Strafprozessordnung, in: Mittermaier/Liepmann Bd. II, S. 1
***Hoegel, Hugo:*** Geschworene oder Schöffen, in: Mittermaier/Liepmann Bd.I, S. 49
***Honemann:*** Aufbau der Strafgerichtsbarkeit. Sachliche Zuständigkeit. Gerichtsstand. Ablehnung von Gerichtspersonen., in: Aschrott, S. 84
***Huba, Hermann:*** Gnade im Rechtsstaat ?, in: Der Staat 1990, S. 117
***Huber, Ernst Rudolf:*** Die Einheit der Staatsgewalt, in: DJZ 1934, Spalte 950
***Huhn, Dieter:*** Richterliche Unabhängigkeit und politische Öffentlichkeit, in: DRiZ 1964, S. 303

***Ipsen, Knut:*** Die Richterwahl in Bund und Ländern in: DÖV 1971, S. 469

***Jescheck, Hans-Heinrich:*** Das Laienrichtertum in der Strafrechtspflege der BRD und der Schweiz, in: Lebendiges Strafrecht, Festgabe zum 65. Geburtstag von Hans Schultz, hrsgg. v. Hans Walder/Stefan Trechsel, Bern 1977, S. 229
***Jung, Heike:*** Die Beteiligung von Laien an der Strafrechtspflege, in: 150 Jahre Landgericht Saarbrücken, hrsgg. vom Präsidenten des LG, Köln / Berlin / Bonn/ München 1985, S. 317

***Kantorowicz, Hermann:*** Der Landesverrat im deutschen Strafrecht, in: Die Justiz, Bd.2, Berlin 1926/27, S. 92
***Katholnigg, Oskar/Bierstedt, Heinrich:*** Sind bei den Schöffen alle Gruppen der Bevölkerung angemessen berücksichtigt ?, in: ZRP 1982, S. 267
***Katte, von:*** Fachgerichte in Strafsachen, in: Mittermaier/Liepmann Bd.I, S. 621
***Kern, Eduard:*** Das Begnadigungsrecht des Bundes, in: JR 1949, S. 367
***Kissel, Otto Rudolf:*** 100 Jahre Gerichtsverfassungsgesetz, in: 100 Jahre Oberlandesgericht Frankfurt am Main, Frankfurt/Main 1979, S. 59

***Kloepfer, Michael:*** Zur Veränderung von Verfassungsinstitutionen durch politische Parteien, in: Das parlamentarische Regierungssystem der Bundesrepublik Deutschland auf dem Prüfstand, Seminar zum 70. Geburtstag von Karl August Bettermann, Berlin 1984 (Schriften zum Öffentlichen Recht Bd.474), S. 53
***ders.:*** Öffentliche Meinung, Massenmedien, in: Isensee/Kirchhof Bd.II §35
***Knoche, Wolfgang:*** Exekutiv- oder Wahlbasis für die Richteranstellung, in: DRiZ 1970, S. 122
***Kohlhaas, Max:*** Das Gesetz über die Einführung eines zweiten Rechtszuges in Staatsschutzsachen, in: NJW 1970, S. 20
***Kratz, Ernst Jürgen:*** Zur Richterwahl, in: DRiZ 1970, S. 15
***Krauth, Hermann/ Kurfess, Werner/ Wulf, Helmut:*** Zur Reform des Staatsschutz-Strafrechts durch das Achte Strafrechtsänderungsgesetz in: JZ 1968, S.731
***Kühl, Kristian:*** Neue Gesetze gegen terroristische Straftaten, in: NJW 1987, S. 737
***Kühne, Hans-Heiner:*** Laienrichter im Strafprozeß ?, in: ZRP 1985, S. 237
***ders.:*** Laienkompetenz gegen Expertenkompetenz im Strafrecht ?, in: Alternativen zur Strafjustiz, hrsgg. v. H. Jung, S. 175
***Kulcsár, Kálmán:*** Sozialer Wandel und die Mitwirkung des Laienelements in der Rechtspflege in: Jahrbuch für Rechtssoziologie und Rechtstheorie, hrsgg. v. Werner Maihofer und Helmut Schelsky, Bd.III, Düsseldorf 1972, S. 491
***Kunig, Philip:*** Parteien, in: Isensee/Kirchhof Bd.II, §33

***Lämmle:*** Strafgerichtsorganisation und Strafverfahren in politischen Strafsachen, in: DR 1936, S. 448
***Lamprecht, Rolf:*** Außerrechtliche Einflüsse auf die richterliche Entscheidungsfindung, in: DRiZ 1989, S. 4
***Lautz:*** Umfang der Beteiligung der Volksrichter im ersten und im Berufungsrechtszug, in: Beiträge zur Rechtserneuerung, hrsgg. v. R. Freisler, Heft 3, S. 52
***Lecheler, Helmut:*** Der öffentliche Dienst, in: Isensee/Kirchhof Bd.III, §72
***Leimer:*** Erfahrungen mit Schöffen und Geschworenen in der Zeit vor und nach der nationalsozialistischen Machtergreifung, in: Beiträge zur Rechtserneuerung, hrsgg. v. R. Freisler, Heft 3, S. 20
***Lempp, Reinhart:*** Jugendliche und Heranwachsende vor dem Strafsenat eines Oberlandesgerichts, in: MschrKrim 1998, S. 125
***Liepmann, M.:*** „Erfahrungen" über den Wert von Schwur- und Schöffengerichten, in: Mittermaier/Liepmann Bd.I, S. 35
***ders.:*** Die Reform des deutschen Schwurgerichts, in: Mittermaier/Liepmann Bd.II, S. 153
***Lisken, Hans:*** Richterwahl oder Auswandern ?, in: DRiZ 1969, S. 269
***Lobe, Alfred:*** Die innere Organisation des Reichsgerichts, in: Fünfzig Jahre Reichsgericht, hrsgg. v. Adolf Lobe, Berlin/Leipzig 1929, S. 19

***Lüttger, Hans:*** Internationale Rechtshilfe in Staatsschutzverfahren ?, in: GA 1960, S. 33

***Martin, Ludwig:*** Zur allgemeinen Einführung eines zweiten Rechtszuges in Staatsschutz-Strafsachen in: NJW 1969, S. 713
***ders.:*** Abhandlungen von der Bundesanwaltschaft: Aus der Ansprache anlässlich der Feier zur Verabschiedung aus dem Amt als Generalbundesanwalt, in: DRiZ 1974, S. 274
***ders.:*** Die Bundesanwaltschaft beim Bundesgerichtshof, in: DRiZ 1975, S. 314
***ders.:*** Wie steht es mit unserem Staatsschutz, in: JZ 1975, S. 312
***Mensing, Wilhelm:*** Zum „Offensivkonzept zur Bekämpfung des anarchistischen Terrorismus“ aus der CDU/CSU in: Terrorismus contra Rechtsstaat, hrsgg. v. R. Wassermann, S. 163
***Mertens, Hans:*** Reform des politischen Strafrechts, in: Marxistische Blätter 1968, Heft 2, S. 65
***Meyer, H.:*** Die Entstehung des Geschwornengerichts, in: Preußische Jahrbücher, Bd.31, Berlin 1873, S. 81
***Müller, Ernst:*** Bayerische Reformgedanken und Reformpläne, in: DJZ 1919, Spalte 857
***Münch, Ingo von:*** Rechtskultur, in: NJW 1993, S. 1673

***Nehm, Kay:*** Föderalismus als Hemmnis für eine effektive Strafverfolgung der Organisierten Kriminalität ?, in: NStZ 1996, S. 513
***Neugebauer:*** Politik und Richterstand, in: DRiZ 1930, S. 281
***Niese, Werner:*** Vereinheitlichung des Strafverfahrens, in: JuV 1950, S. 73

***Oborniker, Alfred:*** Strafrecht, in: Die Justiz Bd.2, S. 406
***Oppler, Kurt:*** Justiz und Politik, in: DRZ 1947, S. 323
***Ostendorf, Heribert:*** Verteidigung am Scheideweg, in: JZ 1979, S. 252

***Partzsch:*** Die Geschäfte des Reichsgerichts 1879 bis 1928, in: DJZ 1929, Spalte 1311
***Peters, Karl:*** Beschleunigung des Strafverfahrens und die Grenzen der Verfahrensbeschleunigung, in: Strafprozeß und Reform, hrsgg. v. Hans-Ludwig Schreiber, Neuwied/Darmstadt 1979, S. 82
***Petersen, Volkert:*** Gnadenakt und Rechtsweggarantie – HessStaatsGH, in: NJW 1974, 791, in: JuS 1974, S. 502
***Pfister, von:*** Vom Richtertume, in: Mittermaier/Liepmann, Bd.I, S. 655
***Pieth, Mark:*** Zur Bedeutung der Laiengerichtsbarkeit in der Schweiz, in: Alternativen zur Strafjustiz, hrsgg. v. H. Jung, S. 199
***Potrykus:*** Nachteile bei der Auswahl der Laienrichter in Strafsachen, in: DRiZ 1952, S. 202

***Preuschen, Diethardt Freiherr von:*** Für ein rationales Gnadenrecht, in: NJW 1970, S. 458

***Rambke:*** Erfahrungen mit Schöffen und Geschworenen in der Zeit vor und nach der nationalsozialistischen Machtergreifung, in: Beiträge zur Rechtserneuerung, hrsgg. v. R. Freisler, Heft 3, S. 25

***Rasehorn, Theo:*** Jenseits des Rechtsstaats ?, in: Terrorismus contra Rechtsstaat, hrsgg. v. R. Wassermann, S. 245

***Rebmann, Kurt:*** Terrorismus und Rechtsordnung, in: DRiZ 1979, S. 363

***ders.:*** Die Zuständigkeit des Generalbundesanwalts zur Verfolgung terroristischer Straftaten, in: NStZ 1986, S. 289

***ders.:*** Erweiterung der Zuständigkeit des Generalbundesanwaltes auf den Bereich Organisierter Kriminalität, in: Festschrift für Walter Odersky zum 65. Geburtstag am 17. Juli 1996, hrsgg. v. Reinhard Böttcher/ Götz Hueck/ Burkhard Jähnke, Berlin/New York 1996, S. 465

***Richter, Hans:*** Das Gesetz zur Änderung von Vorschriften des Strafrechts und des Strafverfahrens vom 24. April 1934, in: DJ 1934, S. 604

***Rieß, Peter:*** Der Hauptinhalt des Ersten Gesetzes zur Reform des Strafverfahrensrechts, in: NJW 1975, S. 81

***ders.:*** Die Bestimmung und Prüfung der sachlichen Zuständigkeit und verwandter Erscheinungen im Strafverfahren, in: GA 1976, S. 1

***ders.:*** Prolegomena zu einer Gesamtreform des Strafverfahrensrechts, in: Festschrift für Karl Schäfer, hrsgg. von Helwig Hassenpflug, Berlin/New York 1980, S. 155

***Riß:*** Politik und Justiz, in: DRiZ 1910, Spalte 7

***Roellecke, Gerd:*** Aufgabe und Stellung des Bundesverfassungsgerichts in der Gerichtsbarkeit, in: Isensee/Kirchhof, Bd.II, §53

***Rotberg:*** Entpolitisierung der Rechtspflege, in: DRZ 1947, S. 107

***Rudolphi, Hans-Joachim:*** Verteidigerhandeln als Unterstützung einer kriminellen oder terroristischen Vereinigung i.S. der §§129 und 129a StGB, in: Festschrift für Hans-Jürgen Bruns zum 70. Geburtstag, hrsgg. v. Wolfgang Frisch/Werner Schmid, Köln/Berlin/Bonn/München 1978, S. 315

***ders.:*** Anm. im Anschluß an BGH NStZ 1982, S. 198

***Rüggeberg, Jörg:*** Zur Funktion der ehrenamtlichen Richter in den öffentlichrechtlichen Gerichtsbarkeiten, in: Verw.Arch. 1970. S. 189

***Rüping, Hinrich:*** Die Gnade im Rechtsstaat, in: Festschrift für Friedrich Schaffstein zum 70. Geburtstag, hrsgg. v. Gerald Grünwald/Olaf Miehe/Hans-Joachim Rudolphi/Hans-Ludwig Schreiber, Göttingen 1975, S. 31

***ders.:*** Funktionen der Laienrichter im Strafverfahren, in: JR 1976, S. 269

***Ruhrmann, H.W.:*** Rechtsfragen zur Staatsgefährdung, in: NJW 1954, S. 1512

***Sack:*** Anm. zum Urteil des VGH v. 13.8. 36, in: ZAkDR 1937, S. 504
***Säcker, Hans-Jürgen:*** Zur demokratischen Legitimation des Richter- und Gewohnheitsrechts, in: ZRP 1971, S. 145
***Sax, Walter:*** Zum Verfahren in Staatsschutzsachen im Ausland, in: JZ 1964, S.41
***Schäfer, Leopold:*** Änderungen des Verfahrens in Hochverrats- und Landesverratssachen, in: JW 1933, S. 937
***Schäffer:*** Der Geschworne in politischen Processen, in: Der Gerichtssaal (Zeitschrift für volkstümliches Recht) Dritter Jahrgang Erster Band, Erlangen 1851, S. 110
***Schafheutle:*** Die Auslese der Volksrichter in: Beiträge zur Rechtserneuerung, hrsgg. v. R. Freisler, Heft 3, S. 115
***ders.:*** Das Strafrechtsänderungsgesetz, in: JZ 1951, S. 609
***Scheuner, U.:*** Die Gerichte und die Prüfung politischer Staatshandlungen, in: RVBl. 57 (1936), S. 437
***Schlaich, Klaus:*** Die Funktionen des Bundespräsidenten im Verfassungsgefüge, in: Isensee/Kirchhof Bd.II, §49
***Schmidt, Eberhard:*** Politische Rechtsbeugung und Richteranklage, in: Justiz und Verfassung Hamburg 1948, Sonderveröffentlichung des Zentral-Justizblatts für die Britische Zone, S. 55
***ders.:*** Anm. zum BVerfG-Urteil vom 19.3.59, in: JZ 1959, S. 535
***Schmidt, Hans Wolfgang:*** Aus der Rechtsprechung des Bundesgerichtshofes in Staatsschutzsachen, in: MDR 1987, S. 182
***Schmidt, Helmut:*** Verfassungsschutz als gemeinsame Aufgabe des Bundes und der Länder, in: Verfassungsschutz – Beiträge aus Wissenschaft und Praxis, hrsgg. v. Bundesministerium des Innern, Köln/Berlin/Bonn/München 1966, S. 15
***Schmidt-Jortzig, Edzard:*** Aufgabe, Stellung und Funktion des Richters im demokratischen Rechtsstaat, in: NJW 1991, S. 2377
***Schnarr, Karl Heinz:*** Irritationen um §120 II S. 1 Nr. 2 GVG, in: MDR 1988, S. 89
***ders.:*** Innere Sicherheit - die Zuständigkeit des Generalbundesanwalts nach §120 II 1 Nr. 3 GVG, in: MDR 1993 S. 589
***Schneider, Gerhard:*** Anmerkungen zum Begnadigungsrecht, in: MDR 1991, S. 101
***Schoreit, Armin:*** Erstinstanzliche Zuständigkeit der Bundesanwaltschaft und der Oberlandesgerichte in Strafverfahren gegen Jugendliche und Heranwachsende gem. §§ 120, 142a GVG, § 102 JGG, in: NStZ 1997, S. 69
***Schreiber, Hans-Ludwig:*** Akteneinsicht für Laienrichter ?, in: Festschrift für Hans Welzel, hrsgg. v. Stratenwerth/Kaufmann/Geilen/Hirsch/Schreiber/Jakobs/Loos, Berlin/New York 1974, S. 941

***Schroeder, Friedrich-Christian:*** Grenzen der Rationalisierung des Strafverfahrens, in: NJW 1983, S. 137
***Schubert:*** Organisation der Strafgerichte. Mitwirkung der Laien bei der Strafrechtspflege. Schöffengerichte, Schwurgerichte, in: Aschrott, S. 1
***Schwarz:*** Zuständigkeitsfragen im Strafprozeß, in: NJW 1956, S. 1305
***Siegert, Karl:*** Richter, Staatsanwalt und Beschuldigter im Strafprozeß des neuen Staates, in: ZStW Bd. 54 (1934), S. 14
***Simon, Dieter:*** Rechtsprechung und Bürokratie, in: DRiZ 1980, S. 90
***Strelitz, Johannes E.:*** Entstehung und Problematik von Richterwahlausschüssen in Bund und Ländern, in: Die Freiheit des Anderen, Festschrift für Martin Hirsch, hrsgg. v. Hans -Jochen Vogel / Helmut Simon / Adalbert Podlech, Baden-Baden 1981, S. 355

***Thierack:*** Aufgaben und Tätigkeit des Volksgerichtshofs in: ZAkDR 1936, S.855
***ders.:*** Der Laienrichter beim Reichsstrafgericht, in: ZAkDR 1936, S. 347
***Traeger, L.:*** Volks- oder Berufsrichter II, in: Das Recht 1910, Spalte 57
***Träger, Ernst/ Mayer, Albrecht/Krauth, Hermann:*** Das neue Staatsschutzstrafrecht in der Praxis, in: 25 Jahre Bundesgerichtshof, hrsgg. v. Gerda Krüger-Nieland, München 1975, S. 227

***Ule, Carl-Hermann:*** Die politische Betätigung der Richter, in: Justiz und Verfassung, hrsgg. vom Zentral-Justizamt für die Britische Zone, Hamburg 1948, S. 29

***Vierhaus, Hans-Peter:*** Die Identifizierung von Staat und Parteien - eine moderne Form der Parteidiktatur ?, in: ZRP 1991, S. 468
***Vogel, Hans-Jochen:*** Strafverfahrensrecht und Terrorismus – eine Bilanz, in: NJW 1978, S. 1217
***Volk, Klaus:*** Der Laie als Strafrichter, in: Festschrift für Hanns Dünnebier zum 75.Geburtstag am 12. Juni 1982, hrsgg. v. Ernst-Walter Hanack/Peter Rieß/ Günter Wendisch, Berlin/New York 1982, S. 373

***Wachenfeld:*** Organisation der Strafgerichte. Mitwirkung der Laien bei der Strafrechtspflege. Schöffengerichte, Schwurgerichte., in: Aschrott, S. 18
***Wagner, Walter:*** Rechtsfragen zu §74a GVG, in: GA 1957, S. 161
***ders.:*** Die gerichtliche Zuständigkeit in Staatsschutz-Strafsachen, in: Festschrift für Eduard Dreher zum 70. Geburtstag am 29. April 1977, hrsgg v. Hans-Heinrich Jescheck / Hans Lüttger, Berlin 1977, S. 625
***Wagner, Walter/Willms, Günther:*** Der 6. Strafsenat - Legende und Wirklichkeit, in: 25 Jahre Bundesgerichtshof, hrsgg. v. Gerda Krüger-Nieland, München 1975, S. 265
***Warda, G.:*** Zur Zulässigkeit der Bildung mehrerer Sonderstrafkammern nach §74a GVG, in: DRiZ 1957, S. 35

***Wassermann, Rudolf:*** Sicherung oder Aushöhlung des Rechtsstaates ? in: Terrorismus contra Rechtsstaat, hrsgg. v. R. Wassermann, S. 125
***ders.:*** Der Bürger als Richter, in: RuP 1982, S. 117
***Weber, H. von:*** Das Strafrechtsänderungsgesetz, in: MDR 1951, S. 641
***Weidlich, Karl:*** Unsere Strafprozessreform im Hinblick auf die anglo-germanische Rechtsentwicklung, in: Mittermaier/Liepmann, Bd.II, S. 290
***Winterfeld, Achim von:*** Terrorismus -„Reform“ ohne Ende ?, in: ZRP 1977, S. 265
***Woesner, Horst:*** Rechtsstaatliches Verfahren in Staatsschutzsachen, in: NJW 1961, S. 533
***Wolf, Manfred:*** Ausbildung, Auswahl und Ernennung der Richter, in: Peter Gilles (Hrsg.) Humane Justiz, Kronberg/Ts 1977, S. 73

***Ziegler, Hans:*** Probleme der inneren Sicherheit des Staates, in: BayVBl. 1968, S. 333
***Zitscher, Wolfram:*** Ämterpatronage - Krise der Rechtspflege, in: ZRP 1991, S. 100
***Zundel, Rolf:*** Bericht aus Bonn: Zweiter Rechtszug in Staatsschutz-Strafsachen, in: ZRP 1969, S. 90

***Kommentare***

***Alternativkommentar:*** Kommentar zum Grundgesetz für die BRD, Reihe Alternativkommentare, hrsgg. von Rudolf Wassermann, Bd. 2 Art. 38-146, 2. Auflage, Neuwied 1989

***Brunner, Rudolf / Dölling, Dieter:*** Jugendgerichtsgesetz, 10. Auflage, Berlin/ New York 1996

***Dallinger, Wilhelm/Lackner, Karl:*** Kommentar zum Jugendgerichtsgesetz mit ergänzenden Vorschriften, 2. Auflage, München/Berlin 1965
***Diemer, Herbert / Schoreit, Armin / Sonnen, Bernd-Rüdeger:*** Kommentar zum Jugendgerichtsgesetz, 3. Auflage, Heidelberg 1999
***Dreier, Horst:*** Kommentar zum Grundgesetz
Bd.II (Art.20-82), Tübingen 1998
Bd.III (Art.83-146), Tübingen 2000

***Eisenberg, Ulrich:*** Jugendgerichtsgesetz, 8. Auflage, München 2000

***Jarrass, Hans/ Pieroth, Bodo:*** Kommentar zum Grundgesetz, 5. Auflage, München 2000

***Karlsruher Kommentar:*** hrsgg. v. Gerd Pfeiffer, 2. Auflage, München 1987
***Karlsruher Kommentar:*** hrsgg. v. Gerd Pfeiffer, 4. Auflage, München 1999
***Katholnigg, Oskar:*** Strafgerichtsverfassungsrecht Kommentar, 3. Auflage, Köln/ Berlin/Bonn/München 1999
***Kissel, Otto Rudolf:*** Gerichtsverfassungsgesetz Kommentar, 3. Auflage, München 2001
***Kleinknecht, Theodor / Müller, Hermann / Reitberger, L. (KMR):*** Kommentar zur Strafprozeßordnung, 4. Auflage Darmstadt/Nürnberg/Düsseldorf/Berlin 1958
***ders. hrsgg. von Müller, Hermann / Sax, Walter:*** Kommentar zur Strafprozeßordnung und zum Gerichtsverfassungsgesetz und Ordnungswidrigkeitengesetz, 6. Auflage, Darmstadt 1966
***Kleinknecht, Theodor / Meyer-Goßner, Lutz:*** Strafprozeßordnung, Gerichtsverfassungsgesetz, Nebengesetze und ergänzende Bestimmungen, hrsgg. v. Lutz Meyer-Goßner, 45. Auflage, München 2001

***Lackner, Karl / Kühl, Kristian:*** Strafgesetzbuch mit Erläuterungen, 23. Auflage, München 1999
***Leipziger Kommentar:*** Kommentar zum Strafgesetzbuch, hrsgg.v. Jähnke, Burkhard/Laufhütte, Heinrich Wilhelm/Odersky, Walter
11. Auflage, 1992, 4. Lieferung, §§80-92b
11. Auflage, 1999, 29. Lieferung, §§93-101a
11. Auflage, 1993, 5. Lieferung, §§102-109k
11. Auflage, 1996, 20. Lieferung, §§125-141
***Löwe-Rosenberg:*** Die Strafprozeßordnung und das Gerichtsverfassungsgesetz mit Nebengesetzen, Großkommentar, 21. Auflage, Berlin 1965
***ders.:*** Die Strafprozeßordnung und das Gerichtsverfassungsgesetz mit Nebengesetzen, Großkommentar, hrsgg. v. Peter Rieß, Bd. 6, Teilband 1 ( §§ 1-202 GVG; Anhang zum GVG), 24. Auflage, Berlin 1996
***ders.:*** Die Strafprozeßordnung und das Gerichtsverfassungsgesetz mit Nebengesetzen, Großkommentar, hrsgg. v. Peter Rieß, 25. Auflage, 3. Lieferung §§ 449 - 463d, Berlin/New York 1997

***Mangoldt, Hermann v. / Klein, Friedrich / Starck, Christian*** Bonner Kommentar zum Grundgesetz, hrsgg. von Christian Starck, 4. Auflage
Bd.1 Präambel bis Art.19, München 1999
Bd.2 Art.20-78, München 2000
***Maunz, Theodor / Dürig, Günther / Herzog, Roman / Scholz, Rupert:*** Grundgesetz Kommentar Loseblatt, Stand: März 2000
Bd.IV (Art.53a-88)
Bd.V (89-146)

***Münch, Ingo v./Kunig, Philip (Hrsg.):*** Kommentar zum Grundgesetz
Bd.2 (Art.21-69), 3. Auflage, München 1995
Bd.3 (Art.70-146), 2. Auflage, München 1983

***Ostendorf, Heribert:*** Jugendgerichtsgesetz Kommentar, 5. Auflage, Köln/Berlin/ Bonn/München 2000

***Pfeiffer, Gerd:*** Kommentar zur Strafprozeßordnung und zum Gerichtsverfassungsgesetz, 3. Auflage, München 2001

***Schmidt, Eberhard:*** Lehrkommentar zur Strafprozeßordnung und zum Gerichtsverfassungsgesetz
Teil I, 2. Auflage, Göttingen 1964
Teil II, Göttingen 1957
Teil III, Göttingen 1960

***Schönke, Adolf / Schröder, Horst:*** Strafgesetzbuch Kommentar, 26. Auflage, München 2001

***Seydel, Max von:*** Commentar zur Verfassungs-Urkunde für das Deutsche Reich, 2. Auflage, Freiburg i.Br./Leipzig 1897

***Systematischer Kommentar zum Strafgesetzbuch:*** hrsgg. von: Rudolphi, Hans-Joachim/ Horn, Eckard/ Samson, Erich/ Günther, Hans-Ludwig/ Hoyer, Andreas, Bd.II, Besonderer Teil (§§80-358), Loseblatt, 50. Lieferung, April 2000

***Systematischer Kommentar zur Strafprozeßordnung und zum Gerichtsverfas-Sungsgesetz:*** hrsgg. von: Rudolphi, Hans - Joachim / Paeffgen, Hans - Ullrich / Schlüchter, Ellen/ Frisch, Wolfgang/ Rogall, Klaus/ Wolter, Jürgen, 4. Teil, Loseblatt, Stand: Juli 2000

***Tröndle, Herbert / Fischer, Thomas:*** Strafgesetzbuch und Nebengesetze, 50. Auflage, München 2001

***Sonstiges***

***Amtliche Begründung zu Art.IV §§4 und 5 des Gesetzes vom 24.4.34,*** in: DJ 1934, S. 595

***Amtsblatt des Kontrollrats in Deutschland,*** hrsgg. vom Alliierten Sekretariat Berlin, ausgefertigt am 20.9.45

***Begründung der Leitsätze zum Richteramtsrecht,*** erarbeitet von der Richteramtskommission des deutschen Richterbundes, in: DRiZ 1968, S. 221

***Beschluß des Präsidiums des Bundesgerichtshofes vom 29.8.1951 betr. Geschäftsverteilung beim BGH***, in: Bundesanzeiger vom 15.9.1951, S. 5

***Bulletin des Presse- und Informationsamtes der Bundesregierung***, vom 5.Februar 1969, Bonn, Nr.15, S. 118

***Bundesratsdrucksachen:***
BR-DrS Nr.577/51
BR-DrS 61/1/69

***Bundestagsdrucksachen:***
BT-DrS 2414, I. Wahlperiode 1949
BT-DrS 1/3264
BT-DrS V/2860
BT-DrS V/4085
BT-DrS V/4086
BT-DrS V/4254
BT-DrS 7/551
BT-DrS 7/2600
BT-DrS 7/4005
BT-DrS 7/5401
BT-DrS 8/976
BT-DrS 10/6286
BT-DrS 10/6635
BT-DrS 11/209
BT-DrS 11/164
BT-DrS 12/2395
BT-DrS 13/9460

***Bundesversammlung des DRB***, in: DRiZ 1975, S. 161

***Der Bürger und das Recht***, hrsgg. vom Vorstand der SPD, Bonn, Rechtspolitischer Kongreß der SPD am 26. und 27. März 1965 in Heidelberg

***Deutscher Juristentag:***

| | |
|---|---|
| 18. Deutscher Juristentag, | Berlin 1886 |
| 22. Deutscher Juristentag, | Bd.1, Berlin 1892 |
| 33. Deutscher Juristentag, | Heidelberg 1925, hrsgg. v. Schriftführer-Amt der ständigen Deputation, Berlin/Leipzig 1925 |
| 35. Deutscher Juristentag, | Bd.1, Berlin/Leipzig 1928 |
| | Bd.2, Berlin/Leipzig 1928 |

***Entwurf eines Gesetzes, betreffend Änderungen des GVG***, in: Entwurf einer Strafprozessordnung und Novelle zum Gerichtsverfassungsgesetze nebst Begründung, Berlin 1908

***Entwurf einer StPO, Bericht der 7. Kommission***, Teil 1 (12. Legislaturperiode des Reichstages, II. Session 1909/1911)

***Erklärung der Bundesregierung***, vom 29.9.1977 auf eine Anfrage, in: DRiZ 1977, S. 380

***Gesetzessammlung für die königlichen preussischen Staaten Nr. 14***

***Gustav Radbruch - Gesamtausgabe, Bd. 19 Reichstagsreden***, bearbeitet von Volkmar Schöneburg, Heidelberg 1998

***Konstanzer Juristentag 1947***, hrsgg. von der Militärregierung des französischen Besatzungsgebietes in Deutschland, Generaljustizdirektion, Tübingen 1947

***Kurzprotokoll/Protokoll***
der 119. Sitzung des (23.)Ausschusses für Rechtswesen und Verfassungsrecht am 29. Juni 1951
der 120. Sitzung des (23.)Ausschusses für Rechtswesen und Verfassungsrecht am 3. Juli 1951

***Motive zu dem Entwurf einer Deutschen Strafprozeß-Ordnung***, Berlin 1873

***Niederschriften über die Sitzungen der Großen Strafrechtskommission***, Bd. 10, Bonn 1959

***Protokolle der Kommission für die Reform des Strafprozesses***, hrsgg. v. Reichs-Justizamte
Erster Band, (Erste Lesung), Berlin 1905
Zweiter Band, ( Zweite Lesung und Zusammenstellung der Beschlüsse ) Berlin 1905

***Reform-Programm des Gesamtvorstandes des DRB***, in: ZRP 1968, S. 29

***Reichstagsdrucksachen:***
RT-DrS Nr.3886, III. Wahlperiode 1924/28
RT-DrS Nr.6531, I. Wahlperiode 1920/23

***Reichstagsverhandlungen: Stenographische Berichte***
1. Legislaturperiode 1871, I. Session, Bd.3, Nr.69 II (S. 182)
5. Legislaturperiode 1884, IV. Session, Nr.78 (S. 734)
7. Legislaturperiode 1887/88, II. Session, Bd.1, S. 362
7. Legislaturperiode 1887/88, II. Session, Bd.3, Anlagebd.1, Nr.16 (S. 140)
I. Wahlperiode 1920/23, Bd.360, 358. Sitzung vom 6.6.1923

***Richtlinien für das Strafverfahren***, vom 1. August 1953

***Richtlinien für das Strafverfahren und das Bußgeldverfahren,*** vom 1. Januar 1977, geändert mit Wirkung zum 1. Juli 1980

***Sitzungen:***
146. Sitzung des Sonderausschusses für die Strafrechtsreform, 5. Wahlperiode 1965-1969
149. Sitzung des Sonderausschusses für die Strafrechtsreform, 5. Wahlperiode 1965-1969
117. Sitzung des Rechtsausschusses des Bundestages vom 16.5.1969, 5. Wahlperiode 1965-1969
77. Sitzung des Sonderausschusses für die Strafrechtsreform vom 28.1.1976 (Sten. Prot.)
98. Sitzung des Rechtsausschusses des Bundestages vom 19.5.1976 (Sten. Prot.)
31. Sitzung des Rechtsausschusses des Bundestages vom 10.3.1982 (Sten. Prot.)
101. Sitzung des Rechtsausschusses des Bundestages vom 14.11.1986 (10. Wahlperiode) sowie Anlage zum Protokoll der 101. Sitzung des Rechtsausschusses des Bundestages
103. Sitzung des Rechtsausschusses des Bundestages vom 27.11.1986 ( 10. Wahlperiode)

***Sitzungen des Bundesrates:***
572. Sitzung des Bundesrates vom 19.12.1986, 10. Wahlperiode

***Sitzungen des Bundestages:***
158. Sitzung des Bundestages, I. Wahlperiode 1949 (Sten. Ber.)
160. Sitzung des Bundestages, I. Wahlperiode 1949 (Sten. Ber.)
152. Sitzung des Bundestages, 5. Wahlperiode 1965-1969
236. Sitzung des Bundestages, 5. Wahlperiode 1965-1969
254. Sitzung des Bundestages vom 5.12.1986, 10. Wahlperiode

***Statistisches Bundesamt Wiesbaden,*** Rechtspflege, Fachserie 10, Reihe 4.1: Strafvollzug 1993

***Statistisches Bundesamt Wiesbaden,*** Rechtspflege, Strafverfolgung 1999

***Vereinbarung der Justizminister und Justizsenatoren der Bundesrepublik über die Ausübung des Gnadenrechts bei Gesamtstrafen, die sich aus Einzelstrafen von Gerichten des Bundes und der Länder oder mehrerer Länder zusammensetzen,*** in: Die Justiz: Amtsblatt des Justizministeriums Baden-Württemberg 1972, S. 4

***Vereinbarung des Bundes und der Länder über den Kostenausgleich in Staatsschutz-Strafsachen,*** in: Die Justiz 1987, S. 474

***Verfassungsschutzbericht 1983***, hrsgg. v. Bundesminister des Innern, Bonn 1984
***Verfassungsschutzbericht 1984***, hrsgg. v. Bundesminister des Innern, Bonn 1985
***Verfassungsschutzbericht 1985***, hrsgg. v. Bundesminister des Innern, Bonn 1986

## FRANKFURTER KRIMINALWISSENSCHAFTLICHE STUDIEN

Band 1 Peter Böning: Die Lehre vom Unrechtsbewußtsein in der Rechtsphilosophie Hegels 100 S., 1978.

Band 2 Wolfgang Schneider: Kriminelle Straßenverkehrsgefährdung (§ 315c Abs. 1 Ziff. 2, Abs. 3 StGB). Eine kriminologische und strafrechtliche Untersuchung zur Problematik dieser Verkehrsstraftaten unter Berücksichtigung ausländischer Rechte. 342 S., 1978.

Band 3 Lothar Kuhlen: Die Objektivität von Rechtsnormen. Zur Kritik des radikalen labeling approach in der Kriminalsoziologie. 178 S., 1978.

Band 4 Günther Grewe: Straßenverkehrsdelinquenz und Marginalität. Untersuchungen zur institutionellen Regelung von Verhalten. 148 S., 1978.

Band 5 Dieter Haberstroh: Strafverfahren und Resozialisierung. Eine Studie über Verstehen und Nicht-Verstehen, über Verstanden-Werden und Nicht-Verstanden-Werden und deren Bedingungen in der Hauptverhandlung. 202 S., 1979.

Band 6 Thomas Vogt: Die Forderungen der psychoanalytischen Schulrichtungen für die Interpretation der Merkmale der Schuldunfähigkeit und der verminderten Schuldfähigkeit (§§ 51 a.F., 20, 21 StGB). 182 S., 1979.

Band 7 Andreas Michael: Der Grundsatz in dubio pro reo im Strafverfahrensrecht. Zugleich ein Beitrag über das Verhältnis von materiellem Recht und Prozeßrecht. 214 S., 1981.

Band 8 Ilias G. Anagnostopoulos: Haftgründe der Tatschwere und der Wiederholungsgefahr (§§ 112 Abs. 3, 112 a StPO). Kriminalpolitische und rechtssystematische Aspekte der Ausweitung des Haftrechts. 1984.

Band 9 Helga Müller: Der Begriff der Generalprävention im 19. Jahrhundert. Von P.J.A. Feuerbach bis Franz v. Liszt. 1984.

Band 10 Frowin Jörg Kurth: Das Mitverschulden des Opfers beim Betrug. 1984.

Band 11 Martin J. Worms: Die Bekenntnisbeschimpfung im Sinne des § 166 Abs. 1 StGB und die Lehre vom Rechtsgut. 1984.

Band 12 Jong-Dae Bae: Der Grundsatz der Verhältnismäßigkeit im Maßregelrecht des StGB. 1985.

Band 13 Helmut Fünfsinn: Der Aufbau des fahrlässigen Verletzungsdelikts durch Unterlassen im Strafrecht. 1985.

Band 14 Christoph Krehl: Die Ermittlung der Tatsachengrundlage zur Bemessung der Tagessatzhöhe bei der Geldstrafe. 1985.

Band 15 Walter-Hermann Kiehl: Strafrechtliche Toleranz wechselseitiger Ehrverletzungen - Zur ratio legis der §§ 199, 233 Strafgesetzbuch -. 1986.

Band 16 Matthias Krahl: Die Rechtsprechung des Bundesverfassungsgerichts und des Bundesgerichtshof zum Bestimmtheitsgrundsatz im Strafrecht (Art. 103 Abs. 2 GG). 1986.

Band 17 Patrick Carroll Campbell: § 220a StGB. Der richtige Weg zur Verhütung und Bestrafung von Genozid? 1986.

Band 18 Winfried Hassemer (Hrsg.): Strafrechtspolitik. Bedingungen der Strafrechtsreform. 1987.

Band 19 Felix Herzog: Prävention des Unrechts oder Manifestation des Rechts. Bausteine zur Überwindung des heteronom-präventiven Denkens in der Strafrechtstheorie der Moderne. 1987.

Band 20 Astrid Michalke-Detmering: Die Mindestanforderungen an die rechtliche Begründung des erstinstanzlichen Strafurteils. Zur Auslegung des § 267 StPO. 1987.

Band 21 Lothar Kuhlen: Die Unterscheidung von vorsatzausschließendem und nichtvorsatzausschließendem Irrtum. 1987.

Band 22 Michael Buttel: Kritik der Figur des Aufklärungsgehilfen im Betäubungsmittelstrafrecht (§ 31 BtMG). 1988.

Band 23 Matthias Kögler: Die zeitliche Unbestimmtheit freiheitsentziehender Sanktionen des Strafrechts. Eine vergleichende Untersuchung zur Rechtslage und Strafvollstreckungspraxis in der Bundesrepublik Deutschland und den USA. 1988.

Band 24 Klaus Lüderssen/Cornelius Nestler-Tremel/Ewa Weigend(Hrsg.): Modernes Strafrecht und ultima-ratio-Prinzip. 1990.

Band 25 Jürgen Taschke: Die behördliche Zurückhaltung von Beweismitteln im Strafprozeß. 1989.

Band 26 Daniela Westphalen: Karl Binding (1841-1920). Materialien zur Biographie eines Strafrechtsgelehrten. 1989.

Band 27 Sigrid Jans: Die Aushöhlung des Klageerzwingungsverfahrens. 1990.

Band 28 Dimitris Spirakos: Folter als Problem des Strafrechts. Kriminologische, kriminalsoziologische und (straf-)rechtsdogmatische Aspekte unter besonderer Berücksichtigung der Folterschutzkonvention und der Pönalisierung der Folter in Griechenland. 1990.

Band 29 Stephan Moll: Strafrechtliche Aspekte der Behandlung Opiatabhängiger mit Methadon und Codein. 1990.

Band 30 Stefan Werner: Wirtschaftsordnung und Wirtschaftsstrafrecht im Nationalsozialismus. 1991.

Band 31 Xanthi Bassakou: Beiträge zur Analyse und Reform des Absehens von Strafe nach § 60 StGB. 1991.

Band 32 Rainer Runte: Die Veränderung von Rechtfertigungsgründen durch Rechtsprechung und Lehre. Moderne Strafrechtsdogmatik zwischen Rechtsstaatsprinzip und Kriminalpolitik. 1991.

Band 33 Olaf Hohmann: Das Rechtsgut der Umweltdelikte. Grenzen des strafrechtlichen Umweltschutzes. 1991.

Band 34 Klaus Jochen Müller: Das Strafbefehlsverfahren (§§ 407 ff. StPO). Eine dogmatisch-kriminalpolitische Studie zu dieser Form des schriftlichen Verfahrens unter besonderer Berücksichtigung der geschichtlichen Entwicklung – zugleich ein Beitrag zum StVÄG 1987. 1993

Band 35 Sang-Don Yi: Wortlautgrenze, Intersubjektivität und Kontexteinbettung. Das strafrechtliche Analogieverbot. 1991.

Band 36 Birgit Malsack: Die Stellung der Verteidigung im reformierten Strafprozeß. Eine rechtshistorische Studie anhand der Schriften von C. J. A. Mittermaier. 1992.

Band 37 Rüdiger Schäfer: Die Privilegierung des "freiwillig-positiven" Verhaltens des Delinquenten nach formell vollendeter Straftat. Zugleich ein Beitrag zum Grundgedanken des Rücktritts vom Versuch und zu den Straftheorien. 1992.

Band 38 Cornelius Nestler-Tremel: AIDS und Strafzumessung. 1992.

Band 39 Christine Gutmann: Freiwilligkeit und (Sozio-)Therapie – notwendige Verknüpfung oder Widerspruch? 1993.

Band 40 Walter Kargl: Der strafrechtliche Vorsatz auf der Basis der kognitiven Handlungstheorie. 1993.

Band 41 Jürgen Rath: Zur strafrechtlichen Behandlung der aberratio ictus und des error in objecto des Täters. 1993.

Band 42 Martin Fischer: Wille und Wirksamkeit. Eine Untersuchung zum Problem des *dolus alternativus.* 1993.

Band 43 Regina Harzer: Der Naturzustand als Denkfigur moderner praktischer Vernunft. Zugleich ein Beitrag zur Staats- und Rechtsphilosophie von Hobbes und Kant. 1994.

Band 44 Helmut Pollähne: Lockerungen im Maßregelvollzug. Eine Untersuchung am Beispiel der Anwendung des nordrhein-westfälischen Maßregelvollzugsgesetzes im Westfälischen Zentrum für Forensische Psychiatrie (Lippstadt). 1994.

Band 45 Hans-Joachim Leonhardt: Rechtsmittelermessen der Staatsanwaltschaft. Eine Gegenüberstellung von § 296 StPO mit Nummern 147 und 148 Richtlinien für das Strafverfahren und das Bußgeldverfahren (RiStBV). 1994.

Band 46 Rolf Grünebaum: Zur Strafbarkeit des Therapeuten im Maßregelvollzug bei fehlgeschlagenen Lockerungen. 1996.

Band 47 Barbara Bialas: Promille-Grenzen, Vorsatz und Fahrlässigkeit. 1996.

Band 48 Christine Pott: Die Außerkraftsetzung der Legalität durch das Opportunitätsdenken in den Vorschriften der §§ 154, 154a StPO. Zugleich ein Beitrag zu einer kritischen Strafverfahrensrechtstheorie. 1996.

Band 49 Wolfgang Köberer: *Iudex non calculat.* Über die Unmöglichkeit, Strafzumessung sozialwissenschaftlich-mathematisch zu rationalisieren. 1996.

Band 50 Institut für Kriminalwissenschaften Frankfurt a.M. (Hrsg.): Vom unmöglichen Zustand des Strafrechts. 1995.

Band 51 Petra Kamberger: Treu und Glauben (§ 242 BGB) als Garantenstellung im Strafrecht? 1996.

Band 52 Anastassios Triantafyllou: Das Delikt der gefährlichen Körperverletzung (§ 223a StGB) als Gefährdungsdelikt. (Zugleich ein Beitrag zur Dogmatik der Gefährdungsdelikte). 1996.

Band 53 Norbert Kissel: Aufrufe zum Ungehorsam und § 111 StGB. Grundrechtlicher Einfluß bei der Feststellung strafbaren Unrechts. 1996.

Band 54 Susanne Ehret: Franz von Liszt und das Gesetzlichkeitsprinzip. Zugleich ein Beitrag wider die Gleichsetzung von Magna-charta-Formel und Nullum-crimen-Grundsatz. 1996.

Band 55 Stefan Braum: Geschichte der Revision im Strafverfahren von 1877 bis zur Gegenwart. Zugleich eine Kritik der Kontinuität politischer Macht im Recht. 1996.

Band 56 Katja Diel: Das Regreßverbot als allgemeine Tatbestandsgrenze im Strafrecht. 1997.

Band 57 Christoph Koller: Die Staatsanwaltschaft – Organ der Judikative oder Exekutivbehörde? Die Stellung der Anklagebehörde und die Gewaltenteilung des Grundgesetzes. 1997.

Band 58 Frank Schößler: Anerkennung und Beleidigung. Rechtsgut und Strafzweck des § 185 StGB. 1997.

Band 59 Regina Engelstädter: Der Begriff des Unfallbeteiligten in § 142 Abs. 4 StGB. Zugleich eine Kritik an aktuellen Zurechnungslehren. 1997.

Band 60 Jörg Reinhardt: Der Ausschluß und die Ablehnung des befangen erscheinenden Staatsanwaltes. 1997.

Band 61 Jens Christian Müller-Tuckfeld: Integrationsprävention. Studien zu einer Theorie der gesellschaftlichen Funktion des Strafrechts. 1998.

Band 62 Peter Maria Rohe: Verdeckte Informationsgewinnung mit technischen Hilfsmitteln zur Bekämpfung der Organisierten Kriminalität. Zugleich eine rechtsvergleichende Analyse der polizeilichen Abhörbefugnisse in den U.S.A. 1998.

Band 63 Dirk Fabricius: Was ein Lehrbuch lehrt ... Eine exemplarische Untersuchung von Jakobs *Strafrecht – Allgemeiner Teil*. 1998.

Band 64 Stefan Sinner: Der Vertragsgedanke im Strafprozeßrecht. 1999.

Band 65 Sebastian Schattenfroh: Die Staatsphilosophie Giovanni Gentiles und die Versuche ihrer Verwirklichung im faschistischen Italien. 1999.

Band 66 Athanassia Dionyssopoulou: Der Tatbestand der Geldwäsche. Eine Analyse der dogmatischen Grundlagen des § 261 StGB. 1999.

Band 67 Klaus von Lampe: *Organized Crime*. Begriff und Theorie organisierter Kriminalität in den USA. 1999.

Band 68 Christian Hanssen: "Trennung der Märkte". Rechtsdogmatische und rechtspolitische Probleme einer Liberalisierung des Drogenstrafrechts. 1999.

Band 69 Institut für Kriminalwissenschaften und Rechtsphilosophie Frankfurt a.M. (Hrsg.): Irrwege der Strafgesetzgebung. 1999.

Band 70 Konstantinos Chatzikostas: Die Disponibilität des Rechtsgutes Leben in ihrer Bedeutung für die Probleme von Suizid und Euthanasie. 2000.

Band 71 Bettina Wirmer-Donos: Die Strafrechtstheorie Karl Christian Friedrich Krauses als theoretische Grundlage des spanischen Korrektionalismus. 2001.

Band 72 Christine Löw: Die Erkundigungspflicht beim Verbotsirrtum nach § 17 StGB. 2001.

Band 73 Florian Ufer: Der Verwertungswiderspruch in Theorie und Praxis. Prozessuale Obliegenheiten des Verteidigers und ihre Bedeutung für die Rechtsposition des Beschuldigten. 2002.

Band 74 Katja Melzer: Psychisch kranke Straftäterinnen. Frauen im Maßregelvollzug. 2001.

Band 75 Gregor Kuntze-Kaufhold: Lebenswelt und Unparteilichkeit. Kriterien für eine Rechtsanwendungslehre am Beispiel der Analyse von fünf Hauptverhandlungen in Strafverfahren. 2002.

Band 76 Iris Kristina Passek: Die erstinstanzliche Zuständigkeit der Oberlandesgerichte in Staatsschutzstrafsachen. Historische Entwicklung und aktuelle Probleme. 2002.

Band 77 Michael Krebs: Die Weisungsgebundenheit des Staatsanwalts unter besonderer Berücksichtigung des rechtstatsächlichen Aspekts. 2002.

MIX
Papier | Fördert gute Waldnutzung
FSC® C083411

Kolibri 360 GmbH
Ferdinand-Jühlke-Straße 7
99095 Erfurt, Deutschland
produktsicherheit@kolibri360.de

Druck:
CPI Druckdienstleistungen GmbH
im Auftrag der
Kolibri 360 GmbH
Ferdinand-Jühlke-Str. 7
99095 Erfurt